Manuel de culture générale

Collection Prépas

- Série ***Préparation aux concours***

A. ANGLARD, *L'Épreuve de français aux concours scientifiques.*

P. GUÉRIAUD et G. SOUCHON, *L'Épreuve écrite et orale de culture générale aux concours.*

- Série ***Histoire*** dirigée par Fabrice Abbad

F. ABBAD, *La France de 1919 à 1939.*

B. AFFILÉ et F. RIMBERT, *L'Évolution économique du monde depuis 1880.*

B. BRUNETEAU, *Histoire de l'unification européenne.*

F. MARCARD, *La France 1870 à 1918.*

F. MARCARD, *Religion et société en France aux XIXe et XXe siècles.*

B. PELLISTRANDI et H. MULTON, *L'Histoire à l'examen d'entrée à Sciences-Po : le XXe siècle.*

B. PHAN, *La France de 1940 à 1958.*

J. PORTES, *Les États-Unis au XXe siècle.*

J.-L. VAN REGEMORTER, *La Russie et l'ex-URSS au XXe siècle.*

- Série ***Géographie*** dirigée par Robert Cheize

N. BADIA-LLOVERAS, *Le Tiers Monde.*

L. CARROUÉ, *L'Union européenne : de l'Union européenne à l'Europe occidentale.*

L. CARROUÉ et V. OTH, *L'Europe médiane.*

S. CHÉDEMAIL, *Migrants internationaux et diaspora.*

R. CHEIZE, *La France.*

R. CHEIZE et J.-P. ROUSSEAU, *Le Monde en cartes.*

R. D'ANGIO et J. MAUDUY, *Les Rivages asiatiques du Pacifique.*

Y. GERVAISE et P. JAMBARD, *Le Commerce international : des espaces interdépendants.*

J. MARCADON, É. AUPHAN, A. BARRÉ et M. CHESNAIS, *Les Transports.*

J. MAUDUY, *Les États-Unis.*

P. PELLETIER, *Le Japon.*

- Série ***Philosophie*** dirigée par Jacqueline Russ

F. BRAUNSTEIN et J.-F. PÉPIN, *L'Héritage de la pensée grecque et latine.*

J. LEFRANC, *L'Esprit des Lumières et leur destin.*

F. DAGOGNET, *L'Essor technologique et l'idée de progrès.*

R. MISRAHI, *Les Figures du moi et la question du sujet depuis la Renaissance.*

F. VALLANÇON, *L'État, le droit et la société modernes.*

- Série ***Économie*** dirigée par Bernard Simler

A. BEITONE *et al.*, *Analyse économique et historique des sociétés contemporaines*, tomes 1 et 2.

J.-P. NORECK et I. WAQUET, *La Dissertation d'économie aux concours d'entrée aux grandes écoles.*

JEAN-FRANÇOIS BRAUNSTEIN
BERNARD PHAN

Manuel de culture générale

HISTOIRE · RELIGIONS
PHILOSOPHIE · LITTÉRATURE
ARTS · SCIENCES

ARMAND COLIN

Collection Prépas

Épreuves de culture générale et sciences humaines

Sous la direction de Jacqueline Russ

DÉPARTEMENT DES ÉDITIONS NATHAN

ISBN 2-200-21841-9

ARMAND COLIN • 34 BIS, RUE DE L'UNIVERSITÉ • 75007 PARIS

Sommaire

Avant-propos

« Culture générale » : une expression récente pour une idée ancienne

Depuis quelques années de nombreux examens et concours accordent une place importante à une épreuve de « culture générale ». Quelques voix s'élèvent également pour regretter qu'un tel enseignement de culture générale ne soit pas au programme de l'enseignement secondaire. Il serait possible de s'interroger sur les causes de cet engouement actuel pour la « culture générale » Ce *Manuel* s'efforce en tout cas de préparer à cette épreuve de culture générale et de répondre à cette demande de bases en ce domaine.

L'expression de « culture générale » est elle-même relativement récente, puisqu'elle n'apparaît qu'en 1932 dans le *Dictionnaire de l'Académie française :* elle est alors définie comme l'« ensemble de connaissances générales sur la littérature, l'histoire, la philosophie, les sciences et les arts que doivent posséder, au sortir de l'adolescence, tous ceux qui forment l'élite sociale de la nation ». Cette définition vaut sans doute encore aujourd'hui, à condition de préciser toutefois qu'une telle culture ne doit plus être réservée à une élite socialement définie, mais doit tendre à devenir un bien commun.

Si l'expression de « culture générale » est récente, en revanche, une idée traditionnelle souligne que l'éducation ne doit pas se limiter à transmettre des connaissances spécialisées, mais doit également fournir des connaissances générales, une vue d'ensemble, qui permette une éducation du jugement personnel. Les Grecs nommaient *paideia* cette idée que l'éducation se confond avec une culture non spécialisée.

Mode d'emploi du Manuel *: huit périodes, six domaines, cent entrées*

Il y a quelque paradoxe à proposer un *Manuel de culture générale,* tant est grande la disproportion entre l'immensité de son objet et le caractère maniable qu'implique le terme de « manuel ». Cependant l'idée même de culture générale implique un choix personnel que nous avons assumé en choisissant de traiter tel ou tel sujet plutôt que tel autre.

L'organisation de ce manuel en *entrées,* au nombre d'une centaine, nous a permis de sélectionner ce qu'il est **absolument impossible d'ignorer,** au vu de notre expérience d'enseignants préparant à ces concours. Afin de donner les véritables « bases » de la culture générale, nous avons toujours privilégié les entrées « classiques » et n'avons en aucun cas cherché à faire preuve d'une originalité qui serait ici déplacée.

Pour permettre un usage simple de ce manuel, ces entrées sont présentées suivant un ordre chronologique et selon un ordre de matières.

• ***Périodes***. Nous avons distingué huit grandes périodes dans l'histoire de la culture occidentale :

Partie 1 **La Grèce**

Partie 2 **Rome et les monothéismes**

Partie 3 **Le Moyen Âge**

Partie 4 **La Renaissance et l'époque moderne**

Partie 5 **Le XVIIe siècle ou âge classique**

Partie 6 **Le XVIIIe siècle et les Lumières**

Partie 7 **Le XIXe siècle**

Partie 8 **Le XXe siècle**

Au début de chaque période sont donnés des *Repères chronologiques*.

• ***Domaines***. À l'intérieur de ces périodes, nous avons à chaque fois étudié les six mêmes domaines principaux, toujours présentés dans l'ordre suivant :

1. **Histoire**
2. **Religions**
3. **Philosophie**
4. **Littérature**
5. **Arts**
6. **Sciences**

• ***Entrées***. Le nombre d'entrées dans chaque domaine et à chaque période reflète l'importance de chaque discipline à l'époque considérée : ainsi les entrées philosophiques sont plus nombreuses en Grèce ou les entrées religieuses plus nombreuses à l'époque de Rome et des monothéismes ou du Moyen Âge.
Il est donc aisé pour le lecteur de voir rapidement, pour chaque période et dans chaque domaine, quelles sont les connaissances absolument incontournables à acquérir.

• ***Sommaire et Index***. Il lui est également possible de se reporter au *Sommaire détaillé* des entrées en début de volume, ou aux deux index en fin de volume : *Index des noms* et *Index des matières*, lorsqu'il a une recherche plus précise à faire.

• ***Bibliographie***. À la fin du livre est donnée une *bibliographie* des ouvrages essentiels qui permettent d'approfondir chaque sujet : cette bibliographie est ordonnée par matières et par époques, mais elle mentionne également les instruments de travail portant sur l'ensemble d'une époque, toutes matières confondues.

Organisation de chaque « entrée »

• ***La terminologie.*** Dans la mesure du possible, elle commence par une brève note de *terminologie*, expliquant l'histoire des mots mêmes qui sont employés, tant il est vrai que la langue est à certains égards dépositaire de la culture générale. Par exemple pour le mot « islam » :

➠ TERMINOLOGIE • « Islam » désigne la « soumission », l'« abandon » à la volonté de Dieu. D'après ce terme, les disciples de Mahomet sont appelés « *mouslimoun* » (musulmans).

Ou encore les mots « Renaissance », « Baroque » ou « Impressionnisme ».

• ***L'essentiel.*** L'essentiel de l'entrée, le *corps de l'article*, expose de la manière la plus claire possible, dans des paragraphes brefs et en nombre limité, les principales connaissances attendues sur le sujet, illustrées de nombreuses citations. Parmi ces entrées : « Athènes et la cité », « L'islam », « Dante ou l'Italie », la « Querelle des Anciens et des Modernes », « Rembrandt, Vermeer et la peinture en Hollande », « Les révolutions industrielles », « Le structuralisme » ou « Le pop art ».

• ***Les compléments.*** Signalés par un *filet grisé vertical*, de nombreux *textes complémentaires* donnent un éclairage plus précis sur certains aspects de l'entrée. Par exemple « *L'islam et les autres religions* » à l'entrée « islam » :

L'islam et les autres religions ■ L'islam est la dernière des grandes religions monothéistes, et Mahomet se présente comme le « sceau des prophètes », après Adam, Abraham, Moïse et Jésus. Il vient apporter la parole divine aux Arabes, descendants d'Abraham par Ismaël. Jésus n'est pas considéré comme le fils de Dieu, il n'est pas mort sur la croix pour racheter les péchés des hommes : il est l'envoyé de Dieu et il présidera le Jugement dernier des morts.

Ou une approche des notions de *Paradis, enfer et purgatoire* à l'entrée « catholicisme », un texte sur Le Corbusier à propos du « Bauhaus et de l'architecture du XXe siècle » ou une présentation de la bioéthique à l'article « biologie ». Parmi les documents, le *Serment d'Hippocrate* à l'article sur la médecine grecque, des *citations* indispensables d'Horace ou de Virgile à l'entrée portant sur ces auteurs.

• ***Les prolongements.*** Les *Prolongements* examinent brièvement comment les sujets abordés dans l'entrée ont été repris, complétés ou critiqués dans l'histoire ultérieure de la culture occidentale. Par exemple pour l'article « islam » :

Prolongements

- Les pays islamiques au Moyen Âge ont constitué les conservatoires de la pensée scientifique et philosophique de la Grèce ancienne, qui a ensuite été réintroduite en Occident par l'intermédiaire des traductions de l'arabe. Les zones frontières entre l'Islam et l'Occident (Espagne, Sicile) sont des hauts lieux de la culture médiévale. Les croisades elles-mêmes ont joué un rôle dans cette découverte de la pensée arabe.

Ces prolongements permettent ainsi de comprendre comment ces questions sont encore vivantes aujourd'hui. La culture générale réside en effet dans ce retour sur soi-même de la civilisation occidentale : en ce sens ce *Manuel* n'est qu'une invite, au-delà de la préparation aux concours, à renouer avec cette tradition de réflexion critique sur notre héritage culturel.

Partie 1

La Grèce

1. Histoire

1.1 Repères

- **– 3000 à – 1700 av. J.-C. Début du peuplement grec**
  Arrivée de « proto-grecs »
  Premiers palais crétois
- **– 1700 à – 1200. Période mycénienne**
  Palais mycéniens
  Écritures dites linéaires A et B
  Vers – 1250. Guerre de Troie
- **– 1200 à – 800. « Les siècles obscurs »**
  Installation grecque en Asie
- **– 800 à – 500. Époque archaïque**
  Colonisation grecque en Méditerranée
  Alphabet grec
  Mise par écrit des poèmes homériques
  Développement des cités
  – 776. Premiers jeux Olympiques
  – 560-528. Tyrannie de Pisistrate à Athènes
- **– 500 à – 336. Âge classique**
  – 490 à – 479. Guerres médiques contre les Perses
  – 490. Victoire grecque à Marathon
  – 480. Victoire grecque à Salamine
  – 477. Ligue de Délos et puissance d'Athènes sous Périclès
  – 443 à – 429. Périclès réélu tous les ans stratège à Athènes
  – 431 à – 404. Guerre du Péloponnèse et prépondérance spartiate
  – 338. Bataille de Chéronée : les cités grecques s'inclinent devant la Macédoine de Philippe II
- **– 336 à –146. Époque hellénistique**
  – 336 à – 324. Construction de l'empire d'Alexandre, fils de Philippe de Macédoine
  Alexandre bat les Perses et se présente en successeur de Darius III
  – 331. Fondation d'Alexandrie d'Égypte
  Guerres entre les Diadoques, généraux d'Alexandre
  – 146. Rome impose son autorité sur toute la Grèce

Les origines

Les plus anciennes installations humaines en Grèce datent des environs de – 40 000 ans. Mais les premiers Grecs n'arrivèrent qu'au dernier tiers du IIIe millénaire av. J.-C. Durant cette période de quelque trois mille ans s'est élaborée, dans ce bout du monde déchiqueté et ingrat des Balkans, une bonne partie des fondements de notre civilisation.

L'histoire la plus ancienne de la Grèce est connue par les sources archéologiques. Durant le IIe millénaire av. J.-C. se développa en Crète la civilisation appelée minoenne divisée en deux périodes, marquées chacune par la construction de palais. Les premiers palais furent détruits autour de – 1700 pour des raisons inconnues. La seconde destruction intervint au XVe siècle av. J.-C. Les palais de la seconde génération, comme celui de Cnossos, étaient de plus grandes proportions que les premiers palais.

La civilisation mycénienne

Développée par les Achéens durant le IIe millénaire av. J.-C., elle tire son nom du site de Mycènes où ont été trouvés deux vestiges qui la caractérisent : la forteresse et les tombes à coupole. Grâce au déchiffrement de tablettes, trouvées à Pylos et écrites dans la forme la plus anciennement connue de la langue grecque, le « linéaire B », on a essayé de préciser l'organisation de la société mycénienne. La forteresse abritait le « roi » et ses serviteurs, parmi lesquels des scribes. Les paysans de la campagne environnante entretenaient avec la forteresse des relations relevant d'obligations économiques et religieuses. À la fin du XIIe siècle av. J.-C. cette civilisation disparut, pour des raisons inconnues, sans doute sous les coups des Doriens.

Les « siècles obscurs »

La période qui s'étend de la fin de l'époque mycénienne jusqu'au VIIIe siècle av. J.-C. est dite des « siècles obscurs ». La population de la Grèce a fortement diminué, avant une reprise démographique attestée au VIIIe siècle av. J.-C. Durant le XIe siècle av. J.-C., les Grecs commencèrent à s'installer en Asie Mineure et dans les îles, faisant de la mer Égée un monde grec. C'est à la même époque que le travail du fer remplaça celui du bronze et que fut élaboré l'alphabet grec. Se fixèrent également un bon nombre de lieux de culte en l'honneur des dieux ou des héros.

Le monde homérique

En confrontant l'écrit et les données archéologiques on a tenté de connaître le monde homérique. Les poèmes attribués à Homère, avant d'être rédigés au cours du VIIIe siècle av. J.-C. s'étaient transmis oralement de génération en génération et décrivaient une réalité difficile à dater précisément. Les rois évoqués par Homère semblent moins puissants que les souverains mycéniens. La terre était alors la principale richesse, et, au VIIe siècle av. J.-C. de graves déséquilibres apparurent dans sa distribution ce qui provoqua de fortes tensions sociales. Une transformation des techniques de combat, marquée par l'apparition et l'essor de la phalange (formation de combat d'infanterie), aurait imposé de faire des réformes dans l'organisation sociale. Il fallait donner une plus grande cohésion au corps social puisqu'il était plus globalement engagé dans la guerre. Législateurs et tyrans imposèrent les premières réformes indispensables.

L'âge classique

Il s'agit des Ve et IVe siècle av. J.-C. qui ont, par l'intermédiaire des Romains, légué un patrimoine artistique, intellectuel et politique encore très actuel. Les exemples d'Athènes et Sparte sont les plus connus. Cependant, il y avait de nombreuses autres cités, plus ou moins importantes, souvent opposées les unes aux autres, mais se sentant toutes membres à part entière du monde grec et différentes des non-Grecs, les barbares. Cette identité commune se manifestait par la fréquentation des grands sanctuaires panhelléniques et la participation aux concours, dont les jeux Olympiques. Cette période, pour brillante qu'elle fût, vit se dérouler de multiples conflits entre les cités. Une des raisons principales de ces affrontements fut l'antagonisme entre les cités ayant un régime démocratique et celles qui préféraient un gouvernement aristocratique. La guerre du Péloponnèse (– 431 / – 404) fut le principal de ces conflits et affaiblit durablement Athènes.

L'époque hellénistique

Au IVe siècle av. J.-C., incapables de surmonter leurs antagonismes et divisées, les cités finirent par se voir imposer l'autorité du roi de Macédoine. Elles ne perdirent pas complètement leur souveraineté, mais étaient autonomes plutôt qu'indépendantes. Au milieu du IIe siècle av. J.-C. Rome n'agit pas autrement que Philippe ou Alexandre de Macédoine. Mais en dépit de ce réel déclin politique, les Romains se mirent rapidement à l'école de la Grèce et une cité comme Athènes conserva très longtemps intact son prestige intellectuel. Cela explique la formule d'Horace : « La Grèce vaincue a conquis à son tour son sauvage vainqueur et apporté la civilisation au barbare latium. »

1.2 Athènes et la cité

La cité

➠ TERMINOLOGIE • *Cité* se dit en grec *Polis*, d'où vient *politique*, que parfois on prend la peine de préciser en disant : « au sens classique de s'occuper des affaires publiques, de la cité », pour mieux le distinguer des querelles politiciennes.

La cité fut un des modes d'organisation politique les plus répandus dans le monde méditerranéen antique. Elle regroupait sur un espace civique, comprenant une ville, sa campagne cultivée et des confins moins humanisés, des hommes ayant choisi de vivre ensemble et de défendre leur territoire et leur liberté contre toute ingérence extérieure. La cité apparut en Grèce sans doute entre le milieu du IIe millénaire av. J.-C., voire plus tôt, et la fin du premier tiers du Ier millénaire av J.-C. La vie politique était l'apanage d'une part variable des

citoyens, selon le régime politique choisi. Elle avait ses divinités poliades, c'est-à-dire propres à la cité, dont le culte était souvent ouvert aux non-citoyens.
Les conflits entre cités donnèrent lieu à la constitution de coalitions, ou ligues, plus ou moins étoffées. Au IVe siècle av. J.-C. la cité dut affronter une grave crise. Une des conséquences majeures en fut l'affaiblissement numérique du groupe social que nous qualifierions de classes moyennes. Ce groupe fournissait les hoplites, les citoyens les plus attachés à la vie démocratique et à la stabilité politique. Cela entraîna un durcissement des rapports sociaux et une instabilité politique propice aux démagogues. Finalement, les cités durent accepter des limitations de souveraineté, tout en affirmant leur indépendance nominale et en restant toujours prêtes à intriguer.

Athènes

C'est par excellence le nom qui est associé à la Grèce antique. Comme la plupart des cités, Athènes naquit d'un synœcisme, c'est-à-dire de la fusion de villages et de bourgs, qui se produisit entre le Xe et le VIIIe siècle av. J.-C. Elle connut d'abord la royauté, puis un gouvernement aristocratique dont les magistratures étaient monopolisées par les familles les plus riches. Au début du VIe siècle av. J.-C. une crise sociale particulièrement grave fut dénouée par l'archonte de – 594, Solon, qui annula les dettes, interdit la contrainte par corps et mit un terme à la situation de dépendance dans laquelle étaient tombés de nombreux paysans endettés. Athènes connut ensuite la tyrannie de Pisistrate, dans la seconde moitié du VIe siècle av. J.-C. Il favorisa le développement de l'agriculture dans le cadre de la moyenne et petite propriété et conduisit une politique de travaux publics et d'embellissement de la ville. Son fils lui succéda et se maintint au pouvoir jusqu'en – 510, où ses adversaires, aidés par l'armée spartiate, l'obligèrent à se retirer.
En – 508 Clisthène permit l'épanouissement de la démocratie en réorganisant le corps et l'espace civiques. Jusqu'à l'installation d'une garnison macédonienne à Athènes, mise à part la courte période de – 411 à – 403, la cité vécut en démocratie dans les structures héritées de Clisthène : c'est dans ce cadre que s'inscrivit l'action de Périclès.

La société

La société athénienne classique comportait trois catégories de personnes. Tout d'abord les citoyens : pour être citoyen athénien il fallait être de père athénien puis, après – 451, de parents athéniens. Deux formalités marquaient l'entrée dans le corps civique. Une, de caractère religieux, était l'introduction dans la phratrie. L'autre, civique, était l'inscription, à l'âge de 18 ans, sur les registres du dème (bourg de l'Attique) dans lequel l'intéressé résidait.
Ensuite, les métèques : il s'agissait d'hommes libres mais étrangers de naissance et domiciliés en Attique. Ils ne pouvaient pas posséder de terres. Ne pouvant pas non plus contracter de mariage légitime avec une citoyenne, ils ne pouvaient pas avoir d'enfants qui fussent citoyens. Ils devaient avoir un représentant légal, agissant en leur nom, pour les actions en justice en particulier. Très peu d'entre eux furent admis dans le corps civique.

Venaient enfin les esclaves, indispensables au fonctionnement de la cité. Ils déchargeaient les citoyens des tâches productives, leur laissant ainsi le temps nécessaire pour participer à la vie politique. Ils n'étaient ni mariés légalement, ni propriétaires de quoi que ce soit. Affranchis, c'est-à-dire libérés de leur statut servile, ils bénéficiaient des mêmes droits et étaient astreints aux mêmes obligations que les métèques.

La vie civique

Athènes est la cité démocratique par excellence au Ve siècle av. J.-C. La souveraineté appartenait à tous les citoyens, sans exception. La seule limite à la volonté du peuple était la loi, qui protégeait les citoyens les uns des autres, le citoyen contre l'État et l'État contre les excès des individus. La loi était donc présentée comme aussi importante que les remparts de la cité et comme méritant les mêmes sacrifices pour sa défense. La seconde base de cette démocratie était la liberté individuelle absolue de chaque citoyen limitée par la seule loi. En contrepartie de ses droits le citoyen athénien avait à remplir des devoirs. À sa majorité le jeune citoyen jurait de défendre sa patrie, d'obéir à ses lois et à ses dieux. Pour le devoir fiscal les riches étaient plus sollicités que les pauvres. Mais cette démocratie était incomplète (femmes, esclaves, métèques en étant exclus) et fermée. Seuls y participaient ceux qui étaient nés athéniens. À l'inverse de Rome plus tard, Athènes, sauf rarissime exception, n'octroyait pas la citoyenneté athénienne aux étrangers. Les Grecs ne parlaient pas, comme nous, de démocratie, mais d'égalité devant la loi, d'« isonomie ». Ce système s'opposait à la monarchie, pouvoir d'un seul et à l'oligarchie, pouvoir réservé au petit groupe des familles les plus riches.

La « démocratie » athénienne permettait un large débat et une participation du plus grand nombre à l'assemblée, ou *ecclesia*. Elle était ouverte à tous les citoyens mais les ruraux y étaient moins souvent présents, du fait de leurs activités. Sa composition variait à chaque séance. Elle siégeait environ quarante fois par an en séances ordinaires et, si nécessaire, en séances extraordinaires. Elle était convoquée par les prytanes qui en constituaient le bureau et fixaient l'ordre du jour. Elle discutait et adoptait les lois, pourvoyait aux magistratures électives et exerçait des fonctions judiciaires. C'est elle en particulier qui pouvait voter l'ostracisme. Elle dirigeait la politique extérieure et religieuse. Ses travaux étaient préparés par la *boulê* (« conseil »).

Il y avait cinq cents bouleutes, cinquante par tribu, recrutés par tirage au sort dans les dèmes. Âgé de trente ans, le bouleute exerçait la charge un an et au plus deux fois dans sa vie. La *boulê* se réunissait tous les jours, fêtes exclues. Son bureau était constitué par les prytanes, c'est-à-dire les cinquante bouleutes d'une même tribu ; ils assuraient cette charge pendant un dixième de l'année, soit trente-six jours par an. Le président, ou épistate, était désigné tous les jours. Chargée de la politique extérieure, la *boulê* était un organe administratif, financier et judiciaire.

Les magistratures étaient accessibles à presque tous les citoyens. La compétence des bureaux palliait la relative inexpérience des magistrats, recrutés par tirage au sort ou élection. Au Ve siècle av. J.-C. il y avait plusieurs centaines de magistrats à Athènes. Parmi les plus importants, les dix stratèges qui finirent par concentrer entre leurs mains l'essentiel du pouvoir exécutif. À un niveau plus modeste les dix agoranomes étaient responsables des marchés. Le fonctionnement par collèges de dix est à mettre en relation avec la répartition des citoyens en dix tribus. On constate donc combien les responsabilités publiques étaient diffusées dans l'ensemble du corps civique. C'était ce que reprochaient à Athènes les partisans d'un pouvoir réservé à un plus petit nombre d'individus.

Ostracisme ■ À Athènes l'assemblée des citoyens pouvait, au scrutin secret condamner un citoyen qu'elle considérait comme dangereux pour la cité et ses libertés, à la privation de ses droits politiques et à l'exil pour dix ans.

Périclès ■ Né en – 495 et mort en – 429 il a donné son nom au Ve siècle av. J.-C., car son temps correspond à la plus belle période de l'histoire grecque et à l'apogée d'Athènes. Intelligent et cultivé, il avait eu l'occasion de montrer sa bravoure pendant les guerres Médiques. Il se fit d'abord connaître en étant chorège en – 472 pour la représentation des *Perses* d'Eschyle, puis, vers – 465, apparut comme un des chefs du parti démocratique à Athènes. De – 443 à – 428 il fut réélu stratège tous les ans. Une telle longévité politique explique que son nom soit associé à de nombreuses décisions et réalisations à Athènes : transport du trésor de la ligue de Délos à Athènes et impérialisme athénien, législation sur le droit de cité, nombreux grands travaux dont la reconstruction de l'Acropole détruite par les Perses. Il aimait la compagnie des philosophes, artistes et écrivains.

Misthos ■ Indemnité que l'on décida d'attribuer à Athènes à ceux qui participaient aux réunions de l'*ecclesia* afin que les citoyens pauvres, contraints de travailler pour vivre, ne fussent pas exclus de la vie politique. C'est le lointain ancêtre de notre indemnité parlementaire qui doit garantir l'indépendance matérielle de l'élu.

Prolongements

- Le prestige de la civilisation d'Athènes conduisit Harold Macmillan, excédé par l'attitude américaine à l'égard de la Grande-Bretagne, à comparer son pays à Athènes, symbole de la civilisation raffinée, et les États-Unis aux rustiques Romains.
- Sous la IIIe République l'Action française fit un grand usage du terme de métèque pour désigner, de façon injurieuse, les étrangers immigrés en France.

1.3 Sparte

Repères

Sparte ou Lacédémone, cité mal connue, est souvent présentée comme l'opposé d'Athènes. C'est une des rares cités importantes qui ne soit pas portuaire et qui semble avoir choisi, dans le dernier tiers du VIe siècle av. J.-C., un relatif isolement. Sparte semble avoir interrompu, de façon délibérée, l'évolution de son système politique et social.

Un fort impérialisme à l'époque archaïque permit à Sparte de mettre la main sur la Messénie et d'accroître son territoire de façon définitive après deux guerres au début de la seconde moitié du VIIe siècle av. J.-C. Au milieu du VIe siècle av. J.-C. Sparte renonça à l'expansion territoriale pour se contenter de nouer des alliances

avec d'autres cités, qui devaient s'engager à fournir des guerriers combattant sous commandement spartiate. D'où l'expression couramment employée : «les Lacédémoniens et leurs alliés». Sparte eut ainsi une puissance militaire incontestable qu'elle n'engagea pas massivement dans les guerres Médiques contre les Perses, par souci de conserver de quoi assurer la sécurité du Péloponnèse.
Au ve siècle av. J.-C. Sparte fut éclipsée par Athènes, auréolée de la gloire due à son engagement sans réserve contre les Perses. Sparte faisait figure de champion du modèle aristocratique, prête à accorder refuge et assistance à tous les adversaires de la démocratie athénienne. Pendant le premier quart du IVe siècle av. J.-C. Sparte exerça à son tour un impérialisme sur le monde égéen. Mais sa brutalité et ses exigences lui valurent difficultés et guerres. Finalement, après sa défaite à Leuctres, en – 371, elle dut abandonner le premier rôle et connut alors un déclin, entretenu par la puissance macédonienne.
Pour l'essentiel, les difficultés de Sparte tinrent à l'impossibilité de maintenir la cité hors de l'évolution et d'arrêter en quelque sorte le temps.

La société spartiate

Elle était d'une extrême rigidité, séparée en trois catégories hiérarchisées. D'abord les citoyens, appelés «égaux», seuls détenteurs des droits politiques. Pour qu'ils soient entièrement disponibles pour servir Sparte, la cité remettait à chacun un lot de terre et des esclaves pour le cultiver. Après le dressage, de huit à vingt ans, les hommes étaient astreints à une vie collective, retrouvant leurs femmes en cachette lorsqu'ils le souhaitaient. Les femmes, astreintes aussi à un sévère entraînement physique, exerçaient, du fait de l'absence des hommes, d'importantes responsabilités dans le cadre privé.
À côté des citoyens, il y avait les périèques : il s'agissait d'hommes libres exerçant des activités variées en périphérie du territoire de la cité de Sparte. Ils administraient librement leurs bourgades, mais n'avaient aucune possibilité d'intervenir dans les choix politiques de Sparte.
Quant aux hilotes, au nombre d'environ dix pour un citoyen, ils étaient des esclaves de la cité et n'avaient aucun droit. Pour vivre, ils devaient compter sur les surplus dégagés par leur activité agricole sur les lots de terre des citoyens, après prélèvement par le citoyen de la moitié de la production pour l'entretien de sa famille. Les hilotes étaient exposés à de nombreux dangers, y compris la mort puisqu'au terme de leur éducation les jeunes citoyens devaient tuer des hilotes. En cas de nécessité absolue les hilotes pouvaient être utilisés comme force d'appoint dans l'armée de Sparte. Les Spartiates vécurent dans l'inquiétude quasi permanente d'un soulèvement des hilotes.

La vie politique

La constitution de Sparte remonterait au milieu du VIIIe siècle av. J.-C. La vie politique y était beaucoup moins ouverte qu'à Athènes. La prime accordée à l'âge, pour la désignation des membres du conseil, tendait à instaurer une gérontocratie, c'est-à-dire un gouvernement des plus âgés. Avec l'éducation-dressage, qui coulait tous les Spartiates dans le même moule, cela contribuait à maintenir la cité dans un conservatisme étroit.

L'exécutif revenait à deux rois issus de deux familles qui se transmirent la charge de père en fils. Ils étaient chefs de l'armée, mais en cas de guerre, seul l'un des deux rois prenait le commandement des troupes; il était accompagné de deux des éphores («surveillants»). Les rois exerçaient également d'importantes fonctions religieuses. L'autre composante du pouvoir exécutif était les cinq éphores, âgés de plus de trente ans. Élus pour un an par l'assemblée, ils étaient chargés de veiller au respect des lois, de surveiller l'éducation des enfants et de s'assurer de la bonne marche de la vie publique. Ils ne devaient de comptes qu'à leurs successeurs.
L'assemblée des égaux se réunissait une fois par mois et élisait éphores et gérontes. On ne sait trop si elle avait un réel pouvoir de délibération ou n'était qu'un organe d'enregistrement. Les travaux de l'assemblée étaient préparés par un conseil ou Gérousia, composé des deux rois et de vingt-huit gérontes élus à vie par acclamation, parmi les vieillards de plus de soixante ans. Ce conseil avait pour autres fonctions de diriger la politique extérieure et de connaître des affaires criminelles.

Repas des égaux ■ Ce repas en commun était une obligation imposée aux hommes. Chacun devait apporter sa participation à ce repas frugal, qui contribuait à renforcer la cohésion du corps civique et marquait de façon tangible ce qui séparait le citoyen des autres habitants de la cité. Les jeunes citoyens en formation y étaient admis, selon des modalités particulières et y complétaient l'apprentissage de leur fonction civique.

L'enfant à Sparte ■ Dès la naissance la vie lui était dure puisque c'étaient les vieillards de la tribu, auxquels il était présenté, qui décidaient s'il méritait de vivre. Si tel n'était pas le cas, l'enfant était exposé dans le ravin du Taygète. Jusqu'à huit ans son éducation ne relevait pas de l'État, mais de la famille. À huit ans commençait le dressage (*agogè*) qui le faisait passer successivement à travers trois groupes d'âges. Au moment du passage d'un groupe dans un autre il devait affronter des rites initiatiques, dont celui de tuer des hilotes. L'objectif était de développer le patriotisme et l'aptitude au combat chez les garçons. Chez les filles, il s'agissait de fortifier leur constitution physique pour qu'elles puissent concevoir des enfants vigoureux et viables.

Prolongements

- La France de la IIIe République faisait davantage référence à Athènes, cité démocratique, alors que l'Allemagne de Bismarck, comme de Guillaume II, évoquait plus volontiers Sparte, son exaltation du corps et de la préparation physique. Les hommes politiques français se réclamaient d'ailleurs plus facilement de la République romaine que de la Grèce. Faut-il en chercher l'explication dans le souci du droit, propre à Rome, alors que le goût des Grecs pour la philosophie aurait séduit davantage les Allemands?

1.4 Alexandre le Grand et les monarchies hellénistiques

Alexandre le Grand

En – 336, après l'assassinat de Philippe II de Macédoine, son fils lui succéda sous le nom d'Alexandre III. Il affermit immédiatement son autorité, en Macédoine et à l'extérieur, n'hésitant pas à recourir à la force : la cité de Thèbes qui, poussée par Athènes, s'était révoltée, fut rasée, à l'exception de ses temples et de la maison de Pindare. Il fit ainsi comprendre aux cités grecques que la mort de son père ne signifiait pas la fin de la Ligue panhellénique, dont Philippe était le chef militaire. C'est à ce titre qu'en – 335 Alexandre fut chargé de conduire une expédition en Asie. Dès son arrivée en Anatolie il ficha une lance dans le sol, signifiant par là que la terre asiatique, « terre conquise par la lance », devenait sa propriété personnelle. L'expédition était présentée comme une réponse aux guerres médiques et aux destructions infligées par le Grand Roi à la Grèce, depuis Salamine.

Du printemps – 334 au printemps – 330 Alexandre soumit l'Asie Mineure, la Phénicie et l'Égypte où un oracle lui confirma ses origines divines et lui prédit le plus brillant avenir. Il gagna ensuite la bataille de Gaugamèle. Cette victoire lui ouvrit les portes de Babylone et Persépolis et fut le grand tournant de l'expédition. Le roi licencia les troupes de la Ligue panhellénique, mettant fin à la guerre des Grecs. Cette présentation de son expédition était de moins en moins crédible depuis la sortie d'Égypte. Il se présenta, après la mort de Darius, comme le successeur du Grand Roi. La Macédoine ne pouvant pas lui fournir les moyens militaires dont il avait besoin pour poursuivre sa conquête, il décida de s'appuyer davantage sur les Iraniens, qui ne demandaient qu'à le servir. L'aventure cessait d'être une politique macédonienne au service d'un peuple, pour devenir une politique impériale au service d'un homme. Cela valut à Alexandre des difficultés avec ses compagnons d'armes qui n'acceptaient pas que le Roi de Macédoine « s'orientalisât ». Cette transformation se manifestait par l'adoption du costume et du cérémonial perses, l'arrivée de nombreux nobles iraniens auprès du roi, en attendant le mariage d'Alexandre avec une jeune Perse. Les nobles Macédoniens entendaient, eux, garder leur liberté de manières et de langage dans leurs relations avec le roi. Le règlement de ces différends et la mise au pas des satrapies orientales durèrent de – 330 à – 327. Alexandre partit alors à la conquête du bassin de l'Indus. Mais en novembre – 326, après avoir élevé douze autels et fait inscrire dans le bronze : « Ici s'est arrêté Alexandre », il prit le chemin du retour, ses soldats ne voulant plus le suivre. Il mourut en juin – 323, à Babylone, alors qu'il projetait une expédition en Occident.

Respectueux de la culture et de la civilisation grecque, Alexandre n'en était pas moins profondément macédonien. Il n'avait pas ce sentiment de supériorité que le Grec éprouvait vis-à-vis du « barbare », c'est-à-dire du non-grec. Cela facilita ses contacts avec un monde nouveau et l'adoption de pratiques étrangères. Il eut à peine le temps d'organiser sa conquête, alors que son projet supposait une évolution des mentalités.

Les monarchies hellénistiques

Le règne d'Alexandre fut un tournant. Son projet de monarchie fut l'acte de naissance des monarchies hellénistiques réalisées par ses successeurs, les diadoques, lorsqu'ils se partagèrent l'empire. Alexandre avait permis une extraordinaire dilatation du monde hellénisé, du fait de la destruction de l'empire perse.

Avec Alexandre, et plus encore après lui, le roi devint le personnage essentiel de la vie politique dans le monde grec. La royauté ne souffrait plus d'une hostilité aussi vive qu'à des époques antérieures. On construisit, en empruntant à diverses sources, une justification du pouvoir du roi, appelée à une longue postérité et dont on retrouve des éléments jusque sous la monarchie classique en France. Le roi guerrier prouvait par sa victoire qu'il jouissait d'une protection divine particulière. Sa victoire garantissait sa richesse et lui permettait d'être généreux et bienfaiteur. Rien d'étonnant alors à ce que ce roi, sage et juste, vît à terme sa mémoire honorée par un culte.
Outre les trois grandes monarchies, séleucide, lagide et macédonienne, on vit s'installer dans le bassin oriental de la méditerranée quelques monarchies, moins importantes en superficie, mais parfois rapidement assurées d'un grand prestige, comme le royaume de Pergame.

Proskynèse ■ Ce terme signifie prosternation. Ce geste, de respect et de soumission, était pratiqué à la cour perse. Alexandre, dans sa volonté de réaliser la fusion des diverses composantes de sa conquête, décida de la conserver et de l'imposer aux Macédoniens. Ce fut un tollé, en particulier de la part de ses compagnons d'armes les plus proches, et de l'armée en général. Ces hommes, fortement associés à la proclamation du pouvoir royal au moment de l'avènement d'Alexandre, ne voulaient pas faire un geste indigne à leurs yeux, qui devait être réservé aux barbares.

Nœud gordien ■ Gordias, roi légendaire de Phrygie, avait dédié son chariot à Zeus. Le joug était attaché par un nœud d'une extrême complexité et l'empire sur l'Asie était promis à celui qui parviendrait à le dénouer. Alexandre le Grand trancha d'un coup d'épée le nœud, affirmant en quelque sorte que l'Asie lui appartiendrait quelles que fussent les difficultés à affronter.

Prolongements

- Il y eut une indéniable influence de la réflexion politique hellénistique à Rome à la fin du Ier siècle av. J.-C., lors du passage de la République à l'Empire.
- Alexandre et son œuvre furent très présents dans la production artistique de l'époque de Louis XIV comme le prouve la décoration du Salon de la Guerre à Versailles.
- La comparaison qui vint immédiatement à l'esprit, quand Napoléon Ier fut à l'apogée de sa puissance, fut Alexandre le Grand.
- Quand un détenteur de l'autorité locale abuse de son pouvoir, on parle de « satrape », voire de « satrape oriental », comme les Grecs qui opposaient leur gouvernement selon la loi à celui des barbares confisqué par un despote.

2. Religions

2.1 Le mythe

➠ TERMINOLOGIE • Vient du grec *mythos* : parole, fable.

Le mythe est un récit fabuleux, se situant dans le temps des origines, à fonction explicative. Aujourd'hui, le mythe désigne une pure construction de l'esprit, sans rapport avec la réalité.

Définition du mythe

Le mythe est un récit fabuleux : il raconte une histoire et n'expose pas des thèses argumentatives. En ce sens, le *muthos* s'oppose au *logos*, qui est un discours rationnel et démonstratif. Les historiens et les philosophes grecs du Vᵉ siècle insisteront sur cette opposition entre des récits non confirmés par des témoignages, qu'ils critiquent comme illusoires, et des démonstrations authentiques, «logiques».
Le mythe est un récit des origines : le mythe se situe au «temps fabuleux des commencements» (Mircea Éliade). Il a lieu dans un temps primordial, avant le temps et l'histoire. Il rend compte ainsi des racines de ce qui va advenir.
Le mythe a une fonction explicative : ce n'est pas un récit gratuit ou qui aurait pour seule fonction de divertir. Face à des questions essentielles et mystérieuses, portant sur la nature des choses ou des hommes, des questions dénommées aujourd'hui métaphysiques, le mythe donne une explication qui se présente comme définitive.

Mythe, conte, légende, allégorie

Il convient de ne pas confondre le mythe avec d'autres types de récits :

- Le conte est une histoire qui est racontée à quelqu'un dans le but de le distraire, alors que le mythe se caractérise par sa gravité et sa profondeur. Diderot notait que «lorsqu'on fait un conte, c'est à quelqu'un qui l'écoute» (*Ceci n'est pas un conte*, 1773).

Exemple de conte : les *Métamorphoses* d'Apulée.

- La légende (*legenda* : ce qui doit être lu lors des offices religieux) mêle éléments réels et imaginaires, alors que le mythe est de l'ordre de l'imaginaire.

Exemple de légende : la guerre de Troie.

- L'allégorie (« parler autre») suppose que le récit imaginaire renvoie à une vérité cachée. Le mythe ne renvoie à rien d'autre qu'à lui-même (c'est une tautégorie). Des philosophes comme Platon interprètent le mythe en terme d'allégorie et s'en servent pour évoquer des questions inaccessibles, comme la nature de l'âme.

Exemple d'allégorie : l'allégorie de la caverne chez Platon.

Le mythe d'Œdipe ■ Œdipe est le fils du roi de Thèbes, Laïos et de Jocaste. L'oracle de Delphes ayant prédit qu'il tuerait son père et épouserait sa mère, son père le fit abandonner sur le mont Cithéron, après lui avoir fait percer les chevilles pour l'attacher (d'où le nom d'Œdipe, qui signifie «pied enflé»). Recueilli par un berger du roi de Corinthe, Polybos, il est adopté par celui-ci. À l'âge adulte, il quitte ses parents adoptifs. Rencontrant à un carrefour Laïos qui l'insulte pour obtenir le passage, Œdipe le tue, sans bien sûr savoir de qui il s'agit. Arrivé à Thèbes, il arrive à répondre à la question que lui pose le Sphinx, monstre, mi-femme mi-lion aux ailes d'aigle, qui dévorait les habitants de la ville, incapables de répondre à ses énigmes. Œdipe trouve la réponse à la question : «Qu'est-ce qui marche tantôt à quatre pattes, tantôt à deux, tantôt à trois, et qui contrairement à la loi générale est le plus faible quand il a le plus de pattes? » Il s'agit de l'homme, enfant à quatre pattes, adulte sur ses deux jambes et vieillard appuyé sur une canne. De dépit, le monstre se jette du haut des rochers. Fêté par la population de Thèbes, Œdipe se voit offrir le trône et épouse la veuve de Laïos. La prophétie se trouve ainsi réalisée. Œdipe le comprendra lorsqu'à la suite d'une peste qui frappe Thèbes, il charge le frère de Jocaste, Créon, de rechercher la cause du fléau. Ayant appris la vérité, Jocaste se tue; Œdipe se crève les yeux et part guidé par sa fille Antigone.

Le mythe de Prométhée ■ Fils d'un des Titans, Japet, Prométhée («le prévoyant») est le frère d'Épiméthée («le maladroit») et d'Atlas. Alors qu'Épiméthée est le créateur du règne animal, Prométhée protège les hommes : pour ce faire il trompe deux fois Zeus. Une première fois, au cours d'un sacrifice il fait choisir à Zeus la part la plus tentante de la bête immolée, mais il ne s'agit en fait que d'os enrobés d'une graisse appétissante. Il laisse aux hommes le meilleur, la chair recouverte de peau. Par mesure de rétorsion, Zeus refuse le feu aux hommes. Prométhée dérobe alors le feu à la forge d'Héphaïstos, dieu du feu, de la terre et des volcans. Il permettra ainsi aux hommes d'accéder à de nombreux arts comme la métallurgie et à la civilisation. En punition Zeus l'enchaîne sur un rocher du Caucase où un aigle vient dévorer son foie sans cesse renaissant. Prométhée est délivré par Héraclès qui tue l'aigle. Pour punir les hommes, Héphaïstos leur envoie la première femme, Pandore («dotée de tous les dons»), séductrice qui apporte avec elle une jarre qu'elle ouvre et d'où tous les malheurs s'échappent pour frapper l'humanité. Remettant vite le couvercle elle ne réussit à préserver que l'espérance.
Ce mythe est exposé dans Hésiode (*Les Travaux et les Jours*) et surtout dans le *Prométhée enchaîné* d'Eschyle (vers 467 av. J.-C.). Platon dans le *Protagoras* attribue à Prométhée la création de tous les êtres vivants.

Prolongements

- Exposé au chant IV de *l'Iliade* et XI de *l'Odyssée*, le mythe d'Œdipe est surtout popularisé sous sa forme la plus connue dans *Œdipe roi* de Sophocle (430 av. J.-C.), suivi d'*Œdipe à Colone* (401, qui relate la vie d'Œdipe proscrit).
- Corneille (*Œdipe*, 1659) puis Voltaire (*Œdipe*, 1718) s'intéressent à Œdipe sans grande réussite, comme le feront les romantiques avec Hölderlin (*Remarques sur Œdipe, Remarques sur Antigone*, 1804). Le mythe sera surtout popularisé par Freud qui prétend y voir des constantes du désir humain, d'épouser sa mère et de tuer son père : «Le mythe grec met en valeur une compulsion que chacun reconnaît pour avoir perçu en lui-même des traces de son existence.»
- Depuis le romantisme Prométhée est considéré comme le symbole de l'humanité révoltée contre les dieux et l'obscurantisme, et de la possibilité d'un progrès de l'humanité. C'est le cas dans le *Prométhée* de Goethe (1773) et surtout dans le *Prométhée délivré* de P. B. Shelley (1820) où il incarne la lutte de l'homme usant de son savoir contre un Zeus qui symbolise le mal. Les adversaires des progrès de la civilisation comme Rousseau voient en lui celui qui, en leur apportant la science et les arts, a fait le malheur des hommes.

2.2 Les dieux grecs

La religion grecque est une religion polythéiste («avec beaucoup de dieux»). Les dieux ont de nombreux traits communs avec les humains, dont ils ne sont pas radicalement séparés. Néanmoins ils sont exemptés des souffrances, des maladies et de la mort : ils sont immortels. Les principaux de ces dieux vivent sur le mont Olympe, autour du dieu principal, Zeus, d'une vie de jeunesse et de beauté éternelle. Ce sont des dieux exigeants, auxquels les mortels doivent rendre un culte, constitué de prières et de sacrifices. Les hommes reconnaissent ainsi leur infériorité. C'est une très grande faute que l'orgueil et la démesure (« *hybris* »), qui conduisent l'homme à vouloir s'égaler à eux.

La religion grecque est intimement mêlée à toute la culture traditionnelle de la Grèce, à la littérature et aux arts. Elle n'est pas l'objet d'une révélation particulière, elle n'est pas inscrite dans des livres sacrés, elle n'est pas desservie par un clergé. Cette religion est aussi une religion civique, chaque cité étant protégée par une divinité particulière, la divinité poliade. Les fonctions de prêtre sont des magistratures comme les autres. Certains rassemblements, pèlerinages ou fêtes, sont l'expression de croyances communes à toute la Grèce (panhelléniques).

Des aspects mystiques se font également jour dans cette religion grecque, qu'ils soient intégrés à la religion officielle, comme les mystères, ou qu'ils en soient exclus, comme les croyances orphiques. Les oracles font connaître la volonté des dieux : ainsi la Pythie à Delphes, ou les sibylles, parlent sous l'inspiration d'Apollon. La croyance dans ces dieux se maintiendra jusqu'au IVe siècle de notre ère.

Les dieux de l'Olympe

Douze dieux vivent sur l'Olympe.

- Zeus : maître du ciel, « roi des hommes et des dieux ».
- Héra : sœur et épouse de Zeus.
- Poséidon : dieux des eaux et des mers.
- Hestia : déesse du foyer.
- Déméter : terre nourricière.
- Apollon: beauté et arts. Il conduit le chœur des Muses, jeunes et belles divinités.
- Artémis : chasse et lune.
- Arès : combats.
- Héphaïstos : forgeron, dieu du feu et des volcans.
- Aphrodite (née de l'écume de la mer) : beauté et amour.
- Athéna ou Pallas : fille de Zeus et de Métis (intelligence rusée) déesse de la guerre, des arts et de la paix.
- Hermès : messager des dieux, dieu des voyages, des transactions et des transitions.

Les autres divinités que les Olympiens :

Hadès : Enfers.
Dionysos : vin.
Cybèle ou la Grande Mère : déesse de la fécondité, venue d'Orient.
Éole : roi des vents, qui les libère sur l'ordre de Zeus.
Les nymphes (jeunes femmes) sont des divinités de la nature, terrestres ou maritimes.

Hésiode, l'origine des dieux et l'histoire de l'humanité ■ Les principaux mythes théogoniques (« portant sur l'origine des dieux ») et cosmogoniques (« portant sur l'origine du monde ») nous ont été transmis par Hésiode dans la *Théogonie.*
Avant toute chose existait l'immensité vide, le Chaos d'où sont issus Gaïa (la Terre) et le fils qu'elle a engendré seule, Ouranos (le Ciel), « capable de la couvrir tout entière ». De l'union de Gaïa et d'Ouranos naquirent des races de géants, Cyclopes (œil rond), ainsi nommés parce qu'ils n'avaient qu'un œil au milieu du front, Titans, nommés d'après l'autre nom de leur mère la Terre (Titaïa), et Titanides. Les plus célèbres des Titans sont Japet, Océanos, Rhéa et Cronos (le Temps).
Cronos émascule son père avec une faucille donnée par sa mère, épouse Rhéa et lui donne plusieurs enfants qu'il dévore pour qu'ils ne prennent pas sa place. Un seul, Zeus, est sauvé par sa mère qui donne à engloutir à Cronos une pierre enveloppée de langes. Zeus est élevé secrètement en Crète. Adulte il chasse Cronos, après lui avoir fait rendre par un breuvage magique les enfants qu'il avait avalés. Avec l'aide de ses frères et sœurs il fait la guerre à Cronos et aux autres Titans. À leur tour, ils eurent d'autres enfants, certains divins, Apollon, Artémis, Hermès, Aphrodite, Athéna, Dionysos, Arès, Héphaïstos; d'autres, nés d'union avec des mortels, seront des héros. Ces dieux résident sur les hauteurs du mont Olympe. Chacune de ces divinités a la charge soit d'un secteur, soit d'une fonction particulière.
L'autre grand récit d'Hésiode est celui qu'il fait, dans les *Travaux et les Jours* de l'histoire de l'humanité à travers le mythe des cinq races qui se sont succédées, depuis l'âge d'or, du temps de Cronos, où les hommes vivaient comme des dieux « à l'abri des peines et des misères », jeunes, et ne connaissant ni travail ni combats. Puis vint l'âge d'argent, du temps de Zeus, où l'homme fut contraint de travailler. Puis l'âge d'airain (bronze), où apparut la guerre. Puis l'âge des héros, ceux de Troie et de Thèbes. Enfin l'âge de fer, l'époque d'Hésiode, dominé par la maladie, la vieillesse et la mort. Cette époque elle-même est vouée à la destruction.

Xénophane et la critique des religions traditionnelles ■ Xénophane (IVe siècle av. J.-C.), fondateur de l'école d'Élée, pose comme principe d'intelligibilité le Dieu un. Il critique les religions traditionnelles avec des arguments souvent repris par la suite. D'abord pour des raisons morales : « Homère et Hésiode ont attribué aux dieux tout ce qui est sujet de honte et de blâme chez les hommes : voler, commettre l'adultère et se tromper les uns les autres. » D'autre part, il critique l'anthropomorphisme de la religion grecque : « Mais les mortels pensent que les dieux naissent, qu'ils ont des vêtements, une voix et une forme semblables aux leurs ». Ou bien, « Les Éthiopiens disent que leurs dieux à eux ont le nez épaté et la peau noire, les Thraces disent que les leurs ont les yeux bleus et les cheveux roux ». « Si les bœufs, les chevaux et les lions avaient des mains et pouvaient dessiner avec leurs mains et produire des œuvres d'art comme les hommes, les chevaux dessineraient les formes des dieux pareilles aux chevaux, les bœufs pareils aux bœufs. »

Prolongements

- Nietzsche regrette, dans *la Naissance de la tragédie*, que la création artistique se soit éloignée de la Grèce, qui avait su concilier l'apollinien, mesuré et raisonnable et le dionysiaque, ivresse et délire. Par la suite, il se proclame « le dernier disciple » de Dionysos, dieu de l'affirmation et de la vie, contre « le crucifié », c'est-à-dire le Christ, dieu du ressentiment.

Tableau généalogique des dieux selon Hésiode

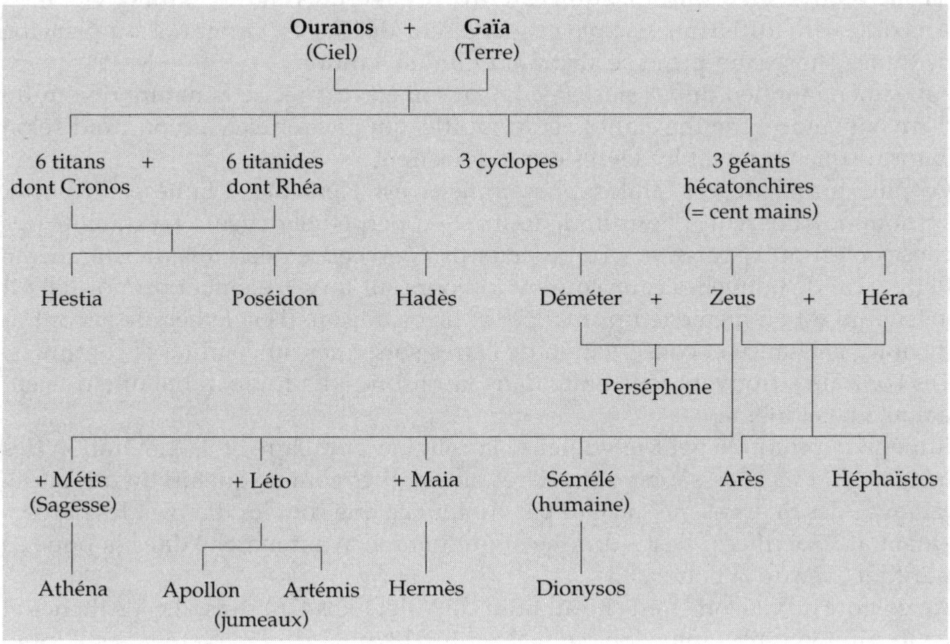

3. Philosophie

3.1 Les présocratiques

Ces penseurs sont traditionnellement définis négativement comme étant «avant» Socrate, c'est-à-dire avant le début de la philosophie au sens traditionnel. En fait, il est possible de définir leur œuvre positivement comme étant une tentative de rendre compte des phénomènes physiques, de la nature, en les rapportant soit, chez les Ioniens, à un premier principe matériel, soit, chez les Éléates, à une idée. Ils proposent une explication rationnelle qui doit remplacer le recours au mythe comme chez Hésiode. En ce sens ces physiologues («savants sur la nature») sont à l'origine de la pensée scientifique occidentale.
Il est possible de les répartir suivant la région dont ils sont originaires, tous vivant dans des cités maritimes et commerçantes, où la pensée libre naît en se confrontant à d'autres civilisations.

Les Ioniens

Le premier d'entre eux est Thalès de Milet (VIIe-VIe siècle av. J.-C.) astronome et mathématicien. Il serait à l'origine des mathématiques grecques, qu'il aurait ramenées d'un voyage en Égypte. Astronome, il aurait prévu l'éclipse de – 585, ce qui lui aurait permis de faire de fructueuses affaires en anticipant une bonne récolte d'olives. Il estime que de l'eau procèdent toutes choses et toute vie.

Anaximandre (610-545), disciple et successeur de Thalès, aurait mis au principe de toutes choses, un principe abstrait, l'illimité, l'infini.

Anaximène (milieu du VIe siècle av. J.-C.), son élève, précise la nature de l'infini d'Anaximandre, comme étant l'air, le souffle, qui peut être chaud ou froid selon la forme que prennent les lèvres qui le projettent.

Le plus grand de ces philosophes ioniens est Héraclite d'Éphèse (576-480), surnommé «l'obscur». Pour lui le tout est en perpétuel devenir. La stabilité des choses n'est qu'apparente. «Tu ne peux pas descendre deux fois dans le même fleuve; car de nouvelles eaux courent toujours sur toi». L'élément primordial est le feu, qui est en même temps matière et logos, raison. Il est le lieu de la contradiction : naissance et conservation des êtres sont dues au conflit des contraires. Les contraires trouvent leur unité dans la raison : «La route, montante descendante, une et même.»

Il méprise profondément le vulgaire, la religion populaire et sa vénération des images : «Et ils adressèrent des prières aux statues comme quelqu'un qui parlerait avec des maisons, ne sachant pas du tout ce que sont les dieux et les héros.» Quant aux sacrifices, c'est «comme si un homme ayant marché dans la boue se purifiait avec de la boue».

Anaxagore de Clazomènes, cité au nord de Milet (500-428) s'installe à Athènes et y introduit la philosophie ionienne. Pour lui, la cause du mouvement est l'intelligence ordonnatrice (*nous*). «Rien ne naît ou n'est détruit, mais il y a mélange et séparation des choses qui sont». Il porte une attention particulière aux objets célestes : «le soleil est une pierre embrasée», «il y a des habitants sur la lune.»

Les Écoles de Grande Grèce (Italie du Sud et Sicile)

Le principe n'est plus recherché dans la matière, mais dans les idées. Nombre ou essence intelligible ont le pouvoir de faire exister toute chose en lui imposant sa mesure.

Pythagore (570-fin VIe siècle av. J.-C.) passe pour avoir joué un grand rôle dans l'évolution des mathématiques. Le nombre est l'essence de toutes choses et toutes les choses sont des nombres, l'univers est gouverné par l'harmonie. Mais il est aussi un chef de secte mystique, influencé par les doctrines orphiques sur l'immortalité de l'âme et sur la vie ascétique nécessaire pour éviter les réincarnations successives. Ses disciples reçoivent une longue éducation, trois ans pour les acousmaticiens, qui reçoivent un enseignement exprimé en formules (acousmates) destinées à être gardées en mémoire. Par exemple : «Qu'y a t il de plus sage? Le nombre, et après lui celui qui a donné leur nom aux choses», ou bien «Qu'y a t il de plus beau? L'harmonie.» Les mathématiciens doivent garder le silence pendant cinq ans supplémentaires.

Empédocle d'Agrigente (milieu Ve siècle av. J.-C.) se serait jeté dans l'Etna pour confirmer sa réputation d'être un Dieu : le volcan rejeta une de ses sandales. Il fut à la fois mage-guérisseur et philosophe scientifique. Selon lui, il n'y a pas dans le monde de transformation, de naissance véritable : rien ne naît de rien. À la substance unique des Milésiens, Empédocle substitue quatre éléments, qui devaient dominer la physique jusqu'à Lavoisier, l'emportant sur les atomes démocritéens. Une certaine combinaison de ces quatre éléments dans l'organisme produit la santé, le degré d'intelligence et les divers tempéraments ou caractères. De même que les peintres n'ont besoin que d'un nombre limité de couleurs pour représenter des personnages variés, de même les quatre racines doivent suffire pour reconstituer la variété illimitée des choses : en effet les grands peintres de l'époque se servaient seulement de blanc, jaune, rouge et noir. Ces quatre éléments sont mus par deux principes, haine et amour : « tantôt de par l'amour ensemble ils constituent une unique ordonnance. Tantôt chacun d'entre eux se trouve séparé par la haine ennemie ».

Les Éléates

Ils posent l'identité de l'être avec ce que l'intellect ou la pensée appréhendent. L'école éléate est fondée par Xénophane (VIe siècle av. J.-C.), ionien, originaire de Colophon, qui vient se fixer à Élée, dans le sud de l'Italie, pour échapper à l'invasion des Perses. Le plus grand de ces philosophes éléates, et le principal des présocratiques avec Héraclite, est Parménide (544-450). Il est le premier à écrire une œuvre philosophique en vers, dans laquelle il oppose deux voies, celle de la vérité, de l'être et celle de l'opinion, du non-être. Sa pensée se résume dans la formule : « L'être est, le non-être n'est pas. » Du réel on doit dire : « il est », on ne peut dire « il n'est pas », car on ne peut connaître ni exprimer ce qui n'est pas. Cette identification de la pensée et de l'être implique, d'une part, que l'être est immobile et soustrait à tout mouvement, et, d'autre part, que la connaissance véritable se réduit à la saisie de l'intelligible qui est l'être, les sensibles ou les corps ne pouvant être objets que de l'opinion. L'être, ce qui est pensé, s'oppose radicalement au non-être. Parménide est en ce sens le fondateur de l'ontologie (« science de l'être »). La seule réalité est une sphère parfaite et limitée, également pesante à partir du centre dans toutes les directions, increéée, indestructible et immobile.

Zénon d'Élée (milieu Ve siècle av. J.-C.) s'appuie sur la théorie parménidienne de l'être-un pour réfuter l'évidence sensible, et utilise quatre arguments paradoxaux pour montrer que le mouvement ne saurait être réel. En particulier le véloce Achille ne dépassera jamais à la course une tortue qui a une longueur d'avance sur lui, car lorsqu'il arrive à l'endroit où était la tortue, il lui restera toujours à parcourir la distance que celle-ci vient de parcourir, en vertu de la divisibilité à l'infini de l'espace.

Prolongements

- Nietzsche appréciait beaucoup les présocratiques, en particulier Héraclite, philosophe du devenir. Il les oppose à Socrate qui n'est qu'une autre figure du « crucifié ».
- Heidegger refuse l'idée que les présocratiques ne feraient qu'annoncer Socrate et Platon, comme s'il y avait un progrès en philosophie. Ils sont au contraire supérieurs car ils ont un rapport non métaphysique à l'être, défini comme physis.

3.2 Socrate et Platon

C'est avec Socrate, que l'on a coutume de faire commencer la philosophie grecque. N'ayant rien écrit, il est connu essentiellement à travers le portrait qu'en trace Platon. Il est dès lors courant de qualifier les penseurs antérieurs à Socrate de présocratiques. Quant à Socrate et aux socratiques, ils refusent explicitement d'être confondus avec leurs contemporains, les sophistes.

Socrate

Socrate est né à Athènes vers 470 av. J.-C. et mort en 399. Il a choisi de ne rien écrire, car il préfère le recours à la parole, vivante et subtile, alors que l'écrit serait toujours trompeur et figé. Ses propos nous sont retransmis par ses disciples comme Xénophon, mais surtout par Platon, en particulier dans les dialogues qualifiés de socratiques, comme le *Phèdre*, le *Banquet*, le *Gorgias* ou le *Phédon*. Il s'agit dans chacun de ces dialogues de tenter de définir une idée ou une vertu, sous une forme abstraite et générale. Cette recherche est qualifiée par Socrate de «maïeutique», art d'accoucher les esprits des vérités qu'ils ont en eux. On parle également d'«ironie» socratique (ironie signifie interrogation).

L'originalité de Socrate par rapport aux philosophes qui l'ont précédé est de ne plus se préoccuper de la question de savoir ce qu'est le monde, la nature, mais de s'interroger sur ce qu'est l'homme. L'impératif «connais toi toi-même», qui était inscrit au fronton du temple de Delphes, devient la question centrale de la philosophie.

Cette interrogation sur soi-même va de pair avec l'émergence d'un sentiment d'intériorité, qui apparaît bien dans la manière dont Socrate parle de son «démon», de la voix intérieure qu'il écoute en lui. C'est aussi cette préoccupation de l'individualité qui sera une des principales causes de sa condamnation par le tribunal d'Athènes.

Selon Socrate la philosophie ne doit pas servir à l'action politique. Elle est une recherche totalement désintéressée, et qui n'aboutit à aucune solution définitive, selon la célèbre formule : «Je sais que je ne sais rien.» La philosophie est étymologiquement amour, recherche de la sagesse, plutôt que possession de la vérité.

Les sophistes

Il se différencie ainsi des sophistes, qu'il va largement contribuer à discréditer, comme le prouve encore aujourd'hui l'usage du terme «sophisme» pour désigner un raisonnement fallacieux, alors que sophiste signifie tout simplement «savant». Les sophistes étaient en fait les premiers «intellectuels» professionnels, professeurs itinérants qui enseignaient l'art du raisonnement et de la rhétorique à des fins politiques. Eux aussi faisaient pourtant de l'homme leur principal sujet d'étude, et Socrate aurait sans doute pu facilement être confondu avec eux. Toutefois, alors que les sophistes recherchent l'efficacité et le bonheur de l'homme, Socrate propose comme but ultime la recherche de la vérité et de la vertu.

Évidemment, cette rhétorique pouvait servir à prouver une chose comme son contraire, et le grand art des sophistes consistait à soutenir alternativement le pour et le contre. Cette méthode se fondait également chez certains, comme Protagoras (v 485-411) sur l'idée d'une relativité de toutes connaissances, suivant le principe selon lequel « l'homme est la mesure de toutes choses ». Les sophistes mettent également en question les valeurs religieuses et les normes morales. Protagoras est l'auteur d'un traité sur *La Vérité ou les renversements*. Gorgias, auteur d'un *Traité du non-être*, Prodicos, Hippias furent d'autres célèbres sophistes.

Platon

Platon (428-348) est issu d'une vieille famille aristocratique d'Athènes. Principal disciple de Socrate, il va construire un système philosophique complet dans de très nombreux ouvrages, des dialogues pour la plupart. Il fonde la plus grande école philosophique de l'Antiquité, l'Académie.
Membre important du parti aristocratique à Athènes, il critiquera la démocratie au nom d'une cité politique idéale dont il expose précisément le tableau dans la *République* et les *Lois*. Il ira même plusieurs fois jusqu'en Sicile pour proposer ses services à Denys, tyran de Syracuse, en espérant ainsi que ce roi devienne philosophe. Mais ces voyages se termineront toujours mal.
L'œuvre de Platon est essentiellement métaphysique et politique.

Le monde des Idées et l'allégorie de la caverne

Selon Platon, la véritable connaissance doit tourner le dos au sensible, à ce qui est en perpétuel mouvement, pour rechercher la connaissance de ce qui est immuable, et qu'il appelle les Idées intelligibles. Il oppose ainsi la connaissance commune, la « doxa », à la connaissance vraie. C'est cette conversion qu'il propose dans la fameuse « allégorie de la caverne ». Les hommes sont semblables à des prisonniers enchaînés dans une caverne, qui ne voient pas le monde réel. Ils croient que les ombres au fond de la caverne sont la réalité, et ils se flattent d'être les plus habiles à les reconnaître. En fait, ces ombres ne font que refléter des objets fabriqués éclairés par le soleil. On contraint un des prisonniers à sortir de la caverne et à regarder en face la lumière du jour. D'abord ébloui, il voit ensuite les objets du monde réel, qui figurent les Idées, et progresse jusqu'à la connaissance du soleil, allégorie de l'Idée du Bien. Lorsqu'on le contraint à redescendre dans la caverne, ses camarades se moquent de lui, alors qu'il est aveuglé par le retour dans l'obscurité. Il est à l'image du philosophe, ébloui d'avoir contemplé la vérité en face. Platon appelle dialectique la méthode qui permet au philosophe de s'élever jusqu'au monde des Idées.

La *République* et la cité idéale

Au point de vue politique, la *République* donne le premier modèle des utopies politiques, en décrivant une cité telle qu'elle devrait être, conforme à la raison, et ne tenant aucun compte des cités réellement existantes. La tripartition de la cité entre laboureurs et artisans, guerriers ou gardiens et philosophes, correspond à la tripartition de l'âme entre les appétits, le courage et l'intelligence. Les appétits étant situés dans les viscères, le courage dans le cœur, l'intelligence dans la tête. Pour parvenir à ce résultat il propose de faire appel au philosophe-roi, ce qui suppose soit que le roi devienne philosophe, soit que le philosophe soit contraint de devenir roi. Dans la sévère république qu'il institue, les arts et la poésie seront bannis, car ils efféminent le peuple. La propriété privée est interdite et, de même, femmes et enfants sont mis en commun.

Le *Banquet* et l'amour selon Platon ■ L'amour platonique désigne cet amour qui s'élève de l'amour des objets sensibles et des beaux corps à celui des belles âmes et enfin à l'amour de la Beauté en elle-même. L'amour est l'intermédiaire qui fait s'élever les hommes jusqu'à la divinité, et en ce sens « Amour est philosophe ». La philosophie est donc à la fois humaine et divine.
Le mythe de l'androgyne, évoqué par Aristophane dans le *Banquet* donne une illustration de ce que peut être l'amour ou le désir. Au début de l'humanité, les hommes étaient des êtres doubles, à quatre bras, quatre jambes, avec une tête double. Il y avait alors trois genres, mâle, femelle et mâle et femelle. S'étant révoltés contre les dieux, ils seront coupés par Zeus en leur milieu. Depuis, chacun de ces hommes recherche son autre moitié et n'est apaisé que lorsqu'il l'a retrouvée.
L'importance accordée à l'amour (« Éros ») dans le *Banquet* inspirera Freud dans l'opposition fondamentale qu'il établit entre les forces de vie (Éros) et les forces de mort (Thanatos).

La mort de Socrate ■ Critiqué par de nombreux Athéniens, ridiculisé par le comique Aristophane dans les *Nuées*, Socrate fut condamné à mort par les tribunaux athéniens, sous le prétexte qu'il ne reconnaissait pas les dieux de la cité et qu'il corrompait la jeunesse, en la détournant de la vie politique. Le récit de son procès et de ses derniers instants fut donné par Platon dans l'*Apologie de Socrate* et le *Phédon*.
Ses disciples, qui avaient soudoyé un gardien, le pressèrent de s'enfuir. Il refusa, arguant qu'il devait obéir aux lois, même si celles-ci étaient injustes. À ses disciples en larmes, il explique calmement que la mort n'est pas à craindre. En effet, le philosophe n'a jamais rien cherché d'autre qu'à se séparer de ce corps (*soma*) qui est pour lui un tombeau (*sèma*), car il l'empêche de contempler les Idées. La philosophie est donc en un sens une préparation à la mort. Bien des raisons semblent d'ailleurs plaider en faveur de l'immortalité de l'âme. Socrate va jusqu'à demander à ses disciples de sacrifier un coq à Asclépios, dieu de la médecine, pour l'avoir guéri de cette maladie qu'est la vie.

Prolongements

- La mort héroïque de Socrate, condamné injustement, sera souvent comparée à la mort du Christ sur la croix, qu'elle annoncerait. Hegel les considère comme deux « martyrs de la vérité ». Bergson voit dans l'un comme dans l'autre des personnages d'exception qui annoncent une nouvelle « morale ouverte », contre la « morale close » de la société de leur temps. D'autres enfin voudront voir dans la mort de Socrate la marque du conflit toujours renouvelé entre la philosophie et les pouvoirs.
- La cité platonicienne peut être considérée comme la première des grandes utopies politiques, qu'illustreront Thomas More dans son *Utopie* (1516) ou Rousseau dans le *Contrat social* ou l'*Émile*, qui est très directement inspiré de la *République*. Elle est en revanche critiquée en tant que telle par Machiavel ou Spinoza, qui souhaitent que l'on considère les hommes tels qu'ils sont et non tels qu'ils devraient être, ou, plus près de nous par Karl Popper, qui y voit, dans la *Société ouverte et ses ennemis* (1945), le premier exemple d'une société totalitaire.

3.3 Aristote et la philosophie scientifique

Aristote (384-322) est né à Stagire, en Macédoine. Son père était médecin du roi de Macédoine. Il arrive à Athènes à dix-sept ans et restera vingt ans à l'Académie élève de Platon, où il est surnommé «le liseur». Il quitte Athènes à la mort de Platon, menacé par les nationalistes qui l'accusent d'être lié au roi de Macédoine. Il est alors précepteur d'Alexandre le Grand. Il retournera à Athènes lors du couronnement d'Alexandre, et ouvre sa propre école, le Lycée. Il n'hésite pas à critiquer Platon car, dira-t-on, «*amicus Plato, sed magis amica veritas*» («Platon est un ami, mais la vérité l'est plus encore»). Les disciples d'Aristote sont aussi appelés péripatéticiens, car il enseigne en marchant («*peripatos*»). À la mort d'Alexandre, menacé de procès, il s'enfuit, pour ne pas donner aux Athéniens, «l'occasion de commettre un nouveau crime contre la philosophie».

Un savant encyclopédique

Les écrits qui nous restent d'Aristote, d'accès souvent difficiles, sont ses écrits ésotériques, c'est-à-dire destinés aux élèves de son école, et non au grand public. Ils embrassent la totalité des connaissances de l'époque, suivant l'idéal encyclopédique, selon lequel le philosophe est celui qui possède «la totalité du savoir dans la mesure du possible». Ses écrits portent sur la logique (*L'Organon* : l'instrument), la physique, la biologie (*De l'âme*, *Parties des animaux*, *Histoire des animaux*), la politique, l'éthique (*Éthique à Nicomaque*), la poétique mais aussi sur la métaphysique (ce qui est au-delà de la physique, ou, chez ses premiers éditeurs, les livres qui ont été classés après la physique). La métaphysique est en fait une science de l'être en tant qu'être, ce que l'on nommera ensuite ontologie. Celui qui est le fondateur de la métaphysique est tout le contraire d'un savant purement abstrait. Il est au contraire, suivant une image courante, considéré comme celui qui ramena la philosophie du ciel sur la terre. Il part en effet d'une critique de la doctrine platonicienne des Idées qui, si elles sont vraiment séparées, soit ne sont pas connaissables, soit ne peuvent expliquer la réalité. Selon lui, ce qui vaut ce n'est pas seulement l'universel de l'Idée, c'est l'être singulier. La connaissance ne consiste pas à rejeter comme fausse l'expérience sensible, elle part de l'expérience au sens le plus simple du terme pour arriver ensuite par induction au concept, à l'universel. Au lieu des idées séparées, il montre que les formes sont inséparables de la matière qu'elles organisent. La substance est une réalité qui ne cesse d'être tout en admettant le devenir, et qui permet ainsi de dépasser l'opposition entre le «tout s'écoule» héraclitéen et le «seul l'être est» de Parménide.
En physique, il rend compte des phénomènes par une étude de la causalité, qui distingue entre quatre causes, cause matérielle, cause motrice, cause formelle et cause finale. Pour ce qui est de l'âme, il en distingue trois parties, l'âme végétative, que possèdent aussi les plantes, l'âme sensible, que possèdent aussi les animaux et l'âme intellective, qui n'appartient qu'à l'homme.

Éthique et politique

L'Éthique à Nicomaque souligne le primat de la politique au sein de l'éthique. Ce n'est que dans la cité que l'homme peut se réaliser pleinement ainsi que le souligne la fameuse définition de l'homme comme étant « par nature un animal politique ». L'homme n'est ni un dieu, ni une bête sauvage, il a besoin des autres hommes. Le bien de l'homme ne peut être défini qu'en tenant compte de son appartenance à telle ou telle cité, car c'est la politique qui détermine le souverain bien.

En outre, la conception aristotélicienne de la politique n'est pas celle d'une cité idéale, d'une utopie à la manière de la République de Platon. Il ne s'agit pas, dans la *Politique*, de déterminer « le meilleur régime politique », mais « celui qui est simplement possible ». Pour ce faire, Aristote entreprend une étude des différentes constitutions existantes, dont la *Constitution d'Athènes*. Il distingue ainsi trois sortes principales de constitutions, qui connaissent chacune une forme droite et une forme déviante, la royauté qui dégénère en tyrannie, l'aristocratie qui dégénère en oligarchie, la république (« *politeia* ») qui dégénère en démocratie.

Ce que recherche l'homme, le souverain bien, c'est le bonheur, mais un bonheur accessible et non idéal. Le plaisir est ce qui couronne ce bonheur, comme la jeunesse sa fleur.

Parmi les vertus éthiques, l'amitié est particulièrement importante, qui permet l'acheminement vers les vertus communautaires. La justice est sans doute la plus importante des vertus éthiques. Aristote distingue une justice distributive, qui répartit les biens et les fonctions dans la cité, et l'équité, qui corrige les insuffisances de la loi, dues à sa trop grande généralité. Parmi les vertus intellectuelles, qui supposent une éducation, la principale est la prudence, qui porte sur les moyens permettant de réaliser la fin que constitue le bonheur : elle permet d'analyser les diverses possibilités d'action existantes, en fonction de la situation et du moment, et permet la maîtrise de soi. Pour ce qui est des autres vertus, elles sont toujours un milieu entre deux extrêmes, milieu qu'il n'est pas toujours facile de déterminer. Le courage est un milieu entre lâcheté et témérité, la générosité entre avarice et prodigalité, la modération entre débauche et apathie.

Prolongements

- Dans le Haut Moyen Âge seuls sont connus les écrits logiques d'Aristote, transmis par l'intermédiaire de Boèce (480-524).
- Dante le nommera « le maître de ceux qui savent ».
- Toute l'œuvre de saint Thomas d'Aquin, au XIIe siècle, consistera à concilier l'œuvre d'Aristote et les enseignements de l'Écriture.
- Le tableau de Raphaël, *L'École d'Athènes*, peint Platon et Aristote discutant, l'un faisant signe vers le ciel, l'autre vers la terre.

3.4 Cynisme et scepticisme

La philosophie se présentait en Grèce non seulement comme une activité intellectuelle, mais comme un mode de vie, une recherche du salut, ce que traduit l'organisation en sectes (de *sequere*, suivre, groupe d'hommes suivant la doctrine et l'exemple d'un philosophe, sans nuance péjorative).

Une des plus anciennes était la secte pythagoricienne. Au cours du Ve et du IVe siècles av. J.-C. les plus célèbres étaient celles de Platon et d'Épicure. Une autre secte était celle des cyniques, disciples d'Antisthène. À l'époque hellénistique vont apparaître les écoles stoïcienne et épicurienne, moins préoccupées, dans une époque troublée, de rechercher la vérité pour elle-même que de donner des règles permettant d'atteindre une vie heureuse. La secte sceptique va mettre en question toutes les connaissances auxquelles étaient parvenues les écoles antérieures.

Le cynisme

➠ TERMINOLOGIE • Ce nom vient de ce qu'Antisthène enseignait au gymnase du Cynosargue (« chien agile ») à Athènes. Le chien devient leur symbole : leurs adversaires, comme Platon, les accusaient de vivre comme des chiens, mais ils revendiqueront cette assimilation, comme Diogène, qui se flatte de vivre dans une niche, son fameux tonneau, et d'exercer une surveillance morale semblable à celle d'un chien. Cynique désigne aujourd'hui toute personne qui méprise totalement la morale commune et s'en flatte.

Cette école a été fondée par Antisthène, mais la personnalité la plus marquante en est Diogène de Sinope (413-327 av. J.-C.), dont les adversaires, comme Platon, disent qu'il est « un Socrate devenu fou ». Les philosophes cyniques abandonnaient tous les biens matériels, pour vivre dans la rue. Ils méprisent toutes les conventions et prétendent vivre conformément à la nature.

Antisthène s'en prenait à la conception platonicienne des essences et exposait une conception nominaliste : pour lui, seules les choses particulières existent. « Je vois bien un cheval, mais pas la caballéité ». La recherche des essences qui est celle de Socrate et de Platon n'a donc aucun sens.

Diogène donne au cynisme une direction plus directement éthique. De l'enseignement de Socrate, il ne retient que la vertu et le caractère. Héraclès est le modèle des cyniques. De nombreuses anecdotes illustrent son refus des conventions, de la loi, et son sens très moderne de la répartie. Il méprise profondément tous les biens matériels.

Le scepticisme

➠ TERMINOLOGIE • Vient du grec *skèpsis*, qui désigne l'examen. Les sceptiques examinent tout sans aucune limite.
Scepticisme désigne aujourd'hui l'état d'esprit de quelqu'un qui doute d'une manière délibérée.

Cette école apparaît à la fin du IVe siècle av. J.-C. avec Pyrrhon d'Élis (365-275), contemporain d'Alexandre et d'Aristote, pour qui le scepticisme est surtout une attitude de vie. Ne pouvant discerner ce qui est bien et ce qui est mal, il reste profondément indifférent à tout ce qui l'entoure. Il n'affirme même pas que la connaissance n'existe pas, car il sait qu'il se contredirait par cette affirmation même. Cette suspension du jugement (« *epochè* ») lui permet d'atteindre la paix, l'aphasie (« l'absence de parole ») puis l'ataraxie (« absence de trouble de l'âme »).

Après une longue éclipse, Énésidème renoue avec l'école pyrrhonienne au Ier siècle av. J.-C. et polémique avec les stoïciens et les épicuriens.

Avec Arcésilas (316-241) puis Carnéade (215-129) la Nouvelle Académie emprunte des arguments au scepticisme pour critiquer la philosophie dogma-

tique, c'est-à-dire qui prétend atteindre la vérité, des stoïciens et des épicuriens. Ils lui opposent une doctrine probabiliste.
C'est le médecin Sextus Empiricus (fin IIe – début IIIe siècle) qui va reprendre l'ensemble des arguments sceptiques dans ses *Hypotyposes pyrrhoniennes*. Le qualificatif *empiricus* montre qu'il faisait partie de l'école de médecine empirique, qui refusait toute théorie pour s'en tenir aux observations de cas. L'empirisme avant d'être une doctrine philosophique est d'abord une doctrine médicale.
Il utilise toute une série de tropes, ou d'arguments, pour prouver que le fond des choses nous restera toujours caché. Seuls les phénomènes («ce qui apparaît») peuvent être connus. L'argument de la relativité énonce que «tout est relatif», toute connaissance est relative à un sujet connaissant et à l'objet à connaître. Le miel peut paraître doux à l'un et amer au malade. Le grain de sable est dur, le tas de sable est doux. Les illusions d'optique confirment cette relativité de la connaissance sensible : la tour vue de près est carrée, vue de loin elle est ronde. L'argument de la contradiction rappelle que sur le même sujet des opinions contradictoires ont toujours déjà été soutenues. L'argument de la régression à l'infini montre qu'il est impossible de s'arrêter dans une démonstration.
Les sensations ne conduisent pas à la connaissance de l'être réel des choses. Le miel peut nous paraître doux, mais nous ne pouvons pas dire qu'il l'est, puisqu'il peut paraître amer, par exemple à un malade.

Citations et actions de Diogène
Fait prisonnier et vendu comme esclave, on lui demande ce qu'il sait faire : «commander» répond-il.
À Alexandre, tout puissant, qui lui demande ce qu'il désire, il répond : «Ôte-toi de mon soleil.»
Alors qu'il ne disposait que d'une écuelle et d'un gobelet pour manger, il les jette lorsqu'il voit un enfant boire dans ses mains.
Contre les définitions abstraites de Platon, il se promène en plein jour, une lanterne allumée, en disant : «Je cherche un homme», c'est-à-dire «Je cherche le concept d'homme.»
Ou bien ayant plumé un poulet, il le présente en disant «voici l'homme», répondant ainsi à la fameuse définition de l'homme par Platon comme bipède sans plume.

Une école mineure : les cyrénaïques ■ Cette école, fondée vers 390 av. J.-C. par Aristippe de Cyrène, dans l'actuelle Libye, met au centre de la vie morale la recherche du plaisir, ce plaisir étant précisé comme le plaisir du corps. Les plaisirs du corps sont supérieurs à ceux de l'âme, comme les souffrances du corps sont plus pénibles que celles de l'âme. Ils se distinguent ainsi des épicuriens qui ne recherchent que l'absence de trouble, ce qui, selon eux, ne peut constituer un plaisir. Leur philosophie peut également être qualifiée d'hédonisme. L'école aurait évolué vers l'athéisme avec Evhémère (340-270 av.) qui affirma que les dieux ne sont que des hommes puissants divinisés.

Prolongements

- Selon Stendhal, «l'homme qui pense, s'il a de l'énergie et de la nouveauté dans ses saillies, vous l'appelez cynique».
- Montaigne, dans les *Essais*, expose et reprend à son compte avec enthousiasme les doctrines sceptiques. Il leur reprendra sa devise «Que sais-je?».
- Descartes propose un «doute méthodique» ou même «hyperbolique», qui permettrait de reconstruire nos connaissances sur une base stable, le «*cogito*».

3.5 L'épicurisme

Épicure (341-270) était considéré par ses contemporains comme le troisième grand philosophe de l'Antiquité, avec Platon et Aristote.
Après plusieurs voyages dont un à Athènes où il assiste aux cours de Platon, il fonde une école à Lesbos, puis s'installe à Athènes et fonde l'école du Jardin. De son œuvre, il ne reste que les trois *Lettres à Hérodote*, sur la physique, à *Ménécée*, sur l'éthique, et *à Pythoclès*, sur les phénomènes célestes. Il sera vénéré, d'une manière quasi religieuse par ses disciples.
Le but de l'épicurisme, comme celui du stoïcisme, est de conduire l'homme vers le bonheur. Pour cela il convient de développer une physique, qui, en nous permettant de comprendre le monde, nous libérera de la crainte des dieux et de la mort qui font notre malheur.

L'atomisme

La physique d'Épicure reprendra alors les théories atomistes de deux de ses prédécesseurs, Leucippe (460-370) et Démocrite (460-370). Démocrite est à peu près contemporain de Socrate, et d'un naturel joyeux selon Hippocrate qui lui aurait rendu visite : « Démocrite riait, Héraclite pleurait. » Il se serait même maintenu en vie en humant du miel ou des petits pains sortant du four pour éviter que sa mort n'endeuillât une période de fêtes religieuses.
La doctrine atomiste de Leucippe et Démocrite affirme, contre les Éléates, l'existence du vide et des atomes (« non découpables »). Les atomes tombent dans le vide sous l'effet de leur masse, mais certains, sous l'effet du hasard, connaissent une déviation dans leur chute (ce que Lucrèce appellera *clinamen*) et s'agrègent les uns aux autres, créant ainsi les corps particuliers. Il peut ainsi naître et disparaître une infinité de mondes. L'existence de ce *clinamen* permet également de préserver la liberté humaine en la fondant dans la nature.

L'éthique

Le principe fondamental de l'éthique épicurienne est la recherche du plaisir. Mais celui-ci est défini, d'une manière assez limitative, comme l'absence de trouble (l'ataraxie). Épicure distingue désirs naturels et nécessaires, par exemple boire quand on a soif, désirs naturels mais non nécessaires, comme de manger des nourritures recherchées, désirs ni naturels ni nécessaires comme la recherche des honneurs ou de la gloire. Les seuls qu'il convient de satisfaire sont les désirs naturels nécessaires, les autres étant causes de plus de troubles que de satisfactions.
Cet idéal de bonheur est un idéal strictement individuel (« Pour vivre heureux, vivons cachés; cache ta vie »), lié à l'effondrement des cités grecques et de leurs idéaux collectifs.
Épicure ne nie pas l'existence des dieux, mais il les imagine dans une inactivité absolue, vivant dans les intermondes, sans rapport avec les hommes.

Citations d'Épicure
« Je recommande l'étude constante de la nature, grâce à laquelle je jouis dans ma vie d'une sérénité parfaite ».
« Rien ne naît de rien ».
Le quadruple remède : « Dieu n'est pas à craindre, la mort est privée de sensibilité, le bien est facile à se procurer, la souffrance est facile à supporter. »

« Familiarise-toi à l'idée que la mort n'est rien pour nous, car tout bien et tout mal résident dans la sensation ; or, la mort est la privation complète de cette dernière » « Le plaisir est le commencement et la fin de la vie heureuse ».

Prolongements

- Plus que par les écrits peu nombreux d'Épicure, sa doctrine nous est connue par le philosophe latin Lucrèce, auteur du poème *De la nature* (50 av. J.-C.).
- Les premiers chrétiens se sont violemment opposés à la pensée d'Épicure, et à ses successeurs qualifiés de « pourceaux ».
- Toute la pensée matérialiste depuis lors s'inspire de l'argumentation épicurienne. C'est par exemple le cas de Gassendi ou Hobbes au XVIIe siècle, de Diderot ou d'Holbach au siècle des Lumières. Marx fera sa thèse de doctorat sur la *Différence de la philosophie de la nature de Démocrite et d'Épicure*. Il note : « La philosophie ne se lassera pas de jeter à ses adversaires le cri d'Épicure : "L'impie n'est pas celui qui méprise les dieux de la foule, mais celui qui adhère à l'idée que la foule se fait des dieux". »
- Épicurien a désigné, avec une nuance péjorative, ceux qui ne sont gouvernés dans leur vie que par la recherche de plaisirs sensuels. En ce sens, il est à peu près synonyme d'hédoniste.

3.6 Le stoïcisme

➠ TERMINOLOGIE • Ce terme vient du grec *stoa* (« portique »), sous lequel Zénon donnait son enseignement à Athènes.

Cette école apparaît avec Zénon (335-264), contemporain d'Épicure (341-270), Cléanthe (331-232) et surtout Chrysippe (281-205). On parle alors du premier stoïcisme. On l'appelle aussi le Portique du nom du lieu où Zénon avait ouvert son école en 304. Le moyen stoïcisme est celui de Panétius et Posidonius qui introduiront le stoïcisme à Rome (IIe-Ier siècle av. J.-C.).
Elle se continuera à Rome jusqu'au IIIe siècle apr. J.-C. avec le stoïcisme impérial de Sénèque, Épictète et Marc Aurèle.
La doctrine stoïcienne est la première philosophie à se présenter explicitement comme un système, c'est-à-dire comme une totalité organisée (système : « qui tient avec »). Ce système comporte trois parties : la logique, la physique, et l'éthique. Cette tripartition de la philosophie se retrouvera dans bien des écoles philosophiques de l'Antiquité.

La logique

La logique recherche les conditions de la connaissance vraie. Le critère du vrai est la « représentation compréhensive » : « La science est une compréhension sûre, ferme et immuable fondée par la raison. » Les stoïciens soulignent ainsi l'importance de l'assentiment dans l'accès à la vérité. Ils sont également les précurseurs de l'empirisme lorsqu'ils affirment qu'il n'existe pas d'idées innées et que l'âme humaine est « un papier prêt à écrire ».

La physique

La physique affirme qu'il existe un *logos* (raison) qui ordonne la matière : « toutes les choses sont entrelacées les unes avec les autres. »
Et « cet enchaînement est saint » car ce *logos* est aussi l'élément originel, le feu, ou Dieu. Dieu est à la fois celui qui ordonne le monde et ce monde lui-même. Les stoïciens ont une représentation panthéiste selon laquelle Dieu est le monde. Contre Platon, ils refusent toute forme de dualisme : « Il n'y a qu'un seul monde qui embrasse tout. » Tout ce qui advient dans le monde advient selon un ordre déterminé, qui est le destin. Le but que poursuit cet ordre est la providence.

La morale

La morale indique comment atteindre la sagesse. Les seules choses qui dépendent de nous sont nos attitudes intérieures. Dans la mesure où ce qui arrive ne dépend pas de nous, il nous faut l'accepter, et lorsque nous avons compris que le destin gouverne le monde, il faut y adhérer, acquiescer à l'ordre du monde. La sagesse est alors de « vivre conformément à la nature ». Le bonheur et la vertu sont liés. Du point de vue social et politique l'idée que la société est un tout lié conduit les stoïciens au cosmopolitisme : il existe une fraternité entre tous les hommes. L'esclavage ne peut plus être justifié.

Prolongements

- Dans une première période des *Essais*, Montaigne semble se référer surtout aux stoïciens, en particulier à Sénèque et à Plutarque, pour apprendre à combattre la douleur et la crainte de la mort.
- Marguerite Yourcenar dans ses *Mémoires d'Hadrien* (1951) décrit la vie d'un empereur philosophe et proche du stoïcisme.
- Dans la langue actuelle « stoïcien » est employé pour désigner l'individu qui subit sans se plaindre les événements. Cela manifeste bien l'importance historique de cette philosophie qui encourageait l'homme à la sagesse, en se libérant des passions et en consentant à la nécessité rationnelle de tous les événements du destin.

4. Littérature

4.1 Homère, l'*Iliade* et l'*Odyssée*

Homère, dont l'existence est discutée, aurait vécu vers le milieu du IXe siècle av. J.-C. Il est l'auteur de deux longs poèmes épiques, divisés en 24 chants, l'*Iliade* et l'*Odyssée*. Ces deux œuvres, souvent récitées, jouaient un rôle essentiel dans la formation des jeunes gens et dans la culture grecque en général. L'œuvre d'Homère est la première œuvre littéraire de l'Occident. *L'Iliade* est le récit de la guerre des Grecs contre la ville asiatique de Troie, *l'Odyssée* celui du long et difficile retour vers sa patrie d'un des héros grecs de cette guerre, Ulysse.

L'Iliade

Le récit de la guerre de Troie

Ilion est le nom grec de la ville de Troie. Le sujet du livre est la guerre des Achéens, les Grecs, contre la ville de Troie en Asie Mineure. La cause de la guerre est que Pâris, roi de Troie, refuse, malgré les ambassades qui lui ont été envoyées, de laisser partir la trop belle Hélène qu'il a enlevée à Ménélas, roi de Sparte. Celle-ci semble d'ailleurs rester de son plein gré à Troie, où elle a fort bien été accueillie par le vieux roi Priam, père de Pâris. Ménélas fait alors appel aux anciens prétendants d'Hélène, qui avaient prêté le serment de venir au secours de celui qu'Hélène prendrait pour époux.

Une armée grecque dirigée par le «roi des rois», Agamemnon, frère aîné de Ménélas, roi d'Argos et de Mycènes, part pour Troie. Bloquée dans la rade d'Aulis par la déesse Artémis, la flotte grecque ne peut partir qu'à condition qu'Agamemnon sacrifie sa fille Iphigénie. Au bout de dix ans de guerre, Agamemnon et Achille, puissant guerrier grec, se disputent à propos d'une jeune captive, Briséis, fille d'un prêtre d'Apollon, qu'Achille refuse de rendre, alors qu'il s'agit de la condition nécessaire pour que cesse la peste envoyée sur l'armée grecque par Apollon. Furieux, Achille refuse de continuer à combattre et se retire sous sa tente.

C'est la mort de son compagnon Patrocle, tué par Hector, fils de Priam, qui va lui faire reprendre le combat. Armé par Héphaïstos, le rapide Achille «aux pieds légers» poursuit Hector autour des murailles de la ville et le tue. Après avoir profané sa dépouille, il accepte, contre rançon, de la rendre à son père, Priam. Sa veuve, Andromaque, le pleure comme elle a pleuré son père et ses sept frères massacrés auparavant par Achille. Achille sera lui-même tué par Pâris, qui, guidé par Apollon, le vise au talon. Agamemnon, blessé, devra se réconcilier avec Achille. Les Grecs déposeront devant la ville un cheval, imaginé par Ulysse, dans lequel des guerriers sont cachés, et font semblant de lever le siège. Les Troyens commettront l'erreur de le récupérer. Après la prise de la ville, les Troyennes, dont Andromaque, sont réduites en esclavage. Hélène est ramenée en Grèce par Ménélas.

Des héros violents

Les principaux personnages de l'*Iliade*, qu'il s'agisse d'Agamemnon ou d'Achille, font preuve d'une grande violence, d'une impulsivité et d'un orgueil démesurés (l'«*hybris*»). Ces héros, ces demi-dieux, n'ont pas le caractère profondément humain qui sera celui d'Ulysse. Ils sont caractéristiques de l'âge de bronze, d'un passé où tout était plus grand, plus violent, et qu'Homère évoque avec une certaine nostalgie. Les stoïciens condamneront ces personnages dominés par les passions. Homère, lui, ne prend pas parti, ne tire pas de leçon de morale, et se contente de décrire les héros de la guerre de Troie dans toute leur violence.

Certains passages comme celui de la description du bouclier d'Achille restent des modèles de description littéraire. La répétition de nombreuses formules, «Achille aux pieds légers», «Agamemnon, prince des hommes», «quand paraît l'aube aux doigts de rose» est caractéristique de la poésie orale.

L'Odyssée

➠ TERMINOLOGIE • *Odysseus* est le nom grec d'Ulysse.

Le voyage d'Ulysse

Des années après la guerre de Troie, Ulysse, retenu par la nymphe Calypso, souhaite rentrer dans son île d'Ithaque où l'attend sa femme Pénélope, qui pour résister aux avances des prétendants leur dit de patienter jusqu'à ce qu'elle ait fini de tisser un linceul, qu'elle défait chaque nuit. Son fils, Télémaque, part tenter de retrouver les traces de son père auprès de Ménélas et de Nestor, anciens de la guerre de Troie. Les dieux prenant le parti d'Ulysse obligent Calypso à le laisser partir sur un radeau qu'il a construit. Poursuivi par la colère de Poséidon, il est jeté sur le rivage de l'île des Phéaciens, où il est découvert par la jeune et belle Nausicaa, fille du roi Alcinoos. Admis à la cour, Ulysse dévoile son identité et fait le récit de ses aventures. Il fut au pays des Lotophages (« mangeurs de lotus »), puis chez les cyclopes : il leur échappe en disant s'appeler Personne au cyclope Polyphème. Lorsque celui-ci appellera à l'aide en disant avoir été aveuglé par Personne, on ne lui vint pas en aide. Il échappe ensuite aux anthropophages Lestrygons, il séjourne chez la sensuelle magicienne Circé qui avait changé ses marins en animaux, mais qui lui donne un fils. Il va au bord des Enfers consulter le devin Tirésias pour savoir comment rentrer chez lui. Il évite les rochers de Charybde et Scylla, se bouche les oreilles aux appels des sirènes, évite les imprudences de ses marins qui tuent les bœufs du soleil. De retour à Ithaque après vingt ans personne ne le reconnaît sauf son vieux chien Argos qui meurt de joie en le voyant et sa nourrice Euryclée. Il se fait connaître du chef de ses porchers Eumée et de son fils Télémaque et pénètre au palais déguisé en mendiant. Pénélope ayant décidé d'accorder sa main à celui qui arriverait à bander l'arc d'Ulysse, il est seul à y parvenir et massacre les prétendants et les servantes complaisantes. Il se fait définitivement reconnaître de Pénélope en lui décrivant leur chambre nuptiale.

L'« homme aux mille tours »

Le personnage d'Ulysse est une illustration de la prudence et de la ruse. Il est ainsi qualifié d'« homme aux mille tours ». Il fait preuve de « *métis* », la faculté de comprendre et de réagir vite à une situation imprévue. Il conserve toujours son sang-froid et sait user de nombreux stratagèmes pour vaincre les difficultés. Il est d'ailleurs le favori de la déesse de l'intelligence. Il ne fait pas pour autant preuve d'« *hybris* », d'orgueil. Il ne veut pas choquer les dieux.

Par ailleurs, Ulysse est un personnage vraiment humain, le premier à avoir un statut de personne, le premier à avoir une psychologie, une intériorité, comme en témoigne la manière dont il s'adresse à son cœur pour résister à un désir de vengeance immédiate sur les servantes infidèles : « Patience, mon cœur. » L'Odyssée a pu à ce titre être regardée comme le « premier roman européen ».

L'interprétation qui fait d'Ulysse un homme trop rusé, tortueux, s'appuie sur l'étymologie de son nom. *Odysseus* signifie « en vouloir à, être fâché ». Ce serait un homme du ressentiment. Mais cette interprétation, moins fréquente, est peu justifiée.

Prolongements

- La guerre de Troie a inspiré les tragiques grecs, Eschyle ou Sophocle.
- Dans l'*Énéide*, Virgile décrit la fondation de Rome par le héros troyen fugitif Énée. Jusqu'au XVIIe siècle l'œuvre d'Homère connaîtra moins de retentissements que celle de Virgile.
- La traduction de l'*Iliade* par Mme Dacier en 1711 fera rebondir la Querelle des Anciens et des Modernes.
- Goethe dépeint dans l'*Achilléide* (1799) le courage d'Achille devant la mort. Au XXe siècle la guerre de Troie est le sujet de *La Guerre de Troie n'aura pas lieu* (1935) de Giraudoux.
- Ulysse est considéré comme un héros positif par les sophistes et les sceptiques, ce qui renforce une interprétation contraire, hostile, chez Euripide.
- Au Moyen Âge Ulysse apparaît comme un être fourbe. Dans l'*Enfer* de Dante, il fait partie du huitième cercle, parmi les inventeurs de fraude. Shakespeare, dans *Troïlus et Cressida* (1603) en fait un personnage sympathique, seul à garder sa raison et son honnêteté dans le monde violent et ridicule de la guerre.
- Oublié à l'âge classique, ses aventures sont popularisées en 1808 par un récit, destiné aux enfants, de Ch. Lamb *The Adventures of Ulyssses*, dont la fraîcheur sera à l'origine de l'*Ulysse* de James Joyce (1922).

4.2 La tragédie

➨ TERMINOLOGIE • *Tragœdia* désigne en grec le chant du bouc. Cela fait référence aux satyres, mi-hommes, mi-boucs, qui accompagnent Dionysos. C'est pendant les fêtes de Dionysos que furent représentées les premières tragédies.

La tragédie trouve son origine dans des chants religieux en l'honneur de Dionysos. Mais elle s'est progressivement détachée de cette origine, même si les tragédies ne sont jouées que deux fois par an à Athènes, lors des fêtes de Dionysos. Comme le notait un proverbe : « Il n'y a rien là qui concerne Dionysos. »
Les représentations tragiques deviennent rapidement un moment important de la vie sociale de la cité grecque. Organisées et financées par la cité, elles donnent lieu à un concours deux fois par an qui couronne le meilleur auteur tragique. Les représentations ont lieu devant un public très nombreux (20 000 spectateurs). Le concours oppose trois auteurs, qui présentent chacun quatre pièces (tétrarchie), trois tragédies et une satyre.

La tragédie et le destin

La tragédie est la plus originale et la plus haute production littéraire de la Grèce antique. Elle apparaît à la même époque que l'art classique, que la philosophie et que la démocratie, et est donc un des éléments importants du « miracle grec ». Elle se pose le même type de questions, au sujet des rapports des hommes et des dieux, de l'équilibre qui doit ou non exister entre eux. Surtout elle s'interroge sur les limites de la liberté et de la responsabilité humaine, à l'égard des autres hommes et des dieux. Elle entremêle l'action des causes humaines et des causes divines. La tragédie grecque est une tragédie du destin et des rapports complexes que l'homme entretient avec ce destin. À ce titre elle est universelle et intemporelle. Comme le note Hegel les héros tragiques sont placés «à une hauteur où les simples accidents de l'individualité disparaissent».

Structure de la tragédie

Aux origines de la tragédie, il n'y a qu'un chœur qui chante des hymnes au dieu. Puis l'importance du chef du chœur (choryphée) sera accrue et il commence à dialoguer avec le chœur; cette innovation est attribuée au tragique Thespis vers 535. Eschyle portera le nombre des personnages à deux, Sophocle à trois. Les rôles de femmes sont tenus par des hommes.
Les chœurs jouent un rôle très important et alternent avec le texte qui est lui aussi en vers. Ils commentent les actions des personnages et tendent à en tirer la morale. La pièce commence par un prologue, puis le chœur entre en scène (parodos), ensuite il y a un certain nombre d'épisodes, de deux à cinq, coupés par des chants du chœur, enfin l'exodos est la sortie du chœur. L'évolution de la tragédie se caractérisera par l'importance déclinante du chœur et la place croissante occupée par les acteurs.
Les termes servant à désigner les acteurs auront une large postérité hors du théâtre. Ainsi l'acteur principal se nomme le «protagoniste». Acteur en général se dit *hypocritès,* celui qui répond. Les acteurs portent des masques, que l'on appellera en latin *persona.*

Les trois grands tragiques

Eschyle (525-456)
Il fut un participant courageux des guerres médiques contre les Perses. Il mourut en Sicile, un aigle ayant laissé tomber une tortue sur son crâne, selon la légende. Il nous reste sept pièces de lui, sur les quatre-vingt ou quatre-vingt-dix qu'il aurait composées : *Les Perses, Les Suppliantes, Les Choéphores, Les Sept contre Thèbes, Prométhée enchaîné,* et la seule trilogie qui nous soit parvenue complète, *L'Orestie* (*Agamemnon, Les Choéphores, Les Euménides*).
Les Perses date de 472. C'est la plus ancienne tragédie conservée. Il n'est pas indifférent que le sujet en soit la guerre des Grecs contre les Perses. La confrontation avec l'Orient peut en effet être considérée comme constitutive de la prise de conscience de l'unité et de la grandeur de la Grèce. La tragédie se présente bien ici comme l'art spécifiquement grec.
L'originalité de cette pièce d'Eschyle est de rendre compte de cet affrontement du côté des vaincus. Les héros en sont les vieillards perses qui pressentent la défaite, puis apprennent la nouvelle de leur échec à Salamine. La pièce est remplie de songes funestes et sanglants. L'ombre de Darius mort intervient pour confirmer la nouvelle de la défaite. Ils apprennent enfin que Xerxès a survécu. L'idée qui se dégage de la pièce est que Xerxès, chef des Perses, a été puni pour son orgueil et pour la démesure de ses ambitions. La justice ou vengeance divine («*némèsis*») châtie l'orgueil des hommes («*ubris*»), qui représente le péché majeur dans la pensée grecque.
Dans ses autres pièces se manifeste également le caractère inéluctable de la fatalité qui s'impose aux dieux et aux hommes, dans le sang, la violence et les

cauchemars. Les chœurs ont une place essentielle, bien plus que les dialogues, le ton est noble et majestueux, hiératique.

Sophocle (496-406)
Ce jeune homme de bonne famille était pour ses contemporains l'exemple même d'une vie réussie. Outre ses nombreux succès tragiques, il exerça de hautes responsabilités publiques, et fut l'ami de Périclès.
Sept de ses tragédies subsistent sur cent trente-trois : *Les Trachiniennes*, *Antigone*, *Ajax*, *Œdipe roi*, *Électre*, *Philoctète*, *Œdipe à Colone* qui relate les errances d'Œdipe qu'aucune cité ne veut accueillir par crainte de souillure.
Il introduisit plusieurs modifications dans le déroulement de la tragédie : il ajoute un troisième acteur, porte le nombre de choreutes de douze à quinze et il met une décoration peinte au fond de la scène. Les chœurs jouent un rôle moins important. L'action de ses pièces est plus rapide et moins majestueuse que chez Eschyle.
Les personnages apparaissent plus libres et responsables de leurs actes, pour leur malheur. De ce point de vue, ses héros sont très représentatifs de la condition humaine. Ils sont « à notre image mais plus nobles », selon Aristote. *Œdipe roi* est, selon Aristote, la plus grande tragédie grecque.
Antigone est sans doute la tragédie qui a toujours une signification universelle. Antigone, fille d'Œdipe, veut, contre les ordres de Créon, roi de Thèbes, offrir une sépulture à son frère Polynice, qui s'était battu à mort avec son autre frère Étéocle. Cependant, Créon refuse cette sépulture à Polynice qui avait pris les armes contre sa patrie. Antigone demande à sa sœur Ismène de l'aider à ensevelir leur frère, mais celle-ci refuse, n'ayant pas le courage et la détermination d'Antigone. Elle va seule, de nuit, recouvrir de poussière le cadavre de son frère. Elle est alors arrêtée. Elle invoque alors devant Créon les lois divines, qui ordonnent d'ensevelir les membres de sa famille. Ces « lois non écrites, inébranlables, des dieux » ne datent « ni d'aujourd'hui ni d'hier, et nul ne sait le jour où elles ont paru ». Ces lois divines sont ce que sa conscience ordonne à Antigone de faire. Condamnée à mort, sûre de son bon droit, elle se pend. Ce geste provoque le suicide de son fiancé, Hémon, fils de Créon, puis de la femme de Créon, Eurydice. Créon est donc puni pour son respect formel des lois humaines, qui offense les dieux. La grandeur du conflit entre Antigone et Créon est que chacun a, dans une certaine mesure, la justice avec lui.
Dans cette pièce Sophocle exprime sa confiance dans l'humanité dans des termes célèbres : « Il est bien des merveilles en ce monde, il n'en est de plus grande que l'homme. »

Euripide (480-406)
À la différence de ses prédécesseurs Euripide n'exerça pas de fonctions publiques et mena une vie solitaire. Proche du milieu philosophique, des sophistes et de Socrate, il était assez peu apprécié de ses contemporains et sera sévèrement attaqué par le comique Aristophane.
Il nous reste dix-huit pièces sur les quatre-vingt-douze qu'il aurait composées. Les plus célèbres sont *Médée*, *Hippolyte*, *Les Troyennes*, *Andromaque*, *Iphigénie en Tauride*, *Iphigénie à Aulis*, *Les Bacchantes*, *Ion*, *Les Suppliantes*.

Il introduit sur la scène des personnages moins nobles que ses prédécesseurs, n'hésitant pas à représenter des femmes et des esclaves, malgré sa misogynie. Son scepticisme en matière de religion lui était reproché.
Surtout, il va représenter des personnages en proie à des passions furieuses, extrêmes et destructrices. Ses personnages sont déchirés par ces passions qu'il est le premier à mettre en scène. Selon Aristote, Sophocle se flattait de représenter les hommes tels qu'ils devraient être, Euripide les représentait tels qu'ils étaient. Ainsi en est-il, dans *Hippolyte*, de Phèdre amoureuse de son beau-fils qui n'hésite pas, dans une première version, à déclarer cet amour sur la scène, ce qui choqua les contemporains.
Autre personnage en proie aux passions, Médée. Son époux, Jason, avec qui elle avait conquis la Toison dOr et à qui elle avait sauvé la vie veut l'abandonner pour Glaukè, fille de Créon. Médée va se venger de manière horrible. Elle envoie à la fille de Créon un manteau empoisonné qui la tue, puis pour punir Jason dans ce qu'il a de plus cher, elle tue ses enfants, malgré l'amour qu'elle a pour eux.
Outre sa peinture des passions, Euripide va introduire une action dramatique plus complexe, avec des dénouements inattendus dûs à des coups de théâtre de dernière minute. Ainsi les revirements et rebondissements se succèdent dans *Iphigénie en Aulide* : alors qu'elle est condamnée à être sacrifiée à la déesse Artémis par son père Agamemnon pour permettre à la flotte grecque de repartir, Iphigénie fait d'abord tout pour échapper à la mort, puis l'accepte soudain. Néanmoins, elle échappe alors à la mort grâce à l'intervention de la déesse.
Selon Aristote, malgré ses défauts, Euripide est « le plus tragique des poètes », car ses pièces se terminent par des malheurs, à la suite des erreurs commises par les personnages et non en raison d'une méchanceté intrinsèque.
Le jugement de Nietzsche est inverse : en faisant monter l'homme quotidien sur la scène, Euripide aurait tué la tragédie. Il lui reproche d'être plus philosophe qu'artiste, ce qu'illustrerait la légende selon laquelle il se faisait aider pour ses pièces par Socrate.

Aristote et la tragédie ■ Aristote consacre l'essentiel de ce qui nous reste de sa *Poétique* à une réflexion sur la tragédie. La tragédie représente des héros, comme l'épopée, mais d'une manière plus ramassée. L'essentiel est la « fable » qui est « le principe et pour ainsi dire l'âme » de la tragédie. Elle fait passer le héros « de l'infortune au bonheur ou du bonheur à l'infortune ». Les deux principaux ressorts de la tragédie sont la pitié et la crainte. En nous faisant participer aux souffrances du héros, qui est un homme comme nous, la tragédie nous libère d'une certaine manière de ces passions : « Suscitant pitié et crainte elle opère la purgation propre à pareilles émotions. » C'est ce qu'Aristote appelle la « *catharsis* » (« purgation »), qui nous donne « une joie sans dommages ».
Aristote dit d'*Œdipe roi* qu'elle est « la tragédie grecque par excellence ».

La naissance de l'histoire

➠ TERMINOLOGIE • *Istoria* en grec signifie enquête au sens large. Ainsi l'*Histoire des animaux* d'Aristote est un traité de zoologie et ne comporte aucun aspect historique au sens moderne du terme. Ce sens d'histoire se conservera jusqu'au XVIIIe siècle dans l'expression d'« histoire naturelle ».

Les premiers historiens seraient les « logographes » ioniens du VIe siècle, qui réunissent des archives rendues nécessaires par la constitution de cités. Toutefois leur travail n'est pas encore séparé de la mythologie.
La discipline historique apparaît avec Hérodote (484-425) auteur d'*Histoires* (446), portant sur les guerres médiques et leurs antécédents. Là, comme dans la tragédie, la victoire sur les Perses joue un rôle essentiel pour donner aux Grecs le sentiment de leur unité et de leur puissance.
Dès le début du texte, Hérodote marque sa volonté de faire œuvre de mémoire. Il s'agit d'« empêcher que ce qu'ont fait les hommes, avec le temps, ne s'efface de la mémoire et que les grands et merveilleux exploits, accomplis tant par les Barbares que par les Grecs, ne cessent d'être renommés ».
Il se dégage des explications mythologiques et tente de trouver les causes rationnelles de l'affrontement entre les Grecs et les Perses.
Thucydide (471-395) est le plus grand des historiens grecs. Dans son *Histoire de la guerre du Péloponnèse*, il recherche les causes du conflit entre Athènes et Sparte, et veut en tirer des enseignements généraux pour l'avenir, un « trésor pour toujours ». Il examine d'une manière critique les sources antérieures, s'intéresse aux aspects stratégiques et diplomatiques de la guerre. Les causes de cette guerre sont selon lui liées au développement de l'impérialisme athénien, à la trop grande puissance d'Athènes. Il propose également des considérations philosophiques générales sur la nature humaine.

Prolongements

- Corneille et Racine prennent leurs sujets dans l'Antiquité, mais plus à Sénèque qu'aux Grecs. Ils ne se réfèrent aux tragiques grecs que réinterprétés par Aristote et Boileau et mettent davantage l'accent sur l'étude des caractères que sur les situations dramatiques. Selon La Bruyère, Corneille imite Sophocle mais Racine « doit plus à Euripide ». Ainsi Racine reprend dans *Phèdre* l'*Hippolyte* d'Euripide, mais en le modifiant.
- Voltaire reproche aux sujets antiques d'être « les plus ingrats et les plus impraticables ; ce sont les sujets d'une ou deux scènes, tout au plus, et non pas d'une tragédie ». Selon lui, « il faut joindre à ces événements des passions qui les préparent ».
- Selon Hegel, le propre des héros tragiques, c'est d'être « tout à la fois innocents et coupables ».
- Selon Nietzsche, dans la *Naissance de la tragédie* (1872) l'élément dionysiaque, surhumain, demeure essentiel jusqu'à Euripide qui, sous l'influence de Socrate, humanise la tragédie et la tue.
- Depuis le drame romantique au début du XIXe siècle, la tragédie est un genre qui n'existe plus guère, malgré les tentatives de Giraudoux, Montherlant, Sartre ou Camus, et qui est considéré comme étant remplacé par le roman.

5. Arts

L'art de cette période représente, avec celui de la Renaissance, l'un des sommets, sinon le sommet de l'art occidental. Un nombre incroyable d'œuvres admirables seront produites pendant la période grecque classique, qui ne dure que cinquante ans, de 450 à 430 (la « pentakontésie »). C'est l'époque de la plus grande gloire d'Athènes,

qui domine toute la Grèce. Toutes les tentatives de refonder un art classique s'inspireront de l'art grec de cette période. Il n'est pas indifférent de noter que ce sommet de l'art grec est contemporain de la naissance de la philosophie rationnelle, dégagée des mythes, et de l'apparition de la démocratie.
L'art grec excellera dans deux domaines, celui de l'architecture et plus encore celui de la sculpture. La peinture semble avoir également été brillante, mais il ne nous en reste presque aucun exemple.

La sculpture et l'homme

La représentation du corps humain est alors considérée comme le modèle de toute beauté possible. L'art grec ne manifeste en revanche que peu de curiosité pour la représentation de la nature ou des animaux. L'homme en est vraiment le centre. Il s'agit d'une beauté idéale, qui vise à atteindre l'universel et l'intemporel. La Grèce est bien en ce sens un modèle d'humanisme, auquel la civilisation occidentale ne cesse de revenir.
La représentation de l'homme étant rapidement devenue le sujet principal de la sculpture, la progression de celle-ci peut se comprendre comme une évolution vers une représentation plus fidèle et plus animée de la forme humaine. Le modèle d'un corps humain idéal sera fixé par les sculpteurs, qui proposent un canon, c'est-à-dire un modèle géométrique, des proportions à respecter dans la représentation de l'homme.

L'architecture et le temple

Pour ce qui est de l'architecture, elle est essentiellement religieuse, et sa réalisation la plus réussie est le temple consacré à tel ou tel dieu. Ce temple n'est pas destiné à abriter des cérémonies religieuses, qui se passent sur son fronton, mais à donner une demeure aux divinités (*cf.* son nom «*naos*») et aux statues qui les représentent. Les temples furent d'abord en bois, et la structure des temples en pierre rappellera longtemps cette origine. La succession des ordres, dorique, ionique puis corinthien, rythme cet éloignement du temple originel, et souligne le raffinement croissant de la décoration.
Ces temples jouent également un rôle civique, les dieux étant les protecteurs de la cité. La réalisation la plus remarquable dans le domaine architectural est bien entendu l'Acropole d'Athènes, dont la reconstruction fut décidée par Périclès et exécutée sous la direction de Phidias à partir de – 480.

5.1 Les quatre grandes périodes de l'art grec

L'époque crétoise et mycénienne (fin IVe-Ier millénaire av. J.-C.)

Avant l'arrivée des populations grecques indo-européennes au début du Ier millénaire, une civilisation s'était développée dans les îles de la mer Égée, en particulier en Crète, dont la position centrale la destinait à commander toute la Grèce selon Aristote. La civilisation minoenne sera à l'origine de palais comme celui de Cnossos, qui aurait été construit par l'architecte Dédale, et dont le plan

subtil et compliqué est à l'origine du mythe du labyrinthe. Ces palais sont dotés d'un grand confort. Il existe deux générations de palais, les premiers ayant été détruits vers – 1400 pour une raison inconnue, ce qui sera à l'origine du mythe de l'Atlantide. Les peintures ornant les palais représentent des scènes d'une vie quotidienne raffinée : danseuses, fleurs, dauphins, jeux sans doute rituels avec des taureaux. Cette civilisation reste cependant largement énigmatique car son écriture, le linéaire B, n'a pu encore être complètement déchiffrée.
La civilisation crétoise sera détruite par les Achéens, guerriers et chasseurs dont parle Homère, qui construiront, dans le Péloponnèse, à Mycènes et à Tirynthe des châteaux lourdement fortifiés, comme en témoigne la célèbre Porte des lions à Mycènes. Une autre de leurs créations originales est celle de masques funéraires en or.

L'époque archaïque (XIe-VIe siècle av. J.-C.)

Le Xe siècle marque le début de l'art grec à proprement parler. La première période de cette époque est qualifiée de géométrique (900-700). Les principales réalisations sont des vases peints, décorés de lignes brisées ou entrecroisées, de losanges puis de figures, elles aussi stylisées et géométriques, d'hommes et surtout d'animaux (vases zoomorphes).
Il est frappant de noter que les premières représentations de figures humaines apparaissent sur des vases funéraires. Les représentations sont très figées et conventionnelles : ainsi le mort est représenté de face sur un lit de profil.
La deuxième période de l'époque archaïque (fin VIIIe siècle av. J.-C.) est marquée par des tendances orientalisantes, avec par exemple des coiffures d'inspiration égyptienne ou la représentation d'animaux exotiques.
Enfin, la période archaïque au sens strict (700 à 480) est celle des débuts de l'architecture en pierre et de la sculpture, avec l'apparition du *kouros* (statue représentant un jeune homme) et de la *korè* (statue représentant une jeune fille). C'est aussi la période d'Homère.

Époque classique (480-323)

La période classique est celle des grands sculpteurs, Phidias et Praxitèle, et de la construction du Parthénon. Athènes devient le centre du monde grec. Peinture, architecture et sculpture produisent un nombre incroyable de chefs-d'œuvre. Des sculpteurs comme Phidias ou Praxitèle s'attachent à fixer les canons de la beauté. La volonté d'universalité conduit à la répétition constante des mêmes types, toujours plus affinés.

Époque hellénistique (323-32)

L'époque hellénistique va de la mort d'Alexandre en 323 à la prise d'Alexandrie par les Romains en 32. Elle est caractérisée par un art plus exubérant, plus sensuel et maniéré. Il s'agira de peindre les passions, la souffrance, les mouvements désordonnés. Ainsi de la fameuse sculpture de *Laocoon* qui voit ses enfants expirer autour de lui, étouffés par des serpents.
La sculpture s'attache aussi à la représentation de l'individu dans sa particularité, voire même au pittoresque. Il existe des statues représentant des barbares,

par exemple les Gaulois vaincus par Attale après leur tentative d'invasion de l'Asie Mineure en – 240.
Les deux grands centres artistiques de cette époque sont Rhodes et Pergame, où est réalisée une fameuse *Gigantomachie* («combat de géants») sur le grand autel de Zeus.

5.2 La sculpture

Il convient tout d'abord de noter qu'il ne reste que peu d'originaux des statues grecques, pas un seul de Phidias. La plupart de ces statues nous sont connues par des copies romaines en marbre, alors que les originaux étaient surtout en bronze.

La beauté du corps humain

La sculpture grecque se caractérise par la prépondérance accordée à la représentation de l'homme, conçu comme individu et comme modèle de beauté.
Un moment capital de cette évolution est l'apparition de la sculpture en ronde bosse, c'est-à-dire qui se détache pour la première fois du mur du temple auquel elle était auparavant adossée, et autour de laquelle on peut tourner. Cette ronde bosse est aussi le signe de l'apparition de l'homme libre, individuel, qui remplace la divinité comme sujet de l'art, alors que dans l'art oriental, les hommes n'étaient représentés qu'en masse indistincte dans les bas reliefs de temples ou de monuments consacrés aux divinités. Caractéristique de l'art grec, l'art de la ronde bosse se reperdra par la suite.
La sculpture grecque s'attache au corps humain dans sa totalité. Il n'y a pas de privilège de la tête, et le buste est inconnu de la Grèce. Il n'y a pas non plus, contrairement à ce que prétend Hegel, un profil grec, qui privilégierait le front, c'est-à-dire l'organe de l'intellectualité. La beauté dépend de l'ensemble du corps. Il semble en revanche qu'une importance particulière soit donnée aux yeux, dans la civilisation essentiellement visuelle qu'est la Grèce. L'idée, pour les Grecs, c'est la forme, ce qui est vu («*eidos*», idée est le participe passé de «*orao*» : voir). Voir les yeux, c'est voir l'essentiel de l'homme. Diverses solutions ingénieuses, par exemple des inclusions de pierre pour les pupilles, le rendu des paupières, ont permis d'arriver à cette représentation.

Kouros *et* korè

Ce n'est que vers 700 av. J.-C. qu'apparaissent le *kouros* et la *korè*, la statue du jeune homme et celle de la jeune fille. Ce sont les premières statues vraiment humaines, car les anciennes statues représentant des hommes étaient totalement figées, ressemblant à des colonnes. C'était, semble-t-il, le cas des anciennes statues en bois (*xoana*).
Le *kouros* sera l'occasion d'une représentation de plus en plus exacte du corps humain, même s'il reste figé et représenté d'une manière frontale. Le *kouros* se libérera de cette frontalité d'abord par l'avancement de la jambe gauche, puis par le déhanchement et le mouvement imprimés à la statue qui ne surviendront qu'à l'âge classique.
La *korè* permettra un travail sur le plissé et le drapé des vêtements.

Kouros et *korè* de cette période sont également caractérisés par leur sourire, qui apparaît pour la première fois dans la statuaire grecque. Sourire mystérieux, qui sera à l'origine de bien des interprétations, mais qui marque en tout cas l'humanité : comme le notera Aristote, ni les animaux ni les dieux ne sourient.

La sculpture hellénistique

La sculpture de l'époque classique s'attachait à l'universel, les statues représentant des types et non des individus. L'émotion n'y était exprimée qu'avec retenue, la douleur étant signifiée dans les stèles funéraires par une simple inclinaison de la tête. L'époque hellénistique mettra au contraire l'individu en avant et inventera l'art du portrait avec un sculpteur comme Lysippe. La représentation du visage deviendra ainsi de plus en plus exacte, avec en particulier une insistance sur le regard, les yeux étant figurés par des pierres de couleur. Elle tentera de rendre avec force les passions et les émotions. Mais c'en sera alors fini de ce qui fait le caractère propre de la statuaire grecque.

Deux statues grecques très célèbres datent de l'époque hellénistique : la *Victoire de Samothrace* et la *Vénus de Milo*. La *Victoire de Samothrace*, illustration du genre traditionnel des *nikès* (« victoires ») semble se poser sur un navire pour commémorer cette victoire navale. Elle aurait été réalisée par un disciple de Lysippe. Sa mutilation accroît sans doute encore son expressivité.

Quant à la *Vénus de Milo*, longtemps datée de l'âge classique, il semble établi aujourd'hui qu'elle soit de l'époque hellénistique. Sa sensualité semble s'inspirer de toute une tradition qui remonte à Praxitèle.

Les trois grands sculpteurs

- Phidias (490-432) est le plus grand des sculpteurs grecs, mais il ne nous reste de ses œuvres que les frises du Parthénon ou des copies romaines. Deux de ses œuvres disparues sont célèbres, les statues monumentales, de douze mètres de haut, l'une en bronze, celle d'*Athéna Promachos* (« guerrière ») avec casque, sur l'Acropole, et l'autre chryséléphantine (« en or et en ivoire »), d'*Athéna Parténos* (« vierge »), à l'intérieur du Parthénon. Il travailla dans toute la Grèce et une autre de ses statues perdues était la statue chryséléphantine de Zeus à Olympie.
  Il arrive à des rendus extrêmement fins des drapés dans la frise du Parthénon, qui représente les jeunes filles portant des offrandes à la déesse lors de la fête des Panathénées. C'est la première frise représentant un événement historique et non mythique.
- Polyclète (478-?), préoccupé de modèles mathématiques, fixe le canon, le modèle de ce qu'est l'homme : ainsi la hauteur totale du corps doit être égale à sept fois la hauteur de la tête. Ce canon sera modifié à l'époque hellénistique par Lysippe qui établit que cette hauteur doit être égale à huit fois la tête.
  Il est aussi celui qui accentue le déhanchement du corps en ne faisant porter les statues que sur un seul pied. Cette rupture de la verticalité est un symbole de l'acquisition de la liberté. Il l'illustre dans ses fameuses statues de jeunes hommes, le *Diadumène* (« l'athlète au bandeau »), ou le *Doryphore* (« le porteur de lance ») et a tendance, ayant trouvé ce canon, à toujours répéter la même statue.

- Praxitèle (390-332) est le plus grand sculpteur du IVe siècle av. J.-C., dans une période qui a vu la défaite d'Athènes face à Sparte. Ses statues voient leur déhanchement accentué et souligné par le fait que le personnage s'accoude à un support, souvent un arbre qui symbolise la nature.
La représentation est plus précise, comme par exemple celle des plis du cou. Ses statues ont une posture plus alanguie, la tête en arrière, portant le regard vers le haut et au loin. Ce regard les yeux mi-clos sera qualifié de « regard humide ».
C'est en Asie que Praxitèle réalise son *Aphrodite* de Cnide, extrêmement célèbre, puisqu'on en dénombre cinquante et une copies dans le monde antique. Il s'agit là du premier nu féminin. La déesse dépose ses vêtements sur l'amphore contenant l'eau du bain qu'elle va prendre. Ses genoux sont rapprochés, dans une attitude pudique. Elle ne semble pas gênée par sa nudité, son regard passant bien au-dessus de celui des mortels qui la contemplent.
Il fait également des nus d'homme, mais alanguis. Il ne s'agit plus d'athlètes comme avec Polyclète, mais de jeunes gens, d'éphèbes. Ainsi de son *Hermès*, dans le temple d'Héra à Olympie, qui tient dans ses bras Dionysos enfant, avec une grâce féminine, des cheveux libres et un front saillant, marque de la réflexion.

5.3 L'architecture

En architecture la principale et quasi unique construction n'est plus le palais mais le temple. Ce temple est d'abord la demeure du dieu. Il fut d'abord construit en bois, et le temple de l'époque classique ne s'éloigne que progressivement de cette origine. Il est toujours orienté est-ouest.
Le temple est en marbre, peint dans sa partie supérieure de couleurs vives : rouge et bleu. Pour éviter une impression d'écrasement, un certain nombre de corrections optiques sont apportées au temple : colonnes légèrement renflées vers le haut, et inclinées vers le centre, marches d'escalier pas tout à fait horizontales.

Les trois ordres

L'architecture du temple est commandée par l'organisation en trois types d'ordre, qui impliquent des règles assez strictes : des proportions précises unissent les divers éléments du temple, à partir de la mesure des rayons de la colonne. Ces trois ordres sont les ordres dorique, ionique et corinthien. Les deux premiers ordres apparaissant quasi simultanément vers – 600 av. J.-C.
L'ordre dorique est le plus austère et le plus noble. Il est quelquefois aussi caractérisé comme étant plus occidental, ou viril. Il se caractérise par des colonnes, de vingt cannelures, posées directement sur la plus haute marche d'accès au temple, le stylobate. Le chapiteau est composé de deux parties, l'échine, arrondie, et l'abaque, quadrangulaire. Il soutient l'architrave, de blocs de pierre, surmontée de la frise et de la corniche. La frise, avec ses triglyphes, qui imitent l'extrémité de poutres, rappelle les temples originels en bois. De même le chapiteau rappelle

les constructions en bois. Les métopes, espaces libres entre les triglyphes, sont ornées de reliefs consacrés à la divinité à laquelle le temple est consacré. Des temples doriques se trouvent dans le Péloponnèse et les colonies d'Italie du sud et de Sicile.

L'ordre ionique passe pour plus raffiné, plus élégant. Il est aussi plus oriental et plus féminin. Il se caractérise par des colonnes plus minces, avec vingt-quatre cannelures, des chapiteaux plus hauts et ornés de volutes. Les principaux temples réalisés dans ce style sont en Asie Mineure, mais aussi l'Érechtéion sur l'Acropole.

L'ordre corinthien, qui date surtout de l'époque romaine, dérive de l'ordre ionique. Il a des chapiteaux plus hauts et plus ornés, composés de sorte de corbeilles avec des feuilles d'acanthes. Désormais le souvenir du temple en bois est tout à fait perdu.

Phidias et le Parthénon ■ L'ancienne Acropole (« ville haute ») fut détruite lors des guerres médiques en – 480. Périclès décida de la reconstruire à partir de – 447 et fit appel pour cela à son ami Phidias. Les travaux furent continués après la mort de Périclès et le début du déclin d'Athènes. En quarante ans furent construits le Parthénon, les Propylées, l'Érechtéion et le temple d'Athéna nikè.

Phidias éleva d'abord sa statue d'*Athéna promachos*, pour commémorer la victoire sur les Perses, qui se voyait de fort loin.

Puis, il fit construire par l'architecte Ictinos, le Parthénon, temple d'Athéna parthénos (« vierge »), protectrice de la ville. Ce temple de très grandes dimensions était destiné à recevoir la monumentale statue chryséléphantine d'Athéna. Le Parthénon est de style dorique. Le fronton représente la naissance d'Athéna et le combat entre Athéna et Poséidon pour la suprématie sur l'Attique. Les métopes représentaient les combats des Centaures et des Lapithes. Une longue frise fait tout le tour du monument : elle représente les Panathénées, où les jeunes filles de la cité entourées d'un important cortège, viennent offrir des présents à Athéna. Cette frise gigantesque comporte de très nombreux personnages et animaux : première représentation d'un élément historique et non mythique, elle rapproche les dieux et les hommes.

Ensuite fut construit, à l'entrée de l'Acropole, le portique des Propylées, sur lesquelles auraient figuré des œuvres de Socrate, qui fut d'abord sculpteur.

Après la mort de Périclès et le début du déclin d'Athènes, les travaux continueront avec le temple d'Athéna Nikè et l'Érechtéion.

Le charmant petit temple d'Athéna nikè (« victorieuse »), d'ordre ionique, est surtout destiné à abriter une statue d'Athéna.

L'Érechtéion, d'ordre ionique, est le temple de Poséidon Érechtée (« qui ouvre la terre ») et d'Athéna polias (« qui protège la ville »). Le temple est édifié sur le lieu même de la source salée que Poséidon aurait fait jaillir de son trident lors de sa dispute avec Athéna pour la possession d'Athènes. Il abritait également une statue en bois d'Athéna datant de la guerre de Troie. Dans ce temple se rendent de nombreux cultes, à la différence des anciens temples doriques qui ne faisaient qu'abriter les dieux. Il est supporté par des jeunes filles qui font office de colonnes, les caryatides.

Peinture et céramique ■ Le seul témoignage indirect qu'il nous reste de la peinture grecque nous est donné par les motifs décoratifs peints sur les vases. La peinture fut produite en très grande quantité et servait pour la plupart des objets de la vie courante. Après des vases de style géométrique vont apparaître vers le

VIe siècle av. J.-C., des vases à figures noires, sur fond blanc, surtout à Corinthe, et sur fond rouge, surtout à Athènes. Le style athénien va l'emporter au point de faire totalement disparaître l'autre technique. Vers – 525 va apparaître à Athènes une nouvelle technique révolutionnaire, celle des vases à figures rouges sur fond noir. C'est alors le vernis noir qui sert de fond : cela permettra de décorer le vase avec plus de précision, en dessinant les figures au pinceau, alors qu'il fallait auparavant les graver à la pointe.

La céramique représente des scènes de la vie familière, des dieux proches, et connaît, sans doute sous l'influence de la peinture, une évolution progressive vers une représentation plus fidèle avec l'introduction d'une certaine perspective et de dégradés de couleurs.

La peinture grecque ne nous est sinon connue que par les récits qui nous en sont faits. Le plus grand peintre grec serait Apelle, peintre à la cour d'Alexandre le Grand. Il semble que la virtuosité des trompe-l'œil ait été particulièrement appréciée : ainsi de l'anecdote fameuse selon laquelle, lors d'un concours, Zeuxis aurait peint des raisins si ressemblants que les oiseaux venaient les picorer, et qui aurait demandé qu'on écarte les rideaux recouvrant l'œuvre de Parrhasios. Ces rideaux étaient en fait peints et Zeuxis aurait reconnu la supériorité de Parrhasios, qui avait réussi à tromper un artiste, alors que lui n'avait trompé que des animaux.

Prolongements

- Platon s'oppose à la révolution dont il est contemporain, qui libère l'homme et le met en mouvement. Il se déclare en faveur du style archaïque, voire égyptien, qui recherche l'uniformité et le respect de la tradition.
- Tout l'art romain ne peut se comprendre qu'en rapport avec l'art grec, qu'il l'imite ou qu'il le critique. Mais il convient de ne pas oublier que cet héritage grec a déjà été transformé par les empires hellénistiques.
- L'art grec a été assez largement oublié au Moyen Âge, et il ne sera à nouveau apprécié en Occident qu'à la Renaissance, notamment lors de la redécouverte du *Laocoon* dans les ruines de l'Esquilin en 1506.
- J.-J. Winckelmann, dans son *Histoire de l'art chez les Anciens* (1766) voit dans l'art grec le modèle parfait d'un art équilibré et d'un homme qui surmonte ses passions. Il insiste sur le lien entre l'art et la liberté politique : « C'était la liberté qui avait fait fleurir les arts. » Goethe fut largement influencé par Winckelmann.
- Un des principaux moments de retour au classicisme a été le néo-classicisme de la fin du XVIIIe et du début du XIXe siècle avec, en architecture, Germain Soufflot qui construit l'église Sainte-Geneviève qui deviendra le Panthéon, et, en peinture, David, avec son *Serment des Horaces* de 1784, puis ses tableaux révolutionnaires.
- Une bonne partie des sculptures du Parthénon a été emportée par lord Elgin en 1803 et est aujourd'hui au British Museum. La Grèce en réclame régulièrement le retour.
- Ernest Renan a été un des premiers, dans sa *Prière sur l'Acropole* (1883) à parler d'un « miracle grec », pour marquer le caractère prodigieux et brutal de l'émergence de l'art grec classique. Il adresse sa prière à Athéna : « Ô noblesse ! Ô beauté simple et vraie ! Déesse dont le culte signifie raison et sagesse… le monde ne sera sauvé qu'en revenant à toi. »

6. Sciences

6.1 Hippocrate et la médecine

Hippocrate, issu d'une famille de médecins, aurait vécu dans l'île de Cos en Asie Mineure, au ve siècle av. J.-C. Sous son nom nous est parvenu un important ensemble d'écrits, la collection hippocratique. L'œuvre d'Hippocrate constitue le premier exemple d'envergure d'une tentative de pensée rationnelle et scientifique. Elle est, par ailleurs, restée le fondement de toute la pensée médicale traditionnelle. On distingue dans les traités hippocratiques ceux qui seraient l'œuvre d'auteurs de l'École de Cnide, plus empiriques, et ceux de l'École de Cos, plus rationnels.

Une médecine rationnelle

En concurrence avec l'explication religieuse des maladies, qui les fait résulter d'une impureté, et veut les guérir par une purification, ou par une « incubation » (nuit passée dans le temple, pendant laquelle les dieux, dans le rêve, interviennent sur le malade, ou lui indiquent la thérapeutique à suivre), la médecine hippocratique tente de retrouver les causes naturelles des maladies. Ainsi le traité *De la maladie sacrée*, s'efforce d'expliquer l'épilepsie par une mauvaise circulation de l'air dans le corps, liée à un excès d'humidité dans le cerveau. Hippocrate s'efforce d'établir que « chaque maladie a une cause naturelle et sans cause naturelle rien ne se produit », premier exposé du principe du déterminisme. Le traitement sera surtout un traitement préventif, par l'attention donnée au « régime », qui recouvre l'ensemble des règles de vie que doit se donner l'homme cultivé. Le médecin fait la preuve de son habileté à travers le « pronostic » qui permet de retracer l'évolution passée, présente et à venir de la maladie. Il est particulièrement attentif aux « crises » et aux « jours critiques » qui ont une importance centrale dans la terminaison de la maladie. Les descriptions très précises données par Hippocrate sont aujourd'hui encore remarquables : ainsi le « faciès hippocratique », qui annonce la mort du malade.

Une médecine des humeurs

La médecine hippocratique ne se préoccupe guère d'anatomie, étant essentiellement « humoriste » : le corps est un ensemble de fluides, dont l'équilibre définit la santé, le déséquilibre la maladie. Les quatre humeurs principales seront ensuite rapportées aux quatre organes puis aux quatre éléments principaux. Ces quatre éléments sont tantôt en état d'alliance, tantôt en état d'opposition. (*cf.* schéma). Hippocrate, dans le traité *De l'ancienne médecine*, entreprend de définir la médecine comme un « art » et non comme une science. Il ne s'agit pas d'importer dans la médecine les principes abstraits des présocratiques : le médecin a toujours affaire au particulier, à l'individuel, et il se propose une finalité pratique qui est la guérison. La preuve que la médecine est un art est faite par l'existence de bons et de mauvais médecins. Platon prendra souvent la médecine comme modèle d'autres arts, la rhétorique ou l'art politique.

Le Serment d'Hippocrate, sous des formes légèrement transformées, continue à régir la déontologie, l'éthique de la médecine moderne.

Les humeurs selon Hippocrate et Galien

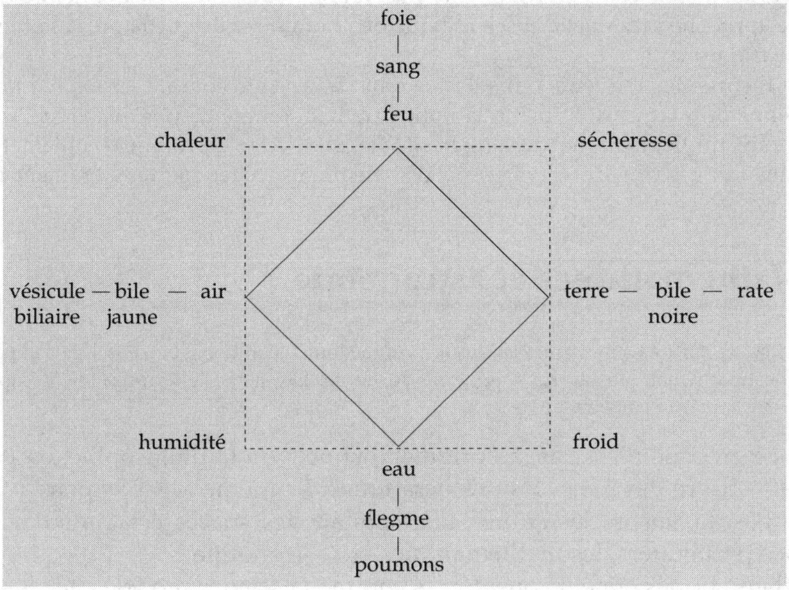

Le serment d'Hippocrate ■ « Je jure par Apollon médecin, par Esculape, par Hygie et Panacée, par tous les dieux et toutes les déesses, les prenant à témoin, que je remplirai, suivant mes forces et ma capacité, le serment et l'engagement suivants : je mettrai mon maître de médecine au même rang que les auteurs de mes jours, je partagerai avec lui mon savoir, et, le cas échéant, je pourvoirai à ses besoins; je tiendrai ses enfants pour des frères, et, s'ils désirent apprendre la médecine, je la leur enseignerai sans salaire ni engagement. Je ferai part des préceptes, des leçons orales et du reste de l'enseignement à mes fils, à ceux de mon maître, et aux disciples liés par un engagement et un serment suivant la loi médicale, mais à nul autre. Je dirigerai le régime des malades à leur avantage, suivant mes forces et mon jugement, et je m'abstiendrai de tout mal et de toute injustice. Je ne remettrai à personne du poison, si on m'en demande, ni ne prendrai l'initiative d'une pareille suggestion; semblablement, je ne remettrai à aucune femme un pessaire abortif. Je passerai ma vie et j'exercerai mon art dans l'innocence et la pureté. Je ne pratiquerai pas l'opération de la taille, je la laisserai aux gens qui s'en occupent. Dans quelque maison que j'entre, j'y entrerai pour l'utilité des malades, me préservant de tout méfait volontaire et corrupteur, et surtout de la séduction des femmes et des garçons, libres ou esclaves. Quoi que je voie ou entende dans la société pendant l'exercice de ma profession, je tairai ce qui n'a jamais besoin d'être divulgué, regardant la discrétion comme un devoir en pareil cas. Si je remplis ce serment sans l'enfreindre, qu'il me soit donné de jouir heureusement de la vie et de ma profession, honoré à jamais parmi les hommes; si je le viole et que je me parjure, puissé-je avoir un sort contraire. »

Prolongements

- Dans les périodes de crise de la médecine, par exemple en France autour de 1800, le « retour à Hippocrate » se présente comme un retour à une médecine clinique (« au lit du malade »), attentive au malade, et hostile à tout système médical.
- Pour Littré au XIXe siècle, l'édition d'Hippocrate sera un moyen de donner un exemple d'une approche rationnelle et scientifique de l'homme, telle que la proposait le positivisme triomphant.
- De la théorie des humeurs ont subsisté dans le langage courant les expressions, être de bonne ou mauvaise humeur, la notion de tempéraments (mélancolique, sombre : bile noire, ou flegmatique, de sang froid : flegme), voire de rhume (écoulement, dans certains cas à partir du cerveau) ou de « flemme » (phlegma, tempérament froid et lent).

6.2 Mathématiques et astronomie

➠ TERMINOLOGIE • Le mot grec *mathèmata*, désigne tout « ce qui peut être enseigné » et pas seulement les mathématiques au sens moderne du terme. De même le terme *physis* désigne toute étude sur la nature en général.

La science grecque n'est pas, à l'origine, distincte de la philosophie, en particulier dans l'œuvre des penseurs présocratiques. Le même idéal de pensée fondée sur le logos, la raison, les anime. Elle connaît des succès éclatants dans deux domaines particuliers, les mathématiques et l'astronomie.
Les mathématiques étaient considérées comme la science modèle chez les Grecs, par exemple chez Platon. « Que nul n'entre ici s'il n'est géomètre » était inscrit au fronton de l'Académie. Thalès, Pythagore sont des philosophes mais aussi des mathématiciens.
Les mathématiques grecques réfléchissent d'abord sur l'espace et se proposent de mesurer des surfaces et des volumes, et posent la question de la numération (fractions, propriétés des nombres entiers).
Cette science s'inscrit d'une certaine manière dans la continuité de la science, en particulier géométrique, de l'Égypte, comme l'atteste le voyage qu'aurait fait en Égypte le premier mathématicien et philosophe de la Grèce, Thalès. Là-bas, il aurait mesuré la hauteur des pyramides à partir de la mesure de leur ombre et de la sienne propre. Le passage d'Égypte en Grèce marquerait le passage d'une mathématique concrète, les Égyptiens se servant de la géométrie (étymologiquement « mesure de la terre ») pour mesurer les terres après les crues du Nil, à une conception purement abstraite des mathématiques.
Les recherches sur les nombres commencent avec Pythagore et sa secte, au VIe siècle av. J.-C., qui étudient les propriétés abstraites de ces nombres, et en ont une conception mystique, les nombres étant à l'origine de toutes choses.

Euclide et les mathématiques

Le plus grand mathématicien grec est Euclide (330-270 av. J.-C.), qui est un pur mathématicien. Il enseignait vers 300 av. J.-C. au Musée d'Alexandrie. C'est dans cette ville récemment créée par Alexandre le Grand que se déplacera le centre de la vie intellectuelle durant les trois derniers siècles av. J.-C. Outre les mathématiques, l'astronomie y sera particulièrement développée, avec Ptolémée, de même que la médecine avec les premières dissections humaines pratiquées par Hérophile et Érasistrate.

Les *Éléments* d'Euclide datent de 300 environ. Ils sont surtout célèbres pour la manière déductive d'exposer des résultats à partir d'un petit nombre de principes de départ, définitions, axiomes et postulats. Chaque théorème doit être démontré à partir de ces éléments de départ, la démonstration ne pouvant être poursuivie à l'infini. Les uns, les axiomes, sont des évidences premières, du type : le tout est plus grand que la partie, les autres sont des postulats, moins évidents, et que l'on demande (postule) d'admettre. Ainsi du cinquième postulat d'Euclide, qui affirme l'existence d'une seule parallèle à une droite.

Ptolémée et l'astronomie

Dans la mesure où le cercle était la seule figure vraiment parfaite et intelligible pour les Grecs, l'essentiel de leur astronomie consistait à ramener les mouvements apparents du ciel à des mouvements « vrais », circulaires et uniformes. Ils s'émerveillaient surtout de la stabilité du ciel, la seule planète qui change d'apparence étant la lune (d'où le qualificatif de « lunatique » pour désigner des personnes instables du fait de ces changements de la lune).

Eudoxe de Cnide, élève de l'Académie, fut au IVe siècle le premier à imaginer un emboîtement de sphères concentriques tournant dans plusieurs sens pour expliquer les mouvements apparents du soleil et de la lune. Il s'agit selon la formule de Platon, de « sauver les phénomènes ».

Aristote représente le monde comme étant ordonné et fini. La terre immobile est au centre, puis on rencontre les sphères qui portent la lune, le soleil, les différentes planètes et enfin le ciel des étoiles fixes, qui entraîne le mouvement des différentes sphères. Le mouvement de ce « premier ciel » est dû au désir qu'inspire le premier moteur immobile, Dieu. Les mouvements des autres sphères, dans des directions différentes, sont dus à des agents distincts pour chaque sphère. L'idée que la terre est au centre est liée à la théorie des lieux naturels, qui veut que le centre de la terre soit le lieu naturel de tous les objets du monde, comme le prouve la gravitation. Le monde sublunaire, situé sous la lune, est soumis à la génération et à la corruption, les mouvements y sont rectilignes : il est donc moins parfait que le monde supra-lunaire, incorruptible et divin, animé de mouvements circulaires. Le monde sublunaire est constitué des quatre éléments, alors que le monde supra-lunaire est formé par le cinquième élément incorruptible, l'éther. Le mouvement du ciel est l'origine de tous les mouvements du monde sublunaire. Notre monde n'est donc pas, contrairement à ce que l'on dit quelquefois, le centre de l'univers pour les Grecs, il est d'une certaine manière un résidu, un déchet par rapport au monde céleste.

Aristarque de Samos propose au IIIe siècle av. J.-C. siècle un système héliocentrique, qui fera ultérieurement de lui un des « précurseurs » de Copernic, mais qui n'aura alors aucun succès, pour des raisons plus scientifiques que religieuses.

L'astronomie connaît de grands développements à l'époque hellénistique, avec d'abord Apollonios, puis Hipparque (IIe siècle av. J.-C.) et surtout Ptolémée

(IIe siècle apr. J.-C.). Hipparque est le premier à faire l'hypothèse d'excentriques et d'épicycles pour rendre compte de la luminosité variable des planètes, qui laisse penser que leur distance à la terre varie : soit ces corps célestes se déplaceraient sur la circonférence d'un cercle excentré, c'est-à-dire n'ayant pas la terre pour centre, soit les planètes se déplaceraient sur de petits cercles (épicycles) autour d'un centre lui-même en mouvement sur une plus grande orbite.
Ptolémée vécut à Alexandrie dans la seconde moitié du IIe siècle de notre ère. Il est l'auteur d'un traité d'astronomie en treize livres, la *Grande syntaxe mathématique*, connu au Moyen Âge sous le nom d'*Almageste* (à partir de l'article arabe «*al*» et du grec «*mégistos*», le plus grand). Il recense un très grand nombre d'étoiles, traite de la lune, du soleil et de leurs éclipses, développe et améliore la théorie des épicycles d'Hipparque. Pour expliquer les mouvements anormaux de certaines planètes comme la récession de Mars, il fait l'hypothèse de l'équant, point théorique distinct du centre de l'orbite, d'où le mouvement paraît uniforme. Il s'intéresse également à l'influence du monde céleste sur le monde sublunaire et rédige un fameux traité d'astronomie, le *Tétrabiblos*. Son système d'explication du monde, complexe mais dans l'ensemble satisfaisant, fera autorité jusqu'au XVIe siècle.
Cette représentation du monde faisait preuve d'une certaine cohérence et suffisait, moyennant des calculs qui nous semblent certes complexes, à rendre compte de la plupart des observations astronomiques. La terre était bien au centre du monde, mais cela ne signifiait pas qu'elle occupait une place privilégiée. Au contraire, la terre faisait partie du monde désordonné de la génération et de la corruption. Seul le ciel, le monde supra-lunaire, était un monde parfait et divin.

Prolongements

- La difficulté que soulève le cinquième postulat d'Euclide sera à l'origine du développement au XIXe siècle des géométries non-euclidiennes par Lobatchevsky et Riemann.
- Ptolémée serait également l'auteur d'un *Traité de géographie* qui fait le point des connaissances géographiques des Anciens et améliore grandement la cartographie.
- La remise en cause du système de Ptolémée est à l'origine de ce qui sera qualifié de révolution copernicienne. Copernic redécouvrira alors l'hypothèse héliocentrique d'Aristarque de Samos pour s'en prévaloir.

Partie 2

Rome et les monothéismes

1. Histoire

1.1 Repères

– 753. Fondation de Rome
– VIIe/-VIe siècles. Les Étrusques imposent leurs rois au peuple latin-sabin de Rome
– 509. Fin de la royauté à Rome. Élimination de la domination étrusque par les Celtes

- **Rome républicaine**
  – IVe siècle. Rome combat pour s'imposer en Italie
  – IIIe siècle. Débuts des conquêtes romaines
  – 264/– 241. Première guerre punique contre Carthage
  – 218/– 201. Deuxième guerre punique
  – 149/– 146. Troisième guerre punique
- **La République et les guerres civiles**
  – 133. Loi agraire de Tiberius Gracchus
  – 91/– 88. Guerre sociale
  – 73/– 71. Guerre servile « dirigée » par Spartacus
  – 60. Premier triumvirat : César, Crassus, Pompée
  – 58/– 51. Conquête de la Gaule
  –45/– 44. César dictateur
  – 44. Ides de mars : assassinat de César par Brutus
  – 27. Octave prend le titre d'*Auguste* : organisation du Principat
- **Rome impériale**
  – 26. Création du culte impérial
  + 64. Incendie de Rome : persécution des chrétiens
  212. Édit de Caracalla, qui fait de tous les hommes libres de l'Empire des citoyens romains
  313. Édit de Milan, qui accorde la liberté de culte aux chrétiens
  364. Début des grandes migrations, ou grandes invasions
  380. Le christianisme religion officielle de l'Empire
  410. Alaric saccage Rome
  476. Fin de l'Empire romain en Occident

Les origines

L'archéologie confirme une présence humaine sur le site de Rome au VIIIe siècle av. J.-C. La date de – 753 n'est donc pas purement légendaire. Rome fut d'abord une monarchie et subit la domination étrusque qui débuta vers – 650. Ce fut une période d'affrontements avec les voisins immédiats et d'organisation interne de la ville. En – 509 Rome se libéra des Étrusques et de la monarchie. La ville, en moins de cent cinquante ans, imposa son autorité à l'Italie centrale et méridionale. Au cours de ces guerres, Rome connut parfois de graves revers : en – 390, les Gaulois réussirent, lors d'une incursion en Italie, à s'emparer de Rome, à l'exception du Capitole sauvé par l'intervention des fameuses oies qui donnèrent l'alerte. Les plus tenaces des ennemis affrontés furent les Samnites contre lesquels les Romains durent mener trois guerres difficiles. Dans le premier tiers du IIIe siècle av. J.-C., dans sa lutte pour soumettre les cités grecques du sud de l'Italie, Rome affronta Pyrrhus, roi d'Épire, appelé au secours de Tarente en – 281. Cette politique extérieure active permit à Rome de perfectionner l'extraordinaire outil militaire qu'était la légion romaine. Elle élabora également quelques principes fondamentaux de politique étrangère : opposer ses adversaires entre eux, décider que tout changement à son profit était définitivement acquis et que tout allié de Rome devenait aussi son obligé. Toute atteinte à ces principes entraînait une intervention de Rome. Aux points stratégiques des territoires acquis étaient implantées des colonies, bien défendues et reliées entre elles par un solide réseau de voies.

Les conquêtes romaines

Dans la seconde moitié du IIIe siècle av. J.-C. la politique étrangère de Rome s'élargit considérablement et englobe tout le bassin méditerranéen. L'installation en Italie du Sud de l'autorité romaine mit face à face Romains et Carthaginois. Il s'ensuivit trois longues guerres, dont la nature évolua au fil du temps. Les Romains n'avaient probablement pas exactement mesuré où risquait de les conduire leur engagement en Sicile aux côtés des adversaires de Carthage. En revanche, à l'issue de la première guerre punique, la politique conduite par Rome, à savoir l'expansion vers le nord-ouest, alors que Carthage mettait la main sur l'Espagne, conduisait obligatoirement à un deuxième affrontement. Cette seconde guerre affecta tout le bassin occidental de la Méditerranée et s'étendit même à l'Est, lorsque Hannibal décida d'aller chercher l'appui de Philippe V de Macédoine. Cette alliance fournit à Rome un prétexte pour intervenir en Orient et, en prétendant protéger la Grèce des ambitions macédoniennes, Rome imposa sa volonté. Quant à la troisième guerre punique, elle fut délibérément voulue par Rome, avec la détermination affichée de parvenir à l'anéantissement de Carthage. Rome devient alors la puissance dominante du monde méditerranéen. Plus rien ne put empêcher son expansion territoriale. Elle se poursuivit jusqu'au règne de Trajan, au début du IIe siècle apr. J.-C.

L'Empire sur la défensive

Après le milieu du IIIe siècle apr. J.-C., l'empire romain fut réduit à la défensive. Malgré l'organisation du « *limes* », c'est-à-dire du système de défense des frontières, celles-ci étaient sous la pression constante des peuples limitrophes. Rome associa ces peuples à son existence et trouva en eux un moyen de compenser ses propres faiblesses, du moins pour un temps. La plus grave était financière. Elle fit glisser la société romaine vers des structures sociales très rigides, où chaque génération devait assumer des obligations au moins aussi contraignantes que la précédente. À la fin du IVe siècle, sous l'effet des migrations dans l'Est de l'Europe, les frontières furent incapables de contenir la poussée et l'empire romain, en Occident, céda la place à ce qu'il est convenu d'appeler les « royaumes barbares ».

1.2 La république romaine

Origines et organisation

Avant – 509 Rome n'était qu'un regroupement de *gentes*, c'est-à-dire de familles larges dont les chefs détenaient le pouvoir. À côté, les plébéiens tenaient leur force de leur nombre. Au Ve siècle av. J.-C. s'effectua le passage à l'état de cité : il fallut maîtriser en même temps l'élaboration des institutions et l'installation de la puissance de Rome en Italie.

La construction des institutions romaines résulta de la lutte entre patriciens, successeurs des chefs des *gentes*, et plébéiens, descendants d'habitants plus modestes. Outre une grande richesse foncière, les patriciens tiraient leur puissance du nombre important de leurs clients. Lorsque les plébéiens avaient le sentiment de n'avoir plus de recours, ils faisaient sécession, se retirant sur l'Aventin. Après plusieurs crises, au milieu du IVe siècle av. J.-C. une sorte de partage des responsabilités fut instauré : les magistratures étaient exercées à égalité par les patriciens et les plébéiens. Seuls les tribuns de la plèbe chargés de défendre les plébéiens contre les abus des patriciens, inviolables, devaient être d'origine plébéienne. Ces tribuns étaient pour la plèbe une garantie essentielle car ils étaient protégés par la sacro-sainteté : celui qui portait la main sur eux devenait maudit. Ils pouvaient empêcher le vote ou l'application d'une loi, interdire toute exécution sur une personne et leur maison était lieu d'asile.

La plèbe obtint aussi au milieu du Ve siècle av. J.-C. une codification du droit, pour échapper à l'arbitraire des magistrats patriciens. De cette opération sortirent les XII tables, pièce essentielle du droit romain. Sans jamais disparaître, la distinction entre patriciens et plébéiens devint moins importante. Elle fut remplacée par l'opposition entre les *nobiles*, c'est-à-dire ceux dont les ancêtres avaient exercé les magistratures les plus importantes, dites curules parce qu'elles donnaient droit à une chaise particulière, et les citoyens dont aucun ancêtre n'avait exercé de magistrature publique. C'est à ce moment d'équilibre et de calme intérieur, au tournant des IVe et IIIe siècles av. J.-C., que la République romaine est dans sa plénitude.

Citoyen et vie publique

Le droit de prendre part à la vie politique de la cité était le privilège du citoyen romain. La citoyenneté romaine se transmettait par filiation, affranchissement ou octroi de cette citoyenneté par décision politique. Les citoyens romains étaient classés selon la naissance, la fortune et le domicile. Ces trois critères permettaient

la constitution et la convocation des assemblées. Le Romain qui aspirait à exercer les magistratures devait se faire élire et briguait d'abord la charge de questeur puis d'édile. Puis il pouvait être élu préteur et consul.
Outre les tribuns de la plèbe, évoqués plus haut, il y avait deux autres charges plus particulières : les deux censeurs élus tous les cinq ans pour procéder au recensement et à l'inventaire des fortunes. Enfin, en cas de besoin, pour faire face à une situation exceptionnelle, on désignait un dictateur, pour six mois au maximum. Il devait se choisir un maître de la cavalerie. Dans ce cas, tous les autres magistrats perdaient leurs pouvoirs. Les magistratures étaient collégiales et annuelles. Au sortir d'une charge curule, l'ancien magistrat siégeait au Sénat. Il y faisait profiter la République de son expérience et de son intérêt pour la chose publique. Aux côtés de ces citoyens vivaient à Rome des pérégrins, ou étrangers. Ils avaient parfois obtenu certains droits, quelques-uns jouissant de tous les droits civils romains, sauf le droit de suffrage.
Cette capacité de Rome d'intégrer par l'octroi de la citoyenneté des populations ayant vécu un certain temps à son contact, fut un élément majeur de sa longévité politique, même sous l'Empire. Cette stabilité politique reposait largement sur la cohésion du corps social, fondée sur une large couche de propriétaires petits et moyens. Ils jouaient un grand rôle tant dans la vie politique que dans l'organisation de l'armée romaine. Or les conquêtes de Rome, réalisées à partir du IIe siècle av. J.-C. entraînèrent un déséquilibre de la structure sociale et donc de l'équilibre politique de la cité.

Les guerres civiles

La seconde guerre punique fut marquée par de durs combats en Italie même, qui entraînèrent la mort de nombreux citoyens, d'importantes destructions matérielles voire la ruine de régions entières. La reconstruction difficile s'accompagna d'une forte augmentation de la grande propriété. Par ailleurs, l'accroissement des conquêtes de Rome eut pour effet de faire affluer en Italie une quantité croissante de richesses, qui entraîna chez les bénéficiaires une évolution des attitudes, des goûts et des mentalités. Par l'importance du butin qu'elle dégageait, la guerre devint une source d'enrichissement, aussi bien pour les généraux que pour les soldats. À partir de la guerre de Numidie, contre Jugurtha, l'armée romaine ne fut plus levée strictement en fonction du cens. Il s'ensuivit l'arrivée dans les légions d'hommes mus par l'appât du gain et susceptibles de s'attacher à leur chef s'il leur garantissait ce gain. D'un autre côté, la République accorda à certains chefs militaires, nommés alors qu'ils ne remplissaient pas les conditions légales, de longs commandements. Certains n'hésitèrent pas à utiliser leur gloire et leur popularité pour accéder au pouvoir, hors des voies légales. Cela finit par entraîner Rome dans la guerre civile. Cette évolution fatale dura un siècle, à la suite de l'échec des Gracques à régler la crise agraire et à reconstituer la classe des propriétaires moyens. Les chefs militaires ambitieux se mirent au service de la *nobilitas* ou tentèrent de séduire la faction populaire. Au service de leurs ambitions ils utilisèrent l'idéologie monarchique hellénistique qu'ils avaient découverte au cours de leurs études en Grèce ou à l'occasion de leurs campagnes en Orient. Mais aucun, pas plus Sylla que César, ne réussit à réformer les institutions de Rome inadaptées à la mutation de la cité à l'Empire. Après des luttes sanglantes dans les trois dernières décennies de son histoire la République disparut lorsque Octave accepta les pouvoirs que le Sénat lui proposait.

Une crise spirituelle

Cette crise de la République avait aussi affecté le domaine religieux. Les Romains avaient à l'égard des dieux et de la religion une attitude profondément révérencielle. Il fallait veiller à maintenir l'entente avec les dieux en respectant les interdits et prêter la plus grande attention à tous les signes par lesquels les dieux pouvaient signifier leur adhésion ou leur hostilité à un projet humain.

Pour plus de protection, la religion romaine pouvait accueillir des divinités étrangères selon des procédures rigoureusement codifiées. Les graves difficultés, en particulier durant la deuxième guerre punique, conduisirent à une ouverture de la religion romaine à des dieux étrangers, grecs et orientaux. Ces décisions ne furent pas du goût de tous les Romains et furent à l'origine de vives tensions. Beaucoup plus graves furent l'utilisation et la manipulation de la religion dans la vie politique et les guerres civiles. César utilisa au maximum sa charge de Grand Pontife dans son affrontement avec les deux autres triumvirs. Cette grave crise morale conduisit de nombreux Romains à se demander si les dieux protégeaient encore Rome. Certains se réfugièrent dans les cultes orientaux, comme le culte d'Isis, d'autres se mirent à attendre un âge d'or, attente dont Octave sut tirer le plus grand profit.

Le Sénat ■ Conseil des magistrats curules sortis de charge, dont la liste, l'album, était établie par les censeurs. On siégeait au Sénat à vie. Le Sénat n'avait pas le pouvoir de désigner les magistrats, mais leur attribuait les commandements et prorogeait les magistratures. Il préparait les lois, conduisait la politique extérieure et en particulier autorisait la levée des troupes. Instance la plus importante sur le plan religieux il décidait des fêtes, autorisait les cultes nouveaux et, si la République n'avait pas de magistrats curules, c'est lui qui prenait les auspices.

Les Gracques ■ Les deux frères Tiberius et Caius, issus d'une grande famille, la gens Sempronia, et apparentés à celle des Scipions, tentèrent dans le dernier tiers du IIe siècle av. J.-C. de réaliser une réforme agraire. Pour les uns, ils tentèrent par là de redonner à Rome la base sociale de ses institutions républicaines. Pour d'autres, ils étaient des démagogues essayant de se constituer une large clientèle pour assurer leur pouvoir. Tous deux tentèrent de conduire leur politique en utilisant le Tribunat de la plèbe. Tous deux échouèrent et payèrent ce choix de leur vie.

Le Rubicon ■ Fleuve qui marquait la frontière septentrionale de l'Italie républicaine. Un promagistrat ne pouvait pas la franchir avec l'armée que lui avait confiée le Sénat. César viola cet interdit lorsqu'il engagea les hostilités contre ses concurrents. Depuis lors l'expression désigne la mise en œuvre d'un choix important de manière irréversible.

Prolongements

- La conception de la vie civique en France, après 1789, et particulièrement sous la IIIe République, est fortement influencée par la vision romaine du citoyen, qui fait vivre la République par son droit de suffrage et la défend en portant les armes. Il en est de même de sa conception ouverte de la citoyenneté qui, à l'inverse d'Athènes, ne reposait pas sur le droit du sang mais au contraire pouvait accueillir des étrangers, si Rome les considérait dignes d'entrer dans le Peuple romain.

- La vie politique contemporaine a repris des noms romains pour désigner certaines fonctions : dans les assemblées parlementaires, les questeurs ont la charge des affaires financières.
- La culture classique dispensée par les lycées fut à l'origine de la rhétorique parlementaire de la IIIe République, dont un des modèles était Cicéron.

1.3 L'Empire romain

Le système politique tire son nom du sens large d'« *imperium* », c'est-à-dire du pouvoir imposé par Rome aux terres qu'elle avait réussi à faire passer et à maintenir sous son autorité.

Le système politique du principat

En – 27 se mit en place un régime de type nouveau, flou en dépit du juridisme romain, qui finit par s'imposer à tous et bénéficia d'une notable longévité. On peut voir dans le principat une magistrature nouvelle, dont le contenu, en termes de pouvoirs, était donné par les décisions de – 27 ; mais on peut aussi considérer le principat comme un état de fait nouveau beaucoup moins bien défini que les magistratures de la République romaine. Il est aussi important d'analyser ce qu'étaient les pouvoirs dévolus à Auguste que d'essayer de définir leur nature juridique précise. De – 31 à – 27 Octave revêtit chaque année le consulat. Le 13 janvier – 27 Octave, constatant le rétablissement de la paix, déclara qu'il rendait le pouvoir au Sénat et au peuple. Le Sénat proposa un partage du pouvoir entre lui et Octave, le Princeps, à l'avantage de ce dernier. Octave tint à laisser le sentiment qu'il tenait ses pouvoirs du Sénat, mais ce n'était qu'une fiction et le Sénat ne désigna jamais les empereurs, se contentant de les investir. Octave porta ensuite le titre honorifique d'Auguste, dont il fit son nouveau nom. Aucune règle précise ne fut prévue pour la succession. La plupart des successeurs d'Auguste accédèrent au pouvoir par hérédité, naturelle ou fictive. À partir des Sévères un rôle croissant est donné aux troupes dans la désignation de l'empereur.

Les fondements du pouvoir du Princeps étaient au nombre de trois. D'abord un *imperium*, de type proconsulaire, qui s'étendait à toutes les provinces. Chargé de gouverner les provinces frontières et mal pacifiées, l'empereur conserva le commandement de l'armée. À cet *imperium* s'ajoutait la puissance tribunicienne. Elle lui donnait, outre la sacro-sainteté, le droit de convoquer les assemblées et de faire des édits. La charge de *Pontifex Maximus* lui permettait d'intervenir dans le domaine religieux. À ces éléments de nature juridique vinrent s'ajouter, pour définir le pouvoir impérial, des données plutôt morales.

Le Sénat accordait, docilement, l'investiture. Il collaborait avec le prince : selon la plus ou moins grande bonne volonté de celui-ci, le Sénat recevait les ambassades, approuvait les mesures prises, avalisait les élections des magistrats et assurait des fonctions d'administration. L'empereur pouvait toujours confier aux sénateurs de son choix les missions qu'il estimait nécessaires. Le Sénat s'était vu attribuer la responsabilité de pourvoir au gouvernement des plus anciennes provinces. Enfin à la mort du prince, c'est le Sénat qui décidait ou refusait l'apothéose. Cette répartition, faussement équilibrée, était reconduite au début de chaque règne.

La romanisation de l'espace impérial

L'espace sur lequel s'exerçait le pouvoir de l'empereur s'accrut au Ier siècle apr. J.-C. La côte méditerranéenne fut occupée sans interruption. En Bretagne, Rome imposa son autorité jusqu'à l'Écosse ; en Europe centrale l'acquisition de la Dacie permit de franchir le Danube, tandis qu'en Afrique, Rome étendit son contrôle jusqu'au désert à l'Ouest et jusqu'à la première cataracte en Égypte. On ne comptait plus de royaumes vassaux dans les frontières de l'empire. Ces territoires acquis, Rome organisa le *limes* qui lui permit durant le deuxième siècle de jouir d'une assez grande sécurité. Il fallut créer une administration et ce fut une des grandes réalisations d'Auguste. Ses successeurs la complétèrent, tout particulièrement Claude et y accrurent le rôle de l'empereur. Les magistrats remplacèrent leurs attributions politiques par des fonctions administratives.

La ville fut le principal outil de la romanisation. Rome avait conquis des territoires déjà urbanisés, en particulier dans la partie orientale du bassin méditerranéen. Dans ces villes, une des aspirations les plus fortes était d'obtenir la citoyenneté romaine, en raison des multiples avantages qu'elle procurait. Le droit de vote n'était plus qu'un souvenir, mais la citoyenneté donnait des garanties judiciaires : un citoyen romain ne pouvait pas être soumis à la torture et pouvait exiger d'être jugé par un tribunal impérial. L'admission dans la cité romaine fut un des traits constants de l'histoire de Rome et un des fondements de l'universalisme romain. Cette acquisition, qui était aussi ressentie comme une sorte de brevet de civilisation, était strictement réglementée. Les grands notables indigènes étaient plus facilement admis que le vulgaire. Mais son attrait était un puissant stimulant pour entrer dans le moule romain. En 212, par l'édit de Caracalla, tous les habitants de l'Empire devinrent citoyens romains.

Sur le plan religieux, après la crise spirituelle de la fin de la République, Auguste tenta de restaurer la vie religieuse. Il combina le retour à la tradition et la tolérance soupçonneuse à l'égard des religions étrangères. Il facilita la création du culte impérial. Après Auguste, les Ier et IIe siècles furent marqués par le déclin de la religion traditionnelle, par la romanisation officielle des religions provinciales et par un renouveau des cultes indigènes. Enfin, en plus de l'organisation et de la diffusion du culte impérial, il faut noter un engouement pour les religions orientales, dont le christianisme.

L'Empire en crise

Au IIIe siècle l'Empire fut secoué par une grave crise. Non seulement les frontières furent menacées, à l'Ouest par la poussée germanique et à l'Est par l'empire sassanide, mais de profonds troubles intérieurs se produisirent, accompagnés de règnes courts. De surcroît, des épidémies ravagèrent une partie de l'empire et l'économie et les finances s'en trouvèrent fort dégradées. Devant la gravité de ces périls l'armée prit une importance croissante et le pouvoir dut trouver l'argent nécessaire pour financer les efforts militaires. L'important accroissement des troupes fut accompagné de réformes, dont un nouveau découpage des circonscriptions administratives, de façon à mieux contrôler l'espace impérial. Sur les populations mieux encadrées, dont les richesses furent minutieusement inventoriées, un impôt nouveau fut prélevé, la capitation, et les autres furent majorés. Pour renforcer la cohésion morale, les chrétiens furent persécutés. Constantin continua cette politique, sauf les persécutions, après sa conversion au christianisme.

Rome après Rome

En Occident la chute de l'Empire romain n'entraîna pas la disparition pure et simple de l'œuvre de romanisation. Les Romains passent pour avoir été procéduriers. Ce souci de pouvoir défendre leurs intérêts les conduisit à développer les études juridiques et élaborer un droit perfectionné. L'établissement de contrats, la pratique d'enregistrement des actes privés étaient d'usage courant. La création des royaumes barbares provoqua un déclin des villes, mais les usages juridiques romains survécurent longtemps. En outre, le droit romain, en dépit de périodes sombres, réussit toujours à survivre avant de s'épanouir à nouveau à partir du XIIe siècle. Rome légua aussi l'idée et le sens de l'État. Après la chute de l'Empire romain, lettrés et clercs en entretinrent le souvenir et la reconstruction de cette entité juridique, si possible unitaire, fut une des grandes préoccupations du Moyen Âge. Liée également au droit, la langue latine fit preuve de la même capacité de résistance. Elle subit une forte éclipse, mais redevint rapidement, non seulement la langue de l'Église qu'elle est encore, mais la langue des juristes et des lettrés en général.

Colonie ■ Il s'agit d'un fragment de Rome implanté dans une région soumise à l'autorité de Rome. Le plus souvent Rome donnait des terres à des vétérans romains au terme de leur service. Cela permettait de surveiller un territoire. Un certain nombre de colonies pouvait finir par quadriller toute une zone. C'était aussi un moyen de romanisation par le rayonnement des citoyens installés. Lorsque des éléments des populations indigènes étaient suffisamment imprégnés de romanité, ils pouvaient recevoir la citoyenneté romaine.

Imperium ■ Il reposait sur le droit d'auspices, le droit de consulter les dieux. De ce fait, il donnait à qui le détenait efficacité et pouvoir. Sous la République, il s'ajouta à cette idée de communication directe entre les magistrats et les dieux, la notion de domination de Rome sur le monde. Dans un sens plus restreint l'*imperium* désigne le commandement militaire.

Le culte impérial ■ Depuis Sylla s'était implantée l'idée que les succès, surtout militaires, étaient dus à des interventions divines. Auguste bénéficia en outre de l'héritage de César, qu'il sut exploiter : du vivant de César, le Sénat avait décidé l'érection de sa statue dans le Capitole auprès des anciens rois de Rome et des prières publiques chaque année pour sa personne. Fils adoptif et héritier de César, Octave se fit appeler « fils du divin ». Dans la guerre civile, qu'il gagna, il concentra sur lui la théologie de la Victoire : *Victoria Augusti* devint sa déesse personnelle. Mais, au moins au début, l'Empereur n'était dieu qu'après sa mort et par l'apothéose; de son vivant, il ne recevait que des hommages de piété. Dans les provinces, surtout orientales, il fut plus vite divinisé mais son culte fut toujours associé à celui de Rome.

Prolongements

- Un certain nombre d'empereurs ont fini par devenir des symboles : ainsi être qualifié de Néron n'a rien de bien flatteur. L'Église, dans ses nombreuses compromissions avec le pouvoir politique a souvent abusé du qualificatif flagorneur de «Nouveau Constantin», dont les deux Bonaparte furent gratifiés.

- Certains termes du vocabulaire politique ont une origine romaine. «Garde prétorienne» a gardé une dimension péjorative. Le terme de «proconsul» désignait dans l'empire colonial français un fonctionnaire de rang élevé et disposant de larges pouvoirs, comme à Rome le consul sorti de charge recevait le gouvernement d'une province, avec des pouvoirs également très larges.
- L'usage, très courant sous la IIIe République, d'ériger en hommage à un homme politique une statue représentant une vertu ou une qualité morale reprend la tradition des Romains qui élevaient leurs statues sur le forum.

2. Religions

2.1 Les dieux romains

La religion à Rome mêle de vieilles croyances indigènes à l'apport des religions issues des diverses régions conquises par les Romains. La religion grecque y occupe une place centrale. Cette religion est une institution d'État.

Les divinités «indigènes»

Certaines pratiques magiques caractérisent la religion primitive des Romains, comme la coutume d'entourer les villes nouvellement créées d'un cercle magique censé les protéger. C'est en franchissant ce cercle que Romulus s'est rendu coupable du crime qui conduisit Rémus à le mettre à mort. Lors de fêtes agrestes comme les lupercales, les prêtres, d'abord chargés de tenir les loups à l'écart, rendaient fécondes les femmes qu'ils touchaient.

Certains lieux, objets ou personnes sont divinisés, à la manière des religions animistes. Chaque source a sa nymphe, chaque carrefour ses lares. Les romains parlent alors de «*numen*», d'esprit. Ces esprits sont donc à l'origine de divinités en très grand nombre : Varron, érudit latin, en dénombre 30 000. Par la suite, ces divinités vont être réunies en un moins grand nombre de divinités spécialisées. Janus, esprit de la porte, sera ainsi divinisé comme le dieu de tous les passages et de tous les commencements : ainsi l'année débute par le mois de Janus, *januaris*, d'où le mois de janvier.

C'est en particulier le cas des diverses divinités du foyer, qui ont une grande importance dans la religion romaine, qui est familiale aussi bien que nationale. Il existe des esprits du feu qui brûle dans le foyer (Vesta), de la porte (Janus), du garde-manger (pénates) ou de la maison (lares). Ces dieux protègent les membres de la famille. Les mânes des morts sont honorés au foyer. Chaque homme a son *genius* particulier, alors que les femmes sont seulement protégées d'une manière générale par Junon. Le culte recouvre tous les détails de la vie quotidienne, qu'il s'agisse de l'agriculture, du commerce ou des voyages.

Cette religion est aussi une religion nationale. Les prêtres sont des fonctionnaires de la cité, qu'il s'agisse des flamines, pour les divinités principales, des vestales, gardiennes vierges du foyer de la cité, des pontifes (faiseurs de ponts, prêtres d'abord chargés de bénir la construction des ponts) responsables des questions religieuses générales et du *pontifex maximus* (souverain pontife), élu à vie par ses collègues. Sur le Capitole est édifié un temple, où est honorée la première « triade capitoline », Jupiter, Mars, et Quirinus, puis, plus tard, sous l'influence étrusque, Jupiter, Junon et Minerve.

La religion intervient lors de la prise de décisions importantes, ce qui conduit à une certaine tendance à la superstition. Il s'agit de déterminer les jours fastes (où il est possible de parler) et les jours néfastes, où toute activité officielle est proscrite. Les augures prennent les auspices (*aves spicere* : observer les oiseaux) en observant la direction du vol des oiseaux, pour prévoir l'avenir : si les oiseaux passent à droite, le sort est favorable, s'ils passent à gauche (*sinister*, d'où sinistre), le sort est défavorable. D'autres, les haruspices, analysent les entrailles des animaux sacrifiés. Le caractère national de la religion romaine s'affirmera sous l'Empire, où le *genius* de l'empereur sera l'objet d'un culte officiel. Ce culte de l'empereur annonce certains traits de l'organisation à venir de l'Église catholique autour du pape.

Les divinités « importées »

Par la suite, les dieux grecs et romains vont être rapprochés, les Romains reprenant les mythes, généalogies et histoires de dieux, que ne partageaient pas leurs divinités, plus abstraites. Comme les Grecs, ils distinguent douze dieux principaux. Certains de ces dieux sont empruntés à d'autres traditions (Minerve), certains dieux grecs n'ont pas leur équivalent chez les romains (Apollon).

• Jupiter	(Zeus)	:	tout puissant, ciel.
• Junon	(Héra)	:	ciel et mariage; épouse de Jupiter.
• Minerve	(Athéna)	:	intelligence. D'abord déesse d'origine étrusque des artisans et des médecins, assimilée ensuite à Athéna. Protectrice de Rome.
• Apollon	(Apollon)	:	soleil, arts. D'origine purement grecque, surtout célébré comme divinité solaire. L'empereur Auguste prétend en être le fils.
• Diane	(Artémis)	:	lune. Surtout déesse lunaire et de la chasteté, plus que l'Artémis chasseresse des Grecs.
• Mercure	(Hermès)	:	commerce (*merx*, d'où marchandise).
• Vulcain	(Héphaïstos)	:	feu (d'où volcan).
• Vesta	(Hestia)	:	foyer.
• Mars	(Arès)	:	guerre. D'où martial, guerrier. Le mardi est le jour de mars.
• Vénus	(Aphrodite)	:	amour, beauté.
• Cérès	(Déméter)	:	semences, fécondité. D'où céréales.
• Neptune	(Poséidon)	:	mer

Ils accueillent également dès le IVe ou le IIIe siècle av. J.-C. des cultes orientaux, dont celui de Cybèle, la «Grande Mère», divinité de la nature, venue d'Asie Mineure, ou celui d'Isis et d'Osiris, venu d'Égypte, particulièrement populaire chez les femmes et les esclaves. Vers la fin de l'empire et en réaction à la montée du christianisme, le culte de Mithra, ramené de Perse par les armées d'Orient, dieu du

soleil, dieu de la lumière, connaîtra un particulièrement grand succès à la fin de l'Empire. Ces cultes orientaux sont des religions qui proposent une participation plus personnelle au culte et promettent un salut individuel et une vie future. La plus importante de ces religions orientales est, bien sûr, le christianisme.
Les dernières résistances au christianisme seront le fait des paysans, attachés aux cultes agraires ancestraux (*pagani* : paysans), d'où le nom de « païen » donné par les chrétiens à leurs adversaires.

Lucrèce contre la religion ■ Disciple fidèle d'Épicure, Lucrèce (– 98– 55), dans son poème *De la nature*, entend démontrer que la religion est à l'origine de bon nombre des maux de l'humanité. La crainte des dieux conduit les hommes à vivre dans l'angoisse, et à des pratiques superstitieuses pour éloigner ces dangers imaginaires. En fait l'homme n'a rien à craindre, en particulier pas la mort, puisque tout bien et tout mal résident dans la sensation. Or, quand nous sommes vivants la mort n'est pas là, et quand la mort est là nous ne sommes plus présents.

Citations de Lucrèce :
– *tantum potuit religio suadere malorum* : la religion est responsable de tant de maux.
– *suave mari magno turbantibus aequora ventis e terra magnum alterius spectare laborem* : Il est doux, quand, sur la haute mer, les vents soulèvent les flots, de regarder, de la terre ferme, les terribles périls d'autrui.

En revanche, pour l'historien grec Polybe (fin du IIe siècle av. J.-C.), Rome est grande car elle a réussi à inculquer à son peuple les deux erreurs combattues par l'épicurisme, la peur des dieux et la croyance à la vie d'outre-tombe.

Prolongement

Les dieux romains, en particulier la première triade capitoline, illustrent bien la thèse de Georges Dumézil, selon laquelle trois fonctions principales sont honorées dans l'Antiquité, la première étant la souveraineté, la deuxième la guerre, la troisième la production. Ces trois fonctions seraient d'origine indo-européenne.

2.2 Le judaïsme

➠ TERMINOLOGIE • Hébreux, Israélites et Juifs (ou mieux Judéens) sont les termes successivement employés pour désigner les mêmes populations : le premier, du nom de l'ancêtre Eber, ou « venus d'au-delà », fait référence aux populations nomades qui s'installent à Canaan, le deuxième (fils d'Israël) désigne les habitants des royaumes d'Israël et de Juda. Le terme de juif apparaît pour les populations qui, de retour de l'exil à Babylone, s'installent sur le royaume de Juda.

Le judaïsme est la plus ancienne des religions monothéistes, avant le christianisme et l'islam, qui se situent pour une part dans sa continuité. Le judaïsme est à la fois l'affirmation d'un Dieu unique, absolument transcendant et créateur, mais aussi comme l'indique le terme même de judaïsme, l'affirmation d'un lien particulier à un peuple, le peuple juif, et à une terre, la Judée. Le judaïsme se définit par cette alliance particulière entre Dieu et un peuple, auquel on appartient soit de naissance, soit volontairement. L'histoire de cette religion est donc liée pour une bonne part à l'histoire particulière de ce peuple, très rapidement dispersé hors de sa terre : son destin tragique se reflète pour une part dans sa religion.

Histoire

Les débuts du peuple juif. D'après le livre de la Genèse, Abraham aurait vers 1800 avant le Christ, quitté Ur en Chaldée pour venir au pays de Canaan (la Palestine). Là Dieu aurait conclu avec lui une Alliance, marquée par la circoncision. Pour mettre à l'épreuve la fidélité d'Abraham, il lui ordonne d'immoler son fils, ce qu'Abraham n'hésite pas à faire, jusqu'au moment où Dieu retient son bras. L'un de ses fils, Jacob, va changer de nom avec l'autorisation de Dieu et s'appeler Israël («celui qui lutte avec Dieu»). Un de ses descendants, Joseph, s'établit en Égypte, où ses frères, chefs des douze tribus d'Israël vont le rejoindre. Mais ils sont réduits en esclavage par les Égyptiens, qui les considèrent comme des Hébreux («étrangers»). Ils fuient l'Égypte au XIIIe siècle av. J.-C. sous la direction de Moïse (l'Exode : la sortie) et conquièrent lentement le pays de Canaan (la Palestine), pays du lait et du miel, contre les Philistins (le terme désigne aujourd'hui une personne vulgaire, fermée aux choses de l'esprit).
Les douze tribus se partagent ces terres mais sont unies sous l'autorité d'un roi. Après l'échec du roi Saül, David (1010-970), le deuxième de ces rois, fonde un État monarchique dont Jérusalem est la capitale. Salomon (970-931), le troisième de ces rois, construit à Jérusalem le temple destiné à abriter l'Arche d'alliance, qui sera le centre de la vie spirituelle juive. À la mort de Salomon, le royaume éclate : au Nord, le royaume d'Israël, avec Samarie pour capitale, au sud, autour de Jérusalem, le royaume de Juda. Affaiblis, ces royaumes sont vaincus par les nouvelles puissances mésopotamiennes. Le temple est détruit par Nabuchodonosor en 587, l'élite de la population est déportée par Babylone. C'est la première diaspora («dispersion»).
Les déportés peuvent revenir en Judée en 538 où ils fondent un petit État sacerdotal, le royaume de Juda, et reconstruisent le Temple de Jérusalem. Les Romains arbitrent les querelles de succession entre les successeurs d'Alexandre et exercent leur domination sur la Palestine. Le roi de Judée, Hérode est maintenu sur le trône, car il se proclame leur vassal. Deux soulèvements contre la domination romaine échouent et sont violemment réprimés : le Temple est à nouveau détruit en 70 apr. J.-C., les Israélites sont chassés de Judée en 135 (seconde diaspora).
Pour maintenir l'unité du peuple juif, les rabbins rédigèrent alors les enseignements oraux qui avaient été transmis à Moïse, et s'interrogèrent sur la signification de cet exil, considéré comme une punition des péchés d'Israël. L'obéissance à la Loi devient alors le seul lien unissant le peuple juif à son Dieu.
Une bonne partie du peuple juif restera «dispersée» loin d'Israël (la diaspora). Depuis lors, les persécutions antijuives se sont poursuivies, n'empêchant pas la fidélité du peuple juif à sa loi, en particulier lors des croisades, ou dans les différents pays d'Europe au XIVe et XVe siècles.

La doctrine

Une Alliance est conclue entre Dieu et le peuple juif, peuple élu. D'un côté le Dieu unique, transcendant et tout puissant et de l'autre, le peuple élu, qu'il soumet à sa loi. Dieu révèle son nom à Moïse : «Je suis celui qui suis.» Ce nom est le tétragramme imprononçable, les quatre lettres hébraïques, YHWH, déformé par la

suite en Yahvé, puis en Jéhovah. Par la suite, après l'exil, le peuple juif n'ose même plus le prononcer et le désigne par diverses périphrases, dont Adonaï («seigneur») ou Ha-shem («le nom»). Il n'est plus prononcé qu'une fois par an, par le grand prêtre, le jour du Grand pardon. La volonté divine se manifeste dans la Loi, éternelle, que Dieu révèle lui-même à Moïse, dont les Dix commandements sont l'essentiel.
Ce Dieu est un Dieu créateur, qui fait exister toutes choses à partir de rien, idée profondément originale, qui n'existe en particulier pas dans la pensée grecque, où le cosmos a toujours existé et se contente de changer de forme.
De l'autre côté, le peuple juif, dont l'élection fait un peuple séparé, ce que marquent les traditions vestimentaires ou alimentaires (repas kasher : pur) et le repos du sabbat. La circoncision est le premier signe de cette alliance.
Les prophètes («*nabis*»), dont Abraham est le premier, et Moïse le plus important, celui à qui Dieu a parlé «de bouche en bouche», sont des interprètes de la volonté de Dieu. Ils s'adressent au peuple juif et à ses chefs pour qu'ils n'oublient pas la parole de Dieu, et sont prêts à souffrir pour faire entendre leur message. Il y a cinquante-huit prophètes depuis Abraham jusqu'à Malachie.
Après la destruction du temple, ce ne sont plus les prêtres, mais des docteurs de la loi, les rabbins («maîtres»), qui étudient la Loi et la tradition orale et président aux cérémonies religieuses, qui ont lieu dans la synagogue («assemblée»).

Torah et Talmud. La Torah, la Bible juive, appelée par les chrétiens Ancien Testament, comprend vingt-quatre livres répartis entre trois séries de textes, écrits soit en hébreu, soit en araméen :

1. La Loi, la Torah au sens strict («instruction») (le Pentateuque des chrétiens = livre en cinq rouleaux) qui contient : la Genèse, l'Exode, qui fait le récit de la fuite des juifs hors d'Égypte, le Lévitique (du nom de Lévi, fils de Jacob, suite de préceptes moraux et cultuels), les Nombres (récit du séjour des juifs dans le désert), le Deutéronome (la seconde loi, où Moïse avant sa mort répète la Loi qui lui a été enseignée).
2. Les livres historiques des Prophètes, où sont distingués les premiers prophètes (Josué, les Juges, Samuel I et II, les Rois) et les derniers prophètes (Isaïe, Jérémie, Ézéchiel) ainsi que les douze petits prophètes (Osée, Joël, Amos, Abdias, Jonas, Michée, Nahoum, Habaquq, Sophonie, Aggée, Zacharie, Malachie).
3. Les Hagiographes ou Écrits, composés de trois ensembles :
   - les Psaumes (poèmes chantés), Job (sur le sens de la souffrance), les Proverbes (recueil de préceptes destinés aux jeunes gens et attribué au roi Salomon).
   - «les cinq rouleaux» : le Cantique des Cantiques (superbe poème d'amour), Ruth, les Lamentations (où Jérémie déplore le destin de son peuple), l'Ecclésiaste («celui qui enseigne», recueil de réflexions sur la vanité du pouvoir et des richesses), Esther;
   - Daniel, Esdras, Néhémie, Chroniques I et II.

Mais, aussi importante que la Torah, quelquefois plus, est la tradition orale, le Talmud («enseignement»), qui sera transcrit, avec les commentaires du texte sacré par les rabbins, dans les derniers siècles avant notre ère et jusqu'au ve siècle de l'ère chrétienne. Le Talmud donne des règles juridiques pour la vie pratique (la *halakha*) et des récits et commentaires symboliques, historiques et moraux (la *haggadah*). Il existe deux versions du Talmud, l'une de Jérusalem, l'autre, plus importante, de Babylone.

Sadducéens, pharisiens et zélotes ■ Dans le royaume de Juda, après l'exil babylonien, plusieurs écoles théologiques et politiques s'affrontent.
Les sadducéens (du nom du grand prêtre Zadok), instruits et riches, n'acceptent que la lettre du Pentateuque et rejettent les commentaires et traditions acceptées par les pharisiens, comme l'idée d'éternité de l'âme, l'attente du messie ou la résurrection des morts.
Les pharisiens («séparés»), plus nombreux, admettent une tradition orale et acceptent d'adapter la Torah aux circonstances. Seuls à subsister après la prise de Jérusalem par les Romains, ils seront à l'origine du judaïsme classique. Le christianisme naissant leur sera hostile, d'où le sens péjoratif d'hypocrite, que le mot «pharisien» a gardé.
Les Esséniens, vivent en ascètes dans des communautés religieuses de type monachique, ayant renoncé à tout bien propre. Ils professent un dualisme strict, et attendent la fin des temps qu'ils considèrent comme imminente.
Les zélotes («zélateurs») sont des activistes politiques, partisans d'une action directe contre l'occupant.

La Genèse ■ Il s'agit du récit des origines du monde, de l'humanité et du peuple juif. Elle raconte la création d'Adam et Ève, leur installation au paradis, le péché d'Ève qui, tentée par le serpent, goûte au fruit de la connaissance du bien et du mal et se croit l'égale de Dieu. Puis apparaissent les enfants d'Adam et Ève, Caïn et Abel, le meurtre de l'un par l'autre. La colère de Dieu contre l'humanité lui fait envoyer le déluge, en épargnant seulement Noé sur son arche, qui sauve sa famille et sept couples des diverses espèces animales. Puis pour punir la présomption des hommes qui veulent construire la tour de Babel pour atteindre les cieux, Dieu leur fait parler plusieurs langues. Il y est également fait le récit de la vie des principaux patriarches.

Moïse ■ Moïse a été sauvé de la persécution des enfants hébreux de sexe masculin en Égypte par sa mère qui le place dans un couffin sur le Nil. Trouvé et élevé par la fille du pharaon, il vit à la cour, mais tue un Égyptien qui avait maltraité un hébreu et doit s'enfuir au pays de Madian. Dieu lui parle alors dans un buisson ardent et lui commande d'aller délivrer ses frères retenus en Égypte. Il demande leur libération à Pharaon, mais celui-ci n'accepte que lorsqu'il y est contraint par les «dix plaies» envoyées par Dieu sur l'Égypte. Pour préparer leur départ ils tuent un agneau dont le sang placé sur leur porte les fera épargner par l'ange exterminateur qui tue tous les premiers nés des familles non juives : c'est la première Pâque. Moïse dirige la fuite des Hébreux, poursuivis par les Égyptiens. Ils traversent la mer Rouge à pied qui se referme derrière eux sur leurs poursuivants. Moïse monte sur le mont Sinaï pour écouter Dieu qui lui enseigne les dix commandements. En son absence, le peuple s'était remis à honorer une idole, le veau d'or. Il les punit et, de colère, casse les tables de la loi. Il remonte sur le Sinaï où Dieu confirme son alliance avec le peuple juif. Il meurt lorsqu'il aperçoit le pays de Canaan où il devait guider son peuple.

Prolongement

Moïse est le personnage le plus important de l'histoire juive, son père, à la fois libérateur et législateur. On conçoit qu'en tentant de le démystifier dans *Moïse et le Monothéisme*, Freud avait conscience de commettre un parricide.

Moïse est souvent représenté avec des cornes, du fait d'une erreur du texte latin ayant traduit *cornatus* (cornu) au lieu de *coronatus* (couronné).

Les dix commandements

1. Je suis l'Éternel ton Dieu, qui t'ai tiré du pays d'Égypte, de la maison des esclaves.
2. Tu n'auras pas d'autre dieu que moi; tu ne feras et n'adoreras aucune image.
3. Tu ne prononceras pas le nom de Dieu à l'appui du mensonge, car Dieu ne laisse pas impuni celui qui prononce son nom pour le mensonge.
4. Souviens-toi du jour du Sabbat pour le sanctifier. Tu travailleras pendant six jours, mais le septième jour est consacré à l'Éternel, ton Dieu. Tu ne feras aucun ouvrage, ni toi, ni ton fils, ni ta fille, ni ton serviteur, ni ta servante, ni ton bétail, ni l'étranger qui est dans tes murs, car l'Éternel a créé en six jours le ciel, le terre, la mer et tout ce qu'ils renferment, et il a béni le septième jour et l'a sanctifié.
5. Honore ton père et ta mère, afin que tes jours soient prolongés sur la terre que l'Éternel ton Dieu te donne.
6. Tu ne tueras pas.
7. Tu ne commettras pas d'adultère.
8. Tu ne voleras pas.
9. Tu ne commettras pas de faux témoignages.
10. Tu ne convoiteras pas la maison de ton prochain, ni sa femme, ni son serviteur, ni sa servante, ni son bœuf, ni son âne, ni rien de ce qui appartient à ton prochain.

Cabale et mystique

➠ TERMINOLOGIE • Le mot «cabale» signifie «tradition».

À partir du XIIIe siècle se développe une interprétation mystique de la Bible, qui entend retrouver son sens caché. Le livre fondamental de la Kabbale est le *Zohar* («livre de la splendeur»), paru au XIIIe siècle en Espagne, sous la direction de Moïse de Léon, qui s'interroge sur l'union mystique de l'homme avec Dieu et sur les attributs principaux de la divinité.

Prolongements

- Le judaïsme, première religion monothéiste, est une des sources de la civilisation occidentale. Selon le christianisme et l'Islam, l'enseignement du judaïsme ne serait véritablement accompli que par la venue du Christ ou du Prophète, ce qui sera l'origine de longs et persistants malentendus, et de haines, entre ces trois religions. Les juifs sont, jusqu'à une date récente, accusés par les chrétiens d'être un «peuple déicide».
- La naissance du sionisme et la création de l'État d'Israël en 1948, sur le modèle des nationalismes européens du XIXe siècle, verra son importance accrue du fait de l'holocauste, mais ne solutionnera pas, contrairement aux espoirs de Theodor Herzl, le problème de l'antisémitisme qui se mêlera désormais à l'antisionisme.
- Toute une pensée juive sécularisée, mais attachée à ses sources, se développera avec des auteurs comme Spinoza au XVIIe siècle, Mendelssohn dans l'Allemagne des Lumières ou Martin Buber et Emmanuel Lévinas au XXe siècle.
- L'art juif se consacrera essentiellement aux objets du culte, en partie du fait des continuelles expulsions qui donnent un caractère précaire aux établissements juifs en Europe. Un peintre comme Chagall donne une interprétation onirique de cette mémoire juive.

2.3 Christianisme et catholicisme

➠ TERMINOLOGIE • «Christ» est l'équivalent grec du terme hébreu «messie», qui signifie «oint», comme l'étaient les rois juifs.
Il convient de ne pas confondre le christianisme, qui désigne une religion, et la chrétienté, terme apparu au Moyen Âge et qui désigne l'ensemble des nations chrétiennes par opposition aux infidèles.
Le terme de «catholique» («universel» en grec) est employé pour la première fois par un auteur chrétien Ignace d'Antioche, en 112, pour désigner l'église du Christ.

Si le Christ n'a pas lui-même employé le terme de «catholicisme», celui-ci s'est très vite imposé. Surtout, depuis le schisme orthodoxe (1054), puis la Réforme (XVIe siècle), le terme est couramment employé et préféré à celui de «christianisme», pour distinguer l'Église catholique romaine de ces nouvelles religions qui se réclament elles aussi du Christ.
L'hésitation entre les deux termes de «christianisme» et de «catholicisme» est riche d'enseignements, car elle met sur la voie de deux caractères essentiels de la religion catholique.
Chrétienne, elle porte l'accent sur la divinité du Christ et le rôle d'intermédiaire entre Dieu et l'homme qui est le sien. La grande nouveauté du christianisme est d'avoir tenté de penser le mystère d'un Dieu qui se fait homme et qui meurt pour les péchés de l'homme.
Catholique, elle met l'accent sur l'universalité. En un sens historique d'abord, puisque son organisation ecclésiastique se coule dans le cadre qui lui est fourni par l'empire universel qu'était Rome, et cette église catholique est bien «romaine». Mais, en un sens plus élevé, il est certain que cette universalité fait référence au caractère ouvert à tous, femmes et esclaves compris, de la Révélation. Là réside bien sûr une des raisons importantes de son rapide et durable succès.

Histoire

Les débuts du christianisme
L'histoire des débuts du christianisme peut être reconstituée à partir du récit qui en est donné dans les Évangiles. Il existe en effet très peu de documents non chrétiens contemporains faisant état de l'existence de Jésus.
Jésus de Nazareth serait né à Bethléem en 4 ou 6 avant notre ère. Il est né de façon miraculeuse d'une vierge, enceinte par l'œuvre du Saint-Esprit, dans une famille modeste, son père étant charpentier. Comme il est menacé par le roi Hérode, ses parents s'enfuient en Égypte, pour le mettre à l'abri. Il est baptisé par Jean le Baptiste. Vers sa trentième année, Jésus parcourt la Palestine, annonçant le règne de Dieu. Il réalise une série de miracles : il change l'eau en vin aux noces de Cana, multiplie les pains, permet une pêche miraculeuse, ressuscite Lazare, soigne les malades. Il s'adresse à tous, y compris ceux que les pharisiens qualifient de «pécheurs» : malades, pauvres, femmes, enfants, prostituées. Il leur promet la venue du royaume de Dieu, s'ils respectent ses commandements.
Son entrée triomphale à Jérusalem aggrave son conflit avec les responsables du judaïsme. Il chasse les marchands du Temple. Avant la Pâque («passage»), fête juive qui commémore l'exode des juifs d'Égypte, Jésus prend un dernier repas,

la Cène, avec ses douze disciples, les apôtres («envoyés»). Il annonce à ses disciples que l'un d'eux va le trahir, puis rompt le pain et boit le vin en disant : «Ceci est mon corps, ceci est mon sang», geste qui sera le fondement du rituel central de l'eucharistie. Dénoncé par Judas, arrêté sur le Mont des oliviers, Jésus est condamné à mort par les prêtres du Sanhédrin, pour s'être présenté devant eux comme le «christ», le messie, fils de Dieu. Ils le livrent au préfet romain de Judée, Ponce Pilate, qui, après avoir tenté de le sauver, cède au désir de la foule de voir plutôt gracier le brigand Barrabas. Il est crucifié sur le Golgotha; son supplice est appelé la Passion du Christ. Avant de mourir, il a un moment de désarroi : «Mon Dieu, mon Dieu, pourquoi m'as tu abandonné?». Jésus ressuscite trois jours après, et apparaît plusieurs fois à ses disciples, à qui il demande de répandre la bonne nouvelle («évangile»), et à qui il annonce la venue du Saint-Esprit.

La diffusion du christianisme

Le christianisme se répand à partir de 60. En 37 le juif Saül de Tarse, adversaire des chrétiens s'était converti sur le chemin de Damas et avait pris le nom de Paul : il prêche à la fois auprès des juifs puis, devant leur refus, se tourne vers les «gentils» (les païens, les non-juifs) et ce, dans tout le bassin méditerranéen. Sa formation d'intellectuel lui permet de préciser différents points de doctrine dans ses *Épîtres* (*aux Corinthiens, aux Romains*). Il met ainsi en avant l'idée du péché originel. Il fait abandonner aux chrétiens la pratique de la circoncision, soulignant ainsi la rupture avec les juifs. Premier des apôtres, Pierre prêche l'évangile à Jérusalem. Il est martyrisé à Rome sous Néron en 64. Selon la tradition il est le premier évêque de Rome, suivant en cela la prédiction de Jésus : «Tu es Pierre, et sur cette pierre, je bâtirai mon Église.»

Les persécutions antichrétiennes débutent avec Néron en 64, puis s'intensifient jusqu'au IIIe siècle, mais n'empêchent pas la diffusion du christianisme, d'abord parmi les classes populaires, puis dans les classes dirigeantes, comme en témoigne la conversion de l'empereur Constantin en 313, qui recherche aussi l'appui des chrétiens, devenus très puissants.

Une dernière tentative de résistance antichrétienne sera celle de l'empereur Julien l'Apostat ou d'auteurs païens comme Celse, auteur d'un *Discours véritable contre les chrétiens* en 170.

À la fin du IVe siècle, l'empereur Théodose fait du christianisme la religion officielle de l'Empire romain et interdit les cultes païens. Le christianisme, allié au pouvoir temporel, persécutera alors les derniers païens et surtout les différentes hérésies.

Le succès du christianisme est renforcé par le traumatisme occasionné par la prise de Rome par les Barbares en 455, qui est attribuée par les chrétiens à ceux qui s'acharnent à refuser la vraie foi. En 529, l'empereur Justinien ferme les écoles philosophiques d'Athènes et met ainsi un point final à la spéculation philosophique païenne en Occident.

L'organisation de l'église (*ecclesia* en grec : assemblée) chrétienne primitive était fort simple : un évêque (*episkopos* : surveillant) assisté d'anciens (en grec *presbuteroi*, d'où prêtres). Certains membres de la communauté sont chargés d'assister

les malheureux. Pour s'intégrer à ces communautés, chaque fidèle doit être baptisé. Le culte consiste dans la lecture de l'Évangile, et dans des agapes, repas pris en commun, commémorant la Cène.
Ce n'est qu'au ve siècle que l'évêque de Rome, qui avait reçu le palais du Latran de la femme de Constantin, tend à s'imposer comme le chef spirituel de la chrétienté face à l'empereur. L'église devient alors vraiment catholique («universelle»).

La doctrine

Le christianisme se présente non pas comme la négation mais comme l'«accomplissement» de la religion juive et de son attente du messie : Jésus est le messie dont la venue était annoncée dans l'Ancien testament, comme le montre Paul. Mais les changements sont très importants.
C'est une religion monothéiste qui présente l'originalité d'insister sur la communion avec Dieu le père par l'intermédiaire de son fils Jésus-Christ, sauveur de l'humanité, qui est à la fois pleinement Dieu et pleinement homme. Jésus est le messie, à la fois fils de Dieu et Dieu lui-même. Le mystère de sa Passion insiste sur ce double aspect. La difficulté de cette doctrine entraînera de nombreuses difficultés d'interprétation, sources d'hérésies multiples.
La religion chrétienne est fondée sur la parole personnelle du Christ, annoncée dans les Évangiles, plus que sur un texte écrit, comme c'est le cas pour le judaïsme et l'islam, qui sont davantage des «religions du livre». Par son sacrifice sur la croix, Jésus rachète les péchés des hommes (rédemption) et apaise ainsi la colère de Dieu.
Le christianisme se présente comme une religion universelle : le père céleste n'est pas plus celui des juifs que des samaritains, il ne distingue plus entre les races, entre les amis et les ennemis, entre les méritants et les autres, il est le Dieu de tous les hommes. Cette universalité sera une des raisons du succès rapide du christianisme.
Il annonce la venue du royaume de Dieu, qui est à la fois à venir et déjà là, par la possibilité du salut qui s'offre dès à présent aux hommes : «Car voici que le royaume de Dieu est parmi vous.» C'est en ce sens que le christianisme est catholicisme, c'est-à-dire universel, même si cette dénomination ne désigne exclusivement que l'église d'Occident depuis le schisme avec l'église d'Orient de 1054.
Le christianisme est une religion d'amour : puisque le père céleste aime tous les hommes, ceux-ci doivent à leur tour l'aimer filialement et s'aimer les uns les autres : «Tu aimeras le Seigneur ton Dieu de tout ton cœur, de toute ton âme et de toute ta pensée. C'est le premier et le grand commandement. Et voici le second qui lui est semblable : tu aimeras ton prochain comme toi-même.» Tous les hommes sont frères en Jésus-Christ.
C'est aussi une religion de la simplicité, d'une simplicité enfantine, qui méprise les richesses : «Si vous ne devenez comme des enfants, vous n'entrerez dans le Royaume des Cieux.» Dieu est ainsi conçu comme un père, proche, auquel on peut s'adresser dans ses prières, ce qu'aucun juif n'aurait osé faire avec son Dieu.
Ce message du christianisme est bien illustré par les paroles du début du «Sermon sur la montagne» :

> *«Heureux les pauvres en esprit; car le royaume des cieux est à eux.*
> *Heureux ceux qui pleurent; car ils seront consolés.*
> *Heureux ceux qui ont faim et soif de justice; car ils seront rassasiés.*

Heureux ceux qui ont le cœur pur ; car ils verront Dieu.
Heureux les pacifiques ; car ils seront appelés fils de Dieu.
Heureux ceux qui sont persécutés pour la justice ; car le Royaume des cieux est à eux.»

La Bible des chrétiens ■ C'est au IIe siècle av. J.-C., à Alexandrie, que pour la première fois l'ensemble des écrits juifs est appelé *biblos*, le livre en grec.
La traduction de l'hébreu au grec de ces écrits s'appelle la *Septante*, car elle aurait été réalisée par soixante-douze traducteurs de la communauté juive d'Alexandrie au IIIe siècle av. J.-C. Au IIIe siècle apr. J.-C., une nouvelle version de la Bible traduite par saint Jérôme en latin (347-420) sera dénommée la *Vulgate*, et déclarée seule authentique par le concile de Trente (1546) qui interdit de mettre en doute l'inspiration divine de la Bible.
La Bible des chrétiens est composée de l'Ancien testament, reprenant pour l'essentiel les textes sacrés juifs, et du Nouveau testament, propre au christianisme.
Les livres canoniques («conformes à la règle») du christianisme sont les suivants :
1. *L'Ancien Testament* (terme employé pour rendre le terme «alliance»). Il reprend les textes juifs : le Pentateuque (ce que les juifs appellent la Loi) : Genèse, Exode, Lévitique, Nombres, Deutéronome ; les Lois ; les Prophètes. Les Livres Deutérocanoniques (Tobit et Judith, femme juive qui séduit et décapite le général ennemi Holopherne, Sagesse, Siracide ou Ecclésiastique, Baruch, Maccabées I et II, sur l'histoire des révoltes juives) ne figurent pas dans la Torah juive, et ne sont pas acceptés par les protestants.
2. *Le Nouveau Testament*. Il comporte 27 textes :
   Les quatre Évangiles («bonne nouvelle»), trois évangiles synoptiques («qui voient du même œil»), ceux de Matthieu, Marc et Luc, et, à part, l'Évangile de Jean. L'Évangile de Matthieu est placé en tête du Nouveau Testament, car il fait le lien avec l'Ancien en s'adressant directement aux juifs. L'Évangile de Marc s'adresse plutôt aux Romains. Les Actes des Apôtres qui fait le récit des événements qui se sont produits après la mort de Jésus. 21 Épîtres, de saint Paul et d'autres apôtres, dont les quatre célèbres *Épîtres aux Romains*, *aux Corinthiens* (I et II) *et aux Galates*. L'Apocalypse de saint Jean (en grec, dévoiler ce qui est caché) qui est un ensemble de prophéties et qui décrit la fin des temps et le retour du Christ au dernier jour.

Quelques mots ou expressions célèbres
«*Amen*» : mot hébreux signifiant «en vérité» ou «ainsi soit-il» qui termine les prières juives et chrétiennes.
«*Ave*» : mot latin qui signifie «salut». «*Ave Maria*», je vous salue Marie est la formule employée par l'ange Gabriel qui vient lui annoncer la naissance du Christ.
«*Ecce homo*» : voici l'homme. C'est par ces paroles que Ponce Pilate présente Jésus prisonnier au peuple juif.
«*Fiat lux*» : que la lumière soit. Formule prononcée par Dieu lorsqu'il sépare la lumière et les ténèbres.
«*Mea culpa*» : c'est ma faute. Au cours du *Confiteor*, le croyant reconnaît ses péchés.
«*Noli me tangere*» : ne me touche pas. Paroles adressées par Jésus ressuscité à Marie de Magdala qui ne le reconnaît pas.
«*Vade retro satanas*» : va en arrière Satan. Formule prononcée par Jésus pendant sa tentation au désert.

Les sept sacrements ■ Ce sont les pratiques rituelles qui permettent de sanctifier celui qui les reçoit. Ils sont au nombre de sept chez les catholiques, depuis le concile de Trente (1546), qui répond aux critiques faites par les protestants.

1. Le baptême (« plonger »)est une pratique de purification et de repentance qui fut pratiquée par Jésus lui-même, baptisé par Jean-Baptiste. C'est une cérémonie qui marque la naissance à la vie de la grâce, l'entrée dans l'Église.
2. La confirmation signifie l'accomplissement de la formation chrétienne, commencée par le baptême. Par l'onction d'huile, elle assimile le chrétien au Christ.
3. L'eucharistie (« bonnes grâces ») a été instituée par le Christ lors de la Cène. Le pain, représenté par l'hostie, et le vin, qui sont consommés par le prêtre ou les fidèles, sont réellement, selon le dogme de la transsubstantiation, la chair et le sang du Christ.
4. La pénitence est la reconnaissance des péchés, qui sont alors pardonnés, dans la confession, autrefois publique, aujourd'hui privée.
5. L'extrême onction (aujourd'hui onction des malades) est donnée aux mourants. Elle procure la grâce et le pardon des péchés.
6. L'ordination est le sacrement que reçoivent ceux qui deviennent prêtres ou évêques.
7. Le mariage sanctifie le couple humain. En tant que sacrement il est indissoluble.

Les fêtes chrétiennes
Noël (du latin «*natale Diem*» : le jour de la naissance) commémore depuis 353 la nativité, la naissance de Jésus.
L'Épiphanie (« apparition ») commémore la venue des rois mages et le baptême du Christ.
La Chandeleur, fête des chandelles, commémore la présentation de l'enfant Jésus au Temple.
L'Annonciation commémore l'annonce faite à Marie de sa future maternité de Jésus.
Le Temps du carême (qui dure quarante jours) est un temps de jeûne et d'abstinence préparant Pâques.
Les Rameaux, le dimanche qui précède Pâques, commémore l'entrée triomphale de Jésus à Jérusalem, où la foule jetait des rameaux sur son chemin.
Jeudi saint, commémore la Cène et le lavement des pieds par le Christ.
Vendredi saint, jour de deuil, commémore la mort de Jésus sur la croix.
Samedi saint, jour de la veillée pascale, dans l'attente de la résurrection.
Dimanche de Pâques, sommet de l'année, commémore la résurrection du Christ.
Ascension : quarante jours après Pâques, montée de Jésus au ciel.
Pentecôte : descente du Saint-Esprit sur les apôtres réunis.
Assomption : commémore depuis l'an 600 la montée de la Vierge Marie au ciel.
Toussaint : fête de tous les saints, la veille de la fête des morts.

Paradis, enfer, purgatoire ■ La première évocation du Paradis (du grec *paradeisos* : jardin, *Eden* en hébreu) est celle du jardin, à l'Orient du monde, où vivaient Adam et Ève avant la chute. Au centre de ce jardin se trouvaient l'arbre de vie et l'arbre de la connaissance, dont Ève croquera la pomme, commettant ainsi le péché originel. La vision du paradis s'inspire des descriptions du *Cantique des Cantiques*. Au paradis, jardin perpétuellement fleuri, il n'y a ni jour ni nuit, ni séparation entre le ciel et la terre.
Les Enfers (du latin *infernum* : en bas) sont une prison ténébreuse sous la terre, dévorée par les flammes des passions, de la haine et de la jalousie, où sont suppliciés les méchants.
Plus tard apparaîtra l'idée d'un Purgatoire, lieu intermédiaire où les morts subissent diverses épreuves, et où ils peuvent être aidés par les prières des vivants. Il deviendra un dogme au concile de Florence en 1439.

Le jugement qui conduit dans l'un ou l'autre de ces lieux est un jugement provisoire, le jugement dernier et la résurrection des corps interviendront à la fin des temps, lors du retour de Jésus sur terre.

Prolongements

Ils sont innombrables. Le christianisme est une des principales sources de la civilisation occidentale, même lorsqu'elle s'en démarque.

- La philosophie va tenter de concilier l'héritage de la pensée grecque avec les enseignements de la Bible. Saint Augustin tente de l'accorder à la pensée de Platon, saint Thomas d'Aquin à celle d'Aristote. Toute une controverse tentera de déterminer si, oui ou non, la philosophie doit être «*ancilla theologiae*» («servante de la théologie»). La séparation radicale de la philosophie et de la théologie a lieu dans l'œuvre de Pascal.
- Du point de vue artistique, le christianisme fournit l'essentiel de ses thèmes à l'art occidental jusqu'au XIXe siècle : représentations du Christ, de sa Passion, de la Vierge Marie. L'art n'est même longtemps considéré que comme un moyen de propagande ou un simple ornement de la religion et de ses édifices : basiliques, cathédrales, églises. De même la musique sera fort longtemps essentiellement musique sacrée.
- La littérature s'inspirera largement de l'héritage chrétien. La question de la supériorité du merveilleux chrétien sur le merveilleux païen sera une des origines de la Querelle des Anciens et des modernes aux XVIIe et XVIIIe siècles. John Milton reprendra un sujet chrétien dans le *Paradis perdu* (1667) comme Friedriech Klopstock dans la *Messiade* (1748), ou Paul Claudel dans l'*Annonce faite à Marie* (1912). François-René de Chateaubriand dans le *Génie du christianisme* (1802) expose les «beautés de la religion chrétienne» et estime que la *Bible* est le seul moyen de dépasser Homère.

2.4 Les pères de l'Église et saint Augustin

Les pères de l'Église sont les écrivains chrétiens des premiers siècles de notre ère (fin Ier-VIIIe siècle) qui ont été officiellement reconnus par l'Église comme ayant contribué à fixer sa doctrine. Saint Augustin est celui dont l'influence fut la plus grande.

L'élaboration de la doctrine catholique

L'Église qui était simple assemblée («*ecclesia*») de fidèles va, au cours des premiers siècles de l'ère chrétienne, devenir une véritable institution organisée, dont la doctrine sera progressivement fixée sous forme de dogme, à l'occasion de la lutte contre les diverses hérésies. Ce sont les conciles qui décident de l'orthodoxie en matière de foi. Les principales questions abordées sont celle de l'héritage de la philosophie grecque, mais surtout celles de la Trinité et de la nature du Christ, le caractère trinitaire de la divinité étant l'aspect le plus original de la doctrine chrétienne, mais aussi le plus difficile à comprendre.

Le problème de l'héritage grec

Un premier problème que se posent les pères de l'Église est celui de la place à accorder à la philosophie grecque pré-chrétienne. Les uns, comme Justin ou Clément d'Alexandrie (150-215), y voient une source possible du christianisme, les philosophes ayant été éclairés par la lumière divine. Les hommes qui ont vécu avant le christianisme ne sont pas nécessairement perdus. Ils reprennent en cela les idées du philosophie juif Philon d'Alexandrie (13-54) qui trouve une identité entre la pensée grecque et la Bible. Les autres, comme Tertullien refusent radicalement la philosophie grecque. « Il n'y a rien de commun entre le philosophe et le chrétien, le disciple de la Grèce et le ciel, entre Athènes et Jérusalem, l'Académie et l'Église ».

Une autre question est celle de savoir comment interpréter les Écritures : certains, comme Origène (185-254), autre illustration de l'école d'Alexandrie, vont montrer qu'elles ont aussi un contenu spirituel, proche de la philosophie, qu'il faut interpréter sur un mode allégorique.

Le mystère de la Trinité

Le principal problème porte sur le mystère de la Trinité, du Dieu unique constitué de trois personnes distinctes, le Père, le Fils et le Saint-Esprit, et en particulier sur la nature, humaine ou divine, du Christ.

La notion de Saint-Esprit qui apparaît au cours du IVe siècle se rapproche sur bien des points du concept grec du *logos*. Il est aussi appelé Paraclet (« celui qui est appelé auprès »). La notion de Verbe au début de l'évangile de Jean (« au commencement était le Verbe ») semblerait renvoyer au concept grec de *logos*, tel qu'il a été réfléchi par le philosophe juif d'inspiration grecque Philon d'Alexandrie. Mais il est aussitôt précisé que le *logos* s'est fait chair, qu'il est Jésus.

Le plus important des conciles de l'Antiquité est le concile de Nicée en 325 qui affirme l'unité de la personne du Christ en deux « natures », divine et humaine, et qui condamne l'arianisme.

Le symbole de Nicée est le credo qui résume la foi du Chrétien : « Nous croyons en un seul Dieu, Père tout puissant, créateur de toutes les choses visibles et invisibles et en un seul seigneur Jésus-Christ, le fils de Dieu, né unique du Père, c'est-à-dire de la substance du Père, Dieu de Dieu, lumière de la lumière, Dieu véritable de Dieu véritable, né et non créé, de même substance que le Père, par qui tout a été fait, ce qui est dans le ciel et ce qui est sur la Terre, qui pour nous les hommes et pour notre salut, descendit, s'incarna et se fit homme, souffrit et ressuscita le troisième jour, monta au ciel, reviendra pour juger vivants et morts et en l'Esprit-Saint ».

Le concile de Nicée est complété par celui de Constantinople en 380-381 qui fait du Saint-Esprit la troisième personne de la Trinité, égale au père et au Christ : « Le Fils unique de Dieu est vrai Dieu de vrai Dieu, engendré non pas créé, et l'Esprit procède du Père et est adoré et glorifié ensemble avec le Père et le Fils. »

Le concile d'Éphèse en 431 condamne le nestorianisme et le pélagianisme. Il reconnaît à la Vierge Marie le titre de « mère de Dieu » et est à l'origine du développement du culte marial. En effet au Ve et VIe siècle, pour répondre à la nécessité d'une présence féminine dans le panthéon chrétien, se développe le culte de la Vierge Marie, d'où la fête de l'Assomption adoptée en 582, qui commémore la montée au ciel de Marie portée par les anges.

Le concile de Chalcédoine en 451 condamne le monophysisme.

D'autres articles du dogme sont beaucoup plus récents.

L'affirmation de la transsubstantiation, c'est-à-dire de la présence réelle du Christ dans l'hostie et le vin de la messe, n'est un dogme que depuis 1079. La croyance en l'immaculée conception de Marie, c'est-à-dire l'idée qu'elle fut préservée de la contagion du péché lorsqu'elle s'incarna, date du XIIe siècle et ne fut reçue comme article de foi qu'en 1854.

Saint Augustin

Le plus grand des pères de l'Église et un des plus grands philosophes de l'Antiquité est saint Augustin (354-430). Il raconte sa jeunesse dissolue, son goût impénitent pour les études classiques, et en particulier pour l'*Hortensius* de Cicéron, ainsi que ses sympathies manichéennes, puis enfin son salut, dans les *Confessions* (397-401). Devenu évêque d'Hippone en Afrique du nord, il combattra par la force le donatisme, et, par ses écrits, le pélagianisme.

Les *Confessions*, premier récit autobiographique de l'histoire, sont aussi la première réflexion sur l'intériorité. Augustin y développe de célèbres réflexions sur le temps et la mémoire.

Sa doctrine de la liberté et de la grâce est particulièrement célèbre. Il s'étonne que le mal puisse être imputé à Dieu. Contre les manichéens, il montre que le principe du mal n'est pas extérieur, mais réside dans l'homme corrompu, dans le mauvais usage qu'il fait de sa liberté et que symbolise le péché originel. L'homme désire même la transgression pour la transgression, comme le montre le récit du vol de poire dans les *Confessions*. Le seul moyen de s'en libérer est la grâce de Dieu, et non les œuvres des hommes.

Du point de vue de la philosophie politique, saint Augustin, dans la *Cité de Dieu* (413-427), écrit en réaction au sac de Rome par les barbares d'Alaric en 410 et distingue entre les deux cités, la cité terrestre fondée sur « l'amour de soi jusqu'au mépris de Dieu » et la cité divine fondée sur « l'amour de Dieu jusqu'au mépris de soi ». Ces deux cités sont mêlées jusqu'au moment du jugement dernier où elles seront définitivement séparées.

Principales hérésies

- *Gnosticisme* : doctrine ésotérique, se réclamant de Simon le Magicien, suivant laquelle la connaissance des choses cachées (« *gnôsis* ») est supérieure à la simple croyance. Le monde et l'homme seraient des créations mauvaises, qu'il conviendrait d'épuiser en les inversant.
- *Montanisme* : de Montanus (IIe siècle), prêtre converti de Cybèle, qui affirme que l'ère des révélations divines n'est pas close et qui professe une morale très rigoriste, à laquelle Tertullien se rallia à la fin de sa vie.
- *Arianisme* : un prêtre d'Alexandrie, Arius (280-336), prétendait que le Christ n'est pas une personne divine, mais une créature issue de la volonté du Père, donc subordonnée. Cette hérésie largement diffusée chez les Barbares fut condamnée par le concile de Nicée en 325 et par celui de Constantinople en 381.
- *Manichéisme* : croyance empruntée à Zoroastre et aux Babyloniens, selon laquelle il y aurait deux principes, l'un du bien, l'autre du mal. Le prince des Ténèbres régnant sur la matière s'oppose à Dieu, prince de la Lumière, régnant sur l'âme.
- *Nestorianisme* : Jésus n'est qu'un homme, Marie est mère de l'humanité, non de Dieu. Il y a deux natures distinctes en la personne de Jésus, et c'est la personne humaine qui a été crucifiée (sorte de résurgence de l'arianisme).

- *Monophysisme* : hérésie inverse de la précédente. Dans la personne du Christ, une seule personne où l'élément divin absorbe l'élément humain. Subsiste chez les coptes égyptiens.
- *Pélagianisme* : le moine Pélage (360-422) affirme l'excellence de la création et l'absence de péché originel. Se survit dans le semi-pélagianisme. Condamné au concile d'Éphèse en 431.
- *Marcionisme* : de Marcion, fils de l'évêque de Sinope. Il critique violemment le judaïsme et affirme que le christianisme ne lui est pas lié.
- *Docétisme* : Jésus n'aurait eu que l'apparence (*dokein* : apparaître) d'un corps et n'aurait donc souffert et ne serait mort qu'en apparence.
- *Donatisme* : de Donat, évêque de Numidie entre 313 et 345, qui souhaitait que seuls puissent être ordonnés évêques les «purs» qui avaient résisté aux persécutions de Dioclétien. Les fidèles auraient donc dû avoir un droit de regard sur la nomination de leurs évêques. Le donatisme va être à l'origine d'un schisme, qui prend en Afrique des allures de jacquerie.

Principaux pères de l'Église
- Ier siècle : Pères apostoliques, qui auraient été en contact avec les Apôtres : Clément de Rome, Ignace d'Antioche.
- IIe siècle : saint Justin.
- IIIe siècle : Tertullien à Carthage, auteur du fameux : «*credo quia absurdum*», je crois parce que c'est absurde.
  À Alexandrie : Clément d'Alexandrie, Origène.
- IVe siècle : «âge d'or des pères de l'Église».
  En Orient (Asie Mineure occidentale et Alexandrie) :
    saint Athanase*,
    saint Basile de Césarée*,
    saint Grégoire de Nazianze*,
    saint Jean Chrysostome*,
  En Occident :
    saint Ambroise*,
    saint Jérôme*,
    saint Augustin*,
- Ve-VIe siècle :
  En Orient : Pseudo-Denys l'Aréopagite.
  En Occident : Boèce.
- VIe-VIIe siècle : saint Grégoire le Grand*.
- VIIe-VIIIe siècle : fin de la période des pères de l'Église.
  Bède le Vénérable,

Après l'ère des pères de l'Église commence celle des docteurs de l'Église. Au Moyen Âge : saint Bernard, saint Anselme, saint Bonaventure, saint Thomas d'Aquin, pour l'époque moderne sainte Thérèse d'Avila, saint François de Sales.

Augustin : le vol de poires ■ Augustin se demande pourquoi il a, dans sa jeunesse, dérobé des poires : «Misère! Qu'ai-je donc aimé en toi, ô mon larcin, crime nocturne de mes seize ans. [...] Certes ils étaient beaux ces fruits, mais ce n'était pas eux que convoitait mon cœur misérable. J'en avais de meilleurs en grand nombre; je ne les ai donc cueillis que pour voler. Car aussitôt cueillis, je les

* Sont aussi qualifiés de docteurs de l'Église

jetais loin de moi, me nourrissant de ma seule iniquité, dont la saveur m'était délicieuse. [...] Qu'ai-je donc aimé dans ce larcin, et en quoi ai-je imité mon Seigneur, même d'une manière criminelle et fausse? Me suis-je plu à transgresser votre loi par la ruse, ne pouvant le faire par la force? Esclave, ai-je affecté une liberté mutilée en faisant impunément, par une ténébreuse contrefaçon de votre toute-puissance, ce qui m'était défendu? Voilà "cet esclave qui fuit son maître et qui recherche l'ombre". Ô corruption! Ô vie monstrueuse! Ô abîme de mort! Ai-je pu prendre plaisir à ce qui n'était pas licite pour la seule raison que ce n'était pas licite?»

Confessions, l. II, ch. VI

Citations de saint Augustin
«Si je me trompe, je suis», annonce du «je pense, donc je suis cartésien».
«Aime et fais ce que tu veux».
«Ce qui m'apparaît maintenant avec la clarté de l'évidence, c'est que ni l'avenir, ni le passé n'existent. [...] Il y a trois temps, le présent du passé, c'est la mémoire, le présent du présent, c'est la vision, le présent du futur, c'est l'attente».
«Nous naissons entre les excréments et l'urine», image de l'homme corrompu.

Prolongements

- Luther et Calvin reprennent les arguments d'Augustin contre le pélagianisme en refusant la justification par les œuvres.
- Jansénius en publiant en 1641 l'*Augustinus* est à l'origine du jansénisme qui estime que seule la grâce de Dieu sauve, et que cette grâce est fixée dans la prédestination.
- Les *Confessions* de J.-J. Rousseau font évidemment référence à l'œuvre du même nom de saint Augustin.

3. Philosophie

3.1 Cicéron et la philosophie

La philosophie n'a pas à Rome la place centrale qu'elle a eu en Grèce. On ne peut parler d'une philosophie romaine originale, et il existe même, à Rome, une certaine tradition d'hostilité à la philosophie. Pourtant, Rome ne se contente pas de transmettre l'héritage de la philosophie grecque, elle lui donne une tournure originale.

L'importation de la philosophie

C'est en 155 av. J.-C. qu'une délégation de trois philosophes grecs serait venue à Rome pour y introduire la philosophie. Ces trois philosophes représentaient les trois principales écoles philosophiques grecques de l'époque. Carnéade représentait la Nouvelle Académie platonicienne, Diogène de Babylone l'école stoïcienne, un troisième l'école aristotélicienne. Carnéade scandalisa certains de ses auditeurs en démontrant alternativement le pour et le contre sur toutes les valeurs qui fondaient la république romaine. Caton l'Ancien fit promptement renvoyer ces ambassadeurs.

Par la suite, après sa conquête, les études en Grèce, en particulier en philosophie, joueront un rôle central dans la formation des élites romaines. La question du rapport à la Grèce, de savoir ce qu'il convenait d'emprunter à ces vaincus, fut essentielle à Rome. Ce qui apparaît, c'est l'infléchissement des courants philosophiques grecs dans un sens plus directement pratique, qu'il s'agisse du stoïcisme avec Sénèque, ou de l'épicurisme avec Lucrèce. Cicéron proposa une synthèse originale des différents courants philosophiques grecs, adaptée au génie romain.

Cicéron et l'humanisme

Le plus grand philosophe romain est aussi un homme d'action, puisqu'il s'agit de Cicéron (106-43). Ce qui tendrait à confirmer le point de vue couramment admis, selon lequel les Romains se préoccupent plus de la vie pratique que de spéculations désintéressées. Il est formé à Athènes et à Rhodes par le stoïcien Posidonius, par l'épicurien Phèdre et l'académicien Philon.

Mêlé à la vie politique de son temps, il est tout d'abord avocat, et défend le peuple de Sicile contre le gouverneur corrompu Verrès. Il sera questeur, puis consul, démasque la conjuration de Catilina, se prononce pour Pompée contre César, qui le tiendra à l'écart, et meurt assassiné sur l'ordre d'Antoine, contre lequel il avait écrit ses *Philippiques*.

La théorie oratoire

Dans ses ouvrages de théorie oratoire, comme le *De l'orateur*, il tend à concilier les deux points de vue qui s'opposaient alors : l'art oratoire doit certes dire le vrai, mais il doit aussi persuader, faire en sorte que le vrai soit séduisant. Il faut parler d'une manière à la fois correcte et belle, ne négliger ni le fond ni la forme. Philosophie et éloquence ne vont pas l'une sans l'autre.

La philosophie politique

Son principal objet d'intérêt est le domaine de la philosophie politique. Dans le traité *Des lois,* il donne une définition classique du droit naturel, qui est censé fonder tous les droits positifs réellement existants : «La vraie loi est la droite raison, conforme à la nature, partout répandue, constante, éternelle. Ni le sénat, ni le peuple n'ont le droit de nous en délier; elle n'a pas besoin de commentateur et d'interprète. Elle n'est pas autre à Athènes, autre à Rome, autre aujourd'hui, autre demain.» Cette loi est identique à la raison divine régissant le monde.

Il défend dans *De la république* la Rome classique du IIe siècle av. J.-C. Il reprend à l'historien grec Polybe (200-118) l'idée que la constitution romaine donne l'image d'une constitution mixte, faisant la synthèse des trois types de constitution, aristocratique, monarchique et démocratique. L'empire romain réalise ainsi l'empire universel.

La philosophie morale

En philosophie morale, dans les *Tusculanes*, sur le bonheur, ou dans les *Termes extrêmes des biens et des maux*, il met en avant un sentiment très vif de la solidarité humaine, et de la compassion, qui doit nous faire participer aux souffrances

des autres hommes. La crainte de la mort et des autres maux peut être dépassée par la philosophie, qui établit l'existence de Dieu et l'immortalité de l'âme.
Vers la fin de sa vie, il se tourne davantage vers la philosophie, par exemple dans l'*Hortensius*, qui exercera une profonde influence sur saint Augustin. Dans ses traités philosophiques, comme les *Académiques*, il tente de concilier les différentes écoles philosophiques. On parle en ce sens de son éclectisme (de « choisir », choisir le meilleur dans les différentes écoles). Il se flatte pour sa part d'avoir su transmettre l'héritage de la philosophie grecque au monde latin. Au point de vue religieux, dans *De la nature des dieux*, il critique les thèses épicuriennes, et défend l'importance de la religion comme faisant partie des vieilles coutumes romaines.
Son effort de conciliation n'est pas un refus de choisir, mais tient en fait à un refus argumenté de l'esprit de système, auquel Cicéron préfère un dialogue entre les idées, une culture générale à base d'humanités, littéraires et philosophiques. Le langage et la littérature sont ce qui rend civilisé.

3.2 Sénèque et le stoïcisme

Le stoïcisme se développera sous l'Empire, où il offre un moyen de résistance individuel à la dégradation des mœurs publiques dans une époque troublée.
Sénèque (4 av. J.-C.-65) fut le précepteur de Néron, mêlé aux intrigues et aux crimes de la cour impériale. Les Romains de cette époque font du stoïcisme un moyen de se donner des règles de vie, d'autant plus important que leur propre vie est plus troublée, ou que la période dans laquelle ils vivent est plus dure.
Sénèque, d'origine espagnole, fut questeur, un moment exilé en Corse, mais il arrive à se faire rappeler à Rome par Agrippine, après avoir flatté Polybe dans le même but. Il fut le précepteur puis le conseiller de Néron, à ce titre impliqué dans le meurtre de cette même Agrippine par son fils. Cet attachement à l'empereur peut se comprendre, car pour les stoïciens l'empereur est l'équivalent dans le domaine politique de ce qu'est la raison pour le monde.
Richissime, Sénèque est profondément humain par son hésitation entre la carrière des honneurs, et son aspiration à l'ascétisme. Il se suicide sur l'ordre de Néron.
Il est l'auteur de neuf tragédies, dont *Médée*, *Phèdre*, *Œdipe*, *Agamemnon* qui rencontreront un très grand écho chez les classiques français, Corneille et Racine. Il est aussi l'auteur d'un recueil scientifique, les *Questions naturelles*.
Dans les *Lettres à Lucilius*, il initie un jeune ami poète à la recherche du bonheur, qui selon lui ne peut consister que dans la philosophie. Il convient de s'entraîner à une certaine pauvreté afin de pouvoir faire face à d'éventuels revers de fortune, et de s'habituer à ne pas craindre la mort. Sénèque y propose surtout des analyses subtiles des passions, de la méchanceté, de la colère.
Il proclame l'humanité des esclaves : « La servitude de l'esclave ne va pas jusqu'à l'âme. »

Épictète et Marc Aurèle

Cette conception purement pratique du stoïcisme se retrouve dans l'œuvre de deux personnages exceptionnels, Épictète et Marc Aurèle. Épictète est un affranchi alors que Marc Aurèle est empereur.

Le *Manuel* de l'affranchi Épictète (v. 50-v. 125) distingue les choses qui dépendent de nous et celles qui n'en dépendent pas. Il fait l'éloge de l'effort et de l'ascèse : il convient de mépriser le monde extérieur et ses fausses joies qui ne dépendent pas de nous pour nous attacher à la seule liberté intérieure : «*sustine et abstine*», supporte et abstiens-toi. Ainsi lorsque son maître entreprit de lui tordre la jambe, Épictète lui dit : «Tu vas la casser», et lorsqu'elle fut cassée, il ajouta simplement : «Je te l'avais bien dit.»
Pour l'empereur Marc Aurèle (121-180), auteur de *Pensées* recueillies au jour le jour, la philosophie est un «exercice spirituel», qui permet en s'analysant soi-même de devenir plus lucide sur les événements du monde et sur soi-même. Des formules brèves permettent de se remémorer facilement certains préceptes.

Citations de Cicéron
«*Cedant arma togae*» : que les armes le cèdent à la toge (les magistrats) : (contre la dictature militaire).
«*Summum jus, summa injuria*» : comble du droit, comble de l'injustice (le droit ne doit pas être appliqué sans considérer les circonstances).
«*Otium cum dignitate*» : le repos dans l'honneur (idéal du Romain retiré des affaires publiques)
«*O tempora, o mores*» (*Catilinaires*) : Ô temps, Ô mœurs (déplore la dégradation des mœurs).

Citations de Sénèque
«La preuve du pire, c'est la foule».
«Ils vomissent pour manger, ils mangent pour vomir».
«Ventre affamé n'a pas d'oreilles».
«La plus grande partie de la vie passe à mal faire, une grande partie à ne rien faire, toute la vie à ne pas penser à ce qu'on fait».

Prolongements

- Le XVIIe siècle, souvent qualifié d'âge de l'éloquence, a pu également être appelé «*aetas ciceroniana*» («âge cicéronien») tant la présence de Cicéron y est forte. Le style cicéronien, élégant et naturel, y est distingué du style «coupé» de Sénèque, dont la brièveté peut aller jusqu'à l'obscurité.
- La Rochefoucauld dans ses *Maximes* (1665) attaque violemment Sénèque, coupable de duplicité. Il «n'eut pas d'autre vertu» que celle «de bien cacher ses vices». Il est représentatif de l'hypocrisie de celui qui jouit de tous les biens et les plaisirs en affectant de prêcher la modération et la pauvreté.
- Sénèque fut en revanche qualifié de «précepteur du genre humain» par Diderot.

4. Littérature

4.1 Virgile et Horace

Les premiers auteurs latins sont très largement influencés par la littérature grecque qu'ils se contentent de traduire et d'adapter aux conditions de Rome. Ils se consacrent surtout à glorifier la grandeur de Rome, sa naissance légendaire et ses guerres victorieuses.

La grande époque de la littérature latine sera celle d'Auguste. Il encourage une production littéraire originale qui exalte la grandeur de Rome. Il est aidé en cela par l'action de Mécène, riche romain et ami d'Auguste, qui protège et subventionne des poètes, et dont le nom deviendra un nom commun.

Les débuts de la littérature à Rome

Les premiers contacts avec la culture grecque datent du début du IIIe siècle, avec la prise de l'Italie du Sud, alors peuplée de Grecs. Les premiers auteurs latins traduisent les textes grecs classiques, ainsi de l'*Odyssée*, traduite par Livius Andronicus. Naevius fait également le récit de la première guerre punique à la manière grecque.

La comédie est introduite à Rome sur le modèle de la comédie nouvelle grecque de Ménandre. Mais les comédies qui ont le plus de succès sont des comédies populaires, des farces, quelquefois assez vulgaires, n'hésitant pas à recourir à des bouffonneries, des quiproquos à la manière du vaudeville. Le personnage typique en est l'esclave effronté et habile au service des amours de son maître.

Plaute (254-184), lui-même d'origine tout à fait populaire, est le type de ces auteurs comiques.

Plus raffiné dans la peinture des caractères, et plus proche de l'original grec, le théâtre de Térence (190-159) ne connaît pas le même succès. Térence était un ancien esclave affranchi. Il nous reste six de ses comédies dont l'*Héautontimoroumenos* (titre grec signifiant « le bourreau de soi-même »). Il nous laisse deux formules célèbres : « *quot homines, tot sententiae* » (autant d'hommes, autant d'opinions), et « *homo sum : humani nihil a me alienum puto* » (je suis homme et rien de ce qui est humain ne m'est étranger).

Virgile ou la grandeur de Rome

Protégé par Mécène et ami d'Auguste, Virgile (70-19) connut un énorme succès de son vivant. Après sa mort, il fut même l'objet d'une sorte de culte. Ainsi, on avait coutume de prédire l'avenir en ouvrant une de ses œuvres et en choisissant un vers au hasard (« *sortes virigilinae* »). Les deux dimensions de son œuvre sont tout à fait caractéristiques des préoccupations romaines. D'une part, un éloge de la campagne et du travail des champs, qui constitue l'âme romaine primitive qu'Auguste essaie de retrouver. D'autre part, une tentative pour magnifier l'histoire de Rome dans la grande tradition des légendes de l'Antiquité grecque. Dans un pays enfin pacifié par Auguste, Virgile va se faire le chantre du sentiment national romain.

Les Bucoliques et les Georgiques

Les *Bucoliques* (42-39) (pastorales, d'un mot grec signifiant « pâtres ») s'inscrivent dans une tradition qui date du poète grec de Syracuse, Théocrite. Elles mettent en scène des bergers exprimant leurs amours malheureuses, par exemple l'amour de Corydon pour Alexis. Virgile va transposer ses *Bucoliques* dans la campagne italienne, dont il chante la beauté et les traditions. Une partie curieuse du poème qui annonce la naissance d'un enfant merveilleux appelé à sauver les hommes sera réinterprétée par les chrétiens comme annonçant la venue du Christ.

Les *Géorgiques* (38-29) sont écrites sur la suggestion de Mécène, et sur le modèle des *Travaux et les Jours* d'Hésiode. Il s'agit de faire l'éloge de la vie des paysans et de décrire leurs travaux. Il s'inspire également pour ce faire d'écrits techniques d'agriculture comme le *De re rustica* de Varron. Le premier livre évoque les moissons et le climat, le deuxième la campagne et les arbres de l'Italie, l'olivier et la vigne, le troisième le bétail et les épidémies qui peuvent le frapper, le quatrième la vie des abeilles qui sont l'image de la société idéale, de vraies «petites romaines», dont le travail acharné vainc tout, y compris la mort.

L'épopée de Rome : l'Énéide

Enfin Virgile est l'auteur de la plus importante œuvre romaine, l'épopée de *L'Énéide* (30-19). Elle fut écrite à la demande d'Auguste, désireux d'exalter la grandeur de Rome. *L'Énéide* fait, en douze livres, le récit du voyage d'Énée et de la fondation de Rome. Écrite sur le modèle des poèmes homériques, elle comprend un récit de voyage à la manière de l'*Odyssée* dans les premiers livres, et un récit des guerres du Latium à la manière de l'*Iliade* dans les derniers livres. Comme chez Homère, le récit est ponctué par les interventions des dieux, une descente aux Enfers, des amours magiques, des voyages extraordinaires.
Le héros, Énée, fait le récit de sa fuite de Troie, avec son père Anchise sur le dos et son fils Iule à la main. Il s'étend sur sa rencontre avec Didon, reine de Carthage, amoureuse d'Énée qui le charme et se donne la mort, lorsqu'Énée repart, fidèle à sa mission de sauver les dieux de Troie en fondant pour eux une nouvelle cité. Il ne retrouvera Didon que lors de son voyage aux Enfers. Arrivé en Italie, Énée va combattre Turnus, roi des Rutules. Énée vainqueur emportera la main de Lavinia, fille du roi Latinus. Ils donneront leur nom, leur langue et leur loi à la nation que fonde Énée. Troie a été vaincue mais, comme l'avaient décidé les dieux, elle va donner naissance à une nouvelle et grande cité. Quant au personnage d'Énée, il est l'incarnation des vertus, de la pitié et de la grandeur de Rome, telle que l'entendait Virgile.
L'importance accordée à cette origine légendaire de la ville est bien marquée par le fait qu'Auguste et la famille des Jules prétendaient descendre de Iule, fils d'Énée. *L'Énéide*, inachevée et qui ne fut pas détruite à sa mort, contrairement au souhait de Virgile, devint très rapidement un classique, c'est-à-dire qu'elle fut enseignée dans les écoles.

Horace et la poésie

L'autre grand écrivain de l'époque d'Auguste est Horace (65-8), lui aussi ami de Mécène et d'Auguste. Il est l'auteur de poèmes plus courts, moins cérémonieux. Ses *Odes* fourniront bien des formules éternelles. Sa bonne humeur tient pour une part à son inspiration épicurienne. Il est aussi un théoricien de la littérature qui sera très apprécié de Boileau.

Le poète

Ses *Épodes* et *Satires* sont de courts poèmes, en divers mètres, sortes de conversations en vers, faisant le récit de «choses vues» : voyages, boissons, amours, rencontre d'un fâcheux, réflexions sur les bienfaits du juste milieu, critique légère et ironique des travers de son temps. Ses *Odes*, plus majestueuses et philosophiques, connaîtront un très grand succès. Horace veut donner à Rome une grande poésie lyrique à la manière des Grecs, à la forme très soignée. Ces *Odes* seront très vite un extraordinaire réservoir de citations, apprises dès son époque et aujourd'hui encore célèbres.

Le théoricien de la littérature

Ses *Épîtres* sont aussi des causeries en vers. La plus longue, l'*Épître aux Pisons* est connue depuis Quintilien sous le nom d'*Art poétique*. Ce sont des conseils à deux jeunes gens qui veulent devenir écrivains. Horace y insiste sur l'importance du travail : « Reprenez vos vers tant que vous n'aurez pas passé de longues journées à raturer, à élaguer, à repolir vingt fois votre ouvrage. » Il convient également de s'inspirer des modèles grecs, plutôt que de s'inspirer, ce qui était alors à la mode des anciens auteurs latins. Horace souligne qu'il conviendrait de créer une tragédie latine sur le modèle grec, qui n'existe alors pas.

La poésie lyrique ■ Une poésie lyrique inspirée de sources grecques se développera au Ier siècle av. J.-C. avec surtout Catulle et Ovide. Les thèmes amoureux y sont essentiels.

- **Catulle** (87-54)
  Il passe pour être le premier poète d'amour en latin. Il raconte dans ses *Poésies* ses amours contrariées pour une femme mariée, infidèle à son mari et à lui, Lesbie. Il y fait aussi le récit de sa vie à Rome et en province, ou se moque de certains de ses contemporains, comme Cicéron. Il est très influencé par la poésie raffinée et formelle des poètes grecs de l'école d'Alexandrie plus que par des auteurs romains.
  Il influencera des poètes comme Tibulle (50-19) et Properce (47-15). Tibulle fait partie du cercle d'écrivains réunis autour d'Auguste. Dans ses *Élégies*, amoureux lui aussi d'une femme mariée émancipée, il chante son amour pour Délie. Properce fait partie du cercle de Mécène et fut l'ami d'Horace. Poète érudit, également auteur d'*Élégies*, il se flatte de son inspiration alexandrine.
- **Ovide** 43 av. J.-C.-17 apr. J.-C.
  Après une vie très mondaine à la cour d'Auguste, Ovide fut exilé par lui sur la mer Noire, c'est-à-dire chez les Barbares, pour des raisons obscures, peut-être en raison de ses poésies licencieuses. Il écrit des poèmes d'amour inspirés par Tibulle, comme l'*Art d'aimer*. Il fit le récit des transformations miraculeuses de la mythologie dans sa plus grande œuvre, *Les Métamorphoses*. Il entreprit également de rédiger des *Fastes*, c'est-à-dire un commentaire poétique du calendrier romain. (« *fasti dies* » : calendrier des jours fastes). Enfin, dans son exil, il écrivit les *Tristes* et les *Pontiques* sur sa vie dans le Pont-Euxin.

Citations latines d'Horace

« *Exegi monumentum aere perennius* » : j'ai achevé un monument plus durable que l'airain. À la fin de ses *Odes*, pour indiquer que par cette œuvre il s'est procuré l'immortalité.
« *Aurea mediocritas* » : médiocrité dorée. Une situation moyenne, tranquille, est préférable à toute autre (*Odes*).
« *Bis repetita placent* » : les choses répétées plairont. On ne se lasse pas de quelque chose qui plaît (*Art poétique*).
« *Dulce et decorum est pro patria mori* » : il est doux et honorable de mourir pour la patrie. Exhorte à imiter le courage de nos ancêtres (*Odes*).
« *Non omnis moriar* » : je ne mourrai pas tout entier. Car mon œuvre survivra (*Odes*).
« *Carpe diem* » : cueille le jour, jouis de l'instant présent (*Odes*).
« *Laudator temporis acti* » : celui qui fait l'éloge du temps passé (*Art poétique*), éternel conservateur.

Citations latines indispensables d'autres auteurs
« *Omnia vincit amor* » : l'amour vainc tout (Virgile, *Églogues*).
« *Timeo Danos et dona ferentes* » : je crains les Troyens même lorsqu'ils viennent avec des cadeaux : (Virgile, *L'Énéide*), toujours se méfier de ses ennemis.
« *Panem et circenses* » : du pain et des jeux de cirque (Juvénal, *Satires*), contre les Romains de la décadence qui ne réclament que cela.
« *Qualis artifex pereo* » : quel artiste périt en moi (Néron avant de se suicider).
« *Sutor, ne supra crepidam* » : cordonnier, pas plus haut que la chaussure (le peintre Apelle à un cordonnier qui ayant jugé une sandale représentée se mêlait de juger tout le tableau).
« *Veni, vidi, vici* » : je suis venu, j'ai vu, j'ai vaincu (César).
« *Alea jacta est* » : le sort en est jeté (César) avant de franchir le Rubicon.
« *Acta est fabula* » : la comédie est terminée, paroles qui servaient à clore une pièce de théâtre, prononcées par Auguste sur son lit de mort.

Prolongements

- Virgile sera le guide de Dante dans l'*Enfer*. Dante dit de lui : « Tu es mon maître et mon père : à toi seul je dois le beau style qui m'a honoré. »
- Ovide fut le poète latin préféré au Moyen Âge et à la Renaissance, des poètes de l'amour courtois aux grands rhétoriqueurs et à Clément Marot.
- Boileau s'inspire très largement et très expressément de l'*Art poétique* d'Horace, faisant l'éloge du travail, de la raison, de la seule confiance dans les gens de goût.
- Molière trouve les sujets de bon nombre de ses comédies chez Plaute comme *Amphitryon* et l'*Avare*, inspiré de l'*Aululaire*. De même, le sujet de la *Comédie des erreurs* de Shakespeare est repris aux *Ménechmes* et à l'*Amphitryon* de Plaute.
- André Chénier, à la fin du XVIIIe siècle, tentera de renouveler le genre des bucoliques. Goethe dans ses *Élégies romaines* s'inspire de Tibulle et Properce.
- Claudel dit de Virgile qu'il est le plus « plus grand génie que l'humanité ait produit, inspiré d'un souffle vraiment divin, le prophète de Rome ».

5. Arts

5.1 Architecture et portrait

Leur génie militaire et pratique, leurs réalisations juridiques et politiques, leur esprit volontiers qualifié de positif ou terre à terre ne semblaient pas devoir conduire les Romains à briller dans le domaine artistique ou littéraire. Certains d'entre eux parmi les plus éminents, comme Cicéron, pensaient même que les activités artistiques étaient indignes des Romains.

L'art dans lequel s'illustreront principalement les Romains est celui de l'architecture. Il ne s'agit pas d'une architecture sacrée comme en Grèce, mais, soit d'une architecture de propagande en faveur de Rome, au sens positif du terme, soit d'une architecture utilitaire et d'agrément, pour le confort des Romains.

Un autre domaine dans lequel ils s'illustreront est le portrait, sculpté ou peint, souvent étonnant de réalisme, qui ne représente pas seulement les empereurs, mais aussi de simples particuliers.

L'architecture

La coupole et la brique

Deux inventions techniques ont permis à l'architecture de se perfectionner : l'usage de la coupole, repris aux Étrusques, et l'usage de briques cuites mêlées au béton qui permet des constructions plus aisées que les blocs de pierre des Grecs. L'usage de la voûte permet de réaliser de grands édifices couverts, les basiliques, qui abritent marchés, tribunaux ou assemblées.

Les architectes romains sont assez désinvoltes à l'égard de leurs modèles grecs, comme en témoigne le mélange des styles dorique, ionique et corinthien dans les édifices romains, qui conduit à un style mixte. Pourtant l'architecteVitruve souhaitait rationaliser cet usage en se servant du dorique pour les temples consacrés à des divinités masculines, comme Hercule, du style corinthien pour les divinités féminines, comme Vénus, et du style ionique pour celles qui n'étaient marquées ni d'un côté ni de l'autre, comme Bacchus ou Diane.

Pour ce qui est de l'architecture de propagande, ses principales réalisations sont la colonne en l'honneur de tel ou tel empereur, et l'arc de triomphe, sous lequel passent les généraux victorieux. L'urbanisme répond également à cette fonction d'exaltation de la grandeur de Rome.

Pour ce qui est de l'architecture utilitaire, elle sait faire preuve d'une grande habileté et offre aux Romains la possibilité d'une vie raffinée. Ainsi, deux de ses réalisations essentielles sont les thermes et les aqueducs monumentaux.

L'architecture triomphale

Dès la République une grande place est donnée à l'architecture de triomphe avec les premières statues équestres de bronze et les peintures de Fabius Pictor au IIIe siècle av. J.-C. L'influence grecque deviendra plus sensible au Ier siècle av. J.-C., en particulier dans les familles cultivées : selon Horace, la «Grèce vaincue a conquis son farouche vainqueur». Les conquêtes font affluer à Rome richesses et œuvres d'art, que les artistes romains s'efforceront d'imiter, avec un succès tout relatif dans le domaine de la sculpture.

C'est à l'époque d'Auguste qu'apparaîtra une volonté explicite de magnifier Rome à travers son architecture, comme en témoigne le traité de Vitruve, *De l'architecture* en 23 av. J.-C. Auguste pendant les 45 ans de son règne se sert des arts et des lettres pour asseoir son pouvoir. Il fait construire l'Autel de la paix (*Ara pacis*) pour commémorer son retour de Gaule et crée un nouveau forum, le forum d'Auguste, unité architecturale close par de hauts murs, qui est destiné à être le centre de Rome et de l'empire. Il réordonna également l'ancien forum républicain : la perspective est redessinée, de nouvelles constructions sont ajoutées : une nouvelle curie, un temple au Divus Julius (César divinisé), deux arcs de triomphe et la tribune des Rostres pour les orateurs. La basilique émilienne et le temple de la Concorde sont restaurés.

Le Temple de la paix est construit sous Domitien pour commémorer l'écrasement de la révolte juive en Palestine. L'autre grande période architecturale sous l'empire est celle de Trajan et d'Hadrien (début du IIe siècle). Trajan fait construire son forum et la colonne qui porte son nom (113-117) pour commémorer sa victoire sur les Daces retrace en détail cette expédition. Hadrien, empereur féru d'hellé-

nisme, fera reconstruire le Panthéon avec une immense rotonde (123 apr. J.-C.) et sa villa de campagne de la banlieue de Rome.
Septime Sévère et Constantin font construire les arcs de triomphe qui portent leur nom au IIIe siècle et IVe siècle apr. J.-C.

L'urbanisme
Les constructions romaines s'étendent sur tout l'Empire et elles ont d'ailleurs souvent été mieux conservées dans les déserts libyens ou syriens qu'à Rome même, où le forum sera utilisé comme une carrière de marbre au Moyen Âge et encore à la Renaissance.
De même, l'urbanisme qui dessine les plans symétriques du forum s'imposera aussi dans les lointaines colonies romaines, construites autour d'un axe. Quatre régions sont délimitées par le *cardo maximus* (nord/sud) et le *decumanus maximus* (est/ouest) (d'où le terme de quartiers). À l'intersection de ces deux axes sont construits tous les édifices publics importants.

L'architecture utilitaire
Outre ses fonctions de propagande, l'architecture d'agrément est très développée à Rome, qu'il s'agisse de bâtiments publics ou privés. Ainsi, l'une des constructions les plus originales est celle des thermes. Les thermes de Caracalla datent de 212-216 : il ne s'agit pas seulement de bains mais de toute une série d'équipements de loisirs, galeries de tableaux, salles de gymnastiques, restaurants, salles de réunion, bibliothèques. Les aqueducs, dont le pont du Gard, permettent d'alimenter en eau les grandes villes de l'Empire, à condition d'être entretenus avec grand soin. Les voies romaines reliaient les villes de tout l'Empire.
L'architecture des théâtres fait de grands progrès par rapport à la Grèce : ils peuvent être construits en plaine, sans s'adosser à une colline et ils sont fermés par un mur derrière la scène. Dans le cas de l'Odéon, ils sont couverts, pour donner des concerts dans de meilleures conditions acoustiques.
Une autre invention romaine est l'amphithéâtre, sorte de réunion de deux théâtres mis l'un face à l'autre, et qui est le lieu où se déroulent les jeux du cirque, qui opposent soit des hommes à des animaux, soit des hommes entre eux. Architecture utilitaire et architecture de divertissement illustrent le «*panem et circenses*», le pain et le cirque, qui est censé être la seule demande du peuple romain selon Juvénal.
Dans les campagnes, les riches particuliers se font construire de vastes villas, à l'instar de l'empereur Hadrien à Tivoli. Elles sont décorées de peintures très colorées, enrichies de stucs et de trompe-l'œil que nous connaissons grâce à la découverte au XVIIIe siècle de la ville de Pompéi, qui a conservé de très nombreuses peintures ensevelies sous les cendres du Vésuve. Elles comportent également des mosaïques avec des scènes de chasse ou de cirque, des chevaux.
Les habitations sont dotées d'un grand confort, et des innovations techniques importantes datent de l'époque de Rome et de ses provinces du Nord, qu'il s'agisse du chauffage central ou des vitres aux fenêtres, qui, par la suite, ne serviront plus que dans les églises.

Le portrait

Le portrait, qu'il s'agisse de peinture ou de statuaire, est un genre qui connaîtra un grand développement à Rome, alors que, par exemple, le buste n'existait pas en Grèce. Il ne s'agit plus seulement de représenter des divinités ou des héros, mais aussi les empereurs, les membres des grandes familles patriciennes, et même un grand nombre de fonctionnaires d'autorité. Cet intérêt pour le portrait est lié au culte des ancêtres dans les grandes familles et à la coutume de porter ces images des ancêtres lors des processions funéraires.

Dans une première période, sous la République, le portrait se veut réaliste : les détails du visage, y compris peu esthétiques, sont représentés. Puis, après Auguste, les portraits seront plus idéalisés : ainsi de la statue d'Auguste en cuirasse du Vatican inspirée du *Doryphore* de Polyclète. Par la suite, le caractère plus ou moins idéalisé du portrait dépendra des empereurs et de l'image, plus ou moins «républicaine», qu'ils veulent donner d'eux dans tout l'Empire où ils font diffuser ces images. Sous Hadrien, une invention technique, l'incision de la pupille de l'œil, va permettre de souligner l'intériorité du regard. Il existe également toute une série de portraits de simples particuliers, qui se caractérisent par un retour au réalisme.

La sculpture romaine est, en revanche, moins achevée que la sculpture grecque. Souvent elle n'est pas aussi travaillée à l'arrière qu'à l'avant et l'art de la ronde bosse tend à se perdre.

L'art étrusque ■ La civilisation étrusque qui a précédé la civilisation romaine reprend certains des thèmes et des techniques grecques, mais avec une insistance sur les liens unissant la vie et la mort, qui apparaît dans les fresques qui ornent tombeaux et sarcophages. Les femmes y sont curieusement très présentes, alors qu'elles sont absentes des monuments funéraires grecs. Les morts y sont représentés dans les plaisirs de leur vie : chasse, banquets, festins.

L'art chrétien ■ L'art chrétien à Rome reprend certaines des formes artistiques romaines comme Rome avait repris des formes grecques. Mais évidemment le contenu change, les scènes de la Bible remplaçant celles de la mythologie grecque ou de la politique romaine.

Dans les catacombes, cimetières souterrains, des fresques simples représentant certains épisodes de la Bible, toujours les mêmes, par exemple celui de Jonas et de la baleine. Il n'y a pas alors de représentation de Jésus en croix. Le poisson symbolise Jésus car son nom en grec, *ikthus*, est formé des premières lettres de la formule «Jésus fils de dieu sauveur».

Certains symboles païens sont repris et réinterprétés : le phénix, qui était symbole d'immortalité, devient symbole de résurrection; Orphée, qui charmait les bêtes sauvages, illustre l'action pacificatrice du Christ; le bon pasteur, qui était d'abord une représentation d'Hermès, devient une image du Christ.

Par la suite, les églises chrétiennes reprennent également la forme des basiliques romaines. Étant des assemblées de fidèles («*ecclesia*») elles reprennent plus volontiers la forme de la basilique que celle du temple, qui est la demeure des divinités païennes. Il en est ainsi de la Basilique de Saint-Paul hors les murs construite par Constantin à Rome.

Prolongements

- Il y eut un renouveau du genre de la statue équestre à la Renaissance avec le *Gattamelata* de Donatello (1453), reprise du monument équestre de Marc Aurèle. La Renaissance se réclame aussi de la peinture romaine, mais d'une manière assez théorique, celle-ci n'étant pour l'essentiel connue que depuis la découverte de Pompéi au XVIIIe siècle.

- L'arc de triomphe et la colonne connaîtront une longue éclipse avant d'être repris par Napoléon pour l'Arc de triomphe et la colonne Vendôme, qui fut détruite durant la Commune de Paris, puis reconstruite. Leurs équivalents à Londres sont Marble Arch et la colonne Nelson.
- Selon l'historien de l'art Élie Faure la vraie construction romaine est le mur : « Le mur romain est une des grandes choses de l'histoire », pour son caractère solide et massif.
- Selon André Malraux (*Les Voix du silence*, 1951), il n'existe pas d'art romain : « Jamais sans doute grand peuple n'avait été aussi profondément, aussi constamment, privé de style plastique que le peuple romain. »

6. Sciences

La Rome antique se caractérise par son peu d'intérêt pour les questions proprement scientifiques, qui ne connaîtront pas d'avancées marquantes à cette période. Le centre du monde scientifique reste alors Alexandrie, et les Romains se contentent de reprendre ce qui, dans ces travaux alexandrins, peut avoir un usage pratique.

6.1 Pline et l'Histoire naturelle

Le seul savant d'importance qu'ait connu Rome est le naturaliste Pline l'Ancien, mort lors de l'éruption du Vésuve (23-79), auteur d'une célèbre et volumineuse *Histoire naturelle*, qui englobe tous les domaines de la connaissance de la nature, de la botanique à l'astronomie ou à la géographie, en passant par la médecine. Il s'agit cependant surtout d'une œuvre de compilation. Son originalité tient au fait que la nature n'est décrite qu'en tant qu'elle intéresse l'homme et peut lui être utile.

6.2 Le développement des techniques

De fait, ce sont les techniques qui connaîtront un développement relativement plus important à Rome, en particulier celles qui permettent de répondre aux problèmes posés par le développement de l'Empire.
Les domaines qui progressent le plus sont ceux de l'agriculture et de l'urbanisme. De nombreux traités d'agriculture présentent des conseils et des calendriers des récoltes, comme dans le *De re rustica* de Columelle. Pour ce qui est de l'urbanisme, des techniques de chauffage ou de bains très élaborées caractérisent les villes romaines, de même que de fameux travaux d'adduction d'eau comme ceux du pont du Gard. Une attention particulière est portée à l'hygiène, avec par exemple le développement d'égouts souterrains. Les routes, très bien construites, couvrent de très longues distances pour permettre les communications à l'intérieur de l'Empire.
L'architecte Vitruve a laissé un traité *De l'architecture* en dix livres qui traite de l'ensemble des problèmes architecturaux, de l'urbanisme aux techniques de construction en briques.

Partie 3

Le Moyen Âge

1. Histoire

1.1 Repères

- **476.** Fin de l'Empire romain d'Occident
- **498.** Baptême de Clovis
- **711.** Les musulmans entreprennent la conquête de l'Espagne
- **732.** Victoire de Charles Martel à Poitiers
- **800.** Couronnement impérial de Charlemagne
- **843.** Traité de Verdun, qui partage l'empire carolingien
- **910.** Fondation du monastère de Cluny
- **987.** Avènement de Hugues Capet
- **1066.** Victoire normande à Hastings; début de la conquête de l'Angleterre
- **1095.** Prédication de la première croisade à Clermont
- **1215.** La Grande Charte concédée par le roi d'Angleterre
- **1271/1275.** Voyage de Marco Polo en Chine
- **1337.** Début de la guerre de Cent Ans
- **1347/1350.** Peste noire en Occident
- **1453.** Fin de la guerre de Cent Ans
- **1478.** Introduction de l'Inquisition en Espagne

➠ TERMINOLOGIE • Apparu au milieu du XVIIe siècle le terme «Moyen Âge» désignait la période comprise entre la chute de l'empire romain en 476 et la prise de Constantinople par les Turcs en 1453. L'usage universitaire en a un peu allongé la durée, en repoussant le début de l'époque moderne à la découverte de l'Amérique en 1492. Cette longue période de mille ans est de mieux en mieux connue et ne cesse de révéler ses richesses, même si d'aucuns persistent à y voir un moment «sombre» ou «obscur» de notre histoire. Rien n'agace plus un médiéviste que l'emploi de l'obsolète adjectif «moyenâgeux», à forte connotation péjorative, au lieu de l'adjectif «médiéval».

La fin de l'Empire romain

Les invasions barbares ou, comme disent les historiens allemands, les «grandes migrations de peuples» qui firent disparaître l'Empire romain en Occident s'étendent sur plusieurs siècles. Jusqu'en 406 aucun peuple barbare n'avait franchi en force le *limes* du Rhin et du haut Danube, mais Rome avait laissé entrer, de manière contrôlée, des populations qu'elle utilisait pour assurer la protection des frontières. Après le franchissement du Rhin en 406, hors de tout contrôle romain, le *limes* ne fut plus refermé. Aussi, quand en 476 Odoacre, chef de « l'armée romaine » d'Italie, déposa Romulus Augustulus, l'Empire dans sa partie occidentale ne représentait plus grand chose. Dès 407 la Bretagne avait vu partir l'autorité romaine ; au milieu du Ve siècle il ne subsistait en Gaule que des ilôts romains séparés par des implantations barbares. Et en Espagne les Barbares occupaient les trois-quarts du territoire. Cet effacement de l'Empire romain et l'installation des royaumes barbares eut pour conséquence un morcellement de l'espace dont la souveraineté romaine assurait l'unité. En Angleterre, par exemple, on compta après le départ des Romains jusqu'à une douzaine de petites royautés.

Les royaumes barbares

Ce passage de l'Empire romain aux royaumes barbares s'accompagna de nombreuses transformations de plus ou moins grande ampleur, selon la durée de la présence romaine dans la région considérée. Joua également un rôle l'existence, ou non, de contacts antérieurs entre Rome et les Barbares nouvellement installés. L'État n'était plus perçu comme une structure juridique s'imposant à tous. Il était devenu le bien patrimonial du roi qui devait en assurer une part à ses fils.

La principale force qui subsista face aux nouveaux arrivés fut l'Église, du moins dans les villes, les campagnes étant médiocrement christianisées. Cependant les Barbares les plus influencés par Rome avant même leur entrée dans l'Empire étaient hérétiques, adeptes de l'arianisme. Au lieu de faciliter la fusion cette différence de croyance la freina, du moins tant qu'ils restèrent fidèles à l'arianisme. Les Francs, qui étaient païens, adhérèrent au christianisme nicéen après le baptême de Clovis.

Au VIe siècle Justinien, Empereur d'Orient, essaya de refaire l'unité du monde romain. Il ne réussit à reprendre le contrôle que de l'Espagne de Carthagène à Gibraltar, de la partie orientale de l'ancienne Afrique romaine et d'une partie de l'Italie. Pendant que cette restauration de l'Empire romain tournait court, le royaume wisigothique d'Espagne développa une civilisation brillante, surtout après la conversion de Récarède au christianisme nicéen. Les rois mérovingiens finirent par s'assurer le contrôle de toute la Gaule, tout en exerçant une sorte de protectorat sur quelques territoires au-delà du Rhin. Quant à l'Angleterre elle fut évangélisée, au nord par des missionnaires irlandais, au sud par des missions envoyées d'Italie par le pape. Après le brillant règne de Dagobert, la Gaule dut affronter des difficultés importantes et, à la fin du VIIe siècle, la dynastie mérovingienne était parvenue au terme de l'usure. Les rois n'avaient plus guère d'autorité et la réalité du pouvoir était aux mains du maire du palais. L'un d'eux, Pépin, dit le Bref, réussit à installer une nouvelle dynastie. Il fut aidé par le pape qui avait apprécié son adhésion au projet de réforme de l'Église et attendait de lui une protection contre les Lombards. En 751, Pépin devint roi des Francs et fut sacré. Durant cette même première moitié du VIIIe siècle, l'Espagne fut conquise par les Arabes jusqu'à la vallée de l'Èbre et aux montagnes cantabriques du Nord-Est. Plus au nord, l'expansion arabe se limita à quelques petits raids. La fameuse bataille de Poitiers, livrée par Charles Martel fut surtout symbolique.

L'Empire de Charlemagne

De ces événements émergea en Occident la puissance carolingienne. Les assises de la nouvelle dynastie étaient entre Meuse et Rhin, et la capitale fut donc installée à Aix-la-Chapelle par Charlemagne. Les Carolingiens, fortement soutenus par l'Église, aidèrent la papauté à réformer l'Église et engagèrent une vigoureuse politique d'évangélisation sur les marches orientales de l'Empire. Au faîte de leur puissance, ils exercèrent une autorité, au moins théorique, sur le continent européen, des royaumes asturiens et de l'Èbre jusqu'à l'Oder, et du Danube moyen et de la Calabre jusqu'en Armorique.

Sur ce vaste espace ils tentèrent de reconstruire un État qui, après le couronnement impérial de Charlemagne à Noël 800, apparut comme une résurgence de l'Empire romain. Mais, comme leurs prédécesseurs, les Carolingiens furent victimes de l'absence d'administrateurs salariés en nombre suffisant. Les souverains, comme leurs vassaux n'avaient pas abandonné la conception patrimoniale de l'Empire. Il ne fut donc guère surprenant que les vassaux voulussent un jour conserver, comme biens patrimoniaux, les terres remises à titre temporaire, en rémunération des services rendus, tout comme était inévitable que les fils d'un empereur défunt exigeassent leur part de l'Empire. En 843, le traité de Verdun partagea l'Empire carolingien en trois royaumes. À cette même époque du IXe siècle, l'Occident chrétien fut menacé par de nouvelles invasions. En plus des menaces sarrazines, qui pesaient sur le rivage méditerranéen, les Scandinaves menacèrent de raids dévastateurs tous les territoires d'Occident, tandis que les Hongrois firent peser une grande insécurité sur les marches orientales du royaume germanique issu de l'Empire carolingien.

L'époque féodale

À la fin du IXe siècle l'élection des rois fut souvent à nouveau pratiquée dans de nombreux royaumes d'Occident. Ces souverains avaient, dans les régions menacées par les dangers extérieurs, organisé de grands commandements militaires regroupant plusieurs comtés. Au Xe siècle, qui passe pour un siècle de fer, le pouvoir se fragmenta. Le roi ne pouvait se faire obéir dans une de ces principautés que si celui à qui il l'avait confiée l'acceptait. Le prince territorial lui-même voyait son autorité limitée par celle de ses vassaux et ainsi de suite jusqu'au petit sire qui, à partir de son château en bois construit sur une éminence, sa motte castrale, contrôlait un petit territoire sur lequel il avait confisqué le «ban», c'est-à-dire le pouvoir d'ordonner et de contraindre. Longtemps envisagée comme un désordre, la période féodale est plutôt perçue aujourd'hui comme une remise en ordre. Pour indisciplinés qu'ils fussent, ces sires avaient l'avantage de pouvoir maintenir un ordre sur leur petit territoire. Il ne restait plus qu'à reconstituer une chaîne hiérarchique d'autorité qui liât ces sires au roi pour parvenir à l'ordre royal. C'est dans ce cadre que les rois, en usant de toutes les ressources du droit féodal, rétablirent leur autorité et leur pouvoir. Cela n'alla pas sans difficultés ni rechutes.

Le dynamisme de l'Occident

La seconde vague d'invasions passée, l'Europe occidentale entra dans une longue période de croissance démographique et économique. Les défrichements se multiplièrent et furent l'occasion pour les rustres d'arracher à leurs seigneurs des garanties juridiques et financières consignées dans des chartes. L'Église, en particulier avec les monastères, joua un très grand rôle dans cette dilatation de l'espace agricole. Parallèlement se produisit un essor urbain lié au développement de l'artisanat et à l'intensification des échanges, à l'origine des grandes foires. Les rois trouvèrent dans ces populations urbaines, surtout parmi les plus entreprenants et les plus riches de leurs membres, de précieux appuis contre l'indocilité des seigneurs. Cette prospérité et la vigoureuse croissance démographique donnèrent à l'Occident chrétien un dynamisme conquérant. Une série de croisades fut entreprise contre le monde musulman. Sans résultats extraordinaires dans le domaine religieux, elles entraînèrent de multiples et durables conséquences sur le plan culturel ou économique. Parmi les manifestations de ce dynamisme il faut mentionner les implantations normandes en Sicile et en Italie méridionale. L'expansion de l'Occident se ralentit à la fin du XIIIe siècle et fut brutalement interrompue en 1347 par la « grande peste » dont les ravages furent considérables.

Vers l'État moderne

Pendant cette seconde moitié du Moyen Âge, de patients efforts permirent des progrès décisifs du pouvoir monarchique entre 1180 et 1314 (de Philippe Auguste à Philippe Le Bel). Aux ressources du droit féodal, les légistes du roi de France ajoutèrent celles du droit romain, qui connut une renaissance dans les universités à partir du XIIe siècle. Sous Philippe le Bel se manifestèrent même les premiers signes de ce qui s'appellerait aujourdhui l'« opinion publique ». Le roi d'Angleterre, en se voyant imposer la « Grande Charte », dut se résigner à un pouvoir un peu plus limité que celui du roi de France. La guerre de Cent Ans qui opposa les deux États aux XIVe et XVe siècles permit au roi de France d'installer une fiscalité permanente, de réorganiser son armée et de mieux contrôler sa noblesse. À côté de ces deux constructions politiques, le Saint-Empire romain germanique demeurait sans unité, associant principautés et villes-États. L'Italie était partagée en petits États, souvent héritiers de républiques urbaines, à la puissance économique impressionnante. L'Espagne, pour sa part, avait, à partir des monts cantabriques, reconquis l'espace ibérique sur les musulmans. Différents États s'étaient constitués, dont deux étaient plus importants : les royaumes de Castille et d'Aragon. Au moment où étaient chassés les derniers occupants musulmans, la Castille imposait sa souveraineté en Amérique. Cela entraîna de très importants bouleversements en Europe mais la Castille, faute d'avoir réussi à constituer un État unitaire avant cette expansion coloniale, n'en tira pas tout le profit possible.

1.2 Un monde chrétien

La marque de l'Église dans l'espace

C'est probablement le caractère le plus important du monde médiéval, l'adhésion à la foi chrétienne donnant au monde européen son unité. L'Église poursuivit son implantation dans l'espace et la société. Après la conversion de Constantin, l'évangélisation avait porté en priorité sur les élites avec un large succès. Aux Ve-VIe siècles cette tâche s'orienta en direction de toute la population et plus particulièrement des campagnes, encore souvent dépourvues de lieux de culte et de clergé. Jusqu'au VIIIe siècle l'Église voulait conforter son assise. En effet l'arrivée des Barbares risquait de ranimer le paganisme, voire d'y diffuser l'hérésie arienne. Après le VIIIe siècle, grâce aux Carolingiens, l'Église développa une vigoureuse politique d'évangélisation vers l'Est, jusqu'à l'Oder.

Il ne reste pas grand chose de ces premiers lieux de culte des Ve-VIIe siècles. L'archéologie montre qu'il s'agissait de constructions modestes, mais le plus souvent en pierre, alors que le reste des constructions était en bois, voire en branchages. L'époque carolingienne nous a légué quelques édifices complets, comme, en France, la belle petite église de Germigny, mais nombre de ces constructions des VIIIe-Xe siècles sont aujourd'hui les cryptes de constructions postérieures élevées sur ces premiers édifices. Vint au XIe siècle, avec l'art roman, le «blanc manteau d'églises» qui, selon Raoul Glaber, moine de Cluny (990-1046), couvrit l'Occident, avant qu'au XIIe siècle l'art gothique ne permît cette élévation toujours plus haute jusqu'à la performance de la cathédrale de Beauvais, qui donne la mesure des limites techniques de l'époque. Une grande partie de ces constructions sont aujourd'hui encore lieux de culte et une des grandes composantes de nos richesses touristiques. Tout comme les édifices des églises, leur décoration, les objets précieux qui y étaient déposés, par exemple les manuscrits enluminés qui servaient à la célébration de l'office divin, tous ces éléments montrent l'emprise de la foi, la richesse dont jouissait l'Église en même temps qu'ils expriment une sensibilité propre à cette époque.

L'essor des monastères

Le Ve siècle fut aussi en Occident l'époque de la consolidation du monachisme. Présent dès le IIIe siècle, il se développa surtout après la Paix de l'Église. Avant cet événement, le chrétien gagnait son salut dans le monde en s'opposant à la pression païenne; dans un monde devenu chrétien, les plus exigeants, les plus forts moralement partaient au désert. Choisir le monachisme c'était se retirer du monde pour accéder à Dieu et, pour se rapprocher le plus possible de Dieu, s'imposer une discipline.

Le statut juridique du moine avait été précisé en 451 par le concile de Chalcédoine. Benoît de Nursie élabora en 540 la règle qui porte son nom et qui partageait l'activité du moine entre le travail manuel, l'activité intellectuelle et la prière. Dans ce monachisme occidental l'Irlande occupa une place originale et importante.

L'organisation monastique était particulièrement adaptée aux structures sociales irlandaises et s'y implanta solidement. Une grande place y était faite à l'ascèse et le départ en mission, pour des gens très attachés à leur île, était une mortification supplémentaire. Il n'est donc pas surprenant de trouver de nombreux monastères en Europe fondés par des moines irlandais, durant le Haut Moyen Âge.

Église et pouvoir

L'Église fut durant les quelque mille ans du Moyen Âge, un interlocuteur permanent et souvent un allié du pouvoir politique. Elle accepta de légitimer le pouvoir monarchique des royaumes barbares en affirmant qu'il était confié par Dieu à son détenteur. Elle prit une part active à l'administration de ces royaumes. Ainsi dans l'Espagne wisigothique les conciles de Tolède regroupaient évêques et hauts responsables laïcs pour débattre des affaires du royaume. Dans la monarchie carolingienne c'est l'Église qui prit en charge, et ce jusqu'à l'époque moderne, la chancellerie royale. Les couples de *missi dominici*, envoyés en tournées d'inspection par Charlemagne, étaient composés d'un comte et d'un évêque. À l'époque féodale les clercs firent de gros efforts pour rendre la guerre moins présente et, sous le nom de « trêve de Dieu », imposèrent des moments sans guerre. Cependant l'Église s'était aussi profondément engagée dans la société féodale au point que de nombreux seigneurs intervenaient dans les désignations des clercs. Aussi au XIe siècle Grégoire VII décida-t-il de réformer l'Église et surtout de mettre un terme à l'investiture des évêques par la crosse et l'anneau effectuée par des laïcs. La papauté alla jusqu'à affirmer sa supériorité sur les souverains et prétendit se poser en chef temporel de la chrétienté. Cela entraîna le conflit entre pape et empereur qui dura jusqu'à ce qu'au XIIIe siècle la papauté perdît ce combat.

La culture chrétienne

L'Église médiévale créa la culture chrétienne, qui remplaça la culture païenne de l'Empire romain. Cette culture héritée de l'Antiquité survécut jusqu'au VIIe siècle dans les régions romanisées de longue date. Mais, très vite, la culture fut l'apanage des clercs et plus particulièrement des moines. S'épanouit alors, en particulier pendant la « renaissance carolingienne », une culture chrétienne particulièrement vivante dans les grandes abbayes, entre lesquelles maîtres et élèves se déplaçaient. Au XIIe siècle, avec l'expansion urbaine, on vit renaître des écoles dans les villes, puis se développer les universités sur l'orthodoxie desquelles veillait la papauté.

La victoire du christianisme

Le monde chrétien subit aux IXe-Xe siècles les sévères attaques de la seconde vague d'invasions. Durant les trois siècles suivants il fit preuve d'un fort dynamisme et se montra conquérant. La pression démographique et l'appât du gain étaient aussi importants que l'objectif religieux de gagner des terres à Dieu dans les mobiles de ces entreprises. En Europe même il y eut la reconquête par les chrétiens de la péninsule ibérique, entreprise qui vit s'engager aux côtés des Espagnols et des Portugais un certain nombre de Français. Dès 1085 Tolède était redevenue chrétienne et, à la fin du XIIIe siècle, seul échappait aux chrétiens, et pour deux siècles encore, le petit royaume de Grenade.

Au nord-est de l'espace européen une vigoureuse poussée allemande, dans laquelle l'ordre militaire des chevaliers teutoniques joua un grand rôle, entraîna, en plus de la christianisation des rives orientales de la Baltique, une mise en valeur économique de cette région où naquit et se développa la puissance marchande de la Hanse.

À la même époque, les chrétiens d'Occident vécurent la grande aventure des croisades. Elle eut pour conséquence l'installation, pour à peu près deux siècles, de royaumes chrétiens au Proche-Orient. Les croisades contribuèrent à la prospérité de nombreux ports italiens. Elles eurent aussi pour effet d'aggraver les divergences entre Rome et Byzance et d'approfondir un peu plus le schisme de 1054.

Sacre ■ Dans l'Ancien Testament le prophète Samuel sacre Saül puis David, marquant par là que le pouvoir vient de Dieu. Les Carolingiens ne furent pas les premiers rois barbares à pratiquer le sacre : au VIe siècle le roi wisigothique Wamba avait reçu l'onction. Au début de la dynastie capétienne, pour affermir le pouvoir royal, les souverains associèrent leur fils, appelé à leur succéder, au pouvoir et le firent sacrer de leur vivant. Philippe Auguste (1180-1223) fut le dernier Capétien à être oint du vivant de son père. L'onction était faite avec le saint chrème conservé dans une ampoule qui, selon la légende, aurait été apportée par une colombe lors du baptême de Clovis. Par le sacre, tous les rois de France se trouvaient placés au-dessus du commun des mortels et étaient de surcroît réputés capables de guérir les écrouelles. Ils touchaient les scrofuleux le jour du sacre et une ou deux fois par an lors des fêtes religieuses avec la célèbre formule : « Le Roi te touche, Dieu te guérit. »

Maire du palais ■ Il s'agit du chef des services domestiques et d'un proche collaborateur du roi à l'époque mérovingienne. À la fin de la dynastie mérovingienne, la médiocrité des rois et la brièveté de leurs règnes leur donnèrent une très grande importance. Il y en avait deux : un pour la Neustrie et un pour l'Austrasie. Les maires du palais ont parfois traîné une image de soudards incultes et hostiles à l'Église, qui est très excessive : Charles Martel, maire du palais franc, soutint, après son père, l'évangélisation de la Germanie et tint à confier l'éducation de son fils Pépin aux moines de Saint-Denis.

Grande charte ■ C'est la charte de 63 articles qui fut imposée au Roi d'Angleterre en 1215 par l'alliance des barons, du haut clergé et du peuple de Londres, associés pour lutter contre les abus royaux en matière fiscale et ecclésiastique.
Pour lutter contre l'arbitraire royal, elle instituait le contrôle de l'impôt par le Grand Conseil et une Cour des plaids communs. Très vite, elle nourrit une sorte de mythe quant à sa portée politique. Si quelques articles ont survécu, il ne faut pas perdre de vue qu'elle renforçait la féodalité anglaise, à l'époque où le roi de France disciplinait la sienne. Il s'agit avant tout de la confirmation des vieilles libertés anglaises.

Cluny ■ À l'origine de l'histoire de Cluny il y eut la volonté d'un noble bourguignon, Bernon, de contribuer à la réforme de l'Église. Lorsqu'en 910 il fonda l'abbaye, il décida que sa fondation observerait strictement la règle bénédictine, que le pouvoir laïc serait tenu à l'écart de l'élection de l'abbé, de la direction et de la gestion du monastère. Pour assurer le respect de ces principes il plaça l'abbaye sous la protection du Saint-Siège. Ce fut l'abbé Odilon qui transforma Cluny en chef d'un ordre, grâce à une bulle du pape en 1027. Ses deux successeurs furent aussi deux abbés énergiques, qui eurent la chance de vivre longtemps, ce qui permit d'assurer une continuité avec seulement trois abbés en 122 ans. Échappant à l'autorité de l'ordinaire, riches de vastes domaines fonciers, Cluny était devenue une véritable puissance. La dernière église construite à Cluny, et qui enrichit un acheteur de biens nationaux à la Révolution, fut jusqu'à la construction de Saint-Pierre de Rome la plus grande église de la chrétienté.

Prolongements

- L'unité chrétienne du monde médiéval et la capacité de l'Église à influencer le pouvoir politique furent longtemps pour les chrétiens et surtout pour l'Église catholique une sorte de situation idéale à restaurer. On vit parfois des résurgences d'attitudes de l'époque médiévale jusqu'à la caricature : ainsi durant la guerre civile espagnole les rebelles franquistes présentèrent leur combat comme une croisade contre les nouveaux infidèles qu'étaient les marxistes. Notre vocabulaire comporte de nombreuses expressions qui renvoient à cette époque médiévale : «taillable et corvéable», «rendre hommage», «être sur la sellette», «mettre au ban». Le terme de «banlieue» vient également du territoire d'environ une lieue sur lequel s'étendait le ban, c'est-à-dire le pouvoir de contrainte du seigneur.
- Dans le domaine de l'économie, le Moyen Âge a apporté des techniques avec lesquelles le monde a fonctionné très longtemps. Sans prétendre à l'exhaustivité on peut citer le collier d'attelage et l'attelage en file ou le gouvernail d'étambot pour les transports. Les contrats mis au point dans les villes italiennes du Moyen Âge pour constituer les sociétés de marchands étaient encore largement utilisés par les négociants français à la fin du XVIIIe siècle, avant que le siècle suivant n'apportât un nouveau droit des sociétés. Quant à la lettre de change pour les transferts de fonds, elle bénéficia d'une très belle longévité jusqu'au XXe siècle. La quête des racines aujourd'hui entraîne l'organisation de fêtes autour de labours à l'ancienne, voire de tournois qui sont autant de façons de faire revivre le Moyen Âge. Sans compter en Espagne ou dans le sud de la France la présence, lors de fêtes religieuses, des confréries de pénitents qui n'ont jamais disparu.
- Le Moyen Âge connut une grande popularité dans la première moitié du XIXe siècle. Sur le terrain de la réflexion politique l'époque de la monarchie féodale, où le roi, bien conseillé par ses grands barons évitait de faire de mauvais choix pour le pays comme pour la monarchie, fut exaltée.
- On avait également la nostalgie de l'époque où la France était profondément chrétienne. D'aucuns n'hésitaient pas à dire que si les rois de France n'avaient pas éliminé cette monarchie féodale, au profit de la monarchie absolue, la Révolution n'aurait probablement pas eu lieu.
- Le courant romantique se prit de passion pour les ruines, de préférence médiévales. Le Moyen Âge fut également une source d'inspiration pour la littérature. En 1806, l'Institut choisit les croisades comme sujet de concours. En 1821 fut fondée l'École des Chartes, qui devint un des lieux de formation des plus grands médiévistes français. On peut aussi évoquer la publication, en 1840, des *Récits des temps mérovingiens* d'Augustin Thierry.
- Depuis le vote des lois de décentralisation réapparaissent dans le vocabulaire politique des termes empruntés à l'époque féodale : fief, baron, vassaux ou fidèles.

2. Religions

2.1 L'Islam

➠ TERMINOLOGIE • «Islam» désigne la «soumission», l'«abandon» à la volonté de Dieu. D'après ce terme, les disciples de Mahomet sont appelés «*mouslimoun*» (musulmans).

L'islam est la dernière des grandes religions monothéistes et se présente comme l'accomplissement des autres «religions du Livre», judaïsme et christianisme. Elle est fondée sur un livre, le Coran (la «récitation»), qui est la parole adressée par Dieu au prophète Mahomet.
Cette religion se caractérise à la fois par la simplicité de son dogme, lié à l'affirmation d'un Dieu unique et absolument transcendant (Allah), et par le lien fort qui est établi entre vie religieuse et vie sociale et politique.
L'idée de transcendance divine est manifestée par le fait que toute représentation de la divinité est interdite, ce qui donnera son caractère propre à l'art islamique. La soumission nécessaire à ce Dieu est soulignée avec force, et a pu conduire à ce que l'Occident a qualifié de fatalisme (*fatum mahumetanum*).

Histoire

Cette religion est apparue dans la péninsule arabique au VIIe siècle apr. J.-C. Elle est révélée à Mahomet («le loué») (572-632), né à la Mecque, dans un clan puissant mais pauvre. Caravanier au service d'une riche veuve, de dix ans plus âgée, qu'il épouse à 29 ans, Khadija, il a une fille, Fatima, future femme d'un de ses premiers disciples, Ali. En 612, sur le mont Hira, lors de la «nuit bénie», l'ange Gabriel («*Jibril*») lui ordonne «prêche au nom du seigneur», «récite». Au début, il ne rallie que les déshérités (artisans, ouvriers, esclaves, chrétiens et juifs). L'aristocratie mecquoise le combat car il prêche le monothéisme et part en guerre contre les idoles, et elle le contraint à l'exil («*hégire*») en 622, date qui marque le début de l'ère islamique. Il s'enfuit à la clarté du croissant de lune (d'où l'importance de ce symbole) avec ses premiers disciples. Il se réfugie dans une ville qui sera nommée Médine (*Madinat al Nabî* : ville du prophète). Là, il organise la communauté musulmane («*oumma*»), qui est une communauté de croyants, fondée sur le seul lien religieux. La religion est très simple, reposant sur les «cinq piliers» de l'islam. Il n'y pas d'intermédiaire entre l'homme et Dieu, pas de clergé. Déçu par la communauté juive de Médine, Mahomet l'expulse et change l'orientation de la prière : alors qu'auparavant elle se faisait vers Jérusalem, elle se fera désormais vers la Mecque. Mahomet livre diverses batailles contre les Mecquois et s'empare de la Mecque en 630. Il détruit les idoles, mais conserve la pierre noire («*kaaba*», cube), qui est aujourd'hui encore lieu de pèlerinage. Il meurt en 632 à Médine, auprès d'Aïcha, son épouse préférée, âgée de 18 ans.
Après la mort de Mahomet, la parole qui lui a été révélée va être retranscrite dans le Coran. Les 114 sourates («chapitres») sont classées par ordre de longueur décroissante, à l'exception de la première, qui proclame l'unicité de Dieu.
En un siècle, de 632 à 732, les successeurs de Mahomet vont s'emparer d'un territoire qui s'étend des Pyrénées à l'Himalaya, et dépasse en superficie celui de Rome au temps de sa plus grande expansion. Les premiers califes («successeurs de l'envoyé de Dieu») sont à la fois des chefs temporels et spirituels. Les quatre premiers, les «califes bien dirigés» sont des proches du prophète : Abou Bakr, Omar, le «commandeur des croyants», Othman, Ali. Les trois derniers sont assassinés. Leur succcède la dynastie des Ommeyades (660-750), qui délaissent la Mecque pour Damas, et renforcent le caractère temporel de leur souveraineté. Puis les Abbassides (750-1258), dont la capitale fut Bagdad, avec notamment

Haroun al Rachid (786-809), le calife des *Mille et Une nuits*. Il encourage les travaux de nombreux savants, mathématiciens ou astronomes, qui traduisent et commentent les textes de l'Antiquité grecque. La grande époque de l'Islam médiéval s'étend du IXe au XIe siècle. À partir du Xe siècle se développe une civilisation arabico-andalouse, autour de Cordoue, qui rivalise alors avec Bagdad. Mais, en 1236, Cordoue est prise par le catholique Ferdinand III de Castille, et en 1258 Bagdad l'est par les Mongols.

Les cinq piliers de l'islam

Les obligations personnelles que chaque croyant doit respecter pour faire partie de la communauté des croyants sont d'une assez grande simplicité, et sont couramment résumées sous le nom de cinq « piliers de l'islam ».
Outre ces obligations personnelles, il existe des prescriptions communautaires qui obligent l'ensemble des musulmans, et qui sont fixées par la loi islamique, la charia (« voie à suivre »). La loi islamique ne reconnaît pas de distinction entre religieux et profane, entre éthique et politique. Ainsi du « *djihad* », ce que les Occidentaux appellent la « guerre sainte », et qui peut aussi être interprété comme « effort » sur le chemin de Dieu. À l'époque coranique il s'est surtout agi d'un combat armé pour faire prévaloir les lois divines. Les peuples infidèles doivent être appelés à se convertir avant d'être combattus.

Les cinq « piliers de l'islam »

1. **La profession de foi.** C'est aussi l'acte de conversion, qui consiste en une formule : « Il n'y a de Dieu que Dieu et Mahomet est l'envoyé de Dieu ».
2. **La prière.** Cinq prières par jour, qui portent le nom de l'heure où elles doivent être accomplies : prière de l'aube, du milieu du jour, de l'après-midi, du coucher de soleil, du soir. Des ablutions sont nécessaires avant la prière pour être en état de pureté. La prière se fait le visage tourné vers la Mecque. La prière faite en assemblée est le moment essentiel de la communauté des croyants. La prière permet l'accès au paradis, la négliger est une faute très grave.
3. **L'aumôme.** Il existe une aumône volontaire, et une aumône prescrite. Elle permet au croyant de se purifier alors même qu'il accroît ses biens.
4. **Le jeûne du ramadan.** Il s'agit d'un jeûne diurne, tout au long du mois lunaire du ramadan, troisième mois du calendrier islamique. Il est absolu depuis que l'aube « permet de distinguer le fil blanc du fil noir », jusqu'à la nuit. Il comporte une privation totale de nourriture, de boissons et de relations sexuelles. Certains allégements provisoires sont possibles pour les malades, les femmes enceintes, les voyageurs, les travailleurs de force. Plus encore que la prière le jeûne du ramadan est un témoignage d'appartenance à la communauté des croyants.
5. **Le pèlerinage à la Mecque.** Ce pèlerinage fut, en l'an X de l'Hégire, le dernier acte du prophète, le pèlerinage de l'Adieu. Le pèlerinage reproduit les mêmes gestes et prières. Il est marqué par le tour de la pierre noire (« *kaaba* ») qu'aurait foulée Abraham. Tous les pèlerins revêtent le même costume. Le territoire sacré est interdit sous peine de mort à tout non musulman.

Les sunnites

Il convient de distinguer les sunnites (musulmans qui suivent la *sunna*, tradition) et qui représentent aujourd'hui 90 % de la communauté musulmane, et les chiites, partisans d'Ali qui ont pris à sa mort le nom de *chi'at Ali* (« la secte d'Ali ») ou chiites. Ils souhaitaient que les successeurs du prophète soient choisis parmi les descendants du prophète, alors que les sunnites prétendaient choisir le meilleur croyant comme successeur. La *sunna* comme conduite et manière d'agir du prophète est relatée par les *hadiths* (« récits ») de ses compagnons, et complète ainsi la révélation écrite du Coran.

Les quatre grandes « écoles » sunnites

Ce sont des écoles à la fois juridiques et théologiques, fixées depuis le IXe siècle, époque de la « grande fermeture » de l'interprétation, qui fixe d'une manière intangible les dogmes de l'islam. Elles indiquent de quelle manière il convient d'adapter ou non le Coran à des situations inédites.

- Hanafite (de Abou Hanifa, mort en 767) : c'est le rite le plus ouvert, qui fait une grande place au « jugement personnel et à la recherche du mieux ».
- Malékite (de Malik Ibn Anas, mort en 795) : le « consensus des savants » et la notion de « bien commun » y jouent un grand rôle, en accord avec les coutumes locales.
- Chaféite (de Chafei, mort en 820) : insistent sur la tradition comme source du droit au détriment du jugement personnel des seuls savants.
- Hanbalite (de Ahmad Ibn Hanbal, mort en 855) : propose une interprétation traditionaliste et puritaine de l'Islam, plus religieuse que proprement juridique. Cette doctrine inspire les wahabites d'Arabie saoudite.

Les chiites

Le chiisme est une « religion de la passion et du mystère ». Religion de la souffrance, qui commémore le martyr d'Hussein et d'Ali. Religion du mystère, car elle estime qu'il existe un sens caché de la révélation, dont l'imam (« le guide », celui qui est devant) est dépositaire.

Ils ajoutent aux cinq piliers de l'islam un sixième pilier, la croyance et la fidélité en l'imam. Ses connaissances sacrées et secrètes lui ont été transmises par Mahomet à travers Ali. Au cycle des prophètes succède donc, selon les chiites, le cycle de l'imamat. Ali est même à certains égards plus vénéré que le prophète lui-même. Ils attendent le retour d'un imam « caché » aux sens, mais visible au cœur des fidèles, qui réapparaîtra à la fin des temps pour inaugurer le règne de Dieu sur terre. Selon que cet imam caché est le douzième, le septième, ou le cinquième, on parlera de chiites duodécimains, majoritaires en Irak et en Iran, de chiites septimaniens ou ismaéliens, ou de zaïdistes.

Le chiisme aura un grand succès chez les non-Arabes, en particulier en Perse (Iran). Selon le principe de précaution, le croyant menacé est autorisé à dissimuler ses croyances.

L'islam et les autres religions ■ L'islam est la dernière des grandes religions monothéistes, et Mahomet se présente comme le « sceau des prophètes », après Adam, Abraham, Moïse et Jésus. Il vient apporter la parole divine aux Arabes,

descendants d'Abraham par Ismaël. Jésus n'est pas considéré comme le fils de Dieu, il n'est pas mort sur la croix pour racheter les péchés des hommes : il est l'envoyé de Dieu et il présidera le Jugement dernier des morts.
Sourate 4. La table servie :
«O détenteurs de l'Écriture! Ne soyez pas extravagants, en votre religion! Ne dites, sur Allah, que la vérité! Le Messie, Jésus, fils de Marie, est seulement l'apôtre d'Allah, son Verbe jeté par Lui à Marie et un Esprit émanant de Lui. Croyez en Allah et en ses apôtres et ne dites point : «Trois!» Cessez! Cela sera un bien pour vous. Allah n'est qu'une divinité unique. À lui ne plaise d'avoir un enfant! À lui ce qui est dans les cieux et ce qui est sur la terre. Combien Allah suffit comme protecteur!»
Le prophète considère donc chrétiens, juifs et zoroastriens comme des «gens du Livre» avec lesquels il est possible de s'allier, à condition qu'ils se soumettent et payent un tribut (*dhimma* : dîme). Ils ont un statut personnel particulier, ne peuvent pas participer pleinement à la vie de la cité, doivent porter un habit distinctif, certains métiers ou fonctions administratives leur sont interdits, ainsi que l'expression de leur religion (processions, cloches). Sous ces importantes réserves, il ne leur impose pas la conversion et ne les persécute pas.
Pour ce qui est, en revanche, des polythéistes et des athées, ils n'ont le choix qu'entre la conversion et la mort.

Islam et mysticisme : le soufisme ■ Ce courant trouve son origine au IXe siècle en Irak. Son nom vient du vêtement de laine blanche («souf») que portent ses adeptes. Il est fondé sur l'initiation personnelle d'un disciple par un maître, qui doit permettre de se dépouiller de toute attache sensible et d'établir une communication directe, amoureuse, entre Dieu et la créature. Le Coran est interprété de manière allégorique. Les soufistes s'appuient sur une série de techniques menant à l'extase, comme la récitation d'un des noms de Dieu, ou la danse, dans le cas des derviches tourneurs de Turquie. Ils prétendent ainsi dépasser le formalisme de la loi, et sont donc considérés comme hérétiques. Le représentant le plus éminent en est Hallaj, supplicié à Bagdad en 922, qui proclame : «Je suis devenu Celui que j'aime et Celui que j'aime est devenu moi. Nous sommes deux esprits confondus en un seul corps.»

L'art islamique ■ Même si le Coran n'est pas explicitement hostile à la production d'images, les *hadiths* l'interpréteront rapidement en ce sens, retrouvant là une tradition iconophobe propre à la péninsule arabique. Dès lors, la représentation de toute figure vivante sera proscrite, dans la majeure partie du monde musulman. L'essentiel de cet art se consacrera donc à des décorations à motifs géométriques, avec notamment des plantes et des animaux très stylisés, que l'on nommera «arabesques». En raison du même interdit, la sculpture en ronde bosse n'existe pas dans l'art islamique, qui est un art en deux dimensions, avec, par exemple, l'art des tapis, ou des calligraphies. Celle-ci, qui est aussi monumentale, est un art hautement religieux. Les mosquées reprennent l'art de la voûte à la Mésopotamie et à l'Iran, en utilisant en général des constructions en briques, avec décor plaqué.

Prolongements

- Les pays islamiques au Moyen Âge ont constitué les conservatoires de la pensée scientifique et philosophique de la Grèce ancienne, qui a ensuite été réintroduite en Occident par l'intermédiaire des traductions de l'arabe. Les zones frontières entre l'Islam et l'Occident (Espagne, Sicile) sont des hauts lieux de la culture médiévale. Les croisades elles-mêmes ont joué un rôle dans cette découverte de la pensée arabe.

- Pour toute la tradition libertine et athée du XVIe au XVIIIe siècle, Mahomet n'est que le « troisième imposteur », après Moïse et Jésus. Voltaire dans *Le Fanatisme ou Mahomet le prophète* (1741) attaque toutes les religions et dédie ironiquement sa pièce au pape Benoît XIV.
- Le renouveau actuel de l'islamisme se présente comme une volonté de revenir aux premiers temps de l'Islam, en particulier à l'époque des premiers successeurs de Mahomet, les « califes bien dirigés », où la société était strictement régie selon les principes du Coran. Cet islamisme, d'abord d'obédience sunnite, avec les Frères musulmans, fondés en Égypte en 1920 par Hassan al Banna, qui proclame qu'« il n'y a pas de constitution si ce n'est le Coran », est surtout, depuis le succès de la révolution iranienne en 1979, d'inspiration chiite.

2.2 Byzance et l'orthodoxie

➠ TERMINOLOGIE • « Orthodoxe », en grec « opinion droite », désigne ce qui est conforme aux opinions acceptées par l'Église.

L'Église orthodoxe est l'Église catholique d'Orient, qui s'est séparée de l'Église d'Occident au XIe siècle.

Le schisme d'Orient

Le seul schisme (« séparation ») important que connut l'Église chrétienne avant la Réforme fut celui de l'Église d'Orient. Les Églises de Rome et de Constantinople (fondée en 330 apr. J.-C. sur le site de Byzance), s'éloignent progressivement. Byzance tend à remplacer Rome comme centre du monde chrétien après l'effondrement de celui-ci au Ve siècle apr. J.-C.

Elle devient une sorte de conservatoire de la civilisation classique. Tout un travail de collecte de résumés, de synopsis, philosophiques ou scientifiques permettront à Byzance de jouer un rôle d'intermédiaire entre l'Antiquité gréco-romaine et l'Occident de la fin du Moyen Âge et de la Renaissance, comme le feront, sous une autre forme, la philosophie et la science arabes. Lors de la chute de Constantinople en 1453 les lettrés byzantins apporteront leur connaissance de la langue et de la culture grecque à l'Italie de la Renaissance.

L'empereur byzantin (le *basileus*) est non seulement un souverain temporel, mais un chef spirituel, qui intervient dans les querelles théologiques. En 870, le patriarche de Constantinople mettait en cause le choix de Rome comme centre de l'église universelle. Rome et Constantinople se séparent définitivement en 1054, lorsque le patriarche grec Michel Cérulaire et le pape Léon IX s'excommunient mutuellement. Depuis cette date, l'Église d'Occident s'appelle Église catholique romaine et l'Église d'Orient, Église orthodoxe. La séparation s'est faite sur la question du « *filioque* » (« et du Fils »), c'est-à-dire de savoir si le Saint-Esprit procède du Père, ou du Père et du Fils. Les orthodoxes affirment que le Saint-Esprit ne procède que du Père. Le sac de Constantinople en 1204 par les Croisés en route vers la Palestine rendra cette rupture définitive et irréversible.

Par beaucoup d'aspects l'Église orthodoxe reste proche du catholicisme : elle admet également sept sacrements, mais baptise par triple immersion totale. Sa

liturgie est aussi riche, voire même plus, avec ses cierges et ses encens, que celle du catholicisme. En revanche, elle n'accepte pas les dogmes postérieurs au schisme de 1054, qu'il s'agisse de l'Immaculée Conception ou de l'infaillibilité pontificale. De plus, il n'est pas nécessaire d'être célibataire pour être ordonné prêtre.
La spiritualité orthodoxe est à certains égards proche de l'Orient. Des méthodes ascétiques et mystiques sont employées pour rapprocher l'esprit de Dieu, par exemple, la « prière du cœur » : invocation de Jésus sur le rythme de la respiration. L'hésychasme (« silence et paix de l'union à Dieu ») désigne l'état auquel s'efforce de parvenir le mystique.

La querelle des images

L'Église d'Orient fut marquée par la « querelle des images » qui oppose les empereurs iconoclastes (« destructeurs d'images »), venus d'Asie, qui pensent qu'il n'est pas acceptable de figurer la divinité, que c'est de l'idolâtrie, et les moines et le peuple grec défendant les icônes, très attachés au culte de ces images (iconodoules), qu'ils embrassent et devant lesquelles ils font brûler des cierges.
Le culte va alors même jusqu'à supposer que certaines icônes n'ont pas été réalisées par la main de l'homme (icônes acheiropoiètes). En réaction aux empereurs iconoclastes, comme Léon l'Isaurien en 727, le second concile de Nicée en 787 admet la légitimité de leur culte. Il le justifie en montrant que l'adoration des icônes n'est pas une fin en soi mais un moyen de s'élever vers Dieu par la beauté : au-delà de l'image, c'est le prototype qui est vénéré. Si l'on accepte l'incarnation du Christ, on doit accepter aussi l'image, car « le Fils est l'icône vivante du Dieu invisible ». Il est possible de représenter le Christ, car il a pris forme humaine. Cette querelle se termine par la victoire des défenseurs des icônes, reconnue en 842.

L'art byzantin ■ Comme l'a montré la querelle des icônes, l'art byzantin est un art qui sera toujours méfiant à l'égard de la représentation réaliste de la figure humaine. Les sculptures y sont très rares. Quant aux peintures, qui représentent pourtant des personnages, elles ne sont absolument pas réalistes. Ce qu'elles recherchent c'est la représentation de types : de ce fait, elles sont volontairement figées et hiératiques, et les portraits sont même souvent accompagnés d'inscriptions qui permettent de les identifier. Il ne s'agit pas de représenter les hommes, mais de représenter les personnages sacrés et donc d'être le plus conforme possible aux images antérieures. L'usage important de fond d'or doit permettre également de marquer la lumière, la beauté immatérielle du monde surnaturel.
L'œuvre d'art dont la production est la plus importante à Byzance est celle des icônes (en grec : image), images saintes portatives, qui donnent une représentation frontale, stéréotypée et hiératique des saints. Les plus anciennes icônes conservées datent du VIe siècle mais leur existence est attestée deux siècles plus tôt.
L'art de la mosaïque est également très développé dans les églises : mosaïques dorées et très colorées comme à Saint-Vital de Ravenne. Une des représentations les plus courantes est celle du Christ Pantocrator (« Tout Puissant ») qui orne souvent les coupoles des églises.
Ces églises sont souvent construites sur un plan en croix dominé par une coupole. L'église Sainte-Sophie de Byzance, avec son immense coupole en croix fut construite sous Justinien par des architectes asiatiques.

La plus grande période de l'art byzantin est celle qui s'étend du IXe au XIIe siècle. Elle est contemporaine du recul arabe et se termine par le sac de Constantinople par les croisés en 1204. C'est la période des dynasties macédonienne (867-1056) et comnène (1081-1185).

Prolongements

- L'art de l'icône se poursuivra jusque fort tard en Russie. Le plus grand peintre d'icône est le russe Andreï Roublev (1360-1430).
- L'influence de l'art byzantin sur l'art roman, ou sur Giotto, a été longuement discutée, par exemple par André Malraux dans *Le Musée imaginaire*, qui conclut à l'indépendance de l'art roman par rapport à Byzance. En revanche Ernst Gombrich, dans son *Histoire de l'art*, estime qu'avec l'art roman l'art européen « n'a jamais approché d'aussi près certains idéaux de l'art oriental ».
- L'église Saint-Marc de Venise fut reconstruite en 1063 sur le plan en croix d'une ancienne église byzantine.
- Aujourd'hui, l'Église orthodoxe n'est pas unifiée et est divisée en plusieurs Églises autocéphales (« autonomes ») ayant chacune leur chef et leur hiérarchie.

2.3 Moines et mystiques

Sous les traits des moines et des mystiques apparaissent deux formes particulières d'expérience religieuse, en marge de l'Église sous ses formes les plus traditionnelles, qui manifestent la même recherche de sainteté qu'avait pu présenter, dans les premiers siècles de l'ère chrétienne, le martyre (« témoignage ») des chrétiens persécutés.

Le monachisme

➠ TERMINOLOGIE • Le monachisme désigne la vie de moine. Étymologiquement le moine est celui qui vit seul (du grec *monos*).

Le développement d'une vie religieuse et intellectuelle au sein des monastères est une caractéristique importante du Moyen Âge chrétien, en particulier à partir du Xe siècle, que marque la fondation de Cluny en 910.

Les moines du désert

Certains chrétiens ont très tôt commencé à avoir une vie solitaire, dans les déserts du Moyen-Orient et en particulier d'Égypte. Dès le IVe siècle il est fait mention de ces pères des déserts d'Égypte. Lorsque les persécutions cessent, la vie solitaire du moine apparaît comme une nouvelle forme de sainteté, remplaçant le martyre. Leur vie est faite de solitude, d'ascèse contre les passions, et de contemplation.

Certains vivent totalement solitaires, ermites (d'*eremos* : désert) et anachorètes (« séparés »). Quelques-uns accentuent même leur isolement en vivant dans le ciel, au sommet d'une colonne, dont ils ne descendent jamais : on les nomme « stylites », comme saint Syméon l'Ancien.

D'autres vivent en groupe, mais à l'écart du monde : les cénobites (« vivant en commun »).

Les plus célèbres sont saint Antoine (vers 230-356), le « père des moines » dont la vie fut écrite par saint Athanase, et saint Pacôme, le « père des cénobites ». Saint Antoine, contre le christianisme intellectualisé des villes, affirme le primat d'un christianisme des simples. Il entend suivre à la lettre le précepte du Christ : « Si tu veux être parfait, va, vends tout ce que tu possèdes, donne-le aux pauvres, viens et suis moi. » Il lutte contre les tentations de la chair, qu'il se représente comme envoyées par le diable.

Les moines d'Occident

Saint Martin de Tours est à l'origine de l'introduction du monachisme en Occident vers la fin du IVe siècle. Ces moines s'établissent souvent dans des régions encore païennes qu'ils évangéliseront : ils seront en particulier très actifs en Irlande avec saint Patrick, d'où ils reviendront pour évangéliser le continent européen. Ils accomplissent tout un travail matériel, de défrichement par exemple, et intellectuel : ils conservent et recopient les textes latins de l'Antiquité.

Deux types de monachismes sont apparus successivement en Occident. D'une part les ordres monastiques qui regroupent hommes ou femmes ayant fait vœu de pauvreté, de chasteté et d'obéissance et vivant en commun sous la conduite d'un abbé. Les laïcs chargés des tâches matérielles dans les monastères sont appelés « frères convers ». La plupart de ces ordres suivent la règle de saint Benoît de Nursie (480-543), fondateur de l'ordre des bénédictins, qui impose aux moines des règles de vie commune, fondées sur l'obéissance, la stabilité de vie, le travail et la pauvreté, car « celui qui travaille prie ».

D'autre part, des ordres mendiants, apparus au XIIIe siècle, qui insistent sur l'idéal de pauvreté, qui a pu paraître un moment oublié. Ce sont les franciscains, ou frères mineurs, fondés par saint François d'Assise en 1209, les dominicains ou frères prêcheurs fondés par saint Dominique en 1216, et les capucins.

La Réforme protestante a condamné la vie monastique et supprimé les monastères dans les pays où elle a triomphé.

Le mysticisme

➠ TERMINOLOGIE • Du grec *mysticos*, qui a trait aux mystères.

Une autre forme particulière d'expérience religieuse est l'expérience mystique, qui procure une union personnelle avec Dieu, procurant un certain type d'extase, sans passer par l'intermédiaire de l'Église. Cette expérience est par définition incommunicable et elle ne peut être indiquée que d'une manière analogique et poétique.

Dès la fin du XIIIe siècle le mystique allemand Maître Eckhart (1260-1327) explique, dans ses *Traités et Sermons*, comment l'homme peut trouver Dieu en lui-même, dans la « petite flamme de l'âme », à condition de faire un effort d'abandon total à Dieu.

Les deux figures mystiques les plus remarquables sont espagnoles, sainte Thérèse d'Avila et saint Jean de la Croix. Thérèse d'Avila, ou Thérèse de l'enfant Jésus (1515-1582), auteur du *Livre des demeures*, réforma l'ordre des carmélites. Prônant le renoncement à toute vie mondaine, elle se sent l'héritière des ermites du désert dont se réclamait le Carmel. Dieu est selon elle «une lumière qui n'a point de nuit». Elle relate sa «transverbération», le percement de son cœur par une flèche lancée par un ange qui provoque chez elle une extase extrême.

Saint Jean de la Croix (1542-1591), le «docteur mystique», proche de Thérèse d'Avila, auteur de la *Montée du mont Carmel* et de la *Nuit obscure*, reprend les images du mariage spirituel avec Dieu, mais prône surtout un total détachement, une négation par l'âme de toutes choses et d'elle-même pour s'enfoncer dans la nuit où elle peut rencontrer Dieu.

Prolongements

- Le combat de saint Antoine contre les tentations diaboliques est représenté dans un célèbre tableau de Breughel, et dans la *Tentation de Saint Antoine* de Flaubert (1874), qui s'en inspire.
- *L'Extase de sainte Thérèse* est une des plus célèbres statues du Bernin (1644-1652, à Rome, église Sainte-Marie de la Victoire) et l'une des manifestations les plus réussies de l'esprit baroque.

3. Philosophie

3.1 Philosophie du Moyen Âge occidental

L'appellation de Moyen Âge avait, lorsqu'elle a été inventée par les humanistes italiens, une nuance fortement péjorative. Dans le domaine de la philosophie cette conception négative du Moyen Âge s'est maintenue plus longtemps encore. En effet, comme dans les domaines artistiques ou littéraires, l'essentiel pour cette époque est la ou les religions révélées. La foi occupe une place apparemment plus importante que la raison. Dans la mesure où la philosophie, depuis ses origines grecques, se présente comme réflexion rationnelle, bien des historiens ont estimé qu'il n'existait pas de philosophie à proprement parler au Moyen Âge.

Les choses ne sont en fait pas si simples, et on sait aujourd'hui que la prépondérance des religions révélées n'empêchait pas l'exercice de la raison et qu'en certains domaines, comme la logique ou la linguistique, les spéculations médiévales sont extrêmement modernes.

Il convient également de préciser qu'à cette époque, l'Occident chrétien est loin d'être le seul lieu où se pratique la philosophie. Le monde arabe, avec ses philosophes musulmans, juifs ou nestoriens, est tout aussi vivant, et c'est par son intermédiaire que l'Occident, à la fin du Moyen Âge retrouvera ses sources antiques.

Trois grandes périodes

Dans la philosophie du Moyen Âge occidental, il est possible de distinguer trois périodes. Le Haut Moyen Âge, du VIe au VIIIe siècle, est une époque de sommeil de la philosophie, même si certains textes de l'Antiquité tardive ont été conservés, avec Boèce (480-525) qui transmet l'héritage de néo-platoniciens comme Porphyre (234-305) dont il commente l'*Isagoge*, qui est à l'origine de toute la querelle des universaux. Puis, une première renaissance a lieu autour de Charlemagne, qui ouvre ce qu'on appelle la « première scolastique » (IXe-XIe siècle) : les noms les plus célèbres sont ceux de Jean Scot Érigène, qui est un Irlandais (comme son surnom l'indique, Érigène fils de l'Eire) et de saint Anselme. Le grand renouveau de la pensée médiévale date du XIIe siècle avec la fondation des universités et la redécouverte d'Aristote par l'intermédiaire des Arabes. C'est la « haute scolastique », illustrée surtout par Thomas d'Aquin. Enfin, on distingue couramment une « scolastique tardive », à la suite de Guillaume d'Occam (1280-1348).

Il convient de noter ici que « scolastique » n'a pas alors le sens péjoratif qu'il a pris par la suite : « scolastique » désigne la philosophie qui s'enseigne dans les écoles, écoles cathédrales et universités par la suite.

Deux grands problèmes

Contrairement à ce que l'on a longtemps pensé, il y a eu une importante réflexion philosophique durant le Moyen Âge occidental qui n'est pas une simple période d'obscurantisme religieux.

Deux questions ont été principalement au centre de cette réflexion philosophique. D'une part, la question des rapports de la raison et de la foi, d'autre part un débat plus technique, au sujet de la « querelle des universaux ».

La raison et la foi

La question des rapports de la raison et de la foi est la plus cruciale, car elle pose le prolème de la possibilité de l'existence d'une philosophie indépendante. Elle est aussi vieille que le christianisme, qui, dès ses débuts, dès les Pères de l'Église, a cherché à savoir ce qu'il convenait de faire de l'héritage de la philosophie païenne. Devait-il être totalement abandonné ou réinterprété à la lumière des nouvelles croyances ? Le débat se poursuit au Moyen Âge.

Pour les uns, comme saint Pierre Damien (1007-1072) la foi n'a que faire de la philosophie. Il note que si la philosophie avait été nécessaire au salut, Dieu aurait fait appel à des philosophes et non à des hommes simples pour porter son message. La philosophie est même une invention du diable, comme la grammaire. Reprenant une vieille image, Pierre Damien explique que si la foi doit se servir de la philosophie, ce doit être, comme l'Israélite qui, dans l'Ancien Testament, ne peut épouser la captive qu'après lui avoir fait couper cheveux et ongles. La philosophie doit accepter de « servir, de se soumettre comme une servante à sa maîtresse » : c'est la formule fameuse « *philosophia ancilla theologiae* ».

En revanche, pour d'autres, comme saint Anselme (1033-1109) la foi n'exclut pas la philosophie. La foi constitue bien un point de départ, mais elle peut être complétée par la raison. Elle est « à la recherche de la raison » (« *fides quaerens intellectum* »). Ou bien, selon une autre formule d'Anselme, « je crois pour

comprendre» (« *credo ut intelligam* »). On est désormais loin du « *credo quia absurdum* » (« je crois parce que c'est absurde ») de Tertullien.
L'exemple le plus célèbre de cet usage de la raison au service de la foi est donné par Anselme dans son *Proslogion* avec la fameuse preuve ontologique de l'existence de Dieu, qui sera reprise par Descartes. Si l'on accepte la définition de Dieu comme « quelque chose tel que rien de plus grand ne peut être conçu », on prouve nécessairement son existence. En effet, même l'insensé, qui ne croit pas, peut comprendre cette définition. Or, « ce qui est tel que rien de plus grand ne peut être conçu ne peut exister seulement dans l'intelligence », sinon on pourrait le concevoir comme existant aussi dans la réalité, ce qui serait plus grand. Donc, Dieu existe.
Le plus grand philosophe du Moyen Âge, saint Thomas d'Aquin (1225-1274) va clarifier ces rapports entre la raison et la foi. Il est l'auteur d'une *Somme contre les gentils* (« les païens »), de commentaires sur les livres d'Aristote et surtout de la *Somme théologique* (1267-1273), véritable encyclopédie du savoir philosophique et religieux de son temps.
Pour ce grand lecteur d'Aristote, la raison a ses propres moyens d'accès à la vérité. La connaissance empirique permet de remonter des créatures à Dieu, mais en accordant une pleine réalité à ces créatures. Il parle de « raison confirmée par la foi » (« *ratio confortata fide* »). Ainsi, l'existence de Dieu peut se connaître par la foi, mais aussi par la raison. Thomas voit donc « cinq voies », cinq preuves rationnelles de l'existence de Dieu. Par le mouvement, il est nécessaire d'en venir à un premier moteur immobile. Par la cause efficiente, il est nécessaire de poser une première cause efficiente. Par le possible et le nécessaire, il faut un être nécessaire par lui-même. Par des degrés dans les choses, il y a un être qui est souverainement être, Dieu. Par le gouvernement des choses, il existe un être intelligent par lequel toutes les choses de la nature sont ordonnées à une fin.

La querelle des universaux

L'autre problème important qui traverse, avec des modifications, tout le Moyen Âge, de Porphyre à Guillaume d'Occam, est la « querelle des universaux ». Elle trouve son origine dans un texte de quelques lignes de l'*Isagoge* de Porphyre : « Quant aux genres et aux espèces, ont-ils un être réel ou seulement idéal, corporel ou incorporel, dans les choses sensibles ou en dehors ? » Il s'agit de savoir, dans une perspective platonicienne, si les idées générales (ex : le concept de cheval) sont seules réelles, et si les individus singuliers ne tirent leur existence que de ces concepts. On parle alors de réalisme des universaux. C'est la position de Guillaume de Champeaux (1070-1121). Ou au contraire que seuls existent les individus singuliers, les concepts n'étant que des noms, des signes linguistiques : c'est la position nominaliste, soutenue aussi bien par Abélard que, plus tard, par Guillaume d'Occam. Celui-ci soutient que « l'on ne doit pas multiplier les êtres sans nécessité », car ajouter un universel à un particulier revient simplement à le dédoubler, non à l'expliquer : ce principe d'économie est qualifié de « rasoir d'Occam ».

Héloïse et Abélard ■ Abélard, très brillant logicien et philosophe, enthousiasme les foules d'étudiants, lors de ses disputes avec Guillaume de Champeaux. Il soutient des thèses nominalistes radicales dans la querelle des universaux : pour lui les genres sont de simples signes, des «bruits de voix». Dans le Sic et *Non* (*Oui et non*, 1122), il montre que les contradictions des Pères de l'Église ne peuvent être résolues que par le raisonnement dialectique, c'est-à-dire rationnel. Au faîte de la gloire, il s'établit sur la Montagne Sainte-Geneviève pour donner ses cours. Il séduit la jeune Héloïse, nièce d'un confrère, le chanoine Fulbert. Tous deux sont en fait très amoureux. Elle tombe enceinte et accouche d'un fils, Astrolabe. Mais il répugne à l'épouser, alors qu'il aurait pu le faire, n'étant pas clerc mais tonsuré, car il craint que sa carrière intellectuelle n'en souffre. Le mariage est néanmoins célébré mais reste secret. Pour continuer sa carrière, il fait entrer Héloïse au couvent et refuse de reconnaître qu'il a donné réparation à l'oncle outragé. Celui-ci, croyant que le mariage est rompu, organise la mutilation célèbre, qui fait scandale. Abélard va cacher sa honte d'être eunuque à l'abbaye de Saint-Denis. Néanmoins ses disciples l'assiègent pour qu'il reprenne ses cours. Persécuté par saint Bernard de Clairvaux, hostile à cette figure d'intellectuel, il songe à s'enfuir à l'Est chez les païens. À la fin de sa vie il écrit un *Dialogue entre un juif, un philosophe et un chrétien*, où il montre l'unité des religions monothéistes et déclare sa volonté de les comparer «de façon à choisir les meilleures». Ses ouvrages sont condamnés par le pape et il finit ses jours à Cluny. Il raconte sa vie dans un ouvrage intitulé *Historia calamitatum* (*Histoire de mes malheurs*).

Prolongements

- Thomas d'Aquin fut qualifié par l'Église de «docteur angélique». Sa doctrine constitue la philosophie officielle de l'Église catholique.
- Un auteur comme Descartes prétend rompre radicalement avec tout l'édifice de la scolastique. Il en est cependant beaucoup plus dépendant qu'il ne veut bien le reconnaître.
- Pendant toute une période les auteurs rationalistes nient qu'il existe une philosophie médiévale, «tout étant à l'époque théologie», selon la formule du philosophe Bertrand Russell.
- Aujourd'hui logiciens et linguistes redécouvrent le Moyen Âge, en particulier dans le domaine de la sémantique et de la logique modale.

3.2 Universités

Le mot «universités» ne désigne pas seulement les facultés établies dans une ville mais l'ensemble des personnes, enseignants et étudiants, qui en font partie. Les universités sont une invention caractéristique du Moyen Âge tardif et le lieu des formes majeures de la pensée médiévale. Peu nombreuses au XIIe siècle, elles vont se multiplier au XIIIe siècle.
Des premières tentatives de rénover l'éducation avaient eu lieu à l'époque de Charlemagne, qui fit venir Alcuin d'Angleterre en 790 pour réorganiser l'école du palais d'Aix-la-Chapelle. Puis ce fut dans les écoles cathédrales que se fit l'enseignement, par exemple à Chartres.

Les premières universités

La première université est celle de Bologne, en 1088, mais limitée au droit. La grande université de l'époque médiévale, où sont enseignées philosophie et théologie est l'université de Paris, dont les statuts sont promulgués en 1215 par

Robert de Courçon et confirmés en 1231 par le pape Grégoire IX. En 1257, Robert de Sorbon ouvre pour les étudiants pauvres l'établissement qui deviendra la Sorbonne. Les contemporains n'hésitent pas à comparer l'université au sacerdoce et à l'Empire, et à noter que chacune des trois nations carolingiennes est le siège de l'une de ces institutions.

Ce qui donne ce lustre à l'université de Paris, c'est d'abord qu'elle prolonge une tradition d'enseignement vivace au XIIe siècle, avec en particulier la personnalité d'Abélard (1079-1142) qui donne son enseignement sur la montagne Sainte-Geneviève. D'autre part, les rois de France, conscients de la renommée que leur apporte l'Université vont s'efforcer de protéger ses enseignants et ses étudiants. À l'occasion de la répression de rixes étudiantes, face à une menace de grève, Philippe Auguste accorde en 1200 un privilège aux étudiants qui ne sont plus soumis qu'à la justice ecclésiastique. Enfin et surtout, les papes, en particulier Innocent III, vont comprendre l'importance qu'il y a à contrôler le lieu d'enseignement le plus prestigieux de la chrétienté, qui, dans le mesure où il comporte une faculté de théologie, peut être à l'origine de progrès dans l'évangélisation comme d'hérésies renouvelées. Les universités seront désormais sous la protection directe de la papauté. Les papes tenteront d'imposer à l'université de Paris la présence de franciscains et de dominicains, ce qui provoquera une grève pour la défense des franchises universitaires en 1253.

L'organisation des études

Les études se font à deux niveaux, la faculté des arts et la faculté de théologie. Les études à la faculté des arts qui durent environ six ans ont un caractère propédeutique. Un étudiant en arts passe baccalauréat et licence avant de devenir maître ès arts. Pour devenir maître et docteur en théologie, il lui faut encore passer trois baccalauréats puis sa licence. Ces diplômes sont valables dans toute la chrétienté. Les études sont donc très longues, mais commencent aussi très tôt : un étudiant de quatorze ans peut s'inscrire à la faculté des arts.

Le *trivium* (grammaire, dialectique, rhétorique) et le *quadrivium* (arithmétique, musique, géométrie, astronomie) sont enseignés à la faculté des arts. À la faculté de théologie est enseignée une philosophie d'inspiration augustinienne.

En 1255, Aristote est mis au programme de la faculté des arts de Paris : il s'agit d'une date importante, d'un défi présenté par l'aristotélisme découvert qui prétend apporter une réponse à toutes les questions que se pose l'homme d'un point de vue purement rationnel.

Les formes principales de l'enseignement sont : la leçon, qui est, comme l'indique l'étymologie (*lectio*), une lecture et un commentaire de grands textes; Aristote pour la faculté des arts, la Bible ou le *Livre des sentences* (vers 1155) de Pierre Lombard, compilation des Pères de l'Église, en particulier saint Augustin, pour la faculté de théologie. L'influence d'Aristote, redécouvert à travers les Arabes, s'affirmera au XIIIe siècle et ira de pair avec le développement des universités : non seulement le logicien sera connu, mais aussi le physicien, le moraliste et le métaphysicien. Toutefois cette introduction d'Aristote ne se fait pas sans critiques et sans condamnations, en particulier de l'interprétation d'Aristote proposée par Averroès.

L'autre exercice caractéristique de l'université médiévale est la dispute, échange entre maîtres puis étudiants avancés, soit sur des sujets déterminés à l'avance, soit sur des sujets quelconques, les questions «quodlibétales», posées par *quolibet*, («n'importe qui»), sur *quodlibet* («n'importe quoi», sur ce que l'on veut). C'est dans cet exercice que les grands maîtres faisaient la preuve de leur habileté. L'initiative des questions passe du maître aux assistants. La *Somme théologique* de Thomas d'Aquin est le reflet exact de ce que pouvait être cette manière de raisonner.
Les étudiants sont regroupés, suivant leur origine géographique, par nations : à Paris, les nations française, normande, picarde et anglaise. Ils vivent dans des collèges, logements pour étudiants, qui vont de plus en plus devenir des internats, et au XVIe siècle devenir le lieu véritable de l'enseignement propédeutique.
Les étudiants, comme les enseignants, se déplacent souvent d'une université à l'autre. Ainsi viendront enseigner à Paris les italiens Thomas d'Aquin ou Bonaventure, comme l'allemand Albert le Grand.

Prolongements

- L'université médiévale restera le modèle des universités modernes jusqu'à ce qu'elle soit détrônée dans ce rôle par l'université allemande du XIXe siècle et son idéal, formulé par le philosophe Humboldt, de «formation par la science», indépendamment de toute considération utilitaire.
- Le sociologue Émile Durkheim voyait dans l'origine chrétienne de l'université la marque de ce qu'elle devait rester : un «organe international de la vie intellectuelle» indépendant des contingences nationales.

4. Littérature

4.1 Chanson de geste et amour courtois

Après avoir été longtemps oubliée, la littérature médiévale a été redécouverte au XIXe siècle romantique, à la suite des travaux du philosophe allemand Johann Herder, qui entend retrouver l'esprit d'une nation dans la littérature de ses origines. C'est en partie cette préoccupation qui conduira les historiens français de la littérature à s'intéresser aux chansons de geste.
Trois genres sont particulièrement importants et novateurs dans cette littérature : la chanson de geste, l'amour courtois et les romans arthuriens. Ils permettent de mieux comprendre l'ancienneté du sentiment national, l'éclosion d'un sentiment amoureux très original et une vision fantastique du monde chevaleresque.

La chanson de geste

➠ TERMINOLOGIE • «*Gesta*» désigne les gestes accomplis, les exploits.

Ce genre littéraire apparaît au début du XIe siècle. Ce sont des poèmes épiques, chantés, constitués de «laisses», c'est-à-dire de longs morceaux chantés d'un seul tenant. Curieusement, le contenu de ces chansons de geste porte sur la période carolingienne, pourtant déjà vieille de trois siècles. Charlemagne y est un personnage imposant, auquel la *Chanson de Roland* attribue 200 ans. Cela manifeste combien la renaissance carolingienne avait laissé un vif souvenir dans les siècles ultérieurs.

La plus célèbre de ces chansons de geste est la *Chanson de Roland* qui raconte l'attaque par les Sarrasins, à Roncevaux, de l'arrière-garde de l'armée de Charlemagne conduite par son neveu Roland. Celui-ci a été trahi par son beau-père, Ganelon. Le courageux Roland ne sonne du cor qu'à l'ultime moment pour appeler Charlemagne à la rescousse, alors que son ami « le sage Olivier » lui avait conseillé de le faire auparavant. Ils trouveront tous deux la mort avec toute leur armée. Cepnedant, leur sacrifice ne sera pas vain car ils seront vengés par Charlemagne qui défait les Sarrasins puis punit le traître Ganelon.

Le point de départ historique de cette chanson semble être une simple escarmouche avec quelques Basques, à laquelle sera accordée une importance démesurée. Les deux sentiments qu'elle glorifie sont le service de l'empereur et le combat contre les infidèles, jusqu'à la mort.

S'y manifeste aussi un amour pour la douce France, la belle que les héros bénissent quand ils y reviennent après avoir passé les Pyrénées : « Terre de France, moult estes doux pays. »

La poésie des troubadours et l'amour courtois

Cette poésie chantée apparut également au XIe siècle, d'abord en langue d'oc chez les troubadours (« ceux qui trouvent des poèmes ») dans le Midi de la France, peut-être sous l'influence de la poésie arabe andalouse. Elle fut ensuite reprise en langue d'oïl par les trouvères du Nord, comme Adam de la Halle, mais avec des accents plus pudiques et plus mesurés. Ces poètes appartiennent à toutes les conditions sociales, des plus grands seigneurs, comme Guillaume d'Aquitaine, aux plus humbles, comme Bernard de Ventadour, fils de domestique.

Le contenu en est une glorification de l'amour courtois, c'est-à-dire de l'amour « de cour », de l'amour parfait (« *fin amor* ») que porte l'amant à son aimée, qui doit être de plus noble condition que lui, et donc inaccessible. L'idée importante de l'amour courtois est que la satisfaction du désir l'anéantit, et donc qu'il convient de multiplier les délais et les obstacles dans la satisfaction de ce désir, même si l'amour courtois n'est pas, contrairement à ce qui est dit souvent, purement platonique. L'amour courtois ne peut bien sûr pas exister dans le mariage où la satisfaction des désirs est automatique. Puisque cet amour s'adresse en général à une femme mariée, il suppose la discrétion et la retenue.

Cette période de l'amour courtois est l'une des très rares périodes de notre littérature où la femme ait une position aussi dominante. Il s'agit d'une véritable apothéose de la femme. Par la suite, sous l'influence de la religion, cette dame sera spiritualisée : l'amour de la femme s'orientera vers l'amour de la Vierge Mère, mais il y eut aussi une concurrence entre elles.

Le sentiment courtois fait également l'apologie de manières raffinées, de l'élégance et de sentiments élevés. L'exact opposé de l'homme courtois est le vilain, c'est-à-dire le paysan, qui prend très vite un sens péjoratif.

Chrétien de Troyes et les romans arthuriens

Le premier genre littéraire qui ne soit plus chanté mais lu, à voix haute bien sûr, est le roman. « Roman » car écrit en langue vulgaire. Les premiers romans français portent sur des sujets de l'Antiquité gréco-romaine, comme le *Roman d'Alexandre* ou le *Roman de Thèbes* : c'est ce que l'on appelle la « matière antique ». D'autres portent sur les contes bretons, situés au temps d'Arthur de Bretagne, chef breton transformé en roi légendaire de la Grande-Bretagne du VIe siècle. C'est la « matière de Bretagne », avec en particulier le cycle arthurien et la quête du Graal. Le cycle arthurien raconte les aventures des douze chevaliers de la table ronde, ces compagnons du roi Arthur qui siègent avec lui à égalité autour d'une table ronde, et vont chacun à leur tour à la quête du Graal, atteint seulement par Perceval et accompli par Galaad.

Ce Graal est une coupe mystérieuse promenée en cortège dans le château du roi Pêcheur avec une lance qui saigne. Mais Perceval ne sait pas poser les questions qu'il faudrait. Il sera par la suite proposé des lectures gnostiques de ce Graal, qui deviendra la coupe où aurait été recueilli le sang du Christ, par Joseph d'Arimathie, ancêtre du roi Pêcheur.

Le principal auteur de ce cycle est Chrétien de Troyes, le plus grand romancier du Moyen Âge, qui écrit entre 1160 et 1180. Il est en particulier l'auteur du *Conte du Graal*, connu aussi sous le nom de *Perceval le Gallois*, resté inachevé, et qui sera à l'origine de toute une série de suites.

Ces romans arthuriens sont des aventures merveilleuses comme les chansons de geste mais où la psychologie des personnages occupe une plus grande place. D'autre part, ils sont plongés dans le monde fantastique de la Bretagne païenne, peuplée de loup-garous, de sangliers magiques, de chevaux et de chevaliers verts. Féeries et sortilèges menacent toujours le preux chevalier chrétien. Dans cet univers celte, le monde réel et le monde fantastique ne cessent de communiquer.

Ils manifestent également la naissance du sentiment de l'honneur et de l'esprit chevaleresque. De preux chevaliers errants volent au secours de la « pucelle desconseillée », de la jeune fille ou de la femme en danger. Ainsi Lancelot reprend la reine Guenièvre, femme d'Arthur, à Méléagant, qui l'emmenait au pays « d'où l'on ne revient pas ».

Le Roman de la Rose et la fin de l'amour courtois ■ La fin de la tradition courtoise peut se lire dans le *Roman de la Rose*, commencé vers 1230 par Guillaume de Lorris, dans une perspective purement amoureuse, et fini, sous une forme philosophique et religieuse par Jean de Meung vers 1270. Il raconte sous une forme allégorique la conquête de la jeune fille aimée, représentée sous les traits d'une rose au jardin d'amour, dont l'auteur est séparé par les murailles du château de Jalousie et par d'autres adversaires tels que Danger, Malebouche (« Médisance »), Honte. Mais il est aidé par ses amis Bel Accueil, Raison et Franchise. Ce sont donc plus des abstractions que des personnages qui sont mis en scène. Dans la première partie, la satisfaction du désir est toujours repoussée. Dans la deuxième partie, ces abstractions tiennent de longs discours : la Raison et la Nature exposent un système du monde fondé sur une inspiration épicurienne. Un nouveau personnage apparaît Faux-semblant, qui incarne l'hypocrisie des moines.

Tristan et Yseult et l'amour coupable ■ Une œuvre très originale, qui sera par la suite rattachée à la matière de Bretagne, est la légende de Tristan et Yseult, qui existe en plusieurs langues européennes. Elle illustre une conception d'un amour charnel d'une force extraordinaire, un «amour absolu» (Julien Gracq), mais qui ne va pas sans péché et sans sentiment de culpabilité.
Tristan va en Irlande demander la main d'Yseult la blonde pour son oncle le roi March. Sur le bateau du retour, ils boivent par erreur le philtre d'amour préparé par la mère d'Yseult pour le roi March. March épouse Yseult. Tristan et Yseult ne veulent pas le tromper mais ils ne peuvent désormais plus jamais s'oublier. Tristan épouse une autre Yseult, Yseult aux blanches mains. Lorsqu'il va mourir il envoie chercher Yseult. Elle arrive dans un navire aux voiles blanches, signe qu'elle a accepté de venir, mais Yseult aux blanches mains dit à Tristan que le navire a des voiles noires. Il meurt désespéré avant d'avoir pu la voir une dernière fois, et elle meurt de douleur sur sa dépouille.

Le Roman de Renart ■ Il existe également au Moyen Âge une «littérature bourgeoise», caractérisée par son réalisme et ses parodies. Les œuvres les plus populaires sont les fables animalières, dont la tradition remonte à Ésope. La plus célèbre est le *Roman de Renart* (vers 1100). Les animaux vivent comme les hommes, et le rusé Renart ne cesse de se jouer d'eux. Il s'empare du coq Chantecler, en lui demandant s'il sait chanter les yeux fermés comme son père, arrive à dérober le fromage que le corbeau Tiecelin tenait dans son bec, séduit habilement la femme d'Ysengrin le loup. Dans ses versions ultérieures, par exemple chez Rutebeuf, le *Roman de Renart* sera aussi l'occasion d'une critique sociale contre les personnages que les animaux représentent : le lion Noble le roi, l'âne Bernard le curé, le loup Ysengrin le féodal. Ce roman aura un extraordinaire succès qui va conduire le surnom de Renart à remplacer dans la langue courante le nom commun goupil.

François Villon et la fin du Moyen Âge ■ François Villon (1431-1465) est le premier grand poète lyrique français. Il chante sa vie personnelle, ses fautes et ses sentiments. De famille pauvre, éternel étudiant et mauvais garçon, fréquentant prostituées et tripots, voleur, Villon est condamné à la pendaison à la suite d'une rixe, mais voit sa peine commuée. Il rédige son *Testament* et la *Ballade des pendus* où il s'adresse aux passants qui verront son cadavre au bout d'une corde.

> «Frères humains qui après nous vivez
> N'ayez les cœurs contre nous endurcis
> Car, se pitié de nous povres avez
> Dieu en aura plus tost de vous mercis.
> Vous nous voiez cy attachez cinq, six :
> Quant de la chaire, que trop avons nourrie,
> Elle est pieça devorée et pourrie,
> Et nous, les os, devenons cendre et pouldre.
> De nostre mal personne ne s'en rie;
> Mais priez Dieu que tous nous vueille absouldre!»

Prolongements

- *Le Roman de la Rose* à l'origine du roman précieux au XVIIe siècle, de d'Urfé ou de Mademoiselle de Scudéry.
- La satire la plus célèbre des romans de chevalerie, de la matière bretonne en particulier, sera donnée par Cervantès dans *Don Quichotte* (1605-1615) qui conservera le souvenir de ces romans dans la littérature européenne.

- *Le Roman de Renart* inspirera les *Fables* de la Fontaine.
- Villon sera le seul poète du Moyen Âge à être sauvé par Boileau, et sera célébré comme un grand poète par les romantiques.

4.2 Dante ou l'Italie

Dante (1265-1321) est considéré, avec Shakespeare et Goethe, comme l'un des sommets de la poésie moderne. Mais Dante fait partie de ces écrivains majeurs dans lesquels se reconnaît une nation, comme Cervantès pour l'Espagne ou Shakespeare pour l'Angleterre. L'ampleur de leur renommée va bien au-delà de la littérature et exprime pour une part l'esprit de ces nations. Ils deviennent dès lors des classiques dont l'étude renforce ce sentiment national.
Il est né en 1265 à Florence, alors une des plus puissantes villes d'Europe. Il est d'une famille de petite noblesse et participe rapidement aux disputes qui y opposent guelfes et gibelins, puis guelfes blancs, partisans de l'empereur et guelfes noirs, partisans du pape. Proche des guelfes blancs, il est arrêté par le pape Boniface VII, auprès duquel il était allé en délégation. Il sera ensuite condamné à mort et contraint à l'exil. Ses trois œuvres principales sont un poème d'amour la *Vita nuova* (1293), un traité de philosophie politique, le *De monarchia* (1310), et sa fameuse *Comédie* que la postérité, à la suite de Boccace, nommera *Divine Comédie* (1472).

La Vita nuova et l'amour transfiguré

La *Vita nuova* (qui ne veut pas dire seulement «jeunesse», comme dans le langage courant de l'époque, mais «vie nouvelle») fait le récit des amours impossibles de Dante pour Béatrice Portinari. Rédigé après la mort de Béatrice, en partie inspiré par la tradition de l'amour courtois et des spéculations mystiques sur les nombres, ce poème fait l'éloge du renoncement amoureux comme source de poésie.
Dante raconte avoir pour la première fois rencontré Béatrice alors qu'ils avaient tous deux neuf ans, puis, neuf ans plus tard, elle le rencontre à nouveau et le salue d'une manière exquise. Il lui fait alors sa cour mais, comme le veut la tradition courtoise, en faisant mine d'adresser ses poèmes d'amour à d'autres. Il le fait si bien que Béatrice croit qu'il l'a trahie et ne le salue plus. Il perd tout espoir de voir son amour satisfait. Dante comprend alors que l'essentiel sera désormais la transfiguration poétique de cet amour. Il se contentera de «ce qui ne peut venir à lui manquer», la célébration de Béatrice, «la très gentille». C'est ainsi que cet amour sera préservé dans son authenticité.
Dante crée alors ce qu'il appellera lui-même dans la *Divine Comédie* le «*dolce stil nuovo*» («le doux style nouveau») qui serait écrit sous la dictée de l'amour.
Ce qui a quelquefois été appelé le masochisme de Dante, son renoncement volontaire à la possession de la femme aimée, la délectation de la souffrance sont peut-être un des traits de l'âme italienne, qui se complaît à la séparation de l'homme et de la femme et aux amours malheureuses.

La Divine comédie

L'œuvre essentielle de Dante est la *Divine Comédie* publiée après sa mort en 1472. Dante la rédigea en une quinzaine d'années. C'est le récit de son voyage à travers Enfer et Purgatoire jusqu'à sa montée au Paradis, où il va retrouver Béatrice. Cette œuvre comporte donc trois parties, composées chacune de trente-trois chants. Ce voyage commence alors que Dante se trouve à un moment d'égarement :

> «Sur le milieu du chemin de la vie
> Je me trouvai dans une forêt sombre
> Le droit chemin se perdait, égaré.»

Il rencontre Virgile «lumière, honneur de tous autres poètes» qui lui propose de le guider à travers Enfer et Purgatoire. L'*Enfer* est la partie la plus célèbre du livre qui décrit de manière fantastique la «vallée douloureuse de l'abîme», le gouffre en cône retourné, rempli de cris horribles, qui va jusqu'au centre de la terre et où s'enfonce le pécheur. Il décrit les neuf cercles de l'Enfer, où les réprouvés sont répartis selon la gravité de leurs fautes. D'abord, les limbes pour les enfants morts sans baptême ou pour les grands poètes et philosophes qui n'ont pas connu la vraie religion, comme Homère, Aristote et Virgile. Dante rencontre ensuite les luxurieux, les gourmands, les avares et les prodigues, les colériques et les paresseux, puis plus grave, les hérétiques, les violents contre autrui, contre eux-mêmes et contre Dieu, les usuriers. Enfin les malicieux, c'est-à-dire les fraudeurs, parmi lesquels Ulysse, les traîtres à l'égard de leurs parents, de leur patrie ou de leurs hôtes. Au fond Lucifer, sorte de Trinité négative, mâche dans ses trois bouches Judas, rebelle au Christ, Brutus et Cassius, traîtres à l'égard de César.
Puis, Dante remonte la montagne qu'est le Purgatoire, composée elle aussi de niveaux où les âmes purgent leurs peines. Il y est accueilli par Caton d'Utique.
Virgile abandonne Dante à l'entrée du Paradis, où il ne peut accéder, étant païen. Dante est alors guidé par Mathilde, symbole de la sagesse chrétienne, dans le Paradis terrestre, qui a tous les traits de l'âge d'or des païens. Puis, plongé dans le Léthè et transfiguré par la grâce, il a accès au Paradis où l'attendait Béatrice. Il s'élève dans les sphères célestes, bercé par le chant des bienheureux, atteint le ciel des étoiles fixes où il contemple la lumière qui est Dieu et se sent plongé dans l'amour universel :

> «Je vis une clarté sous la forme d'un fleuve
> Éclatant de splendeur, filant entre deux rives
> Tout émaillées d'un printemps merveilleux.
> De ce torrent sortaient de vives étincelles
> Qui de tous les côtés se posaient dans les fleurs,
> Ainsi que des rubis, enchâssés dans l'or pur.»

Premier à écrire une grande œuvre en langue vulgaire (le toscan) et non en latin, Dante est considéré comme le père de la langue italienne, qu'il enrichit d'ailleurs de nombreux néologismes dans la *Divine Comédie*. Il se justifie de cet usage de la langue vulgaire dans son traité inachevé *De l'éloquence vulgaire*, qui est paradoxalement écrit en latin. Le fait que cette langue soit «non stable et corruptible», à la différence du latin, n'est pas pour lui un handicap, c'est au contraire le signe qu'elle est plus proche de la vie et du Dieu créateur.

Quant à la *Divine Comédie*, son ampleur épique, la puissance de ses évocations, quasi hallucinées, son mélange réussi de foi chrétienne et d'héritage de l'Antiquité en feront la plus grande œuvre de la littérature italienne.

Le théoricien de la monarchie

Dante n'est pas seulement poète mais philosophe : il s'intéresse d'ailleurs aux débats philosophiques dans son *Banquet*. Il rédige le traité *De Monarchia* pour défendre l'indépendance de l'État face à l'Église et de l'empereur face au pape. Contre Thomas d'Aquin il montre que la politique ne doit pas être soumise à des finalités surnaturelles. Pour que la monarchie ait son sens plein de gouvernement d'un seul sur tous les autres, son autorité ne doit pas être partagée avec le pape. Il faut absolument distinguer les fins divines et les fins humaines Dante en arrive à formuler l'utopie d'un empire universel, d'un «principat unique» sur tout le genre humain. C'est à la seule condition de cette unité du genre humain sous un seul empereur que les progrès de la connaissance, qui est «la fin de toute la société humaine», seront possibles. Cet ouvrage sera évidemment condamné et brûlé par l'Église.

Cette protestation de Dante contre les malheurs de son temps, son aspiration à une unité temporelle de l'Italie, qui a cependant alors tous les caractères d'un mythe, ne manqueront pas d'éveiller des échos dans un pays de tout temps désuni.

Inscription sur la porte de l'Enfer

«Par moi l'on va dans la cité dolente,
Par moi l'on va dans le deuil éternel,
Par moi l'on va parmi la gent perdue.

La justice inspira mon divin artisan
Je fus édifiée par la toute puissance,
La suprême sagesse et l'amour souverain.

Il n'a été créé, avant moi, que les choses
Éternelles, et moi, éternelle je dure.
Vous qui entrez ici, laissez toute espérance (*lasciate ogni speranza*).»

(*Enfer*, III, 1-9)

Prolongements

- Marsile de Padoue dans son *Défenseur de la paix* (1324) reprend les idées de Dante sur la nécessaire suprématie temporelle de l'empereur.
- Longtemps oubliée en France l'œuvre de Dante sera redécouverte au XVIIIe siècle, en particulier grâce à la traduction de Rivarol. Louis XVI, la veille de son exécution, aurait demandé le *Paradis* à son gardien.
- Balzac emprunte le titre de la *Comédie humaine* à Dante, et il apparaît dans sa nouvelle *Les Proscrits*.
- En Italie Dante fut également longtemps oublié et ne fut redécouvert qu'au XIXe siècle, pendant le Risorgimento.
- Shelley voit en Dante «le premier éveilleur d'une Europe tombée en extase», «le rassembleur de ces grands esprits qui présidèrent à la résurrection du savoir.»

5. Arts

5.1 Art roman et art gothique

➠ TERMINOLOGIE • L'emploi du terme «roman» ne date que de 1823 sous la plume d'un historien de l'art, de Gerville, par analogie avec les langues romanes, pour montrer que cet art est dans la continuité de l'art romain, mais qu'il s'en distingue aussi. En revanche, l'emploi du terme «gothique» a une connotation nettement péjorative et désigne un art de barbares. Le premier auteur qui popularise ce terme est l'historien d'art italien Vasari en 1574 (*tedesco*, «allemand» en italien).

Du XIe au XIIIe siècle l'Occident va se couvrir d'églises, d'abord de style roman, pendant une soixantaine d'années à la fin du XIe et au début du XIIe siècle, puis de style gothique, au XIIe et au XIIIe siècles. La richesse de ces constructions et la cohabitation, sur une relativement brève période, de styles architecturaux si riches, est unique dans l'histoire de l'architecture. Ces révolutions architecturales s'accompagnent de profonds changements dans la sculpture qui orne ces édifices.

Cette floraison architecturale s'explique à la fois par des raisons religieuses et par des raisons économiques et sociales. Elle traduit l'émergence d'un art véritablement occidental, qui se dégage progressivement des influences orientales.

L'art roman

Le mouvement de construction des églises romanes date de la période de stabilité qui suit l'an mil. Il est très clairement lié à un renouveau religieux qui se traduit par un nouveau culte des reliques dans les monastères, comme celui de Cluny, par le développement de pèlerinages de masse comme celui de Saint Jacques de Compostelle, et également par le début des croisades. Il est nécessaire de construire de grandes églises pour accueillir des fidèles et des pèlerins de plus en plus nombreux.

Architecture

L'art roman se développe surtout au sud de la Loire, en France et en Espagne, mais avec beaucoup de diversités régionales d'une région française à l'autre.

L'aspect général des églises romanes, horizontal, massif et solide, tient pour partie à des raisons techniques.

Pour les recouvrir, la voûte en pierre a été préférée à des toits en bois, moins résistants, susceptibles de brûler et moins imposants. La technique de ces voûtes étant perdue depuis l'Antiquité, elle ne fut retrouvée qu'à la suite d'une série de tâtonnements Des voûtes en berceau, d'abord en plein cintre, ensuite brisé, qui supposent, du fait de leur poids très lourd, de très gros murs de soutènement, percés de peu d'ouvertures.

Le plan général des églises romanes est en général assez simple, repris du plan des basiliques romaines du IVe siècle : la nef centrale est bordée de bas-côtés et conduit à une abside voûtée ou chœur. Quelquefois le bas-côté du chœur sera élargi par l'adjonction de nombreuses chapelles. Toutefois, l'intérieur de l'église n'est pas monotone, il commence à être rythmé par l'alternance de travées et de colonnes, par l'existence d'étages.

Le décor roman

La décoration extérieure et intérieure des églises romanes est très frappante, par son caractère didactique mais aussi par son foisonnement. Comme l'avait noté Grégoire le Grand, «la peinture peut être pour les illettrés ce que l'écriture est pour ceux qui savent lire». Il s'agit donc de faire connaître aux fidèles des épisodes de la Bible, en particulier de l'Ancien Testament. D'autres motifs mettent en avant certaines vertus comme le travail, illustrées par des scènes de la vie des métiers.

À l'extérieur le portail, directement visible, va jouer un rôle essentiel. Il est souvent très chargé comme le portail de Vézelay ou celui de l'église sainte Trophime à Arles. La porte elle-même est sculptée comme le tympan qui la surmonte. Les représentations les plus classiques sont celles de l'Apocalypse ou du Jugement dernier, avec la représentation d'un Christ en majesté, tout puissant dans un microcosme, qui rappelle le Christ Pantocrator des Byzantins. Il en est ainsi du Christ du tympan de l'église de Moissac.

À l'intérieur, du fait de l'obscurité, plus que la peinture, les principales décorations sont des bas-reliefs. Les chapiteaux sont particulièrement ornés, avec des motifs tirés de la Bible, mais aussi de l'Antiquité ou de plus loin encore, de Sumer et de l'Orient. L'imagination des artistes semble sans borne, qui sculpte des plantes, des animaux ou plus encore des monstres étonnants. Des chapiteaux particulièrement décorés sont ceux de la nef de l'abbaye de Vézelay en Bourgogne.

Que ce soit à l'extérieur ou à l'intérieur de l'église, une des caractéristiques majeures de l'architecture romane est que toutes les sculptures sont directement liées à la forme de la pièce architecturale qu'elles ornent. La sculpture n'existe pas encore indépendamment, pour elle-même.

La plus grande réalisation romane est celle de l'abbaye de Cluny, qui fut reconstruite de 1088 à 1130. Son église était la plus grande de toute la chrétienté et fut imitée jusqu'en Terre Sainte.

L'autre modèle de l'art roman est celui de l'abbaye de Citeaux. Cette architecture cistercienne se caractérise par sa volonté de dépouillement total : elle refuse toutes les sculptures ornementales, les vitraux colorés, elle se contente de chapiteaux simples, en accord avec l'esprit de pauvreté de saint Bernard de Clairvaux.

L'art gothique

Le développement de l'art gothique accompagne celui des villes et de la bourgeoisie, et, en France, celui de la puissance des Capétiens. Parfois aussi l'art gothique se développe à l'époque où la scolastique connaît son plus grand développement avec saint Thomas : l'aspiration à incarner la totalité serait la même dans la cathédrale gothique et dans la *Somme théologique*. Il est certain en tout cas que l'art gothique est l'art d'une Église triomphante. Il est bien, comme l'art grec, ce que Hegel appelle un «grand art», dans lequel communie tout un peuple et qui n'est pas réservé à des spécialistes.

La cathédrale

Ce sont désormais les évêques qui sont à l'origine de la construction des églises, d'où leur nom de cathédrales (*cathedra* : siège épiscopal).

La cathédrale était le lieu central des villes alors en plein développement. Leur construction était l'œuvre de toute une foule d'artisans et d'artistes, et elle était payée par diverses taxes, ou la vente d'indulgences.

Les premières cathédrales gothiques apparaissent surtout en Île de France (d'où le nom d'*opus francigenum*) et en Picardie (Beauvais, Amiens). La cathédrale de Durham en Angleterre se sert bien de la voûte d'ogives dès la fin du XIe siècle mais est encore romane d'aspect. L'architecture gothique la plus classique est celle de la cathédrale de Chartres en 1220. Cet art gothique se répandra ensuite en Allemagne et dans toute l'Europe, et il ne présentera pas autant de variantes régionales que l'art roman, ce qui conduira à parler d'un « gothique international ». Cependant, le gothique ne touchera jamais vraiment l'Italie.

Dans sa dernière période, au XVe et XVIe siècle, la plus exubérante, on parlera d'un gothique « flamboyant », en raison du décor en forme de flammes qui orne les ouvertures.

L'architecture gothique réalise surtout des églises, mais également des édifices civils comme l'Hôtel de Cluny à Paris ou les hôtels de ville des Flandres.

La croisée d'ogives et l'arc boutant

L'architecture gothique se caractérise par l'utilisation de deux innovations techniques essentielles, mises au service d'une nouvelle conception de ce que doit être une église. Ces nouveautés sont la croisée d'ogives et l'arc boutant, qui permettent de donner à la cathédrale gothique son allure générale : son envol vers le ciel et son incroyable luminosité à l'intérieur.

La croisée d'ogives permet de soulager le poids de la voûte, en localisant ses poussées en quatre points de retombées, et les arcs-boutants, appliqués en ces points servent de renfort à l'extérieur de l'église. Il n'est dès lors plus nécessaire d'avoir des murs imposants pour soutenir la voûte. Il est possible de dégager de grandes surfaces en verre qui seront ornées de vitraux et l'ascension vers le ciel de la cathédrale semble ne pas devoir connaître de limites.

À la rigueur une église peut n'être constituée quasiment que de vitraux comme la Sainte-Chapelle qui date de 1240-1248. Quant à la hauteur des cathédrales, elle s'élève de 24 mètres à Laon en 1150 à 48 mètres à Beauvais en 1247, mais celle-ci est si haute qu'elle s'effondre en 1284.

Cet élan vertical, cette profusion de lumière seront interprétés comme une victoire sur la matière et comme une élévation vers Dieu par des hommes comme Suger, abbé de Saint-Denis, influencé par le néo-platonisme, qui fait construire la cathédrale de Saint-Denis dans cette optique. Il est certain que la vision de l'intérieur de ces cathédrales géantes, illuminées par les vitraux et ornées de dorures et de statues devait produire un effet extraordinaire dans des villes où elle était souvent le seul édifice en pierre.

La sculpture gothique

Les bas-reliefs gardent la fonction didactique qu'ils avaient à l'âge roman. Les portails sont également très ornés, comme celui de la cathédrale de Reims (1225-

1270) avec son groupe de la Visitation. Les représentations de la Crucifixion tendent à remplacer celles de l'Apocalypse. Il existe en outre une tendance à élargir la représentation à la totalité des créatures de Dieu : la divinité n'est plus solitaire. Les cathédrales reprenaient même la volonté de présenter un « miroir du monde », comme dans le livre de Vincent de Beauvais qui porte ce titre à la fin du XIIIe siècle. De nombreux saints sont représentés, aux apparences et activités multiples, comme dans la vie. Les métiers, la nature sont dépeints d'une façon réaliste comme dans le chapiteau des vendanges de Notre-Dame de Reims.
La sculpture gothique est très différente de la sculpture romane et semble retrouver les sources grecques de l'art occidental. Les représentations sont réalistes au lieu d'être stylisées et figées comme dans l'art byzantin. La statue se dégage progressivement de la colonne à laquelle elle était adossée et l'art de la ronde bosse perdu depuis la Grèce réapparaît. Les sculpteurs retrouvent l'art du drapé sur les corps.
Surtout, ils s'intéressent à nouveau à la représentation de l'homme, mais, à la différence de la sculpture grecque, il ne s'agit plus de représenter la beauté du corps mais la vérité des sentiments. Les monstres et les animaux étranges disparaissent. À Chartres, à Reims apparaissent la tendresse et la charité. À travers le Christ est figuré un Dieu réellement fait homme, la Vierge est de plus en plus présente et elle est souriante. Il ne s'agit plus du Dieu dominateur et vengeur de la période précédente. Comme l'a fait remarquer André Malraux, un « sourire furtif » se dessine comme celui du *kouros* de l'Antiquité ou de Bouddha.

Le gisant ■ La représentation du défunt allongé sur sa tombe se développe à partir de la fin du XIe siècle, d'abord en bronze, puis en pierre. Les visages sont d'abord idéalisés tous jeunes, tous souriants ; ensuite un masque moulé sur le cadavre est utilisé. La représentation devient donc plus réaliste et ira jusqu'à figurer les défauts physiques du mort, par exemple le strabisme de Louis de Sancerre. Les vêtements sont également plus précis. Plus tard encore, les gisants seront représentés pendant leur agonie, le visage inquiet, voire grimaçant. La mort est désormais perçue d'une manière plus effrayante.

Les arts mineurs ■ L'art de l'ivoire est particulièrement développé en France au XIIIe et XIVe siècles. On y sculptait des objets profanes comme des objets religieux. Quelquefois l'or était mêlé à l'ivoire, qui pouvait aussi être légèrement peint. De très nombreuses Vierges sont légèrement hanchées, pour épouser la forme de la défense. Ces ivoires sont en général inspirés de miniatures contemporaines.
L'art de l'enluminure consiste à introduire des éléments colorés dans un manuscrit, soit dans le traitement des lettres initiales, soit dans les bordures, soit dans un hommage sur le premier feuillet. Très développé dans l'empire byzantin, cet art se répandra en Occident d'abord en Irlande puis sur le continent au moment de la Renaissance carolingienne. Il se développera surtout au XIIIe siècle, en particulier dans la plus grande ville universitaire de l'époque, Paris, sous le règne de saint Louis. Le sommet de cet art sera atteint au début du XVe siècle par les *Très riches heures du Duc de Berry*. Il s'agit d'une décoration pour un calendrier placé en tête d'un livre de prières, qui illustre les travaux et les plaisirs du mois. Cette œuvre est étonnante d'exactitude : ainsi la page du mois de juin représente tous les monuments compris dans l'enceinte du Palais de la Cité, et au premier plan, sur l'île, des faucheurs et des paysannes.

L'art du vitrail est très ancien, mais il connaîtra son apogée à l'époque gothique où augmentent les surfaces disponibles. Bleu et rouge sont les deux couleurs dominantes. Ces vitraux étaient financés par des donateurs, et leur place dans l'église reflète la position sociale de ces donateurs.
Quant à l'art de la tapisserie, qui date de la fin du XIIIe siècle, la plus ancienne conservée est l'ensemble immense et coloré de l'*Apocalypse* d'Angers, qui date de la fin du XIVe siècle.

Prolongements

- L'âge classique n'appréciera guère l'art gothique. Ainsi Molière déplore le «fade goût des ornements gothiques».
- Chateaubriand dans le *Génie du christianisme* (1802) compare l'architecture gothique à la forêt : «Ces voûtes ciselées en feuillage… La fraîcheur des voûtes, les ténèbres du sanctuaire…, tout retrace les labyrinthes des bois dans les églises gothiques, tout en fait sentir la religieuse horreur, les mystères de la divinité».
- Michelet voit «le souffle de l'esprit» à l'œuvre dans les cathédrales, mais en même temps il les sent «maladives» : elles ne tiennent que grâce à «cette armée d'arcs-boutants, ces énormes contreforts, cet éternel échafaudage qui semble oublié du maçon».
- L'écrivain Prosper Mérimée, inspecteur général des monuments historiques en 1833 et l'architecte Viollet-le-Duc joueront un rôle important dans la protection du patrimoine médiéval. Viollet-le-Duc démontre que l'architecture gothique est une «architecture rationnelle», qu'il a tendance à dégager, peut-être à l'excès, de ses ornementations.
- Dans *La Colline inspirée* (1913) Maurice Barrès fait de Vézelay en Bourgogne l'un de ces «lieux où souffle l'esprit». Il publia en 1914 *La Grande Pitié des églises de France* pour défendre ces églises, qui incarnent l'âme française, et sont menacées par l'indifférence ou l'anticléricalisme de son temps.
- Rodin associe également la France à ses cathédrales : «Le pays ne peut pas périr tant que les cathédrales sont là. Ce sont nos muses, ce sont nos mères.»

6. Sciences

6.1 Philosophie et science arabes

Durant le Moyen Âge, de 800 à 1200, le centre intellectuel du monde s'est transporté dans les pays arabes, à Bagdad, puis dans l'Espagne arabe. Cette culture est l'œuvre de penseurs musulmans, mais aussi juifs et chrétiens qui écrivent en arabe.

La transmission de l'héritage antique

Toute une partie de l'héritage grec et romain, scientifique et philosophique, mais non littéraire, est conservé dans les pays arabes, puis traduit à partir du IXe siècle en latin, et reviendra ainsi en Occident, par la voie de régions qui sont à la frontière du monde arabe et de l'Occident, Cordoue, en Espagne, ou Salerne, dans le Sud de l'Italie. Dans cette ville une école de médecine aurait été fondée vers le

xe siècle par quatre maîtres professant chacun dans sa propre langue, l'un en latin, l'autre en grec, l'autre en arabe et le dernier en hébreu.
D'autres contacts, mais moins développés, se feront lors des croisades, qui commencent en 1096.
Les traductions se font d'abord du grec au syriaque, parlé par les chrétiens nestoriens de Perse, ou à l'hébreu, puis à l'arabe. Ce travail de traduction est encouragé par les autorités politiques, d'abord à Bagdad, puis à Cordoue. En 832 est créée à Bagdad une Maison de la sagesse où cohabitent savants, astronomes et mathématiciens, lettrés et traducteurs.
Ces traductions portent principalement sur les œuvres philosophiques, scientifiques et médicales, à l'exclusion des œuvres littéraires. Aristote est le philosophe par excellence pour les Arabes, mais deux traités néo-platoniciens lui sont attribués, ce qui conduira à de difficiles tentatives d'explication de l'unité de l'œuvre. Les grands maîtres de la médecine et de l'astronomie arabes sont les Grecs Galien et Ptolémée.
En philosophie, les Arabes jouent un grand rôle dans la redécouverte d'Aristote en Occcident. Alors que seules ses œuvres logiques étaient connues, ses œuvres métaphysiques et éthiques seront découvertes.

Les grands philosophes arabes

La philosophie arabe connaît le même problème que la philosophie occidentale au Moyen Âge, celui de la conciliation de la raison et de la foi.
C'est au sein du groupe religieux des motazilites (« ceux qui se séparent ») qu'apparaîtra au IXe siècle le mouvement du *kalam* (« parole »), pour qui les enseignements de la révélation et de la raison ne sont pas contradictoires. Ils défendaient l'idée de liberté humaine et une conception rationnelle de la divinité, mais ne se situaient pas pour autant en dehors de la religion. Ce débat sur la compatibilité de l'islam et de la philosophie va se prolonger du IXe au XIIe siècle chez les plus grands auteurs arabes.
Al Farabi (872-950) enseigne à Bagdad puis en Syrie. Il fait un usage très moderne des notions d'essence et d'existence. Dans les créatures, il distingue l'essence qui est nécessaire et l'existence qui est contingente et peut ainsi concilier la réalité intelligible de l'univers et la faculté créatrice de Dieu. Il est aussi l'auteur d'une tentative de *Concordance de Platon et d'Aristote*. Dans son *Traité des opinions auxquelles adhèrent les habitants de la cité idéale*, il expose la théorie platoniciennne du philosophe roi.
Avicenne (Ibn Sina, 980-1037), qui vécut en Perse, est, avec Averroès, le plus grand philosophe arabe. C'est un savant encyclopédique, à la fois philosophe, médecin, astronome et physicien. Il est l'auteur d'un *Canon de la médecine* qui dominera l'enseignement de la médecine pendant des siècles en Occident. Il eut une très grande importance pour les auteurs chrétiens du XIIIe siècle. Dans son *Livre de la guérison*, il combine la doctrine d'Aristote et le néoplatonisme. Dieu y est défini comme le seul être pleinement réel, chez qui essence et existence ne font qu'un. Pour ce qui est de la question de l'âme, essentielle pour la philosophie arabe, il est le premier à s'interroger sur la nature de l'intellect agent, c'est-à-dire la plus haute partie de l'âme selon Aristote.

Ghazali (1058-1111) est lui très critique à l'égard des philosophes, en particulier d'Aristote, qu'il considère comme des infidèles dans sa *Destruction des philosophes*. Dans sa *Restauration des connaissances religieuses* il s'inspire en partie du mysticisme des soufis, dont il pense qu'il peut revivifier la théologie.
Averroès (Ibn Rochd, 1126-1198) est sans doute le plus grand philosophe arabe et celui dont l'influence en Occident sera la plus durable. Il est né à Cordoue et mort au Maroc. Dans sa *Destruction de la destruction*, il réfute Ghazali et prend la défense de la philosophie. Il donne des commentaires très profonds d'Aristote, et, à ce titre, il est surnommé par Thomas d'Aquin « le commentateur ».
Certaines de ses thèses le feront accuser d'irreligion. Ainsi, il soutient que le Coran sous sa forme littérale est destiné aux masses, mais que pour les philosophes il a un sens caché. La vérité est donc dite sous deux formes différentes, ce que l'on nommera sa théorie de la « double vérité ». Au contraire, selon lui, ce n'est qu'en restreignant ainsi l'accès à la philosophie aux esprits préparés que celle-ci ne pourra pas être accusée d'irreligion.
Il soutient également que Dieu agit selon la nécessité de sa nature et n'accepte donc pas l'idée de création.
Enfin, il interprète dans un sens radical la notion d'intellect agent, en faisant une substance commune à tous les hommes, une sorte de raison universelle, et en niant en conséquence l'immortalité de l'âme personnelle.

Les sciences arabes

La médecine connaît des développements particuliers dans le monde arabe avec certains des philosophes déjà cités et aussi avec Rhazès (80-932), auteur du *Continens* (« le livre qui contient tout »), résumé en 23 volumes de tous les auteurs qui l'ont précédé, et qui est le premier à donner une description complète de la variole, bien distinguée de la rougeole. Ces auteurs transmettront au monde occidental l'ensemble des œuvres de Galien, qui est pour eux le médecin par excellence, plus encore qu'Hippocrate.
L'arithmétique fut développée par l'emploi, au lieu des lettres, des chiffres, d'origine indienne, appelés en Occident « arabes ». Les Arabes pratiquèrent l'algèbre ou, en chimie, découvrirent l'alcool, comme le montre l'origine arabe de l'un et l'autre termes. L'astronomie, utile au culte pour déterminer les dates du ramadan, fut développée à la suite de Ptolémée : les Arabes nommèrent son œuvre *Almageste*, en combinant l'arabe et le grec pour désigner « la plus grande » œuvre. Dans l'un comme l'autre domaine, leur intérêt est particulièrement fort pour l'établissement de commentaires, d'encyclopédies, de dictionnaires. La question de l'originalité de l'apport arabe par rapport aux sources antiques est encore discutée.

Maïmonide et la philosophie juive ■ Moïse Maimonide (1135-1204), juif de Cordoue, réfugié en Égypte après l'invasion des Almohades, est le plus grand philosophe juif, mais aussi un médecin et un savant. Il écrit ses œuvres en arabe, dont le fameux *Guide des égarés*. Il est le premier à confronter la pensée juive avec la philosophie, en particulier aristotélicienne. Les égarés sont indécis entre les enseignements de la foi et ceux de la raison. Maïmonide va montrer qu'il est possible de concilier la science et la foi, Aristote et la Bible. Dans la mesure où il n'est pas possible à la science de conclure pour ou contre l'éternité du monde, il convient d'accepter la doctrine religieuse de la création. Il interprète la Bible de manière allégorique pour y retrouver les thèses aristotéliciennes : ainsi, le début de la Genèse serait l'équivalent d'un traité de physique. Dieu est conçu, à la manière aristotélicienne, comme le premier moteur immobile ou comme intellect agent, plus que comme le Dieu de la Bible. Pour ce qui est des commandements de la loi juive, il les classe d'une manière originale et s'interroge sur leur signification, ce qui peut paraître sacrilège aux juifs pieux.

Prolongements

- Les interrogations des philosophes arabes comme Averroès sur l'« intellect agent », c'est-à-dire la partie la plus haute de l'âme selon Aristote, seront au cœur de la philosophie du Moyen Âge tardif.
- Ernest Renan soutint en 1852 une thèse sur *Averroès et l'averroïsme*, où il estime que son œuvre résume l'ensemble de la philosophie arabe au moment de son déclin.
- Aujourd'hui on insiste sur la coexistence des religions, catholique, juive et musulmane, qui aurait caractérisé l'Espagne islamique au Moyen Âge, par exemple dans une ville comme Tolède. Il convient cependant de ne pas exagérer le caractère idyllique de cette tolérance mutuelle.

Partie 4

La Renaissance et l'époque moderne

1. Histoire

1.1 Repères

- **1492.** Découverte de l'Amérique pour le compte des Rois catholiques par Christophe Colomb
- **1494.** Traité de Tordesillas où Espagne et Portugal se partagent le monde à découvrir
- **1515.** Avènement de François Ier
- **1516.** Avènement de Charles-Quint
- **1521.** Excommunication de Luther
- **1545.** Ouverture de la première session du concile de Trente
- **1572.** Massacres de la Saint Barthélémy
- **1588.** Désastre de l'invincible Armada espagnole contre les Anglais
- **1598.** Édit de Nantes établissant la liberté de conscience
- **1648.** Traité de Westphalie qui impose la division de l'Empire germanique

1.2 L'époque moderne

➨ TERMINOLOGIE • L'expression d'époque moderne désigne conventionnellement les trois siècles qui séparent la découverte de l'Amérique, en 1492, de l'ébranlement que fut la Révolution française en 1789. C'est durant ces trois cents ans que s'organisa, pour plus ou moins longtemps, la carte politique de l'Europe.

L'éclatement de la chrétienté occidentale

Par rapport à la période médiévale un des changements majeurs de l'époque moderne fut l'éclatement de la chrétienté occidentale. Les mentalités avaient, dans la seconde moitié du XVe siècle, profondément évolué. L'Église ne sut pas toujours apporter de réponses aux fidèles les plus exigeants. Plus grave, le Saint-Siège sanctionna les quelques prélats un peu plus ouverts, qui avaient essayé d'accompagner le cheminement spirituel de leurs fidèles.
La Réforme protestante entraîna une profonde rupture dans l'Église de l'Europe occidentale. L'Église catholique, apostolique et romaine, d'abord en situation de

faiblesse dans les débats doctrinaux, développa une contre-offensive. Le concile de Trente lui permit de réaffirmer le dogme sans rien céder aux protestants. Il organisa une réforme du clergé. La création de la Compagnie de Jésus fut le fer de lance de la reconquête des esprits et des âmes. À la fin du XVIe siècle les théologiens catholiques ne craignaient plus d'être ridiculisés dans un débat doctrinal par un adversaire protestant.
Dans le camp réformé ce fut très vite la variété qui domina, les protestants se dispersant en une foule de confessions. Certains poussèrent la réforme jusqu'à la suppression du clergé, le fidèle établissant seul à l'aide de la Bible son dialogue avec Dieu.

Réforme et politique

La rupture entraînée par la Réforme eut des conséquences politiques. Leur pouvoir étant fondé sur la religion, les souverains ne restèrent pas à l'écart de la déchirure affectant l'Église. Le roi de France par exemple s'engageait le jour de son sacre à extirper l'hérésie : or la Réforme installait l'hérésie dans son propre royaume. Il paraissait inconcevable aux souverains que leurs sujets ne fussent pas de la même confession qu'eux. Convaincus d'être responsables devant Dieu du salut de leurs peuples, les rois ne pouvaient qu'être portés à garantir ce salut en ramenant, par la force si nécessaire, ces peuples à la foi de leurs pères. Mais les conséquences politiques de la Réforme ne découlèrent pas uniquement de raisons religieuses. Beaucoup de nobles étaient mécontents d'être soumis à une autorité royale de plus en plus pesante, dans le cadre d'une monarchie absolue en construction. À défaut de s'opposer au roi sur le terrain politique, ils relancèrent la contestation sur le terrain religieux. En France cela eut pour conséquence de plonger le pays dans un demi-siècle de guerre civile.
Dans une époque étrangère à l'idée de tolérance et donc incapable de concevoir la pluralité des croyances, les catholiques ne renoncèrent pas à l'espoir de refaire l'unité religieuse de l'Occident. C'est ce qui conduisit Louis XIV à révoquer l'édit de Nantes, avec l'échec que l'on sait. Finalement, au début du XVIIe siècle, la carte religieuse de l'Europe occidentale était profondément transformée. Au sud-ouest, en Espagne et dans les États italiens la tradition catholique était maintenue et défendue de façon vigoureuse par l'Inquisition. À l'opposé, l'Europe du Nord et du Nord-Ouest, la Scandinavie, les îles britanniques et la moitié nord-orientale de l'Allemagne, étaient des terres protestantes. L'Irlande était un isolat catholique dans ce monde réformé. Mais, sur le flanc oriental, de l'Autriche à la Pologne, le catholicisme avait réussi à se maintenir ou à reconquérir les populations, les jésuites y développant une intense activité et une pastorale originale. Finalement la France fit figure d'exception : « fille aînée de l'Église », gouvernée par le roi « Très chrétien », elle souffrait l'existence sur son sol d'une minorité protestante, que la monarchie ne put jamais éliminer.

La dilatation du monde

L'autre grand changement de l'époque moderne fut la dilatation du monde connu. Jusqu'à la découverte de l'Amérique, le monde européen s'organisait autour du bassin méditerranéen. L'ouverture de la terre entière aux ambitions européennes entraîna la constitution de la première génération des empires coloniaux, ceux dont la durée de vie fut la plus longue. L'Espagne s'y tailla la part du lion, construisant le premier empire sur lequel le soleil ne se couchait jamais. Cette expansion transforma les circuits économiques, le centre de gravité de l'économie mondiale glissant de la Méditerranée à ce que les Anglo-Saxons appellent « les mers étroites », c'est-à-dire la zone de la Manche, du Pas-de-Calais et de la mer du Nord. Anvers, Amsterdam, Londres ou Hambourg succédèrent à Florence, Gênes ou Venise. Sans oublier Cadix et Séville qui, jusqu'à la fin du XVIIIe siècle, furent des places commerciales de première importance. Les flux économiques organisés autour de ces nouveaux pôles apportèrent en Europe des produits nouveaux. Arrivèrent aussi de très grosses quantités de métaux précieux, permettant une forte croissance économique et suscitant les premières réflexions sur la monnaie et l'inflation.

Cette ouverture aux mondes extra-européens fit aussi resurgir de nombreux mythes. Avec la découverte de l'Amérique le paradis terrestre sembla être visible et, comme de juste, il ne s'y pouvait rencontrer que de bons sauvages. Ces constructions intellectuelles firent assez rapidement le malheur de l'Afrique dont les habitants, incarnation du diable selon certains théologiens, pouvaient être sans plus de scrupules déportés en esclavage pour la mise en valeur du nouveau monde.

La lutte pour l'hégémonie

Durant ces trois siècles l'Europe occidentale vit se succéder trois puissances dominantes. Forte des richesses de l'immense empire colonial délimité par le traité de Tordesillas, l'Espagne fut la principale puissance au début de l'époque moderne. Elle fut un voisin menaçant pour la France car durant la première moitié du XVIe siècle, Charles Ier d'Espagne était aussi Empereur du Saint-Empire sous le nom de Charles-Quint. Cette puissance espagnole servit largement la cause catholique. L'Espagne attaqua les Turcs en Afrique du Nord, où elle acquit des points d'appui, et en Méditerranée, où elle remporta la bataille de Lépante. Elle prétendit aussi s'immiscer dans les affaires françaises au moment le plus grave des guerres de religion. Enfin, elle lança contre l'Angleterre l'Invincible Armada, qui fut un échec. Parce qu'elle était la plus menacée, mais aussi parce que sa propre puissance lui permettait de relever le défi, la France se trouva longtemps, directement ou indirectement, en guerre contre l'Espagne et l'Empire. Au grand dam du camp catholique, le très chrétien roi de France n'hésita pas à s'allier aux princes protestants d'Allemagne et même au Sultan pour prendre les Impériaux à revers.

Avec le XVIIe siècle la prépondérance revint à la France. La couronne d'Espagne ne sut pas surmonter les faiblesses dues à l'absence d'unité du royaume et ne sut ni retenir ni utiliser sur son propre sol la fortune tirée des Amériques. Le traité de Westphalie, qui mit fin à la guerre de trente ans, débarrassa la France du danger de voir apparaître, sur sa frontière orientale, une Allemagne unie et de ce fait menaçante. Cette « prépondérance française », qui correspond au règne de Louis XIV, permit à la France de constituer son pré carré mis en défense par Vauban, mais au prix de nombreuses guerres.

Au XVIIIe siècle l'Angleterre disputa à la France nombre de positions : en particulier, elle enleva aux Français une partie de leurs possessions coloniales. Cette rivalité ne fut pas pour rien dans la faillite financière de la monarchie française, faillite qui accula le Roi à convoquer les États Généraux.

Ces redistributions de puissance se réalisèrent dans un continent qui, en trois siècles, avait profondément changé. Les pays s'étaient très sensiblement urbanisés, surtout au XVIIIe siècle. L'artisanat hérité de l'époque médiévale était au XVIIIe siècle en passe de devoir affronter la première révolution industrielle. Dans l'ordre religieux, non seulement l'Église n'avait pas réunifié la chrétienté, mais elle devait faire face aux attaques de la philosophie des Lumières. À l'est de l'Europe occidentale ces trois siècles avaient vu s'opérer, dans ces États qu'on qualifie le plus souvent de secondaires, d'autres transformations. Mise à l'école de l'Occident par Pierre le Grand, la Russie restait un État despotique mais devenait un acteur du jeu européen. Héritière de l'ordre des chevaliers teutoniques la Prusse se posait également en partenaire avec qui il faudrait compter. Associés à l'Autriche ces deux pays avaient, à la fin du XVIIIe siècle, fait disparaître la Pologne de la carte de l'Europe.

La Saint-Barthélémy ■ Le 24 août 1572 commença à Paris, sur ordre du Roi, le massacre des protestants. Jusqu'au mois d'octobre la violence contre ceux-ci fit environ 30 000 victimes. Le 22 août avait échoué l'attentat perpétré contre l'amiral de Coligny, un des chefs du parti protestant, à l'instigation de la reine-mère, Catherine de Médicis, avec la complicité des Guise. Catherine était mécontente de l'arrivée de Coligny au Conseil du roi, où il prenait une grande importance. Elle craignait aussi d'être démasquée dans le piège tendu à l'amiral. Enfin, elle voulut profiter de la présence à Paris, pour le mariage de Henri de Navarre et de Marguerite de Valois, de la plupart des nobles protestants pour se débarrasser d'eux. Néanmoins, en décidant d'éliminer « tous » les protestants, le roi donna aux intentions de sa mère une tout autre dimension. Surtout l'ordre royal légitima l'explosion de haine que nombre de curés et de moines se chargèrent d'attiser.

L'Inquisition ■ Elle fut avant tout à l'époque moderne un fait espagnol. Mise en place à la fin du XVe siècle pour lutter contre les fausses conversions des Maures et des Juifs, elle joua un rôle majeur dans l'œuvre d'unification religieuse de l'Espagne. Elle fut menée par Torquemada, inquisiteur féroce, qui souleva même la réprobation du pape Sixte IV. L'Inquisition agissait selon une procédure secrète, qui isolait complètement l'accusé et n'hésitait pas à utiliser la torture pour obtenir des aveux. Elle avait aussi un pouvoir de police morale en établissant l'Index, c'est-à-dire la liste des ouvrages interdits. Elle relevait spirituellement de Rome, mais était aussi un organe du gouvernement espagnol. Le grand inquisiteur était nommé par le roi. Le roi de France n'autorisa jamais l'installation de l'Inquisition dans son royaume.

Prolongements

- Depuis les conquêtes espagnoles, l'Amérique est synonyme de richesse, sans même faire précisément référence au Pérou. Aujourd'hui encore dans l'Espagne du Nord-Ouest, de Béhobie à Vigo, s'étendent les grandes propriétés des « *indianos* », partis faire fortune en Amérique et revenus s'installer richement au pays.
- Bien avant la Révolution ou l'Empire, la politique conquérante de Louis XIV explique que certains étrangers n'aient pas forcément de la France l'image la plus flatteuse et parlent spontanément de « l'arrogance française » lorsque la politique française leur déplaît.
- De la lutte pour l'hégémonie entre France et Grande-Bretagne il reste, encore bien vivant, le problème posé par le Québec qui entend envers et contre tout maintenir son identité francophone.

- Le basculement de la Méditerranée sur la Manche du centre de gravité économique de l'Europe n'a pas été remis en question : il faut simplement aujourd'hui classer l'Atlantique Nord dans cet ensemble des «mers étroites».

2. Religions

2.1 Réforme et protestantisme

➠ TERMINOLOGIE • La «réforme» de l'église catholique proposée par Luther en 1517, est ensuite qualifiée de protestantisme, car les princes luthériens allemands «protestent» contre les menaces de Charles Quint et de la Diète de Spire (1529) à son encontre.
Les protestants sont aussi qualifiés de «huguenots», de «*Eidgenossen*», confédérés, calvinistes. Une autre étymologie, déformée, renvoie à la tour du roi Hugon, lieu de réunion des protestants de Tours.
Dans le Midi de la France ils sont qualifiés de «parpaillots» («papillons»), soit parce qu'ils volent d'une religion à l'autre au lieu de s'en tenir à la religion romaine, soit en raison de leurs vêtements blancs.

Le mouvement religieux de la Réforme aura une importance considérable en Europe à partir du XVIe siècle. Né d'une critique des abus de l'Église catholique, devenue une puissance temporelle plus que spirituelle, la Réforme se caractérise comme une volonté, très renaissante, de revenir «*ad fontes*», c'est-à-dire aux sources mêmes de la religion, à la Bible. Ce mouvement religieux aura des conséquences politiques, puisqu'il fournira des arguments à ceux des pays qui souhaitent se libérer de la tutelle du pape. Il s'ensuivra de longues et sanglantes guerres de religion, mais aussi une conception plus spirituelle de la religion, chez les protestants comme chez les catholiques.

Historique

En crise au XVIe siècle, l'Église catholique est critiquée pour son oubli des valeurs évangéliques et sa vénalité. La papauté semble ne plus être qu'un pouvoir temporel, dont l'autorité est de plus en plus mal supportée à une époque de naissance du sentiment national. Certains souverains acceptent de moins en moins la domination de Rome.

Luther contre les indulgences

Martin Luther (1483-1546) moine allemand, s'oppose au trafic par l'Église des indulgences, vendues pour obtenir le rachat des péchés. Il soutient que la foi seule assure le salut et refuse l'autorité du pape. Il œuvre à la traduction des textes sacrés en allemand.
Le 4 septembre 1517 il affiche ses 95 thèses contre les marchands d'indulgences sur les portes de l'église devant la Diète d'Augsbourg. En 1520, il brûle la bulle de Léon X qui le menace d'excommunication et injurie le pape. Les thèses de Luther sont très rapidement acceptées en Allemagne, à la fois par les paysans, qui se révoltent, et par les princes, souvent intéressés par les énormes biens de l'Église alle-

mande. Ces «bons princes» vont, à la demande de Luther, mater les mouvements paysans. Les princes luthériens protestent contre les menaces de Charles Quint.
En 1555, la paix d'Augsbourg ramène la paix religieuse en Allemagne, l'Empereur reconnaissant aux princes le droit de choisir entre le catholicisme et la Réforme, les sujets devant suivre leur roi, suivant le principe «*cujus regio, hujus religio*» («telle région, telle religion»). Les guerres de religion vont durer en France de 1562 à 1598.

Calvin et l'organisation de la cité protestante
Jean Calvin (1509-1564), né en Picardie, est chassé de France en 1534. Il critique la superstition dans son *Traité des reliques* et présente sa propre doctrine dans l'*Institution de la religion chrétienne*.
En 1541, il organise son Église à Genève, qui devient la Rome du protestantisme. Il y fait la preuve de son intolérance, puisque Michel Servet y est brûlé en 1553 pour avoir nié la divinité du Christ et la justification par la foi.
Calvin insiste sur le fait que l'homme est prédestiné au mal ou au bien, à la damnation ou au salut. Du fait du péché originel l'homme ne peut attendre son salut que de la grâce divine.

La Contre-Réforme
L'Église catholique va réagir à travers la Contre-Réforme. Pour lutter contre le protestantisme sur le plan des idées, l'Église crée un nouvel ordre religieux à vocation éducative, organisé suivant un modèle militaire, les jésuites, fondé en 1537 par saint Ignace de Loyola (1491-1556), restaure en 1542 le tribunal de l'Inquisition et se réforme lors du concile de Trente (1545-1563), qui renforce les pouvoirs du pape et précise la doctrine de l'Église sur le péché originel, les saints et les sacrements. La transsubstantiation (présence réelle du Christ dans l'hostie) est réaffirmée.

Les principes de la réforme

1. L'autorité souveraine de l'Écriture
Contre la référence à la tradition, la Réforme prétend se fonder sur la lecture directe de la Bible, ne faire confiance qu'à la «seule Écriture» (*sola scriptura*), sans intermédiaire ni commentateurs. Le retour aux textes classiques, caractéristique de la Renaissance, se poursuit ici dans le domaine religieux. La Réforme sera à l'origine de toute une série de traductions de la Bible en langue vulgaire.
Cet appel au texte même instaure un libre examen, qui ne reconnaît aucun modèle, aucun privilège dans l'interprétation de l'Écriture. Le fidèle peut avoir un contact direct avec le texte, il n'est nul besoin d'un clergé, d'un intermédiaire : c'est la théorie du «sacerdoce universel» des croyants.

2. La justification par la foi
Le protestantisme est conscient du caractère fondamentalement pécheur de l'homme, que manifeste le péché originel.
Le salut de l'homme dépend de sa foi et de la grâce de Dieu qui lui est accordée indépendamment de ses œuvres ou de sa volonté, à travers la mort du Christ sur la croix, qui suffit à assurer au croyant le salut éternel. L'homme doit donc avoir recours à la «grâce seule» (*sola gratia*) et à la «foi seule» (*sola fide*).

3. La prédestination

La prédestination est le fait d'être dès sa naissance élu ou au contraire damné par Dieu. Les raisons du choix de Dieu restent mystérieuses. Cette thèse, déjà présente chez saint Augustin, se retrouve chez Luther et surtout chez Calvin, qui insiste sur la « double prédestination », à la fois des élus et des damnés.

Sacrements catholiques et protestants ■ Les catholiques admettent sept sacrements, actions rituelles qui produisent des effets surnaturels : eucharistie, pénitence, baptême, confirmation, ordre, mariage, extrême onction. L'eucharistie commémore le dernier repas du Christ, le pain et le vin consacrés par un prêtre devenant alors, « réellement et substantiellement le corps et le sang, l'âme et la divinité de Jésus-Christ », depuis le concile de Trente. Le baptême enlève la marque du péché originel et fait entrer dans la communauté des chrétiens.
Les protestants ne croient ni à l'immaculée conception de la Vierge, ni au culte des saints, y compris celui de la Vierge Marie, ni au purgatoire. Ils rejettent le sacrifice de la messe. Luther n'admet que trois sacrements sur les sept de l'Église catholique : baptême, communion et pénitence. Calvin n'admet que baptême et communion, qui sont les seuls sacrements existant dans la Bible.
Les protestants, pour ce qui est de l'eucharistie, admettent la présence réelle du Christ dans le pain et le vin consacrés, mais ils n'admettent pas la transsubstantiation, le changement de substance du pain et du vin. Ils refusent la vie monastique, le protestant devant vivre sa foi dans le monde.
Luthériens et calvinistes divergent sur l'eucharistie : selon les calvinistes, la présence de Dieu dans l'eucharistie n'est pas matérielle mais spirituelle.

Le cas particulier de la réforme anglaise : l'anglicanisme ■ Le pape ayant refusé d'annuler son mariage avec Catherine d'Aragon, le roi Henri VIII d'Angleterre, qui souhaitait épouser sa favorite Ann Boleyn, se proclame chef suprême de l'Église d'Angleterre, par l'Acte de suprématie de 1534 et fait annuler son mariage par l'archevêque de Cantorbéry. Il confisque les biens des ordres religieux en Angleterre. L'Irlande reste fidèle à Rome. En 1559 la reine Elisabeth Ire impose des règles précises à l'Église indépendante d'Angleterre. L'église anglicane n'admet pas le culte des saints, la croyance au purgatoire et le célibat des prêtres. Elle n'admet que deux sacrements, baptême et communion. Cette église se divisera au XIXe siècle en une Haute Église, plus proche du catholicisme, et une Basse Église très attachée aux traditions de l'anglicanisme.

Prolongements

- Le peintre Lucas Cranach (1472-1553) fut l'ami de Luther, dont il réalisa le portrait et qui fit sa situation comme peintre de cour. Toutefois le plus grand artiste allemand à l'époque de la Réforme fut Albrecht Dürer (1471-1528), peintre et surtout graveur. Ses gravures de l'*Apocalypse de Jean*, effrayantes, eurent un très grand succès dans une Allemagne en crise avant la Réforme. Son tableau *Les Apôtres* de 1526 devait représenter des saints conversant avec la Vierge, mais pour tenir compte de la Réforme, il en changea le sujet.
- Alors que Calvin limite son importance, Luther va développer le chant sacré, *lied* et choral : « après la théologie, c'est à la musique que je donne la plus belle place et les plus grands honneurs. » Il transformera ainsi la musique allemande, ce qui aboutira à l'œuvre de Jean-Sébastien Bach.

- Hegel interprète le protestantisme comme une «religion de l'intériorité» : retrouvant «la vieille intériorité du peuple germanique», elle indique que chacun de nous doit entrer en contact immédiat avec l'absolu.
- Dans son célèbre ouvrage l'*Éthique protestante et l'Esprit du capitalisme* (1905), Max Weber insiste sur le rôle des puritains calvinistes dans la naissance du capitalisme. Le travail, le succès et les bénéfices sont compris par eux comme un signe indirect de l'élection divine. L'interdiction de l'oisiveté les conduit à réinvestir ces bénéfices dans la production.
- Aujourd'hui, il existe quatre grands groupes de protestants : les luthériens, surtout présents en Allemagne et dans les pays scandinaves; les calvinistes ou réformés, surtout présents en France, en Suisse et en Hollande; les baptistes, qui refusent le baptême des enfants et baptisent les adultes par immersion totale; enfin, les méthodistes qui nient la prédestination et proposent une méthode pour organiser leurs communautés.

3. Philosophie

3.1 Renaissance et humanisme

➠ TERMINOLOGIE • Dès ses débuts en Italie, la Renaissance se désigne elle-même, d'une manière très positive, comme «*Rinascita*», après les obscurités du Moyen Âge. En français, le terme, qui se rencontre déjà chez Balzac, sera surtout popularisé par Michelet dans son livre sur *La Renaissance*, en 1855. Une réflexion plus élaborée sur la notion de Renaissance date du livre de J. Burckhardt sur *La Civilisation de la Renaissance en Italie* de 1860 qui définit la Renaissance comme «découverte du monde et de l'homme».

Le terme d'«humanistes» désigne d'abord les spécialistes de l'étude des humanités littéraires, c'est-à-dire des littératures anciennes. Par extension il désigne la nouvelle idée de l'homme que cette éducation lettrée suppose.

La Renaissance est un mouvement philosophique, littéraire et artistique qui apparaît au XVe siècle en Italie, puis se diffuse dans le reste de l'Europe au XVIe siècle, qui est véritablement le siècle de la Renaissance. Le XVIe siècle se caractérise par une nette prise de conscience de son originalité, par rapport aux siècles précédents, qualifiés, de manière péjorative, de «gothiques» ou de «moyenâgeux», et par une volonté de revenir aux sources antiques, gréco-romaines, de la civilisation européenne. En outre, au-delà de cette redécouverte de la littérature et des arts de l'Antiquité, la Renaissance se présente comme un humanisme, c'est-à-dire comme l'affirmation d'une nouvelle conception de l'homme.

La redécouverte de l'Antiquité

L'humanisme de la Renaissance se propose, contre la pensée du Moyen Âge, qualifiée de scolastique, de redécouvrir dans leur authenticité les œuvres, en particulier littéraires, de l'Antiquité grecque et latine, alors que le Moyen Âge, arabe et occidental, les ignorait et ne s'était intéressé qu'aux œuvres scientifiques et médicales de l'Antiquité, ou à l'œuvre d'Aristote. Cette redécouverte est favorisée par la prise de Constantinople par les Turcs (1543) qui fait affluer en Italie les savants grecs. Cet intérêt pour la littérature de l'Antiquité (les « humanités ») est le fait de poètes et d'érudits. Il se manifeste d'abord dans l'Italie du XIVe et du XVe siècle, avec des auteurs comme Boccace ou Pétrarque, qui soulignent la supériorité de la langue littéraire, grecque ou latine, sur le latin scolastique : écrivains, ils s'intéressent à la langue en elle-même, qui a sa propre épaisseur, qui n'est plus un simple véhicule de la pensée. En France, des auteurs comme Du Bellay, Rabelais ou Montaigne sont représentatifs de ce courant. Par ailleurs, des philologues érudits, connaissant très bien le latin et le grec, comme G. Budé ou R. Estienne établissent et éditent textes antiques et dictionnaires.

Les textes des Anciens qui sont redécouverts sont, chez les Grecs, ceux d'Homère, de Plutarque ou chez les latins, ceux de Virgile, Tacite ou Cicéron. En philosophie, c'est l'œuvre de Platon qui fait l'objet d'un regain d'intérêt : elle est opposée à celle d'Aristote, en particulier par Marsile Ficin et son Académie platonicienne de Florence. Il propose une interprétation mystique de Platon, quelquefois associé à Pythagore, et insiste sur le rôle du discours imagé et symbolique dans les dialogues platoniciens, par exemple à l'occasion du *Banquet* et de l'amour platonique.

Dans le domaine artistique aussi, les plus grands artistes s'inspirent de l'Antiquité. Des antiquités romaines sont exhumées sur le forum, et la redécouverte en 1506 de la statue hellénistique du *Laocoon* est une révélation pour Michel-Ange. Les architectes relisent le traité *De l'architecture* de Vitruve. Mais ces artistes renaissants s'inspirent aussi de la connaissance contemporaine de la nature et de l'anatomie humaine, avec Léonard de Vinci, ou de la philosophie platonicienne avec Botticelli.

Humanités et humanisme

L'étude des « humanités » littéraires implique un relatif désintérêt pour l'étude de la « divinité » et les humanistes vont bientôt proposer une nouvelle conception de l'homme, désormais placé au centre du monde. Le titre d'une œuvre de Pic de la Mirandole souligne cette nouvelle « dignité de l'homme ». À une pensée religieuse centrée sur Dieu se substitue une réflexion portant sur l'homme, un anthropocentrisme au sens propre. Cependant, le caractère anti-religieux de l'humanisme ne sera manifeste que chez un auteur comme Giordano Bruno, brûlé pour avoir affirmé l'unité et l'infinité des mondes.

Le caractère central de l'homme dans la philosophie de la Renaissance est marqué par l'importance du thème du microcosme et du macrocosme. L'homme, le microcosme, est l'image de l'ordre du monde, le macrocosme, qu'il résume. Il est un *parvus deus*, un petit Dieu. Le corps humain est également réhabilité et devient un modèle de beauté, à la manière de la statuaire grecque. Cette double valeur, philosophique et esthétique, de l'homme à la Renaissance est manifeste dans la *Fabrique du corps humain* de Vésale (1543) qui, en s'émerveillant sur la beauté du corps de l'homme, et l'ingéniosité de sa fabrication, fonde l'anatomie et donne des modèles aux artistes du temps.

Cet homme n'est plus déchu par le péché originel, comme il l'était dans le christianisme. Érasme, contre le traité *Du serf-arbitre* de Luther, avance que l'homme est libre, maître de son destin. Son ignorance n'est que relative, il revient à lui de la faire reculer. L'homme est capable d'agir audacieusement sur le monde, en usant de ce que Machiavel nomme sa «*virtù*», son talent viril, qui lui permet d'infléchir son destin, en tenant compte des circonstances, et qui est le propre de l'homme (*vir* : homme, en latin).

Contre une philosophie purement contemplative, la philosophie de la Renaissance exalte le travail et l'activité de l'homme dans la cité. La vie dans la cité, au sens propre la civilisation, implique un grand raffinement, dans les arts, les manières de vivre, le luxe, l'élégance, qui se manifestent surtout dans les principautés italiennes de l'époque comme Florence et dans les riches villes commerçantes, comme Venise, où de nouveaux mécènes encouragent artistes et écrivains. À l'intérieur de ces cités, la théorie politique, celle de Machiavel en particulier, va justifier l'action du prince au nom de la raison d'État. La notion de nationalité émerge à cette époque, avec l'apologie des langues vulgaires, contre le latin scolastique, même si les humanistes, intellectuels ou artistes, circulent et travaillent dans toute l'Europe.

De la Renaissance à la Réforme

Commencée en Italie, la Renaissance va se poursuivre sous des formes diverses dans les autres pays européens. En France, à la suite des victoires de François Ier en Italie, la vogue italianisante se traduira surtout par les œuvres littéraires de Rabelais et Montaigne, la poésie lyrique de Du Bellay, Ronsard et de la Pléiade, et par les œuvres d'art de l'École de Fontainebleau. En Allemagne, les combats de la Renaissance vont se transporter sur le terrain religieux. Le retour à l'Antiquité, l'individualisme vont conduire à la Réforme, dont les thèses sont pourtant à certains égards opposées à celle de l'humanisme renaissant. Des humanistes comme Érasme prétendent retrouver le texte et le sens originaux des Écritures saintes, et font preuve d'une foi en partie indépendante des Églises. Luther, beaucoup plus pessimiste sur la nature de l'homme, et auteur d'un traité *Du serf arbitre*, est à l'origine du mouvement de la Réforme, qui en moins de dix ans conquiert les deux tiers de l'Allemagne, et sera durablement organisée par Calvin. La Réforme va ensuite s'opposer à l'humanisme de la Renaissance.

Les guerres de religion vont suivre ce déchirement à l'intérieur de la religion chrétienne. La Contre-Réforme catholique tentera de combattre le protestantisme, en particulier avec le Concile de Trente, dont l'achèvement, en 1570, peut être considéré comme la fin de la Renaissance.

Érasme et l'*Éloge de la folie* ■ Hollandais, de naissance illégitime, il se donne lui-même le nom de Didier («désirable» en latin) Érasme («aimable» en grec). Il naît en 1469 et meurt en 1536. Il étudie et voyage à travers l'Europe, notamment en Italie, et parvient à se faire dispenser des vœux monastiques qu'il avait dû prononcer pour payer ses études. Il traduit en latin de nombreux textes grecs, dont deux tragédies d'Euripide. C'est à Londres qu'il rédige son *Éloge de la folie* (1511). De retour aux Pays-Bas, il fut conseiller de Charles Quint. Il s'établit enfin à Bâle, d'où il exerce, à travers sa correspondance, une sorte de magistère sur les hommes de la Renaissance. Il intervient dans tous les débats théologiques de son temps, en particulier avec Luther. Il écrivit un recueil de dialogues pleins d'humour, les *Colloques* (1518), un *Essai sur le libre-arbitre* (1524) dirigé contre Luther, et un manuel *De la civilité puérile* (1530), où il codifie les nouvelles règles de courtoisie et de civilité qui sont celles de la Renaissance.

Dédié à son ami Thomas More, l'*Éloge de la folie* est un discours que tient Moria, gracieuse déesse de la folie, pour faire son propre éloge. Elle insiste sur son origine divine, sur le rôle essentiel qu'elle joue dans le monde, qu'il s'agisse de femmes ou de banquets. La folie doit nous apprendre à nous détacher de nous-mêmes, à faire preuve d'un certain recul : elle nous fait comprendre que chaque chose « montre deux faces ». La raison n'est pas le seul moyen d'accéder à la connaissance, ou en tout cas il convient que cette raison soit subtile, dialectique. Érasme condamne les faux sages : grammairiens, rhéteurs, philosophes, théologiens et prédicateurs. Une des preuves de la supériorité de la folie est que Dieu a caché aux sages le mystère du salut et l'a révélé à ces fous que sont « les enfants, les vieillards, les femmes et les innocents ». Érasme conclut donc qu'« il n'est d'accès que par la folie » à la sagesse parfaite.

Repères : philosophes de la renaissance ■ Les philosophes humanistes les plus célèbres sont Nicolas de Cues (1401-1464), Marsile Ficin (1433-1499), Pic de la Mirandole (1463-1494) ou Giordano Bruno (1548-1600) en Italie, Érasme (1469-1536) en Hollande.
1440 : Nicolas de Cues, la *Docte ignorance*
1455 : première Bible imprimée par Gutenberg
1482 : Marsile Ficin, *Théologie platonicienne*
1492 : découverte de l'Amérique
1496 : Pic de la Mirandole, *De la dignité de l'homme*
1511 : Érasme, *Éloge de la folie*
1513 : Machiavel, *Le Prince*
1516 : Thomas More, *Utopie, voyage au pays de nulle part*
1517 : 95 thèses de Luther
1527 : prise de Rome par les troupes de Charles Quint
1543 : prise de Constantinople par les Turcs et fin de l'Empire byzantin
1543 : Copernic, *Des révolutions des orbes célestes*
1543 : Vésale, *La Fabrique du corps humain*
1562-1598 : guerres de religion en France
1570 : fin du concile de Trente
1580 : Montaigne, *Les Essais*
1584 : Giordano Bruno, *De l'infini, de l'univers et des mondes*

Prolongements

- L'humanisme de la Renaissance donnera naissance à un humanisme au sens large, qui se réclame généralement de deux formules, celle du philosophe grec Protagoras : « L'homme est la mesure de toutes choses » et celle du poète latin Térence : « Je suis homme et rien de ce qui est humain ne m'est étranger. »
- Selon Michel Foucault, dans son *Histoire de la folie à l'âge classique*, la folie selon Érasme n'est plus une menace extérieure, « cosmique », mais « un rapport subtil que l'homme entretient avec lui-même ».

3.2 Machiavel et la politique

➠ TERMINOLOGIE • Machiavel est l'un des très rares auteurs qui ait donné son nom à une attitude fortement dépréciée, « machiavélisme » désignant l'attitude de celui qui utilise la ruse, la mauvaise foi pour parvenir à ses fins.

Un diplomate à Florence

Après avoir occupé des fonctions relativement importantes dans la diplomatie de la république de Florence, Nicolas Machiavel (1469-1527) en est chassé lorsque les Médicis reviennent au pouvoir en 1512. Il est emprisonné, puis condamné à l'exil. Désireux de servir Florence, il s'efforce de se faire engager par les Médicis comme conseiller, mais n'y parvient qu'en 1525. Il est surtout connu aujourd'hui comme l'auteur du *Prince* (1513), mais il est aussi l'auteur d'importants *Discours sur la première décade de Tite-Live* (1513-1519), qui exposent son idéologie républicaine. Il écrivit également une *Histoire de Florence*, un *Art de la guerre* et des œuvres littéraires comme la *Mandragore*.

Le « Galilée de la politique »

Machiavel refuse la politique à la manière de Platon ou d'utopistes comme Thomas More, qui prétendent donner un tableau de la cité idéale, sans se préoccuper en aucune manière des conditions de la réalisation de cet objectif, et qui considèrent les hommes tels qu'ils devraient être et non tels qu'ils sont en réalité. Machiavel ne s'intéresse qu'à la manière d'acquérir le pouvoir d'État et de le conserver dans un monde où les garanties divines ne sont plus de mise. Il s'agit de proposer une conception scientifique de la politique, de découvrir ses lois, en ne s'embarrassant ni de religion ni de morale. « Il m'a semblé plus utile de rechercher la vérité de fait des choses que les imaginations qu'on s'en fait ». C'est ce qui fit dire à l'auteur italien du XIXe siècle Gioberti que Machiavel est le « Galilée de la politique ».

Le point de départ est un constat : « Tous les hommes sont méchants », c'est-à-dire qu'ils ne sont gouvernés que par leurs passions. Pour s'assurer le pouvoir dans ces conditions, le prince ne doit pas hésiter à s'appuyer non seulement sur les lois, mais aussi sur la force. Ce qui compte c'est l'établissement du pouvoir de l'État. Dès lors, comme l'écrit Machiavel, « la fin justifie tous les moyens ». Le prince doit « savoir bien pratiquer la bête et l'homme ». Quant à savoir de quelle bête il s'agit, Machiavel précise qu'il faut être « renard et lion à la fois », savoir user de la force et de la ruse. Il faut être « renard pour connaître les filets », et « lion pour faire peur aux loups ». Il faut savoir être « grand simulateur et dissimulateur ».

Le prince doit être doté de « *virtù* », cette faculté très particulière qui permet de se saisir des circonstances offertes par la « fortune », qui désigne l'essentielle mutabilité des affaires humaines. Dans la mesure où « la Fortune est une femme », la *virtù* est l'art viril qui permet à l'homme de devenir maître de son destin : « il est nécessaire à qui veut la soumettre, de la battre et de la rudoyer ». Mais cette *virtù* n'est pas l'apanage que d'un prince.

Dans les *Discours sur la première décade de Tite-Live*, Machiavel s'interroge sur les causes de la grandeur romaine. Il les voit dans le fait que Rome a su se prémunir de toute « servitude politique », soit extérieure, soit intérieure : « les villes où les peuples gouvernent font d'étonnants progrès en peu de temps ». Dans ce cas c'est le peuple lui-même qui doit être détenteur de la *virtù*. Cet aspect républicain de la pensée de Machiavel inspirera toute une tradition de commentateurs, comme Rousseau.

L'utopie selon Thomas More

➡ TERMINOLOGIE • « Utopie » signifie « nulle part » en grec (« *ou-topos* »). C'est le titre de l'ouvrage de Thomas More qui sera ensuite utilisé pour désigner tous les plans de cités idéales.

Curieusement, alors même que Machiavel critiquait radicalement toutes les politiques imaginaires, Thomas More (1478-1535) publiait le plus célèbre de tous ces tableaux de cité idéale et leur donnait le nom qu'elles porteraient par la suite en publiant en 1516 son *Utopie, voyage au pays de nulle part.*
Dans ce livre, Raphaël Hytlodée fait le récit de son voyage dans une île imaginaire qu'il va décrire en détail. Ce récit intervient à l'intérieur d'une discussion illustrant le rêve platonicien du philosophe-roi. Comme toutes les utopies celle-ci laisse apparaître, en creux, une critique des institutions de l'époque. La caractéristique principale de la vie sur cette île est la communauté des biens, la propriété privée étant la source de la plupart des maux.
Comme dans toutes les utopies, y compris celle du Platon des *Lois*, tous les détails de la vie quotidienne sont réglés d'une manière précise, du nombre d'heures de sommeil (six heures de sommeil, huit de travail, le reste pour la culture) à l'âge de la nuptialité (vingt-deux ans pour les filles, vingt-six pour les garçons) en passant par le nombre exact d'habitants par famille ou par ville. Si d'ailleurs une famille avait trop d'enfants il suffirait de les transférer dans une autre famille ou dans une autre ville. Les vêtements sont les plus simples possible. Il doit même être envisageable, avant le mariage, que chaque fiancé voit son promis ou sa promise nu, afin d'éviter les défauts cachés.
Cependant cette utopie ne fonctionne bien qu'à condition de pouvoir coloniser les îles environnantes pour les populations excédentaires, et d'être servi par des esclaves pour les «besognes quelque peu malpropres et fatigantes». Les voyages dans l'île sont soumis à autorisation. L'idéal proposé par More est à bien des égards tout à fait effrayant.

Prolongements

L'héritage de Machiavel est très divers.

- Machiavel sera pour les protestants un exemple des ruses et fraudes de la politique pontificale. Frédéric II de Prusse, qui fut loin d'être un souverain vertueux, écrivit un *Anti-Machiavel*. Napoléon disait souvent : «Tacite a fait des romans. Machiavel est le seul livre qu'on puisse lire.»
- Les partisans de l'indépendance italienne, comme Ugo Foscolo (1778-1827) voient dans Machiavel un patriote et insistent sur le dernier chapitre du *Prince* intitulé «Exhortation à libérer l'Italie des Barbares».
- Dans le *Contrat social*, très inspiré par l'idéologie républicaine des *Discours sur la première décade de Tite-Live,* Rousseau estime que Machiavel, «en feignant de donner des leçons aux rois», en a «donné de grandes aux peuples. *Le Prince* de Machiavel est le livre des républicains».
- Hegel apprécie que Machiavel ait su réhabiliter la politique contre les moralistes qui s'en font les détracteurs. «Machiavel, avec un sentiment élevé de la nécessité de la formation de l'État, a établi les principes suivant lesquels, dans de telles conditions, les États devaient être constitués».
- Mussolini, dans son *Prélude à Machiavel*, y voit un précurseur du fascisme.
- More est célébré comme un des précurseurs du socialisme par l'Allemand K. Kautsky, dans *Thomas More et son Utopie* (1888), comme par l'Anglais W. Morris en 1893.
- D'un autre côté, More a été canonisé par l'église catholique en 1935. Il serait le défenseur des valeurs de solidarité de la chrétienté médiévale, et en particulier du monachisme occidental.
- En revanche, pour un auteur comme K. Popper, dans *La Société ouverte et ses ennemis* (1945), les projets utopiques, celui de Platon en particulier, sont irrationnels et conduisent immanquablement au totalitarisme.

4. Littérature

4.1 Rabelais et l'éducation humaniste

Rabelais (1484-1553) est en France la meilleure illustration de l'humanisme de la Renaissance, dans ce qu'il a de plus exubérant et vivant. Il mélange références lettrées et littérature populaire et obscène, dans la tradition du carnaval médiéval. Ses géants peuvent être considérés comme les symboles de ces hommes nouveaux que la Renaissance veut créer, et son insistance sur leur éducation est caractéristique de l'idéal éducatif de la Renaissance, qu'il résume en disant : « Je ne bâtis que pierres vives, ce sont des hommes. »

D'une curiosité universelle, d'abord moine puis prêtre séculier, François Rabelais fait des études de médecine à Montpellier et exerce son art à Lyon. Il donne des éditions savantes d'Hippocrate et de Galien. Puis il voyage en Italie avec le cardinal Jean du Bellay. En 1532, il publie sous le pseudonyme Alcofribas Nasier (anagramme de François Rabelais) les *Horribles et espouvantables faicts et prouesses du très renommé Pantagruel, roy des dipsodes, fils du grant Gargantua*, suivis en 1534 par *La Vie très horrifique du grant Gargantua, père de Pantagruel* et en 1546 par le *Tiers Livre*. Dans ces livres, il attaque les « sorbonagres », qui le lui rendent bien en condamnant ses livres. Le *Quart livre* est publié en 1552, peu de temps avant sa mort. Une suite est donnée après sa mort avec un *Cinquième livre*, sans doute apocryphe, très hostile au catholicisme.

L'objectif premier est bien sûr de faire rire, comme l'expliquent les premières pages du livre : « Pour ce que rire est le propre de l'homme. Vivez joyeux. » Mais aussi d'instruire en allant au-delà des apparences comiques pour trouver le sens profond du livre : « Faut ouvrir le livre et soigneusement peser ce qui est déduit. Vous convient rompre l'os et sucer la substantifique moelle. »

Gargantua raconte la jeunesse puis les aventures guerrières de son héros le géant Gargantua, nommé ainsi car son père à sa naissance s'exclame « que grand tu as le gosier », face à ce nouveau-né qui réclame « À boire ». Parmi ses exploits de jeunesse figure l'invention du torche-cul ou le vol des cloches de Notre-Dame. Son éducation, après avoir été faite à l'ancienne manière « sorbonicquarde » est guidée par un humaniste, Ponocratès (le « bourreau de travail », en grec), de manière à développer également son corps et son âme.

Devenu adulte il affronte Picrochole (« bile amère », en grec) dont il est victorieux avec l'aide du moine Jean des Entommeures. Pour le récompenser, il crée pour ce moine l'abbaye de Thélème (« désir, volonté libre », en grec), lieu utopique, destiné à une élite de « gens bien instruits », où l'on applique la devise « fais ce que voudras ».

Pantagruel raconte la naissance du fils de Gargantua, Pantagruel, ses études, sa rencontre avec le débrouillard Panurge (« qui met tout en œuvre », en grec) et son combat contre les géants. Il reçoit également une lettre très célèbre où Gargantua lui expose ses théories éducatives.

Dans le *Tiers Livre*, Panurge, envisage de se marier, mais il veut d'abord savoir s'il sera cocu. Il interroge divers sages, puis le fou du roi Triboulet. Ceux-ci n'arrivant pas à lui répondre il décide donc d'aller, avec ses compagnons, consulter l'oracle de la dive bouteille.

Le *Quart livre* raconte la navigation de Panurge, Pantagruel et Frère Jean vers l'île où réside cet oracle. Dans un épisode célèbre Panurge qui jette un mouton à la mer, voit tous les autres moutons le suivre. Panurge et ses compagnons abordent aux îles des Chicanous (huissiers), des Tapinois (où Carême-prenant règne sur les catholiques), des Andouilles (protestants), des Papefigues (hérétiques qui font un geste obscène au portrait du pape), des Papimanes (qui vénèrent le même portrait), enfin des Gaster (estomac, qui symbolise les épicuriens).

C'est dans le *Cinquième livre* que les navigateurs, après être passés par l'île de la Quinte Essence atteignent l'oracle de la dive bouteille, qui aura pour seul mot «*trinch*» : «buvez.»

Du Bellay, Ronsard et la Pléiade ■ Quelques années après Rabelais, qui a encore des sonorités médiévales, les poètes de la Pléiade ont manifesté leur volonté de créer de toutes pièces une poésie en langue française.

Joachim Du Bellay (1522-1560) écrivit en 1549 une *Défense et illustration de la langue française.* Il rencontre Ronsard (1524-1585) avec qui il réunit un groupe de jeunes poètes qui se fait appeler d'abord la Brigade, puis en 1556 la Pléiade, du nom d'une constellation de sept étoiles dont s'étaient parés des poètes alexandrins. Autour de Ronsard et du Bellay sont réunis de Baïf, Pontus de Tyard, Jodelle, la Pérusse et des Autels. Leur idée est de produire en français une grande poésie qui soit un art à part entière à l'égal de la poésie ancienne grecque et latine, et qui ne soit pas un art de commande. Ils rejettent les formes poétiques françaises, mais acceptent en revanche d'introduire le sonnet italien inspiré de Pétrarque. Leurs modèles anciens sont Pindare ou Horace. Du Bellay exprime sa nostalgie de son pays lors de son séjour en Italie à la manière des *Tristes* d'Ovide dans ses *Regrets*. Il y chante la «France, mère des arts, des armes et des lois» ou dans un sonnet célèbre et plus intimiste, son village :

«Heureux qui comme Ulysse a fait un beau voyage,
Ou comme cestuy là qui conquit la toison
Et puis est retourné, plein d'usage et raison
Vivre entre ses parents le reste de son âge!

Quand reverrai-je, hélas, de mon petit village
Fumer la cheminée, et en quelle saison
Revoiray-je le clos de ma pauvre maison,
Qui m'est une province et beaucoup d'avantage?]»

Ronsard, l'un des plus grands poètes français, est l'auteur de superbes sonnets amoureux dans ses *Amours* (1552) et ses *Sonnets pour Hélène* (1578).

«Mignonne, allons voir si la rose
Qui ce matin avait déclose
Sa robe de pourpre au soleil
À point perdu ceste vêprée,
Les plis de sa robe pourprée
Et son teint au vôtre pareil

Las! Voyez comme en peu d'espace,
Mignonne, elle a dessus la place
Las, las, ses beautés laissé choir!
Ô vraiment marâtre nature,
Puis qu'une telle fleur ne dure
Que du matin jusques au soir!

Donc, si vous me croyez, mignonne,
Tandis que votre âge fleuronne
En sa plus verte nouveauté,
Cueillez, cueillez vostre jeunesse :
Comme à cette fleur, la vieillesse
Fera ternir votre beauté. »

Prolongements

- Calvin est très sévère à l'égard de Rabelais : « Voici un rustre qui aura des brocards vilains contre l'Écriture sainte : comme ce diable qui s'est nommé Pantagruel, et toutes ces ordures et vilenies : tous ceux là sont des chiens enragés qui dégorgent leurs ordures à l'encontre de la majesté de Dieu. »
- *Rabelais sera une énigme pour l'âge classique : selon La Bruyère, dans les Caractères,* « son livre est une énigme, quoi qu'on veuille dire inexplicable. C'est un monstrueux assemblage d'une morale fine et ingénieuse et d'une sale corruption ». De même pour Voltaire, « on est fâché qu'un homme qui avait tant d'esprit, en ait fait un si misérable usage ; c'est un philosophe ivre qui n'a écrit que dans le temps de son ivresse » (*Lettres philosophiques*).
- Il est retrouvé au XIXe siècle par Gustave Flaubert, qui lit en 1867 chaque soir un chapitre du « sacro-saint, immense, et extra-beau » Rabelais. Victor Hugo parle à son propos d'« Eschyle de la mangeaille », comique plus grand qu'Aristophane car « Aristophane est méchant, Rabelais est bon ».
- Malherbe, après avoir été leur disciple, condamna les poètes de la Pléiade pour leur prétendue inspiration et leur lyrisme, l'insuffisante rigueur de leur composition poétique, et les trop grandes licences qu'ils s'accordent.
- Au début de l'époque romantique, Sainte-Beuve fera l'éloge de la Pléiade dans son *Tableau historique et critique de la poésie française au XVIe siècle* (1828).

4.2 Montaigne et les *Essais*

Le plus grand écrivain de la Renaissance française est sans conteste Montaigne (1533-1592), qui joue d'une certaine manière pour la France le rôle que Dante joue pour l'Italie ou Shakespeare pour l'Angleterre. Non content d'être l'auteur de la première grande œuvre littéraire en langue française, il illustre aussi un certain nombre de caractères dans lesquels se reconnaît la culture française.
La réhabilitation de l'homme par l'humanisme renaissant conduit dans le cas de Montaigne à une redécouverte du moi intérieur, qu'il faut s'efforcer de connaître par tout un travail d'observation de soi-même. Son moi est le seul objet de Montaigne, et c'est paradoxalement par cette préoccupation égoïste qu'il atteint à l'universel.

Une vie en mouvement

Michel Eyquem de Montaigne fut élevé par son père selon les principes d'Érasme, et le latin lui fut enseigné comme une langue vivante. Il fit ensuite des études au très réputé collège de Guyenne à Bordeaux et des études de droit. Il reprend la charge de magistrat de son père à la Cour des Aides de Périgueux puis travaille au parlement de Bordeaux. C'est là qu'il rencontre La Boétie, auteur du traité *De la servitude volontaire*, publié en 1574, dont l'amitié sera d'autant plus déterminante que La Boétie meurt précocement en 1563. Montaigne s'attachera à publier ses œuvres et à conserver son souvenir.

À partir de 1563, il se retire sur ses terres, dans la bibliothèque de son château et, après la mort de son père, en 1568, il rend sa charge de conseiller. En 1569, pour répondre à un souhait de son père, il édite la *Théologie naturelle* de Raymond Sebond, un théologien catalan du XVe siècle.

Il voyage en France et en Europe et en fait le récit dans un *Journal de voyage en Italie par la Suisse et l'Allemagne*, qui sera publié après sa mort.

C'est en 1572 qu'il commence la rédaction des *Essais*, pour soigner son « humeur mélancolique ». Les deux premiers livres sont publiés en 1580, le troisième en 1588.

Il est élu maire de Bordeaux en 1581 et réélu en 1583, en pleine guerres de religion. Lorsque la peste s'y déclare en 1585, il reste éloigné de Bordeaux.

Une édition posthume enrichie des *Essais* est publiée par les soins de son amie Mademoiselle de Gournay en 1595.

Essais et expériences du jugement

Le titre même de l'ouvrage de Montaigne est riche d'enseignements. Le mot n'avait alors jamais été employé en son sens moderne qui désigne un genre littéraire ou philosophique. Montaigne lui donne ici le sens d'expériences, d'exercices, qu'il fait sur lui-même et son « jugement ». Il veut voir comment ce jugement fonctionne, et varie, suivant les lieux, les époques et les sujets. Il s'agit d'une sorte de journal de ces exercices, étant entendu qu'on peut s'exercer à tout sauf à la mort qu'on ne peut « essayer qu'une fois ».

Il ne peut dès lors que constater, après Héraclite, que l'homme et les choses sont dans un mouvement continuel, que l'homme est « ondoyant, inconstant et divers » et que le monde est une « branloire pérenne ».

La variabilité des coutumes et des opinions, selon le temps et le lieu, le prouve suffisamment. Il est dès lors impossible de parvenir à aucune connaissance certaine. Montaigne trouvera par la suite une formulation philosophique de ce constat dans les *Hypotyposes pyrrhoniennes* du sceptique Sextus Empiricus, auquel il emprunte la devise « que sais-je ? », qu'il fait graver sur une médaille.

Cette faiblesse de la raison humaine, il l'illustre dans l'« Apologie de Raymond Sebond » lorsqu'il remarque, après Plutarque, que l'homme, « misérable et chétive créature », n'est en rien supérieur à l'animal. Certains animaux sont même plus intelligents que des hommes. Constat qui entraîne d'ailleurs des devoirs d'humanité à l'égard de l'animal, mais aussi des arbres et des plantes.

Cette impuissance de la raison se conjugue avec la faiblesse essentielle de l'homme, sa crainte de la mort, que l'on peut essayer d'éviter à la manière stoïcienne ou épicurienne, mais qui reste néanmoins toujours présente. Ce constat devrait conduire Montaigne au pessimisme.

Le moi et les lettres

Pourtant Montaigne ne verse pas dans le pessimisme. La solution, il la trouve dans l'écriture : il explique que s'il a commencé à écrire, c'est pour échapper à ses « humeurs mélancoliques ». Cette écriture est un divertissement, mais qui en même temps ne l'éloigne pas du seul objet d'étude qui vaille. Cet objet, qu'il regarde avec curiosité et amusement, c'est son moi, jamais absent des *Essais* :

«Chacun regarde devant soi, moi, je regarde dedans moi; je n'ai affaire qu'à moi, je me considère sans cesse; je me contrôle, je me goûte.» Dès lors il feint de s'étonner, dans l'«Avis au lecteur», qu'on puisse s'intéresser à son livre : «Je veux qu'on m'y voie en ma façon simple, naturelle et ordinaire, sans contention et artifice; car c'est moi que je peins. Mes défauts s'y liront au vif... Ainsi, lecteur, je suis moi-même la matière de mon livre : ce n'est pas raison que tu emploies ton temps en un sujet si frivole et si vain.» En fait, Montaigne suppose que son cas peut présenter un intérêt plus général, dans la mesure où «chaque homme porte la forme entière de l'humaine condition».

Une condition nécessaire à cette étude, c'est aussi la liberté de ce moi qu'il veut préserver dans une époque qui ne lui est guère favorable : «Toute ma petite prudence, en ces guerres civiles où nous sommes, s'emploie à ce qu'elles n'interrompent ma liberté d'aller et de venir.» Il s'agit aussi de préserver sa pleine et vigoureuse santé.

Montaigne arrive ainsi à mieux se connaître, au moral comme au physique. Il sait ne pas confondre son vrai moi et le moi social, sa fonction : «Le maire et Montaigne ont toujours été deux, d'une séparation bien claire.» Premier à parler en ce sens d'«engagement», mais pour récuser cette conception d'une prise de parti entière et sans nuances, Montaigne note : «Je ne sais pas m'engager si avant et si entier.» Il n'y a qu'à soi-même que l'on puisse légitimement adhérer : «La plus grande chose du monde, c'est de savoir être à soi. [...] C'est une absolue perfection et comme divine de savoir jouir loyalement de son être.» Il est alors possible de «conduire l'humaine vie conformément à l'humaine condition», c'est-à-dire en n'étant ni ange, ni bête.

Le style «rhapsodique» des *Essais*, l'allure de «marqueterie mal jointe» de ses chapîtres sont le reflet fidèle des changements de ce moi. Montaigne se flatte d'écrire sans plan préconçu : «J'aime l'allure poétique à sauts et à gambades». Il use de la même manière de la culture antique, dont il est un parfait connaisseur, se servant de pièces détachées des auteurs selon les usages qu'il veut en faire, quelquefois plus proche des stoïciens, quelquefois des épicuriens, quelquefois des sceptiques. D'où aussi les incessantes corrections et modifications que Montaigne apporte à son texte, qui est par définition un texte ouvert.

Enfin, la composition même des *Essais* indique l'importance considérable que Montaigne accorde à l'amitié : les *Sonnets de La Boétie* et le fameux chapitre sur l'amitié sont au centre du premier livre, qui constitue un cadre compliqué, ce que Montaigne appelle comme les maniéristes des «grotesques» – pour ce monument élevé en mémoire de son ami. L'amitié, sentiment égalitaire et totalement indéterminé par des causes sociales ou rationnelles, est en effet un des sentiments les plus hauts qu'il soit possible d'éprouver. Il est une des plus pures manifestations du moi. S'il a été l'ami de La Boétie, c'est «parce que c'était lui, parce que c'était moi».

Les chapitres les plus célèbres des essais

I, 8, de l'oisiveté : sur ses raisons d'écrire
I, 19, philosopher c'est apprendre à mourir
I, 22, de la coutume : arguments en faveur du relativisme
I, 26, de l'institution des enfants : sur l'éducation
I, 27, de l'amitié

II, 10, des livres : sur ses lectures favorites
II, 12, Apologie de Raymond Sebond : exposé, en fait contre Sebond, d'une philosophie sceptique : l'homme n'est pas supérieur à l'animal
II, 17, de la présomption : son portrait
II, 37, de la ressemblance des enfants aux pères : sur la douleur, à propos de ses coliques néphrétiques
III, 2, du repentir : récit de sa vie
III, 3, des trois commerces : bibliothèque, lectures, amitiés
III, 6, des coches (corsets) : contre les conquêtes coloniales
III, 8, de l'art de conférer : sur les plaisirs de la conversation
III, 9, de la vanité : sur sa manière de vivre et de voyager
III, 11, des boiteux : critique des superstitions et des procès contre les sorcières
III, 13, de l'expérience : comment jouir de tout

Prolongements

- Pierre Charron présente sous forme systématique et rigide la doctrine de Montaigne dans ses *Trois livres de la sagesse* (1601) et radicalise maladroitement son scepticisme en remplaçant la formule «que sais je?» par la formule «je ne sais».
- Pascal, dans son *Entretien avec M. de Sacy sur Épictète et Montaigne*, critique «le sot projet» que Montaigne «a de se peindre». Pour Pascal «le moi est haïssable». Il voit dans Montaigne un exemple de la «misère» de l'homme, et dans Épictète un exemple de son «orgueil».
- Montaigne eut un grand succès en Angleterre. Bacon est le premier à reprendre le titre d'*Essais* en 1597. Shakespeare reprend un passage des «Cannibales» dans la *Tempête.*
- Voltaire répond à Pascal en parlant du charmant projet qu'a eu Montaigne de se peindre naïvement, comme il l'a fait; car il a peint la nature humaine.
- Élie Faure écrit en 1926 un livre sur *Montaigne et ses trois premiers-nés, Shakespeare, Cervantès, Pascal*, où il souligne l'influence de Montaigne sur ces trois auteurs qui l'ont suivi de peu.
- La photographie officielle de François Mitterrand, président de la République française de 1981 à 1995, le représente devant une bibliothèque, les *Essais* de Montaigne ouverts à la main.

4.3 Cervantès ou l'Espagne

➨ TERMINOLOGIE • Les aventures de Don Quichotte ont donné naissance au nom commun «donquichottisme» : qui désigne des initiatives généreuses, mais chimériques, en faveur des opprimés.

L'Italie s'est très largement identifiée à Dante. Il en est en partie de même de la relation entre l'Espagne et Cervantès. Mais alors qu'hors d'Espagne Cervantès n'est connu que pour *Don Quichotte*, toute son œuvre est extrêmement célèbre en Espagne. *Don Quichotte* est sans conteste le reflet d'une période de crise de la société espagnole et de l'effondrement de valeurs chevaleresques qui ne sont pas remplacées. Mais, plus largement, ce personnage illustre le conflit éternel entre le monde de l'intériorité et des rêves, et le monde réel, dans tout son prosaïsme et sa médiocrité.

Une œuvre tardive

Miguel de Cervantès (1547-1616) eut pour maître un disciple d'Érasme. Dans sa jeunesse il voyage dans toute l'Espagne et en Italie. Il a une carrière militaire et

participe en 1571 à la grande bataille de Lépante contre les Turcs, où il est blessé, ce qui lui vaut le surnom de «manchot de Lépante». Il sera par la suite fait prisonnier par des corsaires barbaresques et retenu cinq ans à Alger. Il raconte cette détention et ses tentatives d'évasion dans *Les Bagnes d'Alger* et dans une partie de *Don Quichotte*. De retour en Espagne il se met au service du roi et commence son activité d'écrivain : il compose un roman pastoral, la *Galatée*, et rencontre les grands écrivains espagnols du «siècle d'or», le grand siècle de la littérature espagnole : Gongora, Calderón, Tirso de Molina, mais aussi Lope de Vega, avec lequel il se brouille. Il donne un tableau imagé de la vie théâtrale et littéraire madrilène dans ses *Nouvelles exemplaires* publiées en 1613, dont les plus célèbres sont «Le Colloque des chiens» et «Le Licencié de verre», qui décrit le délire d'un personnage qui se croit en verre et craint de se casser. Il écrit également des pièces de théâtre. Le premier livre de *L'ingénieux hidalgo Don Quichotte de la Manche* parut en 1605, le second en 1615, mais il avait été précédé d'une suite apocryphe, à la grande colère de Cervantès. Peu de temps avant sa mort il termine un roman byzantin, racontant l'histoire d'un pèlerinage à Rome, les *Travaux de Persilès et de Sigismonde*, qui paraît en 1617.
Don Quichotte connut dès sa parution un très grand succès. Il connaît six rééditions dès la première année.

Une satire de la chevalerie

Il s'agit d'une satire des romans de chevalerie, très populaires de son temps dans toute l'Europe, et plus précisément de l'*Amadis de Gaule*, dans sa version espagnole, dont le héros est le chevalier parfait, à la manière de Lancelot. Cervantès s'amuse à faire se heurter le monde chevaleresque des romans et le monde trivial de la vie quotidienne. Son héros, un petit propriétaire terrien, le hidalgo don Alonso Quixano, ayant abusé des lectures de romans de chevalerie, en devient fou et ne vit plus que dans ses rêves, dont rien ne peut le distraire.
Ayant ressorti l'armure d'un ancêtre, donné le nom de Rossinante à son piteux cheval et choisi son propre nom de chevalier, Don Quichotte de la Manche, il part à l'aventure en trois sorties, comme faisaient les héros de chevalerie, dédiant ses aventures à Dulcinée, son amoureuse imaginaire.
Dans sa première sortie, il se rend dans une auberge qu'il prend pour un château et se fait adouber chevalier par le patron de l'auberge. Puis il fait une seconde sortie et part au hasard avec Sancho Pança, paysan du village qu'il choisit comme écuyer. Il charge des moulins à vent qu'il prend pour des géants à combattre, attaque deux moines bénédictins qu'il croit être des enchanteurs, ou fait s'évader une chaîne de forçats fidèle à son objectif de «secourir les malheureux». Le curé et le barbier qui ont essayé de guérir leur ami en brûlant ses livres vont ensuite se servir des méthodes des romans de chevalerie pour lui faire comprendre qu'il a été victime d'un enchantement et le faire retourner à la maison.
Dans la deuxième partie du livre, Don Quichotte fait une troisième sortie pour retrouver sa Dulcinée. Lorsque Sancho Pança lui montre qu'il s'agit d'une paysanne quelconque, il suppose qu'elle a été victime d'un maléfice. Il est moqué par un monde sans cœur, par exemple dans le château dont il est l'hôte. Il est finalement vaincu par le bachelier Carrasco, qui avait lu la première partie du livre, et le contraint par serment à rentrer chez lui et à abandonner ses rêves. Don Quichotte meurt désillusionné.

La fin d'un monde

Ce décalage entre des aspirations idéales et un réel misérable s'exprimait déjà très bien dans un genre littéraire qui apparaît peu avant *Don Quichotte*, le roman picaresque (de «*picaro*» : aventurier, gueux), dont le plus célèbre exemple est *les Aventures de Lazarillo de Tormes*, ouvrage anonyme de 1554, qui est l'exact opposé des romans pastoraux, par son caractère réaliste et sordide. Il raconte la vie d'un enfant donné à un mendiant aveugle qui le brutalise, et qui apprendra donc à n'avoir aucune morale et à ne rien respecter. Ainsi, il accepte que sa femme accorde ses faveurs à l'archiprêtre s'il peut en tirer profit.

Une autre source importante de Cervantès est le *Roland furieux* de l'Arioste (1532), qui fait le récit des aventures du chevalier chrétien Roland rendu fou par l'amour qu'il porte à la païenne Angélique.

Enfin, la critique des romans de chevalerie avait été menée avec beaucoup plus de sérieux par l'humaniste Vivès, ou, pour des motifs différents, par sainte Thérèse.

Néanmoins Cervantès ne fait pas que critiquer les romans de chevalerie et le personnage de Don Quichotte est un fou certes, mais sympathique. Les valeurs chevaleresques (honneur, esprit romanesque) sont belles et Cervantès en déplore la perte. C'est sans doute parce que ces valeurs sont considérées comme traditionnellement espagnoles que le *Don Quichotte* eut un si grand succès.

Prolongements

- Cervantès et Shakespeare ont souvent été comparés. Ainsi Heine considère que ce sont «les deux plus grands poètes qu'aient produits les siècles modernes». Pour Tourgueniev, Hamlet et don Quichotte sont les deux extrêmes du héros littéraire, l'un symbolisant le doute, l'autre l'activisme fantastique.
- Auguste Comte, grand admirateur de Cervantès, voit dans le personnage de Don Quichotte une preuve que folie et raison sont relatives. Sa folie est seulement due à son décalage par rapport à l'époque dans laquelle il vit.
- Le philosophe espagnol Miguel de Unamuno dans sa *Vie de Don Quichotte et de Sancho Pança* (1905) voit dans Don Quichotte la figure positive de celui qui représente la force motrice de l'idéal et l'oppose au simple réalisme de la raison, représenté par Sancho Pança.
- Michel Foucault, dans *Les Mots et les choses*, voit dans *Don Quichotte* le moment où le langage «rompt sa vieille parenté avec les choses». C'en est fini du monde de la Renaissance, fondé sur les similitudes entre les mots et les choses, le monde classique de la représentation condamne cette quête des similitudes comme «vision et délire».
- Les intrications entre littérature et réalité, présentes dès la première partie du Quichotte, et plus encore dans la seconde partie, où le héros est reconnu par des gens qui ont lu la première partie, fait tout l'intérêt de *Don Quichotte* pour les théoriciens de la littérature, qui y voient un des premiers exemples de «livre dans le livre».

4.4 Shakespeare et la folie des hommes

Avec Dante et Cervantès, Shakespeare (1564-1616) est un des plus grands auteurs européens, dont la redécouverte sur le continent, au début du XIXe siècle, bouleverse la littérature occidentale.

Il expose avec ampleur les folies de l'âme humaine, du pouvoir et de l'amour, le désordre universel et inévitable qui résulte des passions de l'homme. Son point de vue est largement pessimiste : le pouvoir n'est qu'un moyen supplémentaire d'assouvir la cruauté, l'amour conduit à la mort, quand il n'est pas trompé. Cette noirceur renvoie au côté nocturne de l'âme humaine. D'où l'importance du rêve chez Shakespeare : il est chez lui très difficile de distinguer la vie et les rêves : la vie est un songe, l'homme est un rêve. « Nous sommes faits de même étoffe que nos rêves et notre pauvre existence est un îlot dans le sommeil ». Ces rêves sont le plus souvent des cauchemars. En outre, de même qu'il est difficile de savoir si nous rêvons ou veillons, il est hasardeux de discerner le bien et le mal, ce qui est vrai et ce qui est faux.

Une vie peu connue

Peu d'éléments de sa vie nous sont connus, hormis qu'il vécut d'abord à Stratford-on-Avon, il se maria en 1582, puis quitta Stratford en 1585. On retrouve sa trace à Londres en 1592. Il y fut d'abord comédien avant d'être auteur dramatique. Il fait partie de la troupe royale qui possède son propre théâtre, inauguré en 1599, « Le Globe », qui peut accueillir trois mille spectateurs. Par la suite il achètera un théâtre privé. En 1612 il choisit de retourner à Stratford où il meurt en 1616.

On ne dispose que de peu de renseignements sur la vie de Shakespeare, ce qui a donné lieu aux suppositions les plus fantastiques, son existence étant même quelquefois mise en cause. Il a également été prétendu qu'il n'était que le prête-nom de Francis Bacon. En fait il n'existe pas beaucoup plus d'informations sur les autres auteurs de l'époque. L'énigme de Shakespeare tient au contraste entre sa vie, modeste, et son œuvre, extraordinaire et à tous points de vue très bien informée.

Le théâtre élisabethain

Le théâtre connaît un immense succès sous le règne d'Élisabeth, alors que l'Angleterre est au sommet de sa puissance et prend conscience d'elle-même en tant que nation. C'est le « grand art » de l'époque dans lequel le public se reconnaît. Ce public est très vaste et différencié, réunissant classes populaires et nobles ou reine. Après la mort d'Élisabeth, période où Shakespeare va écrire, l'état d'esprit sera moins optimiste, plus noir.

Les représentations sont très différentes de celles d'aujourd'hui. Le théâtre est à ciel ouvert et les représentations ont lieu de jour. Il n'y a sur la scène ni rideau ni rampe, et donc rien ne peut être caché. Les rôles de femmes sont joués par des jeunes garçons jusqu'en 1660. La pièce est jouée sans interruption, les actes ne seront introduits que plus tard.

Un personnage très important, et l'acteur le mieux payé, est le bouffon. Les pièces sont souvent très sanglantes, remplies de viols, de meurtres et de vengeances.

Les pièces historiques

Outre ses poèmes, il nous reste trente-six pièces de Shakespeare. Les dates en sont assez incertaines, mais il est possible de les réunir par genre. Dans toutes ces pièces les sujets sont empruntés à des auteurs antérieurs, anglais ou étrangers, mais ils sont profondément remaniés.

Il composa d'abord, dans le goût de l'époque, toute une série de pièces historiques. D'abord *Henri VI* qui aurait été représentée en 1591, puis *Richard III* en 1593, *Richard II* en 1595, *Henri IV* en 1596-1597, enfin *Henri V* en 1599. Ces pièces peuvent soit exalter le sentiment national anglais contre les Écossais, Irlandais ou Français, comme *Henri V*, soit faire le récit de la jeunesse tumultueuse du prince de Galles en compagnie du personnage comique de Falstaff dans *Henri IV*. D'autres pièces mettent en scène des personnages complexes : Richard II est un roi faible mais inspiré qui annonce Hamlet, Richard III est un personnage machiavélique hanté par les ombres de ses victimes mais qui ne manque pas de grandeur.

Les comédies

De la même période datent les premières comédies de Shakespeare. *La Comédie des erreurs* (1594), suite de quiproquos inspirée des *Ménechmes* de Plaute, est la première de ses pièces imprimées. Il écrit également la *Mégère apprivoisée* en 1594, le *Songe d'une nuit d'été* en 1595, comédie-féerie se passant la nuit dans un bois près d'Athènes, avec philtres d'amour et quiproquos, et les *Joyeuses commères de Windsor* en 1597, qui lui permet de retrouver le personnage de Falstaff, séducteur malheureux et ridiculisé par deux femmes mariées. De 1598 à 1601 Shakespeare écrit encore trois comédies, *Beaucoup de bruit pour rien*, en 1598, *Comme il vous plaira*, en 1599, et la *Nuit des rois*, en 1601, avec frère et sœur jumeaux et déguisés.

Les tragédies

Après avoir à ses débuts écrit une pièce ultra-violente dans le style de l'époque, avec meurtres, viols et amputations, *Titus Andronicus*, Shakespeare rédige en 1595 *Roméo et Juliette*, fameuse histoire d'amour impossible entre Capulets et Montaigus à Vérone. C'est après 1600 qu'il écrit ses plus grandes tragédies, qui s'assombrissent progressivement.

Outre des tragédies antiques comme *Antoine et Cléopâtre*, *Coriolan*, *Timon d'Athènes*, c'est l'époque de ses plus grands chefs-d'œuvre : *Jules César* en 1599, *Hamlet* en 1601, *Othello* en 1604, *Macbeth* en 1606 et le *Roi Lear* vers 1606.

- Dans *Hamlet*, le héros devrait venger son père, le roi du Danemark, en tuant son assassin, Claudius, qui a en outre épousé sa mère sans attendre. Malgré la rencontre du spectre de son père, Hamlet hésite, recule, craint de se tromper et se fait passer pour fou. Il fait jouer une pièce de théâtre reproduisant les circonstances de l'assassinat de son père pour démasquer Claudius. Convaincu de sa culpabilité, Hamlet tue par erreur le père de celle qu'il aime, la douce Ophélie, qui devient folle et se noie. Le frère d'Ophélie et Hamlet s'entre-tuent, mais Hamlet a le temps de tuer Claudius avant de mourir. Sa mère boit le poison préparé par Claudius pour Hamlet. Tout se termine dans le sang. Il y avait effectivement «quelque chose de pourri dans le royaume de Danemark».
  Hamlet est totalement égaré par le meurtre de son père. Il ne veut plus croire à rien : «Quel chef d'œuvre que l'homme!... C'est la merveille du monde! L'animal idéal! Et pourtant qu'est à mes yeux cette quintessence de poussière? L'homme n'a pas de charme pour moi.» Pourtant Hamlet n'est pas assez résolu pour décider de remettre de l'ordre dans le monde qui l'entoure.
- *Othello* met en scène la folie que peut être la jalousie. Othello, le maure vénitien qui combat les Turcs à Chypre vient d'épouser Desdémone qui est la pureté même. Mais Iago, son second, méchanceté incarnée, lui fait croire à son infidélité. Othello, fou de jalousie, étouffe Desdémone puis, comprenant la machination de Iago, se tue.

- Avec *Macbeth* Shakespeare bascule dans l'horreur absolue, l'angoisse et la nuit. Macbeth, tenté par une prophétie, mais aussi poussé par sa femme, s'enfonce dans le crime et en « oublie le goût de la peur ». Ainsi il tue son fidèle ami Banquo, dont il voit le spectre revenir. Lady Macbeth ne peut effacer le sang de ses mains. La conclusion en est célèbre : « La vie n'est qu'une ombre qui passe », une « fable racontée par un idiot, fable pleine de bruit et de colère, et qui ne signifie rien ».
- *Le Roi Lear* donne une dimension cosmique au désordre et au crime. Lear se trompe et préfère ses deux filles criminelles Regan et Goneril à sa fille aimante Cordélia. Il abdique à leur profit. Elles se déchirent et contraignent Lear à l'errance, sur la lande, avec son bouffon. Il perd la raison, est renversé par la tempête. Cordélia vient lui porter secours avec l'armée du roi de France qu'elle a épousé. Mais elle meurt sous les yeux de Lear qui retrouve sa lucidité. Ni la vertu, ni la vieillesse ne sont épargnées.
- *La Tempête* écrite en 1611, pièce de beaucoup plus sereine a souvent été perçue comme une sorte de testament de Shakespeare. C'est une féerie : Prospero, détrôné par son frère Antonio, échoue sur une île déserte avec sa fille Miranda. Grâce à ses talents de magicien, il s'attache les services d'un esprit, Ariel, et de Caliban, moitié homme, moitié animal. Au cours d'une tempête provoquée par Prospero, Antonio échoue sur l'île. Miranda trouve un mari, Antonio et Prospero se réconcilient. Prospero renonce à la magie et retourne parmi les humains, laissant l'île à Caliban. La conclusion est optimiste : Miranda, lorsqu'elle voit les premiers humains s'exclame : « Comme l'humanité est belle ! Ô monde splendide et neuf qui contient de pareils habitants ! »

La tirade d'Hamlet ■ « Être, ou ne pas être, c'est là la question. Y a-t-il plus de noblesse d'âme à subir la fronde et les flèches de la fortune outrageante, ou bien à s'armer contre une mer de douleurs et à l'arrêter par une révolte ? Mourir, dormir, rien de plus ; et dire que par ce sommeil nous mettons fin aux maux du cœur et aux mille tortures naturelles qui sont le legs de la chair ; c'est là un dénouement qu'on doit souhaiter avec ferveur. Mourir, dormir, dormir ! Peut-être rêver ! Oui, là est l'embarras. Car quels rêves peut-il nous venir dans ce sommeil de la mort, quand nous sommes débarrassés de l'étreinte de cette vie ? Voilà qui doit nous arrêter. C'est cette réflexion-là qui nous vaut la calamité d'une si longue existence. Qui, en effet, voudrait supporter les flagellations et les dédains du monde, l'injure de l'oppresseur, l'humiliation de la pauvreté, les angoisses de l'amour méprisé, les lenteurs de la loi, l'insolence du pouvoir, et les rebuffades que le mérite résigné reçoit d'hommes indignes, s'il pouvait en être quitte avec un simple poinçon ? Qui voudrait porter ces fardeaux, grogner et suer sous une vie accablante, si la crainte de quelque chose après la mort, de cette région inexplorée, d'où nul voyageur ne revient, ne trouvait la volonté, et ne nous faisait supporter les maux que nous avons par peur de nous lancer dans ceux que nous ne connaissons pas ? Ainsi la conscience fait de nous tous des lâches ; ainsi les couleurs natives de la résolution blêmissent sous les pâles reflets de la pensée ; ainsi les entreprises les plus énergiques et les plus importantes, se détournent de leur cours, à cette idée, et perdent le nom d'action. »

(*Hamlet*, acte III, scène I)

Prolongements

- Voltaire qui contribue à l'introduire en France, parle néanmoins à propos de Shakespeare de «perles dans le fumier».
- La découverte de Shakespeare sur le continent va être pour beaucoup dans la naissance du mouvement romantique. Schlegel écrit de *Macbeth* : «Depuis l'*Orestie* d'Eschyle la poésie tragique n'avait rien produit de plus grand, ni de plus terrible». Dans *Racine et Shakespeare* (1823) Stendhal explique qu'il faut préférer Shakespeare et sa poésie simple et passionnée à la froideur de Racine. En 1829 Vigny reprend un sujet shakespearien dans son *Othello*.
- Victor Hugo, qui fera traduire les œuvres de Shakespeare par son fils compare Shakespeare et Dante dans son *William Shakespeare* (1864) : «Shakespeare est frère de Dante. L'un complète l'autre. Dante incarne tout le surnaturalisme, Shakespeare incarne toute la nature.»
- Dans ses *Drames philosophiques* (1878-1880), Ernest Renan voit dans Prospero l'incarnation de l'aristocratie, dans Caliban celle du peuple.
- Lautréamont est plus poétique : «Chaque fois que j'ai lu Shakespeare, il m'a semblé que je déchiquetais la cervelle d'un jaguar.»

5. Arts

5.1 L'âge de la peinture

La Renaissance peut être considérée, avec l'Antiquité classique, comme la période de la plus grande floraison artistique. Pendant quelques années vécurent, en particulier en Italie, un nombre extraordinaire d'artistes de génie.

L'art qui connut alors, et pour la première fois dans l'histoire, son principal développement fut la peinture, qui existe désormais pour elle-même et non plus comme simple élément décoratif à l'intérieur d'un bâtiment, ou comme élément de propagande religieuse.

Ce renouveau de la peinture va de pair avec des innovations techniques, comme l'usage de la peinture à l'huile, introduit en Flandre par Jan van Eyck au XVe siècle et repris par les Italiens, puis par la substitution de la toile au panneau de bois. La peinture à l'huile permet de se reprendre, de préciser les détails à la différence de la peinture «*a tempera*», à base de blanc d'œuf, qui séchait beaucoup plus vite.

Comme dans les autres domaines culturels, cette Renaissance fut d'abord essentiellement italienne. Il ne s'agit plus d'un art «international» comme l'était le gothique, mais d'un art qui a des caractères nationaux, voire régionaux. Ainsi la Renaissance en peinture se concentra à Florence à la fin du XIVe et durant le XVe siècle, le fameux Quattrocento. Florence est alors la plus grande puissance financière d'Europe. Après Florence le centre de la peinture italienne se développera à Rome au XVIe siècle, puis à Venise à la fin du XVIe siècle.

Le développement de la peinture se caractérise, dans les autres régions italiennes, par des traits particuliers, liés à l'enseignement de tel ou tel maître et aux conditions dans lesquelles étaient passées les commandes. En effet, la condition sociale du peintre a changé, il travaille désormais sur la commande de tel ou tel, pape, grand seigneur ou bourgeois, qui précisent par contrat quelle est leur demande et qui vont donc d'une certaine manière influer sur l'évolution de l'art. Ainsi en est-il du pape Jules II qui joua un rôle essentiel dans l'histoire de la peinture italienne.

Giotto et la pré-renaissance

À la fin de l'époque médiévale, Giotto (1267-1337) va totalement bouleverser la peinture, qu'il coupe de son héritage byzantin. Il convient de noter l'importance de la révolution religieuse introduite par saint François d'Assise (1186-1226) qui transforme la mentalité catholique de son temps. La tendresse, l'enthousiasme pour la nature, l'amour des hommes en tant qu'hommes sont des éléments qui conduisent à un changement dans la peinture. On n'a désormais plus affaire à des divinités, représentées sous forme de types, mais à des hommes et à une nature réels, dont Giotto soulignera la douceur.

Selon la légende Giotto aurait été berger avant d'être découvert par celui qui fut son maître Cimabue (1240-1302), et qui passait pour être « le premier peintre ». La réalisation majeure de Giotto est celle des fresques de la basilique supérieure d'Assise racontant la *Vie de saint François*. Mais il a également décoré l'église Santa Croce à Florence et la chapelle de l'Arena à Padoue.

Il a besoin de place pour raconter les miracles de saint François et peint donc de larges fresques au lieu d'icônes. Il remplace le fond d'or de la peinture byzantine par le bleu tendre du ciel. Les personnages, joyeux, sont représentés dans des paysages simples et naturels. Il ne peint plus des symboles mais des hommes vivants. À la différence de son maître Cimabue, encore byzantin, ses fresques se caractérisent par leur profondeur, leur relief.

La tradition de Giotto fut poursuivie par le moine Fra Angelico de Fiesole (1387-1455) qui peint par exemple une superbe *Descente de croix* dans des couleurs suaves, bleu et rose.

5.2 Le Quattrocento florentin

Florence, vers 1400, va devenir le principal centre de la peinture italienne, en partie grâce à l'action de mécène de Côme de Médicis et d'autres grandes familles florentines. Le centre artistique de l'Italie passera à Rome quelques années plus tard du fait de l'action de papes comme Jules II, qui y font venir les grands artistes florentins.

Artistes et théoriciens

L'art florentin se caractérise par son caractère réfléchi et intellectuel, son sens de la construction et de la proportion. Les artistes y sont souvent aussi des théoriciens : Vasari (1511-1574), peintre et architecte, publia une célèbre *Vie des plus excellents peintres, sculpteurs et architectes* (1550).

La découverte théorique fondamentale fut l'œuvre de l'architecte Filippo Brunelleschi (1377-1466). C'est celle de la représentation de la perspective, qui permet de donner l'illusion de la profondeur par la convergence des lignes de profondeur en un point de fuite unique. Brunelleschi appelle également, en

architecture, à un retour à l'antique : il réintroduit colonnades, frontons et corniches dans l'église San Lorenzo. À Rome il va contempler les ruines antiques. L'architecte Léon Battista Alberti, aux intérêts multiples, qui a réalisé des demeures florentines néo-classiques, lui dédia son traité *De la peinture* (1435).
L'influence de Brunelleschi se fait aussi sentir sur le sculpteur Donatello (1386-1466) qui renoue à Padoue avec le genre romain de la statue équestre, avec son *Gattamelata* (1453), et dont le *David* rappelle les types de la beauté antique.
Le premier peintre qui met les préceptes de Brunelleschi en œuvre est Masaccio (1401-1428). Il peint vers 1427 une première fresque dotée de relief *La sainte trinité, la Vierge, Saint Jean et les donateurs.* Il est aussi l'un des premiers à faire un usage attentif de l'opposition entre l'ombre et la lumière.
La question de la perspective, la volonté d'en mettre en œuvre toutes les subtilités est plus essentielle encore dans l'œuvre de Paolo Uccello (1397-1475). Les questions formelles y prennent le pas sur le sujet du tableau. C'est le cas dans sa *Bataille de San Romano* de 1455, où les effets de perspective sont accentués par les lances brisées au sol et les hommes et chevaux tombés au premier plan. Ces effets, joints aux couleurs fortement contrastées, produisent une impression saisissante et très moderne.

Artistes et philosophes

Étrangère à ces préoccupations formelles est l'œuvre de Sandro Botticelli (1444-1510). Inspiré par la philosophie néo-platonicienne discutée dans l'académie de Marsile Ficin, Botticelli prône un retour à l'Antiquité, en particulier dans le choix de ses sujets. Ses deux tableaux les plus célèbres sont le *Printemps*, représentant Vénus comme une déesse qui redonne vie à Flore et qui semble bénir la flèche amoureuse envoyée par Cupidon à l'une des trois grâces. Dans *La Naissance de Vénus*, l'impression de fragilité que donne Vénus est accentuée par des proportions curieuses, un cou disproportionné, un bras gauche nettement trop long. Une attention particulière est donnée à la reproduction fidèle des voiles transparents et des fleurs. Les sourires de ses Madones sont toujours voilés.
Deux autres peintres importants de la seconde moitié du XVe siècle sont Piero della Francesca (1416-1492), d'Urbino, au sud de Florence, qui partage l'intérêt pour la perspective d'Uccello et donne des tableaux extrêmement construits, clairs et figés. De Mantoue au nord de Florence, vient Andrea Mantegna (1431-1506) qui, plus que les florentins accorde une grande place à la nature dans ses tableaux. Il attache en outre un grand souci au détail de la reconstitution archéologique.

5.3 Trois génies : Léonard, Michel-Ange, Raphaël

Léonard de Vinci

Le plus âgé des trois, Léonard de Vinci (1452-1519), appartient encore pour partie au Quattrocento, mais annonce déjà les grandes œuvres du Quintecento.
Il fut, comme le Pérugin, l'élève du peintre et sculpteur Verrocchio. Il travaille à Florence et à Milan, à la cour de Ludovic Sforza, puis est appelé par François Ier en France où il meurt en 1516.
Un des aspects les plus étonnant de sa personnalité est sa curiosité encyclopédique, qui ne se limite absolument pas au domaine artistique. «N'apercevez-

vous pas la variété des animaux, les nombreuses espèces d'arbres, d'herbes, de fleurs, la diversité entre les monts et les plaines, les sources, les rivières, les villes, l'image mobile des costumes, des joyaux et des arts ? » La science est pour lui sur le même plan que la peinture. Il préfère même se présenter comme technicien et inventeur de machines que comme peintre et d'ailleurs, à la fin de sa vie, il fut « premier peintre, architecte et mécanicien du roi François Ier ».

Ce qu'il désire, c'est tout voir par lui-même et en comprendre la structure à travers ses croquis et dessins. Sa vision de la nature est une vision de mécanicien, qui veut comprendre les raisons de ses mouvements, avec une « rigueur obstinée », selon sa devise. Il pratique ainsi la dissection et fait de très nombreux dessins anatomiques. Il s'intéresse aux nuages comme aux machines volantes. Dans la mesure où il permet de rendre rapidement compte de la réalité, le dessin est un des arts de prédilection de Léonard, plus encore que la peinture.

Pour ce qui est de la peinture, dont il fait la théorie dans son *Traité de la peinture*, son œuvre est beaucoup plus limitée. Il nous reste très peu de tableaux de lui, et encore moins de tableaux en état. D'une part, parce qu'il fit de nombreuses expériences sur les pigments de sa peinture qui n'ont pas toujours été réussies, d'autre part, parce que beaucoup de ses tableaux sont inachevés, comme s'il n'avait pas été intéressé par la phase finale de leur réalisation. Ce qu'il aime c'est dessiner les mouvements, esquisser la composition du tableau et non le finir.

Deux de ses œuvres sont particulièrement célèbres. La fresque endommagée représentant *La Cène* au monastère Sainte-Marie-des-Grâces à Milan ; très habilement adaptée à la salle qu'elle orne, elle est particulièrement originale par son mouvement. Léonard a voulu saisir les réactions de ses disciples au moment où le Christ vient de leur dire : « L'un de vous me trahira ». À la différence des représentations traditionnelles Judas y est sorti de son isolement. Les apôtres sont réunis par groupe de trois. La table, trop petite, permet d'accroître l'effet d'animation des apôtres qui contraste avec l'immobilité et le calme imperturbable du Christ.

Quant à Mona Lisa, la *Joconde*, elle est l'illustration la plus réussie de la technique du « *sfumato* » que Léonard a inventée. Il s'agit de réaliser des contours enveloppés par une sorte de brume, comme celle qui se dégage de la terre et du ciel au matin. Le caractère énigmatique du sourire de Mona Lisa est produit par les plis au coin de ses lèvres et son regard voilé, « humide ». La dissymétrie de l'arrière plan du tableau accroît son côté vivant.

Il reste également de lui une *Vierge, l'Enfant Jésus et sainte Anne*, où la Vierge a une attitude particulièrement gracieuse, malgré le caractère improbable de sa position. Sa *Vierge aux rochers*, dans un étrange cadre de grotte, rend parfaitement le modelé de la chair et la beauté des visages.

L'œuvre de Léonard sera toujours présente à l'esprit de ses deux successeurs immédiats. Une représentation courante mais relativement juste de son héritage voudrait que Raphaël ait recueilli son sens de la beauté, et Michel-Ange son sens du mouvement et du monumental.

Michelangelo Buonarotti, dit Michel-Ange

Michel-Ange (1475-1564) fut l'élève de Ghirlandajo à Florence, mais s'inspira plutôt de Masaccio et Donatello et des sculpteurs grecs et romains. Sa renommée fut vite très grande puisque tout jeune encore, on lui commande une peinture pour le Palais communal de Florence en même temps qu'à Léonard de Vinci. Il ira travailler à Rome pour le pape Jules II, d'abord sur un projet de monument funéraire lié au projet architectural de Bramante, puis ce projet ne se faisant pas, à son grand courroux, il peint le plafond de la chapelle Sixtine, où il travaille quatre ans en solitaire. Ensuite, le projet de tombeau sera repris, mais Michel-Ange ne pourra réaliser pour ce tombeau que les deux statues de jeunes esclaves, l'*Esclave rebelle* et l'*Esclave mourant*, et l'extraordinaire *Moïse* de Saint-Pierre-aux-Liens à Rome, frémissant de colère. Il fut également chargé de sculpter le tombeau des Médicis à Florence.

Michel-Ange survécut plus de quarante ans à Raphaël et Léonard.

Pour lui le véritable grand art est la sculpture. Selon lui, « la peinture est d'autant meilleure qu'elle tend vers le relief ». La sculpture éclaire la peinture, elle en est la « lanterne ». Il s'agit de faire ressortir le modelé d'un corps humain idéalisé à la manière des sculptures antiques, que l'on vient de redécouvrir. Le prototype de la beauté est bien pour lui la forme humaine. Il illustre cet idéal dans ses propres sculptures dont le monumental *David*.

Pour ce qui est de la peinture, il fut chargé par le pape Paul III de représenter le Jugement dernier sur le mur du fond de la chapelle Sixtine, mais le résultat fut d'une incroyable violence, bien plus païen que réellement chrétien. Dans sa peinture il se libère du « *sfumato* » de Léonard et entend retrouver des contours nets, bien marqués, qui permettent de construire des œuvres solides, équilibrées.

Raphaël Santi (1483-1520), dit Raphaël

Raphaël mourut très jeune, à trente-sept ans, mais eut le temps de composer une œuvre immense et éblouissante. Plus encore que Léonard et Michel-Ange, il est longtemps passé pour l'artiste classique par excellence, unissant la beauté de Léonard et l'art de la composition de Michel-Ange.

Raphaël venait d'Urbino en Ombrie, où se poursuivait l'influence de l'école siennoise. Son maître y fut Perugino, le Pérugin. Déjà connu, il arrive à Florence où brillaient Léonard et Michel-Ange : c'est l'époque où il peint toute une série de vierges célèbres, comme *La Madone du Grand Duc* ou *La Belle Jardinière*. Il sait dans ces tableaux reprendre la beauté angélique des figures du Pérugin, en les associant à un grand art de la composition. Il est ensuite appelé à Rome par Jules II pour décorer les salles du Vatican, les *Stanze*.

L'arrivée à Rome, l'influence de Jules II et Bramante semblent avoir donné une dimension héroïque à son œuvre. Il peint sur les murs du Vatican l'*École d'Athènes*, qui fait face au *Triomphe de l'Église* (appelé aussi la *Dispute du Saint Sacrement*). L'*École d'Athènes* représente Platon et Aristote en train de se promener en devisant, Platon faisant signe vers le ciel, le monde des Idées, et Aristote indiquant la terre, la réalité. Un tableau de dimension plus réduite *La Nymphe Galatée* de la villa Farnèse est d'une composition parfaite qui converge vers le centre du tableau lui-même en mouvement. Sa *Vierge à la chaise* est aussi un chef d'œuvre d'agencement de courbes dans le cadre rond du tableau. Il sait également peindre des tableaux réalistes comme l'étonnant portrait du *Pape Léon X et deux cardinaux*.

Dans toute son œuvre Raphaël semble atteindre ce qui était l'idéal artistique de son ami Baldassare Castiglione, l'auteur du *Parfait courtisan*, la « *sprezzatura* », l'art de cacher l'art, de paraître naturel.

La peinture à Venise ■ L'école vénitienne de peinture a des caractères particuliers qui tiennent pour une part à la richesse et au luxe de la « sérénissime république », qui brille du XVe à la fin du XVIIIe siècle, d'autre part aux influences orientales, byzantines qu'elle reçoit du fait de ses relations de commerce. Venise sera le centre de la peinture italienne à la fin du XVIe siècle.

La peinture vénitienne est surtout une peinture de la lumière et de la couleur et prête beaucoup moins d'attention que ne le faisait Florence au dessin. Ces couleurs permettent de rendre le luxe de la vie vénitienne.

Elle s'intéresse autant au paysage qu'à l'homme qui en est une partie et qui est représenté dans la nature.

Ainsi pour Giorgione (1477-1510) la nature n'est plus un simple décor comme le prouve la *Vénus nue dans la nature*, où la Vénus, très sensuelle, fait elle-même partie de la nature. Des tableaux comme *La Tempête* ou *Les Philosophes* n'ont pas de sujet précis et sont de simples fruits de ses rêveries, qui lui permettent de jouer sur les couleurs.

Titien (1488-1576) est le plus grand nom de la peinture vénitienne. Il a un très grand succès, travaille pour Charles Quint et Philippe II. Il mène une vie de grand seigneur, réussissant à la fois ses tableaux chrétiens et païens, colorés, vivants. Il se sert avec beaucoup d'audace de la peinture à l'huile, et on dit qu'il va jusqu'à peindre avec ses doigts, par touches. Il est surtout admiré pour ses portraits. Ce sont des portraits d'un nouveau genre, beaucoup moins stylisés, qui ont quelquefois un caractère pris sur le vif, par exemple dans son *Portrait de l'homme au gant* ou dans le très animé et dramatique *Portrait de Paul III* entouré de ses neveux Octave et Alexandre Farnèse.

Les deux autres grands peintres de l'école vénitienne sont Véronèse (1528-1588) et Tintoret (1512-1594).

Véronèse, nommé ainsi car originaire de Vérone, peint des tableaux colorés et voluptueux, riches et joyeux. Même ses tableaux religieux sont caractérisés par leur faste et leur luxe comme dans son *Adoration des mages*. Son dernier tableau le résume bien, qui est consacré à *La Gloire de Venise*.

Au contraire, Tintoret, surnommé ainsi car fils de teinturier, peint des toiles dramatiques et violentes, inquiètes et souvent inachevées. Ses scènes bibliques sont totalement différentes de celles de Véronèse, pauvres et rudes avec de violents jeux de lumière, comme par exemple dans sa *Crucifixion*.

Prolongements

- Dès le XVIe siècle *La Joconde*, est considérée comme un sommet indépassable de l'art du portrait. L'œuvre de Léonard de Vinci était la plus appréciée et imitée par les peintres flamands du XVIe siècle.
- Pour un peintre classique comme Poussin le plus grand de tous est Raphaël. Il reprend le sujet de *La Nymphe Galatée* dans son *Triomphe de Neptune et d'Amphitrite*. Plus tard, David se donnera Raphaël et Poussin comme « modèles sublimes à imiter ».
- Vélasquez et Rubens sont deux grands admirateurs de Titien, de sa manière d'user de touches colorées.
- Pour Paul Valéry, dans son *Introduction à la méthode de Léonard de Vinci* (1894), Léonard est le modèle de l'« homme universel », qui garde dans son esprit « la plus vaste collection de formes, un trésor toujours clair des attitudes de la nature » et peut ainsi retrouver les lois du mouvement.

- Freud, dans *Un Souvenir d'enfance de Léonard de Vinci* (1910) donne une explication assez réductrice des peintures de Léonard par l'analyse d'un de ses souvenirs d'enfance. Selon Freud, la création artistique est la «sublimation» de pulsions refoulées, dans ce cas de pulsions homosexuelles.

6. Sciences

6.1 Vésale et l'anatomie de l'homme

La redécouverte du corps humain et de sa beauté est une des grandes originalités de la Renaissance. La «dignité de l'homme» dont parle Pic de la Mirandole à la même époque, c'est aussi celle de son corps, telle que l'anatomie le découvre.

Renouveau de l'anatomie humaine

Les dissections, humaines et animales, qui avaient été pratiquées dans l'Antiquité, en particulier à Alexandrie, ne le sont plus au Moyen Âge, qui s'intéresse aux humeurs, aux liquides du corps et non à ses organes. Ce n'est qu'à partir du XIVe siècle que les dissections reprennent, mais en tout petit nombre (deux ou trois par an à l'Université de Montpellier au XVIe siècle), et entourées de tout un cérémonial religieux, le cadavre humain étant considéré comme sacré.

Vésale insiste sur l'importance de l'anatomie, partie la plus importante de la médecine, qui s'appuie «au premier chef sur l'observation de la nature», mais qui a dégénéré en tombant entre les mains des barbiers que sont les chirurgiens. Il va faire lui-même ses dissections, alors que la tâche était traditionnellement répartie entre le *dissector*, qui découpe, le *monstrator*, qui montre, et le professeur, qui commente les œuvres médicales de l'Antiquité, de Galien essentiellement. Il démontre que Galien n'avait pas connu l'anatomie humaine, mais l'anatomie animale. Il faut désormais accorder plus de valeur au témoignage de ce que l'on observe, qu'aux écrits des Anciens.

L'ouvrage le plus célèbre de Vésale est sa *Fabrique du corps humain* (1543). Il est constitué de planches anatomiques, qui auraient été l'œuvre d'un élève du Titien, et qui représentent un corps humain en situation, dans un paysage italien, et dans des postures dynamiques. Les erreurs commises par Galien y sont rectifiées. L'idée de «fabrique» désigne la structure du corps humain, avec l'idée d'une construction particulièrement ingénieuse, qui serait l'œuvre de la nature.

Centralité de l'homme

L'œuvre de Vésale, en insistant sur la centralité de l'homme et le caractère de totalité organique, est tout à fait caractéristique de la Renaissance. Le microcosme («monde en petit») du corps humain est une image du macrocosme («monde en grand»). En ce sens on a pu dire qu'il y a une contradiction entre l'homme de Vésale et le monde de Copernic, dont l'œuvre est exactement contemporaine, et qui contribue au contraire à décentrer le monde : la terre et l'homme ne sont plus au centre d'un univers désormais infini.

Les frontispices, pages de titre du livre, qui en résument le propos par l'illustration sont une invention caractéristique dans l'histoire du livre à la Renaissance. Dans celui de la *Fabrique*, Vésale opére lui-même la dissection, le cadavre étant le centre de tous les regards de l'assistance. Au premier plan se disputent les barbiers et chirurgiens rendus inutiles par la nouvelle anatomie. Les animaux de prédilection de Galien, singes ou chiens, sont aussi délaissés et se révoltent comme le singe de gauche. Le lieu de la dissection est un amphithéâtre de bois, monté dans une maison palladienne. L'assistance n'est pas composée seulement d'étudiants mais aussi de nobles et de notables.

Harvey et la circulation du sang ■ Si Vésale fonde l'anatomie, le médecin anglais Harvey (1578-1657) fonde la physiologie, «anatomie animée» dans son livre *Sur le mouvement du corps et la circulation du sang* (1628). Alors que dans la conception ancienne le mouvement du sang était pensé sur le modèle de l'irrigation : produit à partir des aliments dans le foie, puis distribué par les veines à tous les organes, après être pour une part passé dans le cœur où il serait chauffé et transformé en sang plus subtil, également distribué à tous les organes du corps. Harvey part d'un raisonnement de type quantitatif : ayant mesuré la quantité de sang qui passe en une unité de temps à travers le cœur ou un vaisseau, il constate qu'il y passe trois fois le poids du corps humain en une minute. Il s'étonne donc que de telles quantités de sang puissent être produites à partir des aliments, et absorbées par les organes. Il fait donc l'hypothèse que c'est le même sang qui «circule», qui revient en cercle. Cette hypothèse explique certaines particularités anatomiques, comme l'existence de valvules veineuses, ou l'absence de pores dans la paroi interventriculaire du cœur. Harvey va ensuite vérifier cette hypothèse par diverses expériences de ligatures. La découverte de Harvey marque bien sa volonté de rompre avec la tradition, avec «les gens qui n'admettent que l'autorité des auteurs».

Prolongements

- La beauté du corps humain est notée par le néo-platonicien Marsile Ficin qui note que «nous louons dans le corps humain la proportion de ses membres».
- À la même époque que Vésale, Léonard de Vinci ne se contente pas de l'étude de l'extérieur du corps humain mais il pratique aussi des dissections et réalise près de 1 500 dessins d'anatomie.
- Descartes reprendra et popularisera les thèses de Harvey sur la circulation du sang, mais est en désaccord avec son explication du mouvement du cœur : selon lui, le cœur n'est pas un muscle, ce qui ferait appel à une faculté motrice énigmatique, mais c'est la chaleur du cœur qui porte le sang à ébullition. Le moment de l'expulsion du sang est donc la diastole, la dilatation, et non la systole, la contraction. C'est en fait Harvey qui était dans le vrai.

Partie 5

Le XVIIe siècle
L'ÂGE CLASSIQUE

1. Histoire

1.1 Repères

- **1648.** Début de la Fronde
- **1649.** Condamnation et exécution de Charles Ier d'Angleterre
- **1649-1658.** Dictature de Cromwell
- **1660.** Rétablissement de la monarchie en Angleterre
- **1661.** Début du règne personnel de Louis XIV
- **1679.** Adoption de l'*Habeas corpus* en Angleterre
- **1685.** Révocation de l'édit de Nantes
- **1688.** Glorieuse révolution d'Angleterre
- **1689.** Adoption du *Bill of rights* en Angleterre
- **1715.** Mort de Louis XIV
- **1720.** Dernière grande épidémie de peste à Marseille
- **1778.** Alliance franco-américaine

1.2 La monarchie absolue

La mise en place de ce régime fut en France une œuvre de longue haleine, longtemps présentée de façon caricaturale par de nombreux défenseurs de 1789 qui crurent mieux garantir l'héritage de la Révolution française en caricaturant l'« Ancien Régime ».

Le pouvoir royal

La pièce maîtresse de la monarchie absolue était le Roi. Réputé n'être « comptable que devant Dieu », il était détenteur d'une souveraineté qu'il ne partageait pas : « Tout l'État est en lui, la volonté du peuple est enfermée dans la sienne », disait un des nombreux adages. Au XVIIe siècle la théorie du droit divin renforça l'absolutisme. Selon Bossuet le « mystère de la monarchie » faisait que, par la volonté de Dieu, la volonté royale agissait dans le sens du bien public. Personne sacrée, « père de ses sujets », le roi, en théorie, pouvait tout.

Le roi de France gouvernait par conseils et avec l'aide de ministres. Il présidait personnellement les conseils de gouvernement, dont le plus important était le « conseil d'en haut », ainsi nommé parce qu'il se tenait dans l'appartement du roi au premier étage du palais de Versailles. Depuis le XVIe siècle les souverains avaient réussi à éliminer de ce conseil ceux qui à l'origine y siégeaient de droit, princes du sang et pairs de France, pour n'y rassembler que des conseillers choisis pour leur compétence. Le roi présidait aussi le conseil des finances et celui des dépêches, dans lequel, tous les quinze jours, il étudiait avec ses ministres la correspondance des intendants. Les ministres étaient au nombre de six, nommés et révoqués par le roi, à l'exception du chancelier, inamovible. Le roi pouvait toutefois lui retirer les sceaux pour les remettre à un garde des sceaux, révocable. La toute-puissance du pouvoir royal tenait aussi à ce que, depuis François Ier, le roi de France contrôlait l'Église grâce au concordat de Bologne signé en 1516. De même, au fil du temps le roi avait domestiqué la noblesse, et la Fronde fut la dernière révolte nobiliaire. Louis XIV, que les souvenirs de sa petite enfance avaient rendu méfiant à l'égard de la noblesse, la soumit en la faisant venir à la cour auprès de lui. La vie de cour, dans le cadre somptueux du palais de Versailles, était régie par une étiquette stricte. La majesté, le luxe du château étaient tels que l'Europe entière chercha, avec plus ou moins de bonheur, à l'imiter.

Les limites au pouvoir royal

Ce pouvoir théoriquement absolu était malgré tout limité. D'abord par les lois fondamentales du royaume, sorte de constitution avant la lettre, qui posaient quelques principes de droit public. Ainsi, elles réglaient la transmission de la couronne ou affirmaient le caractère inaliénable du domaine royal. Les institutions coutumières, que les rois avaient promis de respecter lors des rattachements des principautés territoriales au domaine royal, étaient un autre obstacle à la volonté du souverain. En Bretagne, la détermination du montant de l'impôt et sa répartition étaient de la compétence des États provinciaux et permirent aux Bretons d'être sous-imposés eu égard à leur capacité contributive réelle. Enfin, les rois de France n'avaient qu'un petit nombre d'agents pour administrer l'État le plus vaste et le plus peuplé d'Europe au XVIIIe siècle. Ces officiers étaient de surcroît, depuis le règne de Henri IV, propriétaires de leur charge et donc peu dociles.

L'impossible réforme de l'absolutisme

À la fin du XVIIIe siècle le système fut remis en cause par l'opinion éclairée, influencée par la philosophie des Lumières. Or, ces attaques intervinrent alors qu'il était affaibli. La concomitance des deux phénomènes lui fut fatale.

Le système était affaibli à la tête, car Louis XVI fut un roi incapable d'affronter les problèmes à résoudre. Certainement lucide, mais limité intellectuellement, au point de ne rien comprendre aux événements de la Révolution, si l'on en croit son journal, Louis XVI n'aimait pas sa fonction royale et n'y trouvait aucune satisfaction. Il préférait son atelier et sa forge. À une époque où des décisions importantes devaient être prises, en particulier dans le domaine fiscal, où des réformes étaient indispensables, l'homme qui détenait le pouvoir de décision était déficient. Le malheureux n'avait même pas la possibilité de s'appuyer sur son entourage. Sa

femme cristallisa assez vite une excessive mais indéniable impopularité. Ses deux frères avaient choisi le camp de la défense intransigeante des privilégiés. Quant au duc d'Orléans, grand maître de la franc-maçonnerie, c'était un adversaire redoutablement habile et qui aspirait au pouvoir. Louis XVI ne se donna même pas la possibilité de s'en remettre à un grand ministre. Or, au XVIIIe siècle la machine bureaucratique de l'État s'était compliquée et les « comités de ministres », c'est-à-dire les réunions des ministres en conseil hors de la présence du roi, étaient devenus la règle. Il leur manqua toujours une direction ferme.
La cour devint elle aussi une faiblesse. Elle coûtait cher : environ 10 % de la richesse nationale. La publication en 1781 du « Compte rendu au Roi » contenant les dépenses et recettes du royaume la rendit impopulaire en révélant ce coût et surtout en rendant public le montant des pensions versées aux courtisans et autres libéralités royales. L'opinion ne mêlait pas encore dans une même hostilité la cour et le souverain. Elle considérait que la première l'empêchait de bénéficier du bon et juste gouvernement du second, qu'elle vénérait encore, surtout par habitude, car elle ne le connaissait pas plus que Louis XVI ne connaissait la France, qu'il n'avait jamais visitée.

La marche à la Révolution

Après la guerre d'indépendance des colonies anglaises d'Amérique, la situation des finances royales était désastreuse et il fallait trouver rapidement de l'argent. En chargeant ses successifs contrôleurs généraux des finances de sortir le royaume de la crise financière, le roi mit à l'ordre du jour une réforme fondamentale de la monarchie. Il souleva chez les privilégiés une grande inquiétude : celle de devoir payer des impôts. En revanche, le peuple se prit à rêver d'un allégement de ses charges. Incapable de briser par un coup de majesté les oppositions égoïstes des privilégiés, Louis XVI dut, après 175 ans d'interruption, convoquer les États généraux. Le monarque crut qu'il serait encore possible, comme l'avaient fait ses ancêtres, de leur faire approuver de nouvelles mesures fiscales puis de s'en débarrasser. Mais l'opinion, nourrie des idées des philosophes, était séduite par l'idée d'un contrôle exercé sur le pouvoir royal et aspirait à bénéficier d'un système politique qui apportât des garanties comparables à celles contenues dans les modèles anglais et américain.
La somme des vexations, frustrations et ambitions conduisit finalement à des alliances contre nature entre une noblesse, qui aspirait à contrôler le pouvoir du roi pour mieux défendre ses privilèges, une bourgeoisie, qui voulait participer au gouvernement du pays et un peuple, qui attendait un allégement de sa charge fiscale, une simplification de la justice et de l'administration. Incapable de maîtriser et de faire aboutir le processus de réformes, qu'elle avait elle-même engagé, la monarchie française fut emportée par la tourmente. Mais en disparaissant en 1789 le régime, qui n'était plus vraiment l'absolutisme de Louis XIV, laissa à la France un héritage institutionnel et administratif qui ne disparut pas complètement.

États provinciaux et États généraux ■ Les États provinciaux regroupaient, dans un certain nombre de provinces, des représentants des trois ordres. Dans ces provinces, ils participaient à l'administration générale de la province et en particulier étaient consultés en matière fiscale.

Les États généraux sont une assemblée convoquée par le roi et regroupant des représentants des trois ordres du royaume. On y délibérait et votait par ordre. Les rois de France les convoquaient lorsqu'ils étaient confrontés à une situation difficile, le plus souvent pour en obtenir le droit de lever une contribution supplémentaire. Ils ne furent plus convoqués après la réunion de 1614 jusqu'en 1788. La convocation de cette année-là comportait un doublement du nombre des députés du Tiers État ce qui rendait prévisible, bien que le Roi eût refusé de l'accorder au moment de la convocation, l'introduction du vote par tête.

Prolongements

- Le « tel est mon plaisir » n'exprime pas un pouvoir arbitraire, capricieux mais traduit la formule latine « il me plaît que » encore utilisée aujourd'hui pour voter dans les conciles de l'Église catholique.
- En dépit de la Révolution de 1789 la France a conservé bien des héritages de la monarchie absolue, en particulier le goût du faste, surtout lorsqu'il s'agit de l'État. Ainsi, le protocole exige la présence à l'aéroport de Paris du gouvernement au complet pour accueillir le Président de la République de retour d'un voyage officiel à l'étranger. En comparaison les monarchies démocratiques de l'Europe du Nord paraissent d'une simplicité ascétique par rapport à la République française.
- De cette époque date aussi le mythe de l'omnipotence de l'État. Le citoyen, sans souci de la contradiction, en attend tout et lui reproche tout ce qui lui déplaît. Quant au haut fonctionnaire, il attend de son interlocuteur une déférence comparable à celle qui était due au roi, ce qui surprend toujours les étrangers.

1.3 La monarchie anglaise

L'Angleterre refusa l'absolutisme au XVIIe siècle, offrant en Europe un contre-modèle au système politique français. Ce fut une des causes de l'anglomanie d'une partie de la société française de la fin du XVIIIe siècle.

L'héritage des Tudor

Au XVIIe siècle, face au roi, le parlement avait conscience de représenter l'Angleterre et, de par la coutume, pouvait revendiquer certains pouvoirs dont celui de consentir l'impôt. Le roi convoquait le parlement. Les Tudor, qui régnèrent sur l'Angleterre jusqu'en 1603, ne connurent pas de conflit grave avec le parlement. Ils n'avaient pas essayé de théoriser le pouvoir royal, ni l'étendue de la prérogative royale à l'égard des droits du parlement. Ils avaient attaché plus d'importance à la réalité de leur pouvoir, qu'ils avaient utilisé au mieux. Toutefois, à la fin de son règne, Elisabeth se heurta à la chambre basse du parlement à propos de la politique religieuse.

L'échec de la tentative absolutiste

En 1603 Jacques VI d'Écosse devint Jacques Ier d'Angleterre. Ce roi sans prestance, faible et très influencé par ses favoris était instruit, intelligent et avait écrit en 1599 *Le Don royal*, dans lequel il affirmait des convictions absolutistes. Après son accession au trône, il réaffirma, dans trois ouvrages, cet absolutisme. Dès sa première convocation le parlement répondit : « Si Sa Majesté a été avisée qu'elle

peut faire les lois sans avoir à consulter ses fidèles communes elle a été mal informée. » Charles Ier mit autant d'entêtement que son père à vouloir imposer l'absolutisme en Angleterre.
Du fait de ce choix les deux premiers Stuart durent gouverner en convoquant le moins souvent possible le parlement. Cela les contraignit à tirer leurs ressources de toutes sortes d'expédients comme la vente de monopoles et de licences pour l'ouverture de tavernes. Ce dernier recours exaspéra les puritains, déjà fort mécontents de la réputation qu'avait la cour d'être un lieu de débauche. Les Stuart se rendirent aussi très impopulaires sur le plan religieux en poursuivant les puritains, nombreux dans la gentry et la bourgeoisie. Après le mariage de Charles Ier avec la sœur de Louis XIII, ils furent soupçonnés de vouloir rétablir le catholicisme en Angleterre.
Le conflit éclata en 1640. Le roi en guerre contre les Écossais, auxquels il prétendait imposer l'anglicanisme, dut convoquer le parlement. De l'affrontement politique on en arriva à la guerre entre le roi et le parlement. Capturé par les Écossais, Charles Ier fut vendu aux Anglais et en février 1649 un parlement à la botte de Cromwell condamna le roi à mort. Il fut exécuté trois jours plus tard. Dès le lendemain, le parlement affirma que « le peuple est après Dieu la source de toute souveraineté » et que « les communes exercent le pouvoir suprême de la nation ». Mais, du fait de l'agitation politique et de revendications d'égalité sociale, l'Angleterre se retrouva pour dix ans sous la dictature de Cromwell. En 1660 un parlement rappela Charles II. Aucune condition n'était mise au rétablissement de la monarchie, mais pendant les dix ans de dictature l'hostilité des Anglais au pouvoir autoritaire avait augmenté.

La « glorieuse révolution » de 1688

Charles II évita le conflit avec le parlement. Il est vrai qu'il recevait secrètement de Louis XIV de l'argent, lui permettant de ne pas trop dépendre des communes. À la fin du règne le parlement tenta d'écarter le duc d'York, frère du roi, de la succession au trône, en raison de sa sympathie pour le catholicisme. La loi ne fut pas votée, mais le parlement adopta l'*Habeas Corpus*, qui garantit la liberté personnelle : on ne peut être incarcéré sans décision judiciaire. En 1685 les Anglais se résignèrent à l'accession au trône du duc d'York, sous le nom de Jacques II, en espérant un règne court. Sa politique de plus en plus favorable au catholicisme, la naissance en 1688 d'un fils aussitôt baptisé dans la religion catholique entraînèrent la « glorieuse révolution d'Angleterre » en 1688.
Le parlement chassa Jacques II et proposa la couronne d'Angleterre à son gendre Guillaume Stathouder de Hollande mais en y mettant des conditions. Guillaume et Marie, avant leur couronnement, durent souscrire à la « Déclaration des droits » votée en février 1689. Ce texte proclamait les libertés essentielles du citoyen anglais et fondait pour les garantir une monarchie tempérée, soumise à la loi. La liberté des élections et la liberté de parole des députés au parlement étaient affirmées. La forme et le montant de l'impôt, l'effectif de l'armée anglaise dépendaient du seul parlement. Quelques mois plus tard un acte de tolérance accorda la liberté de culte aux dissidents de l'église anglicane; mais les catholiques restaient exclus de ces dispositions et durent se soumettre, jusqu'en 1826,

au « Bill du Test », qui exclut les catholiques de toute fonction publique. Au début du XVIIIe siècle une loi fixa la périodicité des élections à la chambre des communes à 7 ans.

Une monarchie parlementaire

En 1714, l'arrivée sur le trône de la maison de Hanovre favorisa un affaiblissement de la prérogative royale et un accroissement du rôle du parlement. En effet, étrangers, ne parlant pas l'anglais, les deux premiers souverains laissèrent aux ministres et au Parlement le soin de gouverner. Le conseil privé fut supplanté par le cabinet, composé de ministres tous choisis dans le même parti politique. Le parlement exerça sur le cabinet un contrôle de plus en plus efficace. Peu à peu, il fut établi dans la pratique que les ministres ne pouvaient gouverner qu'avec l'accord des communes, sans qu'aucun texte constitutionnel n'eût institué le parlementarisme.

En 1695, la quasi disparition de la censure entraîna un développement de la presse, qui nourrit le débat politique. Dès 1690 le *Traité du gouvernement civil* de John Locke avait contribué à faire de la glorieuse révolution, et des pratiques politiques qui en découlaient, un modèle. Rejetant le droit divin, il affirmait la supériorité du pouvoir législatif sur le pouvoir exécutif et le droit de se révolter contre la tyrannie. L'idéologie libérale venait de recevoir un de ses fondements. Il revint aux *Lettres anglaises* de Voltaire de faire l'éloge des institutions britanniques.

Certes, à côté du régime français, les Anglais jouissaient de bien plus de libertés et de garanties. Toutefois il y avait encore bien des imperfections à corriger. La Chambre des communes ne représentait que très imparfaitement la nation, tant le nombre de votants était restreint : 250 000. Inchangée depuis le Moyen-Âge, la répartition des sièges pénalisait les régions en plein essor. La corruption, aggravée par la pratique du scrutin public, diminuait un peu plus la représentativité des élus. La réforme électorale n'intervint qu'en 1832.

Tories et Whigs ■ *Tories* : c'est par ce mot, désignant des bandits irlandais, que leurs adversaires appelèrent les tenants de la supériorité du roi sur le parlement, mais dans le respect des droits de celui-ci, après le rétablissement de la monarchie en Angleterre. Ils soutinrent les droits du duc d'York à la couronne, mais s'opposèrent à lui lorsque, devenu Jacques II, il tenta de porter atteinte au parlement. Ils sont les ancêtres des conservateurs.
Whigs : terme qui à l'origine désignait aussi des bandits écossais. Les whigs furent au moment de la restauration monarchique ceux qui se firent les champions de la suprématie du parlement sur la volonté royale.

Prolongements

- Cette façon pragmatique des Anglais d'organiser leur vie politique, ancrée dans le passé mais ne rejetant pas à tout prix la violence, reste un trait fondamental du tempérament britannique. Ce souci de protéger leur liberté leur vaut encore aujourd'hui de n'être pas astreints à avoir une carte d'identité et d'être protégés par des policiers désarmés. Au Royaume-Uni le parlement de Westminster est toujours dénommé « la mère de tous les parlements ».

- Ces usages constitutionnels, très anciens, très vivants mais non écrits font aussi que les Britanniques sont très réticents, voire tout à fait allergiques, à l'idée de remettre ne serait-ce qu'une petite partie de leur souveraineté à une instance étrangère.

2. Religions

2.1 Gallicanisme et jansénisme

➠ TERMINOLOGIE • *Gallicanus* en latin médiéval signifie «gaulois». Le terme signifie «français» chez Oresme au XIVe siècle. Il s'applique particulièrement depuis lors à l'Église de France.

Au XVIIe siècle les relations entre l'Église et la monarchie sont marquées en France par le développement du gallicanisme, qui affirme l'autonomie du roi par rapport au pape : le roi ne tiendrait son pouvoir que de Dieu et non du pape. Ce gallicanisme va se trouver renforcé par un courant proprement théologique qui se développe en France à la même période, le jansénisme.

L'indépendance de l'Église de France

La doctrine gallicane se recherche des origines au temps de Philippe le Bel qui, en 1296, s'était opposé au pape en demandant une contribution de son clergé à l'effort de guerre. À la suite de ce conflit, le clergé français élabore une théorie qui affirme la supériorité des conciles sur le pape, et la possibilité pour les évêques et les abbés d'être désignés par leurs évêchés et leurs abbayes. Le concile de Constance en 1414 et celui de Bâle en 1431 reconnaissent cette position de l'église française, qui est officialisée par la «pragmatique sanction» de 1438 et reconnue en 1516 par le concordat de Bologne entre le pape et l'Église de France, qui restera en vigueur jusqu'à la Révolution française. En 1682 l'assemblée générale des évêques de France confirme cette position en affirmant les «libertés de l'Église de France» en quatre articles.

L'affirmation de l'indépendance de l'Église de France n'est pas seulement le fait du roi et des évêques, mais aussi et surtout du parlement. Elle s'appuie sur des ouvrages théoriques comme le *De ecclesia et politica potestate libellus* d'E. Richer en 1611, qui affirme, contre le concile de Trente, que tous les fidèles ont une autorité égale dans l'Église et que le pape n'est pas d'une filiation divine.

Le gallicanisme s'oppose à l'ultramontanisme («d'au-delà des monts») qui affirme la prééminence du pape. Les jésuites, qui prêtent un serment particulier de fidélité au pape, sont considérés comme les meilleurs représentants de cet ultramontanisme, ce qui leur vaudra d'être expulsé de France en 1764. Ce n'est qu'au XIXe siècle que l'ultramontanisme va l'emporter dans l'Église de France.

Le jansénisme

Le courant politique gallican va se trouver renforcé par le développement d'un courant théologique original, le jansénisme, qui joue un rôle très important dans la spiritualité française de l'âge classique. Le jansénisme tire son nom de l'évêque d'Ypres, Jansénius, auteur de l'*Augustinus* publié après sa mort en 1640, et qui se présente comme un commentaire de l'œuvre de saint Augustin. Il y est en effet mentionné sur le caractère profondément corrompu de l'humanité, depuis le péché originel, et le fait que seul un petit nombre d'élus sera sauvé, sans que cette grâce soit lié à leurs œuvres. D'une certaine manière on retrouve ici la doctrine protestante de la prédestination.

En outre le jansénisme se présente comme un appel à une plus grande austérité morale, contre les facilités que les jésuites proposent à leurs fidèles, par exemple en laissant croire que de nombreuses confessions permettent d'effacer les péchés, ou en déployant toutes les subtilités de la casuistique pour tourner la simplicité et la rigueur des préceptes moraux. Il s'agit pour les jansénistes de se détacher du monde et de sa corruption. C'est en particulier l'objet du livre d'Antoine Arnauld *De la fréquente communion* (1643). Arnauld est le frère d'Angélique Arnauld qui dirige l'abbaye de Port Royal, acquise au jansénisme et centre du mouvement.

La lutte contre les jésuites et leur méthode de direction d'intention est menée par Pascal, dans les *Provinciales* (1656-1657). Il n'est pas vrai que l'on puisse « corriger le vice par la pureté de la fin ». Pascal dénonce également la doctrine moliniste qui voudrait que l'homme reçoive en naissant une « grâce suffisante » donnée par Dieu.

Les doctrines jansénistes connaissent un grand succès de 1635 à 1662. Elles sont soutenues par de nombreux membres des parlements, et vont ainsi se transformer en hostilité au roi. Le monastère de Port-Royal sera alors détruit en 1710. La répression s'accroît lors des miracles et des « convulsions » survenues en 1729 sur la tombe d'un diacre janséniste au cimetière Saint-Médard. L'Église avait condamné le jansénisme en 1653, et réitère cette condamnation par la bulle *Unigenitus* de 1668.

Déclaration des quatre articles ■ Adoptée par l'Assemblée du clergé de France en 1682

1. Les rois et souverains ne sont soumis à aucune puissance ecclésiastique, par l'ordre de Dieu, dans les choses temporelles.
2. Les papes, vicaires de Jésus-Christ, ont pleine puissance en matière spirituelle sous la réserve que les décrets rendus dans les sessions IV et V du concile œcuménique de Constance, sur l'autorité des conciles généraux, demeureront dans leur force et vertu.
3. On doit observer, à l'égard de la puissance apostolique, les canons inspirés de Dieu et consacrés par le respect du monde entier, et aussi les règles, coutumes et constitutions admises dans le royaume.
4. Quoique le pape ait la principale part dans les questions de foi et que ses décrets regardent toutes les Églises et chacune d'elles, cependant son jugement n'est irréformable que si le consentement de l'Église s'y ajoute.

Prolongements

- Le jansénisme joue un rôle important dans l'œuvre de Racine, qui fut élevé à Port-Royal. L'homme y est incapable de lutter contre ses passions, et la prédestination janséniste prend la place de la fatalité antique.

- À l'inverse on peut penser que c'est le jansénisme, plus que la religion en général, qui est violemment attaqué et ridiculisé dans le *Tartuffe* de Molière.
- L'œuvre des jansénistes est retracée avec beaucoup de sympathie par Sainte-Beuve dans son monumental *Port-Royal* (1840-1859) dont tout un livre est consacré à Pascal.

2.2 Pascal, la raison et la foi

À l'époque même où Descartes établit la suprématie de la raison, la critique la plus radicale de celle-ci au nom de la foi est menée par Pascal, mathématicien et savant au moins aussi grand que Descartes. Ses *Pensées*, fragments inachevés, sont une des œuvres majeures du XVIIe siècle, et de la philosophie. Pascal prend également parti dans les querelles religieuses de son temps en défendant les jansénistes et en attaquant les jésuites. L'aspect pessimiste de son œuvre influence la littérature de son temps, Racine par exemple.

Un génie précoce

Blaise Pascal (1623-1662) fut un mathématicien précoce et génial : à douze ans ils retrouve les propositions d'Euclide, à seize il écrit un *Traité des coniques*, à dix-neuf il invente la première machine à calculer. Il se rapproche alors des jansénistes de Port-Royal mais continue ses travaux de physique. En 1647 il fait réaliser ses expériences sur l'«équilibre des liqueurs», c'est-à-dire sur la pression atmosphérique, et conclut à l'existence du vide, contre l'idée universellement admise, depuis Aristote, que «la nature a horreur du vide». Pendant un temps il fréquente des «mondains», comme le chevalier de Méré, brillants mais incroyants, dont il retient l'«esprit», cette attitude qui «consiste à comprendre les choses, à les savoir considérer à toutes sortes d'égards» en s'adaptant à toutes les circonstances de la vie. Pascal a une nuit d'illumination mystique, le 23 novembre 1654. Il se retire alors à Port Royal en janvier 1655. Il y écrit les *Provinciales*, où il attaque violemment les jésuites.
Les *Pensées* sont des fragments recueillis par Pascal en vue d'un ouvrage sur l'*Apologie de la religion chrétienne*, qui seront édités après sa mort en 1670. Elles posent de redoutables problèmes de classement, mais leur forme fragmentaire en accroît le caractère fascinant.

Misère de l'homme sans Dieu

La première partie des *Pensées* devait avoir pour titre «Grandeur et misère de l'homme». De fait Pascal donne un tableau étonnant de cette misère de l'homme, perdu dans l'univers infini, attendant sa mort.
Tirant profit des découvertes de son temps, de la lunette astronomique et du microscope, Pascal montre que l'homme est perdu entre «deux infinis», l'infiniment grand de l'univers et l'infiniment petit du «ciron», de l'animal microscopique. Flottant entre eux, qu'est-ce que l'homme? «Que l'homme étant revenu à soi, considère ce qu'il est au prix de ce qui est : qu'il se regarde comme égaré dans ce canton détourné de la nature; et que de ce petit cachot où il se trouve logé, j'entends l'univers, il apprenne à estimer la terre, les royaumes, les villes et soi-même son juste prix».

Quant à l'horreur de la mort, peu l'ont aussi bien exprimée que Pascal. «Le dernier ~~est~~ acte est sanglant quelque belle que soit la comédie en tout le reste. On jette enfin de la terre sur la tête, et en voilà pour jamais». Ou bien dans une autre image saisissante. «Qu'on s'imagine un nombre d'hommes dans les chaînes et tous condamnés à mort, dont les uns étant chaque jour égorgés à la vue des autres, ceux qui restent voient leur propre condition dans celle de leurs semblables, et, se regardant les uns les autres avec douleur et sans espérance, attendent leur tour. C'est l'image de la condition des hommes». C'est pour cette raison qu'ils cherchent misérablement de toutes leurs forces à se «divertir», c'est-à-dire à se détourner de la considération lucide de leur condition.

Faiblesse de la raison

Pour pallier cette finitude, une des facultés dont l'homme se fait le plus d'honneur est la raison. Or, Pascal va montrer que la raison est elle aussi finie et ne vaut que dans certaines limites. De ce point de vue les critiques de Pascal visent Descartes, «inutile et incertain», qui prétend n'admettre que la raison. Il y a «deux excès : exclure la raison, n'admettre que la raison».

Certes, et Pascal est bien placé pour le savoir, la raison permet des réussites superbes dans les sciences. Mais pour ce qui est des bases de ces sciences, leurs principes, elles ne peuvent être saisies par la raison, comme le démontre la nécessité de postulats en mathématiques.

Il est impossible de réfuter rationnellement le scepticisme et Pascal se sert, contre Descartes, des arguments de Montaigne, «incomparable pour convaincre si bien la raison de son peu de lumière».

Comme Montaigne l'a montré il n'y a pas de vérité, et l'imagination est plus forte que la raison. Relativisme d'abord : aucune vérité n'est universelle, «Vérité en-deçà des Pyrénées, erreur au-delà.» Pascal reprend quasi mot pour mot l'argument de Montaigne pour montrer que l'imagination nous domine : «Le plus grand philosophe du monde, sur une planche plus large qu'il ne faut, s'il y a au dessous un précipice, quoique sa raison le convainque de sa sûreté, son imagination prévaudra. Plusieurs n'en sauraient soutenir la pensée sans pâlir et suer».

Grandeur de l'homme avec Dieu

Pourtant il n'est pas possible, pour Pascal, d'en rester à la position de Montaigne. Son doute est lui-même si général qu'il «s'emporte soi-même».

Il convient dès lors de comprendre que la raison n'est pas la seule voie d'accès à la vérité. Au-delà de l'«esprit de géométrie», de la raison, il faut faire appel à l'«esprit de finesse», qui est la connaissance orientée par le «cœur», l'intuition. Celle-ci permet d'aller au-delà de la simple connaissance rationnelle, car «le cœur a ses raisons que la raison ne connaît point».

C'est par le cœur que l'homme se dépasse lui-même, qu'il accède à la grandeur. Connaître la misère de l'homme, c'est alors la dépasser : «C'est donc être misérable que de se connaître misérable, mais c'est être grand que de connaître qu'on est misérable».

Cette connaissance par le cœur ne peut se démontrer, elle ne peut être que l'objet d'une foi, et Pascal insiste sur l'illumination qu'a été pour lui la rencontre avec

Dieu, mais il doit s'agir du vrai Dieu, le « Dieu d'Abraham, Dieu d'Isaac, Dieu de Jacob », celui que l'on aime, et non le « Dieu des philosophes et des savants », celui que l'on démontre. Il est donc ridicule et présomptueux de prétendre donner des preuves de l'existence d'un Dieu qui nous dépasse infiniment.
Il faut donc que l'homme se trouve un nouveau centre, Dieu, et cesse de s'intéresser à son moi. « Le moi est haïssable… La vraie et unique vertu est donc de se haïr et de chercher un être véritablement aimable pour l'aimer ».

La dialectique pascalienne

Ce qui frappe dans l'œuvre pascalienne, si même on n'adhère pas à sa foi, est l'extraordinaire finesse de ses analyses, qui font passer d'une position extrême à l'autre, allant aux sommets de la raison comme de la foi. Sa croyance est d'autant plus passionnée qu'elle est à la mesure de son angoisse et de sa tentation de ne pas croire.
Sur bien des points particuliers, relevant de l'analyse du « monde », il fait preuve du même esprit que l'on peut qualifier de dialectique. C'est ce qu'il appelle la « raison des effets », le « renversement perpétuel du pour au contre ». Ainsi des rapports de la justice et de la force : tout en sachant que justice et force ne répondent pas aux mêmes exigences, on convient qu'il faut « mettre ensemble la justice et la force, et pour cela faire que ce qui est juste soit fort ou que ce qui est fort soit juste ». Comme la force est reconnaissable et n'est pas sujette à dispute, à la différence de la justice, « on a fait que ce qui est fort fût juste ». Ce n'est pas pour autant qu'il faut mépriser la force et ne respecter que la justice. Cette soumission apparemment déraisonnable de la justice à la force, a le mérite de maintenir la paix : pourquoi choisir pour gouverner un État le premier fils d'une reine ? Parce que « cela est net, il n'y a point de dispute ». Il convient simplement de savoir que cet ordre n'a pas de fondement rationnel : les « habiles » respectent cet ordre avec une « pensée de derrière » et retrouvent ainsi le peuple, alors que les « demi-habiles » en sont restés au stade de la critique. L'ordre n'est pas rationnel, simplement parce que Dieu l'a voulu, les « chrétiens parfaits » le savent.

Le pari de Pascal ■ Ce pari n'est certes pas une de ces preuves de l'existence de Dieu que Pascal a si explicitement critiquées. Il s'adresse à des libertins, qui ne croient pas en Dieu et qui ont le goût du jeu. Il ne s'agit pas de les convaincre mais de les mettre en branle. Le pari est pour ou contre l'existence de Dieu, pour ou contre la vie éternelle. Il faut d'abord expliquer au libertin qu'il ne peut se dérober au choix : s'il n'a pas parié pour Dieu, il a parié contre Dieu. « Oui, mais il faut parier; cela n'est pas volontaire, vous êtes embarqués ». Ce choix n'offense donc pas la raison puisqu'il a déjà été fait dans un sens. Pour ce qui est de la béatitude, du bonheur, ce que l'on peut gagner est « une infinité de vie infiniment heureuse ». On peut donc gagner l'infini en pariant le fini de sa vie terrestre. Pascal, qui est un des inventeurs du calcul des probabilités, montre que dans ce cas le calcul n'est pas possible, le choix s'impose de lui-même. Si le libertin gagnait son pari contre Dieu, il ne gagnerait rien, s'il perdait, il perdrait tout. Le pari est certes un saut dans l'incertain, mais qui peut nous faire rencontrer la grâce.

Prolongements

- Voltaire ne cesse de poursuivre Pascal de sa vindicte, en particulier dans ses « Dernières remarques sur Pascal », ajoutées à une réédition des *Lettres philosophiques.* Il voit en lui « un homme de génie », mais aussi un « fanatique ». Voltaire veut « prendre le parti de l'humanité » contre « ce misanthrope sublime ».
- Chateaubriand dans le *Génie du christianisme* fait de Pascal un être déchiré entre sa raison et son cœur et qui n'en est que plus émouvant lorsqu'il choisit la foi.
- Les critiques d'esprit voltairien et positiviste du XIXe siècle verront en Pascal un illuminé. Ainsi le psychiatre Lélut écrivit en 1846 *L'Amulette de Pascal, pour servir à l'histoire des hallucinations.*

3. Philosophie

3.1 Descartes et le rationalisme

Comme d'autres pays se sont identifiés à des écrivains, Dante ou Goethe, il est curieux de constater que la France s'est identifié à un philosophe, René Descartes, à tel point que souvent l'esprit français est carctérisé comme « cartésien » et qu'il a souvent été dit que : « Descartes, c'est la France ».

« Ce cavalier français qui partit d'un si bon pas » (C. Péguy)

René Descartes mena une vie moins sédentaire qu'on ne le dit généralement, voyageant en Hollande, en Allemagne, en Italie ou en Suède et n'hésitant pas, au besoin, à tirer l'épée. Né en 1596 à la Haye, en Touraine, après ses études au collège jésuite de La Flèche, il s'engage dans l'armée hollandaise. En 1619 il a une nuit la révélation d'« une science admirable », fondée sur une « méthode universelle » inspirée des mathématiques, qui lui permettrait de résoudre tous les problèmes qu'il se pose. Il voyage jusqu'en 1628 puis décide de s'arrêter à Amsterdam pour y travailler dans le calme et l'anonymat que procure la grande ville : « Chacun y est tellement attentif à son profit, que j'y pourrais demeurer toute ma vie sans être jamais vu de personne. » Il y restera vingt ans. Il commence à rédiger en 1628 ses *Règles pour la direction de l'esprit,* puis il publie en 1637 le *Discours de la méthode pour bien conduire sa raison et chercher la vérité dans les sciences,* premier ouvrage philosophique en français. Le *Discours de la méthode* se présente sous une forme autobiographique et précède quelques exemples de l'application de cette méthode à la dioptrique, aux météores et à la géométrie. Il espère beaucoup également fonder une médecine scientifique qui lui permettrait de prolonger sa vie. En 1641, il publie, pour les spécialistes et en latin, les *Méditations métaphysiques,* puis, en 1644, un résumé d'ensemble de sa philosophie, les *Principes.* Dans les années qui suivent il va préciser sa doctrine morale dans sa correspondance avec la princesse Elisabeth et publier à la suite son *Traité des passions de l'âme* (1649). Appelé en Suède par la reine Christine, il y meurt en 1650. Toute sa vie il a conservé son manuscrit du *Monde,* qu'il n'a pas osé publier de crainte de connaître le même sort que Galilée.

La raison architecte

Le point de départ de Descartes est un refus général de tout ce qui lui a été enseigné, et qui selon lui ne peut que conduire au scepticisme. Il fait le récit de la déception que lui a causé l'enseignement qu'il a reçu. En particulier, toute la philosophie, c'est-à-dire la scolastique, est jugée contradictoire, et il n'est rien possible de bâtir de solide sur elle. Les mathématiques sont la seule discipline qui trouve grâce aux yeux de Descartes : «Je me plaisais surtout aux mathématiques, à cause de la certitude et de l'évidence de leurs raisons.» Or ces sciences, si solides, sont fondées sur la philosophie, si fragile.

Il s'agit donc, selon une métaphore architecturale que Descartes affectionne, de tout rebâtir de zéro. «Les bâtiments qu'un seul architecte a entrepris et achevés ont coutume d'être plus beaux et mieux ordonnés que ceux que plusieurs ont tâché de raccommoder en faisant servir de vieilles murailles qui avaient été bâties à d'autres fins». Il faut ne se fier à aucun livre et se défaire de toutes les pensées que nous tenons de l'enfance, qui est «maîtresse d'erreur et de fausseté». «Il n'y a d'autres voies ouvertes à l'homme pour parvenir à la connaissance de la vérité que l'intuition évidente et la déduction nécessaire».

Le modèle que prendra Descartes est celui des géomètres et de leurs «longues chaînes de raison toutes simples et faciles». Il va énoncer quatre règles inspirées de cette méthode géométrique. La première est, pour éliminer les préjugés, de n'admettre que les idées claires et distinctes, c'est-à-dire issues d'un acte pur de la raison. La deuxième consiste à séparer les problèmes en autant de parties qu'il est possible. La troisième s'attache à remonter ensuite des objets les plus simples à connaître aux plus complexes. La quatrième repose sur des récapitulations qui permettent de vérifier que rien n'a été omis.

L'efficacité de la raison tient à l'application de cette méthode. Tout le monde est doté de la même raison, de la même «puissance de distinguer le vrai du faux» : «le bon sens est la chose du monde la mieux partagée». Mais «ce n'est pas assez d'avoir l'esprit bon, le principal est de l'appliquer bien». C'est parce que nous usons mal de cet entendement que nous sommes dans l'erreur.

Un fondement stable

Pour éviter les erreurs, Descartes va tout mettre en doute, afin de pouvoir trouver un fondement stable. Ce doute est un doute «méthodique», provisoire, qui a pour fin d'établir des vérités indubitables. Il décide de «ne recevoir jamais aucune chose pour vraie que je ne la connusse évidemment être telle». C'est aussi un doute «hyperbolique» qui pousse à l'extrême les arguments des sceptiques.

Descartes constate qu'il est possible de douter de tout, excepté d'une seule vérité, susceptible de résister «à toutes les plus extravagantes suppositions des sceptiques» : moi qui doute, au moment où je doute, je pense, donc je suis. C'est le fameux «*cogito ergo sum*» («Je pense donc je suis»). Le doute ne peut pas refuser cette évidence puisqu'il la présuppose.

Mais sachant cela je ne suis convaincu de mon existence que comme chose pensante. Cela n'implique absolument pas l'existence de mon corps.

Pour en arriver à prouver cette existence, ainsi que celle du monde, il va falloir faire un détour par l'existence de Dieu. Cette existence est prouvée par l'argument ontologique : dans notre pensée, même si nous ne sommes pas croyants, nous avons l'idée d'un être souverainement parfait. Or, il y a plus de perfection dans l'existence que dans la non-existence, donc Dieu existe. Cette existence de Dieu une fois prouvée nous garantit la véracité des témoignages des sens sur l'existence de notre monde et du corps. : Dieu ne peut être trompeur, sinon il serait imparfait.

Un monde mécanique

Une fois notre existence, celle de Dieu et du monde établies il ne reste plus à Descartes qu'à expliquer le monde à partir de principes mathématiques simples. C'est ce qu'il fait dans le traité du *Monde* et de *l'Homme*. Il est possible de rendre compte de la totalité de l'univers «par des grandeurs, des figures et des mouvements», et c'est même la «grandeur» de sa philosophie, c'est là que Descartes a le plus le sentiment d'innover, de «bâtir dans un fonds qui est tout à lui». Cette explication mécanique du monde a des conséquences pratiques, dans la mesure où elle rend possible d'agir rationnellement sur le monde et de nous rendre «comme maîtres et possesseurs de la nature».
Cette explication mécanique s'étend à l'ensemble du monde, y compris le vivant dont Descartes donne une explication totalement mécanique, qu'il estime confirmée par les découvertes contemporaines de Harvey. Les fonctions du corps suivent «de la seule disposition de ses organes, ni plus ni moins que font les mouvements d'une horloge ou autre automatc, de celle de ses contrepoids et de ses roues». Cette comparaison avec l'horloge implique que la vie et la mort ne diffèrent l'une de l'autre que comme la marche et l'arrêt d'une machine.
Cette assimilation du vivant à une machine sera poussée à sa limite dans le cas de l'animal, qui n'a pas d'âme, et qui est donc considéré comme un pur animal-machine. En revanche l'homme a une âme, définie comme pure pensée et un corps défini comme pur mécanisme. La grande difficulté de la philosophie de Descartes sera de penser cette «union de l'âme et du corps». Il conclut que «nous la sentons et l'expérimentons», mais ne pouvons en avoir une connaissance rationnelle, même s'il tente de localiser le lieu de l'action de l'une sur l'autre dans la glande pinéale, au centre du cerveau.

La théorie de l'animal-machine ■ La théorie de l'animal-machine, aspect le plus populaire et le plus scandaleux de la doctrine cartésienne, servira, au XVIIe et au XVIIIe siècle de critère de démarcation entre cartésiens et anti-cartésiens. Elles s'inscrit dans la vieille polémique engagée depuis le XVIe siècle sur l'âme des bêtes. Rorarius, repris par Montaigne, dans l'*Apologie de Raymond Sebond*, avait estimé qu'il existe des bêtes qui se servent de la raison mieux que les hommes. Pour Descartes, en revanche, l'animal est une machine, à la manière des automates que l'on réalise alors : «Les bêtes agissent naturellement et par ressorts ainsi qu'une horloge.» Dans la mesure où l'âme n'est plus animatrice comme chez Aristote, mais pure pensée, l'écart s'accroît entre l'homme et l'animal. Ce qui permet de les distinguer est alors le langage, mais un langage adapté aux situations, «à propos». La Fontaine ou Mme de Sévigné vont s'élever contre ces assertions.

Les grands cartésiens ■ Les plus grands philosophes du XVIIe siècle inscrivent leur pensée dans l'héritage cartésien et sa critique. Ils cherchent en particulier à surmonter la difficulté que pose la question de l'union de l'âme et du corps chez Descartes.

Pour rendre compte de cette union, le prêtre de l'oratoire Nicolas Malebranche (1638-1715) fait un détour par Dieu. Dans sa *Recherche de la vérité* (1674) il développe sa théorie de l'occasionnalisme. Il n'est pas possible que la matière puisse modifier un esprit : « Ce n'est pas ma volonté qui soulève mon bras, c'est Dieu qui le remue à l'occasion de ma volonté. » De même Dieu est la seule vraie cause de tout ce qui se passe dans l'univers, les causes apparentes ne sont que l'occasion de son action.

Pour Spinoza (1632-1677), dans *l'Éthique* (1677), l'âme ne saurait être unie ni au corps tout entier, ni à une partie de celui-ci. L'hypothèse cartésienne de la glande pinéale est « plus occulte que toutes les qualités occultes ». Pour Spinoza corps et âme sont les deux modes d'une même substance unique, Dieu. Le corps est un mode de l'étendue, l'âme un mode de la pensée. L'homme connaît donc son unité véritable en Dieu, il n'est pas un être séparé, un « empire dans un empire ». L'erreur de Descartes est de conclure du « *cogito* » à un « *sum* », à une existence séparée. Il convient plutôt pour Spinoza de dire : « *homo cogitat* », l'homme pense.

Enfin, pour Leibniz (1646-1716), la philosophie cartésienne est « l'antichambre de la vérité ». Le seul moyen de penser la communication des substances simples et « sans fenêtres » que sont pour lui les monades est l'« harmonie préétablie ». Les substances n'agissent pas les unes sur les autres, leur harmonie est réglée par Dieu. Ainsi, s'agissant du problème de l'union de l'âme et du corps, que l'on peut comparer au problème de la synchronisation de deux horloges, il ne faut pas que l'une influe sur l'autre, ou qu'on les règle constamment l'une sur l'autre, il faut qu'elles aient été créées de façon qu'elles soient en accord.

Prolongements

- L'œuvre de Descartes eut une grande influence sur les écrivains du temps et retrouve certains traits de l'idéal classique. Jean de La Fontaine admire « Descartes, ce mortel dont on eût fait un dieu chez les païens ». Boileau par son *Arrêt burlesque* contribue à empêcher la condamnation du cartésianisme par le Parlement de Paris.
- La théorie de l'animal-machine sera poussée à l'extrême par La Mettrie qui écrit *L'homme-machine* en 1748. Il estime que le corps de l'homme, qui est tout l'homme, « n'est qu'une merveilleuse montre conçue avec un art et une habileté suprême ». Descartes l'avait compris mais s'il n'a pas osé l'affirmer, c'est uniquement pour des raisons de prudence.
- Selon Hegel, Descartes est un « héros de la pensée » : il est « celui par qui a véritablement commencé la philosophie moderne » dans la mesure où, avec le *cogito*, il fait commencer la philosophie par la conscience. Avec Descartes, la philosophie « prend la pensée pour principe ».
- Husserl recommence l'entreprise cartésienne dans ses *Méditations cartésiennes* (1931) en suspendant provisoirement l'existence du monde et en retrouvant un ego transcendantal, mais qui, à la différence de Descartes, ouvre à l'intersubjectivité.
- En 1946 Maurice Thorez, secrétaire général du Parti communiste français, tenta de récupérer un Descartes qui serait le précurseur du rationalisme et le témoin des « audaces intellectuelles de la bourgeoisie montante ».

4. Littérature

4.1 La littérature classique

➠ TERMINOLOGIE • Le mot classique vient du latin «*classici*», qui désigne les citoyens rangés par leur fortune dans la première classe. Puis l'auteur latin Aulu-Gelle distinguera le «*scriptor classicus*», écrivain de première classe, pour gens cultivés, du «*scriptor proletarius*», écrivain pour le peuple. Selon le *Dictionnaire* de Richelet (1680) classique est «*ce qui est digne d'être enseigné dans les classes*».

Un âge classique n'exista que pendant une courte période, à la fin du XVIIe siècle, et essentiellement en France. Il est pour une bonne part lié au règne de Louis XIV et à sa domination sur l'esprit européen de l'époque. Mais, à strictement parler, le «siècle de Louis XIV» n'a duré qu'une vingtaine d'années, de la mort de Mazarin en 1661 à la Révocation de l'Édit de Nantes en 1685.

L'idéal classique se présente comme une union du génie et de la règle, qui seraient comme la matière et la forme de l'œuvre d'art. Idéal d'ordre, de raison et de proportion qui connaîtra ses plus grandes réussites chez des artistes, comme Racine et Poussin, qui ont conquis cet équilibre sur des passions violentes.

L'idéal classique ne fut énoncé très explicitement que dans le domaine de la littérature. Il fut surtout atteint dans la tragédie classique, de Corneille et surtout de Racine.

Ce n'est que par contrecoup que cet idéal sera transféré dans d'autres domaines comme la musique, avec Lully, Rameau ou Couperin ou la peinture avec Philippe de Champaigne ou Nicolas Poussin.

La doctrine classique

En 1674 Boileau, dans son *Art poétique* résume dans des formules très célèbres la doctrine classique telle qu'elle avait en fait déjà été élaborée par des auteurs moins connus comme Chapelain, d'Aubignac ou Guez de Balzac. Les académies joueront un rôle essentiel dans l'élaboration de cette doctrine classique, en particulier l'Académie française, fondée en 1635 par Richelieu avec pour tâche de fixer une langue française classique, ce que fera par exemple Vaugelas avec ses *Remarques sur la langue française* en 1647.

La doctrine classique repose, selon la formule de Boileau, sur un idéal de clarté dans l'expression : «Ce que l'on conçoit bien s'énonce clairement, et les mots pour le dire arrivent aisément.» Elle suppose que la littérature n'est pas seulement l'œuvre du génie, mais qu'elle doit respecter un certain nombre de règles fixes.

L'imitation des Anciens

Il convient tout d'abord d'imiter les Anciens, ce que La Bruyère résume bien dans les *Caractères* : «Tout est dit, et l'on vient trop tard depuis plus de sept mille ans qu'il y a des hommes, et qui pensent. Sur ce qui concerne les mœurs, le plus beau et le meilleur est enlevé; l'on ne fait que glaner après les Anciens et les habiles d'entre les modernes.»

Cependant, à la différence des humanistes de la Renaissance, les classiques opèrent un tri parmi ces auteurs anciens. Ainsi, ils préfèrent généralement les Romains aux Grecs, Virgile à Homère et les tragédies de Sénèque à celles des tragiques grecs. Cette sélection est faite au nom de la raison.

L'imitation de la nature

L'art est défini, à la suite d'Aristote, comme imitation et non pas comme imagination ou inspiration. La littérature est « l'art qui imite par le langage seul ». La question qui se pose est de savoir ce que l'art doit imiter.

La réponse donnée par les classiques est que l'art doit imiter la nature. Boileau encore : « Que la nature donc soit votre étude unique ». Mais cette nature, ce ne sont ni les champs, ni les bois, c'est surtout l'homme, non pas l'homme physique mais l'homme moral, sa raison, ses sentiments et son caractère, ce que Corneille appelle « les grands intérêts humains ». Selon Bossuet, « le plaisir de l'homme, c'est l'homme » mais bien sûr pas n'importe quel homme, l'homme de la cour et de la ville, celui qui n'est qu'ordre et bienséance. L'homme des classiques est l'homme rationnel, celui qui parvient à maîtriser ses passions. La raison est l'objet essentiel d'une littérature qui en ce sens est bien contemporaine de Descartes.

L'utilité de la littérature

La littérature ne doit pas seulement servir à plaire, elle doit aussi avoir une utilité sociale. Pour Chapelain et ses successeurs : « Un lecteur sage fuit un vain amusement et veut mettre à profit son divertissement. » Le contenu de cette utilité de la littérature est précisé en mettant une fois encore à profit Aristote et ses remarques sur la tragédie comme « catharsis », purification des passions. En voyant les passions représentées sur une scène, le spectateur s'en libère.

Les règles

Pour mettre ces différents préceptes en œuvre, il convient de respecter certaines règles techniques. Pour les classiques, le génie est certes important, mais il ne peut se manifester qu'à condition d'être soumis à des règles, qui lui donnent un cadre, des formes fixes. Ces règles se préciseront après la querelle autour du *Cid* de Corneille en 1637.

Première règle, la vraisemblance : le sujet de l'œuvre ne doit pas être extraordinaire, il doit présenter des situations courantes, vraisemblables, l'intrigue doit être plausible. Racine saura construire de telles pièces vraisemblables.

Deuxième règle : il convient de ne pas mélanger les genres, la tragédie et la comédie, l'épopée et le roman, la satire et la poésie. La tragédie est le genre le plus noble et le plus beau, le genre modèle.

Troisième règle, plus technique, la « règle des trois unités », de lieu, de temps et d'action, résumée ainsi par Boileau : « Qu'en un lieu, qu'en un jour, un seul fait accompli tienne jusqu'à la fin le théâtre rempli. »

L'unité de lieu est souvent difficile à respecter. L'unité de temps pose des problèmes de définition : en général on admet avec Aristote que « la tragédie s'efforce le plus possible de se renfermer dans une révolution de soleil ou du moins de dépasser peu ces limites », mais on pourrait estimer que la durée de l'action ne devrait à la rigueur pas excéder celle de la représentation. L'unité d'action semble la moins problématique de ces exigences.

4.2 Deux tragiques : Corneille et Racine

Corneille

Pierre Corneille (1606-1684) n'est pas le plus représentatif des auteurs classiques. Il écrit au moment où s'élabore cette doctrine, souvent à l'occasion même de ses chefs d'œuvre comme le *Cid*.
Il a une très longue carrière de 1629 à 1674 et écrit trente-trois pièces. Sa première pièce est une comédie à intrigue complexe, *Mélite*, puis il écrit des tragi-comédies très mouvementées comme *Clitandre* (1631), des comédies comme l'*Illusion comique* (1636). Son premier très grand succès est *le Cid* en 1637, qui est une tragi-comédie à laquelle les théoriciens du classicisme reprochent son mélange des genres et son dénouement heureux. À la suite du *Cid*, il écrit ses plus grandes pièces, *Horace* en 1640, *Cinna* en 1642, *Polyeucte* en 1643, qui sont à l'origine de la tragédie classique. Il se fera lui-même théoricien de son art dans l'édition de ses œuvres en 1660, qui fait précéder chaque pièce d'un *Discours* et la fait suivre d'un *Examen*.
À la fin de sa vie il connaîtra moins de succès, étant en partie éclipsé par le succès croissant de Racine.
Le *Cid* résume bien l'œuvre de Corneille. Cette pièce est inspirée d'un sujet espagnol. À Séville, Rodrigue aime Chimène, qui l'aime aussi, mais le père de celle-ci insulte son père, qui demande à Rodrigue de lever l'affront, étant trop âgé pour le faire lui-même. Rodrigue, ne peut échapper à cet engagement, et ne l'envisage d'ailleurs pas, trop soucieux qu'il est de l'honneur de sa famille. Il combat en duel et tue le père de Chimène. Celle-ci doit à son tour demander au roi la tête de Rodrigue. Ils s'avouent l'un et l'autre que leur amour est encore renforcé par leur commun sentiment de l'honneur. Survient une attaque des Maures, que Rodrigue défait : il est alors reconnu comme le Cid («seigneur») par les vaincus. Le roi, ayant vérifié l'amour de Chimène, laisse entendre qu'il l'obligera à pardonner et qu'ils pourront se marier.
Le Cid montre bien l'importance du sentiment de l'honneur, du culte de la gloire chez Corneille. La gloire c'est la haute idée que le héros se fait de lui-même, c'est sa soumission à une idée, l'honneur, la religion, l'État à laquelle il est prêt à tout sacrifier, et bien sûr sa vie. C'est en s'affirmant ainsi face à un destin funeste que le héros cornélien s'en libère, choisissant d'affirmer sa volonté et d'assumer les conséquences de ce culte de la gloire. Rodrigue explique ainsi qu'il ne puisse renoncer à venger son père : «Que je meure au combat ou meure de tristesse/je rendrai mon sang pur comme je l'ai reçu.» Il s'agit de faire ce qu'ordonne le devoir : «J'ai fait ce que j'ai dû, je fais ce que je dois.» Ailleurs, dans *Polyeucte*, la religion est l'idéal auquel Polyeucte sacrifie sa vie et son amour.
Agissant ainsi le héros cornélien affirme sa liberté et sa victoire sur les passions. Dans *Cinna*, le héros affirme : «Je suis maître de moi comme de l'univers/Je le suis, je veux l'être.» Dans *Polyeucte*, Pauline fait l'éloge de la «raison souveraine sur les passions».

Une difficulté supplémentaire surgit quand les choix à faire ne sont pas clairs. D'où l'expression aujourd'hui courante de «choix cornéliens». Ainsi dans *Horace*, les héros, Horaces et Curiaces, contraints de s'affronter en combat singulier, sont partagés entre leur patriotisme qui leur impose de combattre pour leurs cités respectives, et leurs sentiments familiaux, les deux familles, l'une d'Albe et l'autre de Rome, étant unies.
La mort n'étant pas particulièrement à craindre, la seule passion qui puisse s'opposer à la gloire est l'amour, mais celui-ci est toujours perdant dans cet affrontement. Le héros cornélien préfère un sentiment viril à ce qui peut apparaître comme une faiblesse. D'ailleurs, à la fin de la carrière de Corneille, l'amour passera au second plan : il écrit alors des œuvres plus politiques, avec le souci de représenter «quelque grand intérêt de l'État ou quelque passion plus noble et plus mâle que l'amour, telles que sont l'ambition ou la vengeance».

Racine

Jean Racine (1639-1699) est l'auteur classique par excellence. C'est ainsi qu'il était déjà salué en son temps. Il se conforme parfaitement aux contraintes qu'impose la doctrine classique et sait en tirer parti.
Orphelin très jeune, il fut élevé à la petite école de Port-Royal par les jansénistes Nicole et Lancelot. Un temps il se retourna violemment et méchamment contre ses maîtres et eut une vie assez agitée, étant l'amant d'une comédienne impliquée dans l'affaire des poisons. Puis il se range, retourne au jansénisme, obtient la charge d'historiographe du roi et n'écrit plus pour le théâtre.
Son premier grand succès est *Andromaque* en 1667. Il écrit ensuite une comédie de mœurs, *Les Plaideurs* en 1668, puis toute la série de ses tragédies classiques, inspirées de l'Antiquité grecque ou romaine, parmi lesquelles, *Britannicus* (1669), *Bérénice* (1670), *Iphigénie* (1674), *Phèdre* (1677), puis, après une longue interruption, ses deux dernières pièces chastes, écrites à la demande de Mme de Maintenon pour les jeunes pensionnaires de Saint-Cyr, *Esther* (1689) et *Athalie* (1691).
Racine entend, contre Corneille, réaliser des pièces d'une grande simplicité. Il présente ainsi son idéal dans la première préface de *Britannicus* : «Une action simple, chargée de peu de matière, telle que doit être une action qui se passe en un seul jour, et qui, s'avançant par degrés vers sa fin, n'est soutenue que par les intérêts, les sentiments et les passions des personnages».
Alors que la tragédie de Corneille était une tragédie de la gloire et de l'honneur triomphant, la tragédie de Racine met au premier plan la description des passions, et en particulier de l'amour, dont la violence obscurcit la raison et les convenances. Il s'agit de décrire les passions pour «montrer le désordre dont elles sont cause».
En effet le héros n'est absolument pas maître de cette passion qui le submerge, comme le montre *Phèdre,* qui est la pièce la plus caractéristique des situations raciniennes. Phèdre fait le récit de sa première rencontre avec Hippolyte et de l'amour qui la submerge : «Je le vis, je rougis, je pâlis à sa vue.» Or, Phèdre est la deuxième femme de Thésée, et Hippolyte son beau-fils. Elle ne peut pourtant s'empêcher de l'aimer et, croyant Thésée mort, elle lui déclare sa flamme, provoquant le dégoût chez celui-ci.

L'amour est totalement destructeur et va être à l'origine de l'issue presque toujours sanglante de la tragédie, d'autant que cet amour n'est que très rarement partagé. Celui ou celle qui est aimé en aime un autre, Hippolyte aimant par exemple Aricie. La jalousie est alors la manifestation exemplaire de l'amour. Thésée revenu croit qu'Hippolyte a tenté de séduire Phèdre; celui-ci pour se disculper avoue à son père, qui ne le croit pas, son amour pour Aricie. Phèdre qui était venue pour le disculper, lorsqu'elle apprend l'amour d'Hippolyte pour Aricie ne fait plus rien pour empêcher Thésée de tuer son fils.
La haine, le désir de vengeance vont de pair avec l'amour malheureux. Les personnages sympathiques, comme Hippolyte, sont détruits par des personnages violents comme Phèdre. La brutalité des passions décrites, la cruauté des personnages ne peut manquer, comme le souhaitait Aristote de provoquer « compassion et terreur ».
Cet amour inhumain, cette violence des passions ne peuvent être maîtrisés par la raison, et réintroduisent au sein de la tragédie classique l'idée d'une fatalité semblable à celle des Grecs. Les héros sont victimes d'une malédiction qui semble quelquefois être héréditaire puisque Racine souligne que Phèdre est « fille de Minos et Pasiphaé », épouse indigne.
Il a été souvent noté que cette vision noire, pessimiste, qui semble impliquer que l'homme est d'avance perdu peut se rattacher au jansénisme de Racine et rappelle les textes de Pascal sur la « misère de l'homme ».

Molière et la comédie ■ Le troisième grand auteur du XVIIe siècle français est Jean-Baptiste Poquelin, dit Molière (1622-1673). Auteur de comédies, genre dont s'étaient peu occupés les théoriciens de la doctrine classique, il sera plus libre pour se consacrer à une œuvre totalement originale.
Il est d'abord acteur et fonde avec des amis une troupe de comédiens, l'« Illustre théâtre », qui a peu de succès, puis il vit en faisant des tournées en province. Il connaît son premier grand succès à Paris avec *Les Précieuses ridicules* en 1659, qui ridiculise deux provinciales arrivées à Paris et entichées des « gens à latin ». En 1662 il écrit l'*École des femmes*, qui provoque un scandale. Soutenu par le roi, Molière ne se laisse pas arrêter et écrit en 1665 *Dom Juan* puis, en 1666, le *Misanthrope* ainsi que la farce *Le Médecin malgré lui*. Il réussit en 1667 à faire représenter *Tartuffe* qu'il préparait depuis plusieurs années, mais la pièce est interdite et les spectateurs excommuniés. *Tartuffe* ne pourra connaître le succès qu'en 1669 avec le soutien du roi. En 1670 il écrit, en collaboration avec le musicien Lully, une comédie-ballet, *Le Bourgeois gentilhomme*, puis *Les Femmes savantes* en 1672. Il termine son œuvre, se sachant malade, par une comédie qui se moque de la maladie, *Le Malade imaginaire*. Il meurt en la jouant en 1673.
Au-delà des distinctions habituelles entre les différents types de comédie, Molière poursuit deux objectifs dans ses pièces : d'abord faire rire un public distingué, ce qui n'était pas évident à une époque où la comédie était définie par Corneille comme mettant en scène « une action commune et enjouée ».
Molière s'inspire alors directement de la farce et de la *commedia dell'arte*, qui étaient jusque là réservées à un public populaire. C'est ce qu'il fait dans *Les Fourberies de Scapin* (1671). Il a le sentiment de sa nouveauté sur ce point puisqu'il note que c'est une « étrange entreprise » que « de faire rire les honnêtes gens ».
Toutefois il a aussi le souci de se moquer des mœurs de son temps, et de contribuer ainsi à les corriger, selon la devise traditionnelle de la comédie « *castigat*

ridendo mores» («elle corrige les mœurs en riant»). Par exemple dans l'*École des femmes* où il moque la volonté des maris de séquestrer leurs femmes ou dans le *Tartuffe* où il critique les parents qui veulent marier leurs enfants sans leur consentement.
Il va très loin dans sa critique puisque le *Tartuffe* s'attaque directement à la religion et au parti dévot. Mais Molière est courageux et ne voit pas pourquoi donner des bornes à ses satires : «Si l'emploi de la comédie est de corriger les vices des hommes, je ne vois pas pour quelle raison, il y en aura de privilégiés». Il se moque particulièrement souvent de la fausse vertu, excessive et intolérante : «Il faut parmi le monde une vertu traitable/À force de sagesse on peut être blâmable». La sagesse de Molière lui fait comprendre qu'il convient en toutes choses de rester dans un juste milieu : «Les hommes, la plupart sont étrangement faits/Dans la juste nature on ne les voit jamais.»
Les personnages qu'il décrit resteront des types éternels et sont quelquefois devenus des noms communs : Harpagon, l'avare, Arnolphe, le vieillard amoureux, Tartuffe, le faux-dévot, Alceste, le misanthrope. Ces personnages sont en général très complexes, comme l'est par exemple le misanthrope, qui voit bien les vices qui l'entourent mais absolument pas le sien ou Dom Juan, qui est à la fois odieux par son cynisme et charmant par son intelligence et son courage.

Prolongements

- Corneille définit la générosité en même temps et dans les mêmes termes que Descartes qui, dans le *Traité des passions* (1649), traite de «la vraie générosité, qui fait qu'un homme s'estime au plus haut point qu'il se peut légitimement estimer» et «consiste en ce qu'il connaît qu'il n'y a rien qui véritablement lui appartienne que cette libre disposition des ses volontés».
- Voltaire professa toujours la plus vive admiration pour Racine. Il écrit ainsi dans *Le Siècle de Louis XIV* : «Racine passa de bien loin les Grecs et Corneille dans l'intelligence des passions, et porta la douce harmonie de la poésie, ainsi que les grâces de la parole au plus haut point où elles pussent parvenir».
- Rousseau dans sa *Lettre à d'Alembert sur les spectacles* (1758) prend la défense de l'Alceste de Molière, en qui il se reconnaît sans doute, et estime que le théâtre de Molière est «une école de vices et de mauvaises mœurs, plus dangereuse que les livres même où l'on fait profession de les enseigner».
- Musset en revanche décèle une ambiguïté chez Molière, qui ne serait pas seulement un comique mais un auteur mélancolique : il admire sa «mâle gaieté, si triste et si profonde/Que lorsqu'on vient d'en rire, on devrait en pleurer».
- En 1850, en réponse à la question *Qu'est-ce qu'un classique?* Le critique littéraire Sainte-Beuve donne une définition qui ne le limite pas à une époque particulière : un classique, c'est «un auteur qui a enrichi l'esprit humain, qui en a réellement augmenté le trésor, qui lui a fait faire un pas de plus».

4.3 La querelle des Anciens et des Modernes

Cette querelle dure de 1683 à 1719. Elle oppose les Classiques, défenseurs de la supériorité inconditionnelle de l'Antiquité en littérature, aux Modernes, qui pensent qu'il est possible de progresser par rapport aux anciens. Du côté des Classiques, Boileau, Racine, La Fontaine, La Bruyère, Bossuet, Fénelon. Du côté des modernes : Corneille, Fontenelle, Claude et Charles Perrault, Bayle. Elle marque la fin de l'âge classique.

Les débuts de la querelle

La querelle débuta sans faire grand bruit en 1683 avec l'ouvrage de F. Charpentier *De l'excellence de la langue française*. L'auteur se prononçait en faveur de l'emploi du français au lieu du latin pour les inscriptions sur les monuments publics. Il avait sans doute été influencé par la lecture du *Clovis ou la France chrétienne* (1657) de Desmarets de Saint-Sorlin qui montrait la supériorité du merveilleux chrétien sur le paganisme antique, auquel Boileau avait répondu dans son *Art poétique* (1674), en proscrivant l'usage de héros chrétiens en littérature, par respect pour la religion, et par attachement à la mythologie.

L'intervention de Charles Perrault

Le véritable point de départ de la querelle est la lecture faite, en 1687 à l'Académie française, par Charles Perrault, l'auteur des fameux *Contes*, de son poème *Le Siècle de Louis le Grand*, où il affirme la supériorité des poètes modernes sur leurs prédécesseurs de l'Antiquité. Il fait ensuite paraître, de 1688 à 1697, ses *Parallèles des anciens et des modernes*. Il constate le progrès des sciences et des arts comme l'architecture, la peinture ou la sculpture, et estime qu'il n'est pas possible que la littérature soit restée à l'écart.
Le simple fait d'être venu après est un avantage pour les modernes, comme l'est l'invention de l'imprimerie. La langue française est également supérieure aux langues anciennes.
Fontenelle va dans le même sens dans sa *Digression sur les anciens et les modernes* de 1688, en expliquant qu'il n'y a pas de raison pour qu'il y ait eu plus de grands esprits dans l'Antiquité qu'il n'y en a aujourd'hui, car «la nature est toujours la même». En revanche, les modernes bénéficient des découvertes de leurs devanciers, comme le montre leur supériorité évidente en sciences et en philosophie. L'humanité arrive à son âge adulte, alors que les Anciens sont encore proches de l'enfance, comme le prouve leur imagination débordante. Il existe donc bien un progrès de ce que Fontenelle, l'un des premiers, a nommé dans ce texte les «lumières».
On peut noter que, dans un cas comme dans l'autre, cette défense des Modernes contre les anciens est le fait de cartésiens : comme Descartes ils ne font pas preuve d'un respect excessif pour leurs prédécesseurs.
La Fontaine riposte en 1687 par son *Épître à Huet*. Selon lui, parmi les Modernes, les meilleurs sont ceux qui ont imité l'Antiquité. Boileau réagit en 1694 par ses *Réflexions sur Longin*, où il défend Longin et Pindare. Il y explique que ce qui fait le caractère classique des Anciens c'est «l'antique et constante admiration» qu'on a toujours eue pour eux. Les Modernes, eux, n'ont pas pour eux le témoignage d'une telle suite de siècles et il n'est donc pas possible de savoir ce qui restera d'eux.
Dès lors, puisqu'il estime que certains Modernes pourront devenir classiques, une réconciliation est possible avec Perrault.

La fin de la querelle

La querelle rebondit en 1711 avec la traduction de *l'Iliade* par Mme Dacier, qui proclame dans sa préface qu'Homère est indépassable. La Motte lui répond par une autre traduction d'Homère, mise au goût du jour, où il explique qu'il est possible de juger même Homère, qui est un «beau monstre».

Fénelon prend une position nuancée dans sa *Lettre sur les occupations de l'Académie* en 1716.
Le dernier auteur à intervenir dans cette querelle est l'abbé Du Bos, dans ses *Réflexions critiques sur la poésie et la peinture* de 1719. Il reconnaît l'existence d'un progrès dans le domaine des sciences, mais qui n'a pas de sens dans le domaine des arts. Cependant il note que les Anciens n'ont pas tout dit, car la nature offre à l'art des objets toujours renouvelés.

Causes de la supériorité des Modernes selon Perrault ■ « La première est le temps, dont l'effet ordinaire est de perfectionner les arts et les sciences. La seconde, la connaissance, plus profonde et plus exacte, qu'on s'est acquise du cœur de l'homme et de ses sentiments les plus délicats et les plus fins, à force de la pénétrer. La troisième, l'usage de la méthode, presque inconnu aux Anciens, et si familière aujourd'hui à tous ceux qui parlent ou qui écrivent. La quatrième, l'impression, qui, ayant mis tous les livres entre les mains de tout le monde, y a répandu en même temps la connaissance de ce qu'il y a de plus beau, de meilleur et de plus curieux dans tous les arts et dans toutes les sciences. La cinquième, le grand nombre d'occasions et de besoins que l'on a d'employer l'éloquence que n'avaient point les hommes des siècles éloignés. »

Prolongement

- Cette querelle restera le modèle de toutes les querelles opposant les avant-gardes littéraires et les tenants du traditionalisme. Elle présente le curieux caractère d'être un combat entièrement faussé. Les Classiques, en faisant l'éloge de la raison, se condamnent eux-mêmes à reconnaître la supériorité des modernes, qui bénéficient de la même raison que les Anciens, mais d'un savoir beaucoup plus riche. Les Modernes, dans la mesure où ils proclament l'éminence de leurs contemporains, les estiment dignes de faire partie du patrimoine éternel de l'humanité, et en font donc des Classiques. Plus largement, tout mouvement moderne se condamne, s'il réussit, à être lui-même classique.

5. Arts

5.1 L'art baroque

➡ TERMINOLOGIE • « Baroque » vient du portugais « *barocco* », employé pour désigner une perle qui n'est pas parfaitement ronde. Baroque est défini en 1797 par Milizia comme : « le paroxysme du bizarre, le comble du ridicule. »

La période baroque désigne traditionnellement la période postérieure à la Renaissance, née avec la Contre-Réforme. On peut la faire débuter avec la fin du concile de Trente en 1563. Il s'agit à l'origine d'un art essentiellement religieux, à tel point qu'a été employée à son propos l'expression d'« art jésuite ».
Alors que le classicisme s'impose surtout dans la littérature et en France, pendant une brève période, le baroque domine tout le XVIIe siècle et la première moitié du

XVIIIe siècle, en Italie et dans toute l'Europe, en particulier dans les pays de l'Europe centrale, comme la Tchécoslovaquie, l'Allemagne du Sud et l'Autriche. Les armées chrétiennes avaient repoussé les Turcs à Vienne en 1683, et le baroque y prendra un aspect triomphal.

Le Concile de Trente avait montré l'utilité qu'il y avait à réintroduire le sentiment dans la religion, contre l'excessive austérité protestante. Il sera donc recommandé de retrouver l'usage des images qui font rêver, et d'accéder à la religion sur un mode qui n'est pas purement intellectuel.

Le maniérisme

L'art baroque s'inscrit dans la suite du mouvement qui avait terminé la Renaissance italienne, le maniérisme. Sur le modèle d'un Michel-Ange outré, toute une génération d'artistes issus de Florence s'emploie à représenter des mouvements de plus en plus complexes et artificiels. Cette recherche explique l'importance que prendra pour eux le modèle de la sculpture. Ils refusent l'harmonie, l'équilibre d'un Raphaël. La liberté de l'artiste doit selon eux être totale et ils parleront à ce propos de «dessin intérieur» : ils illustrent ainsi le mot de Léonard de Vinci selon lequel la peinture est une «chose mentale».

Surtout, l'art ne doit plus se présenter comme une imitation de la nature : l'art n'a pas d'autre objet que l'art lui-même. Il ne s'agit plus de peindre d'après nature, mais de peindre à la manière de certains peintres ou contre d'autres. Ce n'est qu'indirectement que l'on peut éventuellement retrouver la nature. Ces peintres seront qualifiés de maniéristes dès la fin du XVIe siècle, dans un sens qui peut être péjoratif ou laudatif.

L'un des plus grands de ces peintres maniéristes est Pontormo (1494-1556) avec ses personnages en mouvement, dans des attitudes curieuses, usant d'une perspective déformée, et de couleurs absolument irréelles, comme dans sa *Déposition*.

Un autre peintre maniériste important est Bronzino (1503-1572), auteur de portraits étranges, avec des personnages aux traits allongés, par exemple son *Portrait de jeune homme*.

Le Parmesan (1503-1540) illustrera plus encore cette «*linea serpentina*» avec sa *Madone au long cou*, ou son portrait profond et saisissant de la superbe *Antea*.

Le plus important des peintres de cette tradition maniériste, et qui la dépasse largement, est le peintre espagnol d'origine crétoise, le Greco (1541-1614), qui ouvre la voie au baroque. Dans son tableau le plus célèbre, l'*Enterrement du comte d'Orgaz* de l'église de Tolède, les corps sont démesurément allongés, en mouvement, et ses couleurs irréelles marquent une influence byzantine. Son *Assomption* reflète le mysticisme de Tolède et de l'Espagne de sainte Thérèse et de saint Jean de la Croix.

Les traits fondamentaux du baroque

Même s'il n'existe pas une véritable unité du mouvement baroque, on a pu, *a posteriori*, dégager certains de ses traits caractéristiques, comme l'a fait l'historien de l'art H. Wölfflin dans son livre fondateur sur *Renaissance et baroque* (1888).

Alors que l'art classique est un art du dessin et de la figure, le baroque se présente comme un art de la couleur. L'un recherche la clarté, l'autre s'intéresse

au jeu des lumières et des ombres, qui s'interpénètrent dans le clair-obscur. Le baroque ne s'intéresse qu'à l'effet général produit, alors que le classique ne se désintéresse pas du détail.
L'art classique est un art stable, qui ambitionne d'être immobile, l'art baroque s'efforce de rendre le mouvement, en substituant des formes ouvertes, déséquilibrées, ovales aux formes régulières et achevées du classique.
Le baroque veut en outre donner le sentiment de profondeur et d'une tension vers l'infini, alors que l'art classique donne une représentation en surface. Pour ce faire, il n'hésite pas à avoir recours au trompe-l'œil et aux ornements. L'art classique se veut sobre et dépouillé, le baroque se complaît dans le pathétique, les dorures et les stucs.

L'architecture baroque

Le baroque connaîtra ses premières réalisations importantes dans le domaine architectural. L'architecture baroque n'est plus fonctionnelle, dépouillée, mais décorative, pittoresque. Les angles droits disparaissent au profit des arrondis, les colonnes dégagées sont remplacées par des piliers.
Pour les églises une importance nouvelle est donnée au portail, orné de volutes et de fenêtres, et précédé de marches sur toute la largeur de la façade. Le type de cette église baroque est donné par l'église du Gesù, construite pour les jésuites de Rome par l'architecte Vignole en 1568-1577, et qui devient d'une certaine manière le manifeste de l'art baroque. En outre la voûte décorée de vertigineuses fresques en trompe l'œil doit donner l'impression que l'église est ouverte vers les cieux. Il faut retrouver l'aspiration de l'âme à se perdre dans l'infini. C'est le cas de la voûte du Gesù, peinte par le Baciccia, ami du Bernin, qui représente le vol des élus vers le paradis et la chute des damnés dans les ténèbres, mais aussi du *Triomphe de la Divine Providence* peint par Pierre de Cortone sur la voûte du Palais Barberini.
Cette architecture baroque se répandra dans toute l'Europe centrale, où elle sera quelquefois plus encore surchargée de stucs et de dorures, comme dans l'église abbatiale de Melk en basse Autriche, ou dans l'église Saint-Pierre de Vienne.

Le Bernin

Architecte et sculpteur italien, Le Bernin (1598-1680) fut souvent considéré comme le nouveau Michel-Ange. Il jouait auprès d'Urbain VIII et d'Alexandre VII le rôle qui avait été celui de Michel-Ange au siècle précédent, repensant tout l'art de la capitale de la chrétienté, et en particulier l'achèvement de la basilique Saint-Pierre et de son environnement. Il vint en France en 1665 proposer ses projets pour le Louvre qui furent jugés «bizarres» et refusés au profit de plans classiques.
Sa sculpture la plus célèbre est l'*Extase de sainte Thérèse*, appelée aussi la *Transverbération* qui date de 1646. Il y représente l'extase de la sainte d'une manière que toute une tradition ne voudra considérer que comme profane. Les voiles y sont soulevés par le vent, et la statue est installée dans un riche cadre spécialement conçu pour elle en l'église Sainte-Marie-de-la-Victoire. Dans d'autres de ses sculptures, comme le *Portrait de Costanza Buonarelli*, il arrive également à donner une impression de vie et de mouvement.

Du point de vue architectural, il réalisera le plan ovale de la place Saint-Pierre de Rome, et à l'intérieur le baldaquin monumental de Saint-Pierre de Rome (1624-1633), avec ses quatre colonnes torsadées et décorées, et les tombeaux d'Urbain VIII et d'Alexandre VII.

5.2 L'art classique

Nicolas Poussin et la peinture classique

Nicolas Poussin (1594-1665) est le peintre par excellence de l'âge classique. Français, et donc sensible à la doctrine littéraire classique, il vécut l'essentiel de sa vie à Rome, où il s'imprègne de l'héritage des Anciens. Ses inspirateurs sont d'abord Titien puis Raphaël.

Ses tableaux, le plus souvent à sujet antique, se caractérisent par leur construction très structurée et équilibrée, savante et longuement réfléchie. Selon Poussin, il existe, outre la vision « simple » des choses, une vision « attentive », « raisonnée », qu'il nomme « prospect » et qui permet de voir au-delà des apparences changeantes. La recherche très classique de l'ordre est une des préoccupations essentielles de Poussin : « Mon naturel me contraint de chercher et aimer les choses bien ordonnées, fuyant la confusion ».

En outre ses tableaux ont un fort contenu symbolique que l'on doit déchiffrer, à l'image des bergers d'Arcadie du tableau *Et in arcadia ego* qui déchiffrent cette inscription sur une tombe qui signifie : « Même en Arcadie, moi la mort je suis présente. »

Poussin va de plus en plus s'intéresser au paysage, un « paysage historique » associé à des idées philosophiques, morales ou religieuses : mais ces idées ne sont évoquées que par l'intermédiaire de quelques minuscules personnages, par exemple dans *Le Paysage avec le cadavre de Phocion*, stoïcien condamné à mort par Athènes. Ses derniers paysages s'émancipent de plus en plus du sujet et sont construits d'une manière très moderne.

Un autre peintre de paysage contemporain de Poussin est Claude Gellée, dit le Lorrain (1600-1682), qui s'inspire également de l'Antiquité mais avec des paysages beaucoup plus élégiaques, à la lumière plus douce.

Un peintre comme Philippe de Champaigne (1602-1674) est plus directement influencé par une conception strictement janséniste, avec ses portraits sans mise en scène, totalement dépouillés, comme son *Ex voto* de 1662 représentant deux religieuses, réalisé pour la guérison de sa fille.

L'architecture classique

L'architecture classique connut de belles réalisations en France avec François Mansart (1598-1666) qui réalise des bâtiments symétriques aux longues ailes horizontales et dépouillées. Il est l'architecte de l'église du Val-de-Grâce.

À partir de 1665, la Colonnade du Louvre, est réalisée à partir des projets de Le Vau, Le Brun et Claude Perrault, frère aîné de l'auteur des *Contes*. Ce chef d'œuvre du classicisme est une sorte de réponse aux projets d'inspiration baroque que Le Bernin venait de proposer pour ce même Louvre.

Quant au château de Versailles, il fut bâti de 1688 à 1690 sur des plans de Le Vau et de Jules Hardouin-Mansart (1647-1708), petit-neveu de François. Il est organisé autour du motif mythologique du roi Soleil, et entouré de jardins à la française dessinés par André Le Nôtre (1613-1700). Le «jardin à la française» est une réalisation typiquement classique, où la nature doit se conformer à l'ordre que lui impose le jardinier, alors que le jardin à l'anglaise doit donner l'apparence d'une nature libre.

Un réaliste à l'âge baroque : le Caravage ■ Le Caravage (1571-1610) a une place à part dans la peinture italienne du XVIIe siècle. Sa vie est scandaleuse, et il poignarde un de ses compagnons de jeu. Dans une première période il peint des natures mortes très précises, comme son *Panier de fruits*. Puis il se sert d'éclairages plus violents et plus contrastés pour accentuer le réalisme de ses portraits. Son réalisme scandalise quand il l'applique à des sujets religieux. Ainsi sa *Mort de la Vierge*, qui figure un cadavre très réaliste, verdâtre et gonflé, est refusé par l'église qui l'avait commandé. Le Caravage n'hésite pas non plus à transposer des sujets nobles dans des cadres qui ne le sont pas : ses saints ont la figure d'hommes du peuple. Dans *L'Incrédulité de saint Thomas*, les apôtres ont des visages ridés, le front violemment éclairé, et ils n'hésitent pas à rentrer le doigt dans la plaie ouverte du Christ.
Là où les artistes baroques veulent séduire l'imagination, Le Caravage veut provoquer une émotion violente. Son naturalisme est également opposé au classicisme et Poussin estimait que Le Caravage «n'est venu au monde que pour détruire la peinture».

Prolongements

- Le baroque se poursuivra au XVIIIe siècle par le style rococo ou rocaille, en particulier en France : il est une sorte de baroque extrême, encore plus ornementé de courbes et de contre-courbes, mais surtout réservé à la décoration intérieure.
- On a pu élargir l'usage du concept de baroque, en parlant par exemple à propos de Harvey de «médecine baroque», dans la mesure où sa découverte de la circulation du sang privilégie le mouvement et la circularité.
- Oswald Spengler, dans *Le Déclin de l'Occident*, voit dans l'art baroque le «grand style de l'âme occidentale», l'expression du «génie germanique», de l'âme du «Nord», qu'il oppose à l'art classique qui serait un art du Sud.
- Pascal se moque du lourd symbolisme de Poussin à propos du *Ravissement de saint Paul* : «Les trois anges qui transportent saint Paul représentent les trois états de la grâce… La jambe du saint qui descend en bas exprime le penchant que ce saint avait au péché, comme il le dit lui-même… La main de l'ange qui soutient la jambe représente le secours qu'il reçoit de la grâce».
- David s'inspire largement de Poussin, par exemple dans son *Bélisaire* de 1781. Il note : «Raphaël et Poussin, modèles sublimes à imiter».

5.3 Rembrandt, Vermeer et la peinture en Hollande

Même si les relations entre peintres italiens et «peintres du Nord» ont toujours existé, l'art flamand se distingue néanmoins de bien des manières de l'art italien, qu'il s'agisse du choix des sujets, de la manière de les traiter ou de la situation de l'artiste dans la société.

La gloire de la Hollande

La grande époque de l'art hollandais est le XVIIe siècle. Cela correspond au moment où la Hollande est au sommet de sa puissance économique, avec le développement de son commerce et de ses ports. C'est alors le pays le plus riche d'Europe, comme l'était Venise un siècle auparavant. En outre, son indépendance, effective depuis la création de la République des Sept Provinces-Unies en 1579, vient d'être reconnue par le traité de Westphalie en 1648. La Hollande est enfin à cette époque un pays de grande liberté, en particulier religieuse. Protestante, elle est tolérante et accueillante à toutes les autres religions, alors que la Flandre est restée catholique.

Un nouvel « art de dépeindre »

Dans ce pays de riches bourgeois puritains de nouveaux genres picturaux vont apparaître, comme la nature morte et le paysage, ou se développer, comme le portrait. En revanche, les peintures à sujet historique, mythologique ou religieux, seront moins nombreuses. Cela tient au fait qu'il n'existe pas de mécénat ni d'art d'Église. Le peintre est un commerçant qui doit vendre ses tableaux et donc être en conformité avec le goût de ses clients. Les seules commandes qu'il peut avoir sont celles de portraits, par exemple de la part des hauts magistrats de municipalités ou d'associations de commerçants. Cela introduira chez les peintres flamands une tendance à la spécialisation qui n'existait pas en Italie.

Le fait que les tableaux soient destinés aux intérieurs bourgeois des étroites maisons flamandes implique également qu'ils soient d'un format généralement petit. Les seuls grands portraits sont des portraits officiels pour les hôtels de ville.

C'est sans doute dans la nature morte que se manifesteront le mieux les idéaux de cette peinture hollandaise, où ce n'est pas le sujet qui importe mais la manière de le rendre, la vérité et la conformité à la nature de la peinture. De ce point de vue la nature morte est le genre qui se prête le mieux à toutes sortes d'expériences.

Le paysage

L'art du paysage est un genre autonome depuis Pieter Bruegel l'Ancien à la fin du XVIe siècle. Il est traité de manière réaliste, avec beaucoup de peintres encore plus spécialisés, en marines ou même en intérieurs d'églises par exemple. Du fait que ces paysages sont des paysages de plaine, une attention particulière est donnée à la lumière et à la représentation des ciels et des nuages. Salomon (1600-1670) et Jacob van Ruysdael (1628-1682) illustrent le genre du paysage. De superbes intérieurs d'église quasi vides sont peints d'une façon hyperréaliste et sereine par Pietr Saenredam (1597-1665).

Le portrait

Le genre du portrait fut particulièrement développé, mais il s'agit moins de portraits en pied ou de portraits équestres que de portraits de familles ou de groupes. L'art du portrait fut renouvelé par Frans Hals (1580-1666), qui sut le rendre vivant, par des touches rapides, comme dans son *Portrait de Jacob Pietersz Olycan*. Il peint volontiers des personnages de buveurs rabelaisiens. Certains peintres se spécialisent dans le portrait animal comme Paulus Potter (1625-1654) dans son massif et prosaïque *Taureau*.

La nature morte

Le grand art des Hollandais est un «art de dépeindre» : il s'agit de rendre avec une précision extrême la réalité. Peu importe à la rigueur le sujet, il s'agit de recréer cette réalité. D'où l'importance du genre de la nature morte, qui prend n'importe quel objet, y compris le plus trivial, pour faire à son occasion toute une série de recherches, de tentatives afin de le cerner complètement. Il ne s'agit plus de faire imaginer un monde idéal, il s'agit de donner toute sa dignité au monde réel grâce à un métier parfait.
Ces natures mortes peuvent être des bouquets de fleurs, des oiseaux comme *Le Chardonneret* de Carel Fabritius (1622-1654).
Cette recherche de la perfection du rendu fut rendue possible grâce à une invention spécifiquement flamande, celle de la peinture à l'huile, qui passe pour être due à Jan van Eyck (1390-1411) et dont l'usage se répandit très vite dans les Flandres du XVe siècle. Elle permet en effet de peindre les détails, de retoucher, de juxtaposer plusieurs couches différentes. Elle fait merveille pour les miniatures.

Rembrandt

Né à Leyde, fils de meunier, Rembrandt (1606-1699) est l'un des plus célèbres peintres hollandais et l'un des plus grands de toute l'histoire de la peinture. Il fut l'élève de Lastman et, comme lui, inspiré par le Caravage et son souci de vérité plus que de beauté. Installé à Amsterdam, il connaît beaucoup de succès, fait un riche mariage et collectionne les tableaux italiens et espagnols. Mais il va faire faillite et ne sera sauvé que par sa seconde femme et son fils qui le prennent comme artiste sous contrat. Il mourut cependant dans l'obscurité et la misère.
Il a peint une œuvre très abondante, environ six cents peintures et trois cents gravures, où il fait preuve d'une grande maîtrise dans la technique de l'eau forte : dans cette technique le dessin se fait avec une aiguille sur une plaque couverte de cire, la plaque est ensuite plongée dans un acide qui attaque le métal aux endroits mis à nu, ce qui fait apparaître le dessin en creux sur la plaque. Ces gravures connurent, de son vivant même, une grande diffusion et rendirent son art populaire.
Il eut d'abord une activité de portraitiste, rendu célèbre en 1632 par *La Leçon d'anatomie du professeur Tulp*, parfaitement construit, centré surtout sur le cadavre disséqué.
Son tableau le plus célèbre, *La Ronde de nuit* (1642) est un tableau étrange, traversé par une énigmatique figure de petite fille portant un coq. Le sujet officiel devait être «l'ordre de sortie du capitaine Cock», et ses commanditaires n'en furent pas satisfaits. C'est pourtant un de ses chefs d'œuvre dans l'utilisation de ce clair-obscur dont Rembrandt passe pour être l'inventeur. La compagnie est représentée en mouvement de l'ombre vers la lumière, dans la direction, hors du

tableau, indiquée par le capitaine. Il s'agit avec cette technique du clair-obscur de mêler la lumière et l'ombre pour suggérer des volumes, marquer la profondeur, donner une impression générale et ressemblante sans pour autant se soucier du détail. Cette utilisation de la lumière permet à Rembrandt de dramatiser ses tableaux.

Un portrait de groupe plus classique est celui des *Syndics des drapiers* de 1662 qui donne une vie et une dignité extraordinaires à ces simples bourgeois réunis autour d'une table.

Rembrandt peignit également toute une série d'autoportraits, aux différents âges de sa vie, de plus en plus réalistes et sans complaisance, avec sa figure boursouflée comme dans le portrait de *L'Artiste par lui-même* de 1658. Il poursuit ainsi une interrogation sur lui-même de plus en plus approfondie.

À la fin de sa vie, malgré la diminution de ses commandes, il continue à peindre, mais dans des genres moins courants et qui répondent mieux à ses sentiments religieux. Il représentera surtout des scènes bibliques, inspirées par les habitants du port et du quartier juif d'Amsterdam. Il ne cherche pas à représenter la beauté, par exemple dans son eau forte sur *Le Christ prêchant*, ou dans sa *Bethsabée avec la lettre de David*. Le personnage, nu, n'est pas beau, et est au contraire représenté avec toutes ses imperfections, toute son humanité. Mais le regard de Rembrandt y est empreint de tendresse comme dans le portrait de son fils, *Titus lisant*, où la lumière n'éclaire que le visage et les mains d'un jeune homme souriant.

Rembrandt ne peignit pas de nature morte, sauf l'étonnant *Bœuf écorché*.

Vermeer

Jan Vermeer de Delft (1632-1675) est avec Rembrandt l'autre grand peintre de la peinture hollandaise. Son œuvre a été redécouverte à la fin du XIXe siècle, après une longue éclipse. À la différence de Rembrandt, nous ne savons presque rien de sa vie et il ne nous reste qu'un très petit nombre de tableaux, des toiles de petit format, souvent carré.

Il aurait été l'élève de Fabritius, lui-même élève de Rembrandt. Presque tous ses tableaux représentent les mêmes sujets, une ou deux figures dans des intérieurs, toujours les mêmes, accomplissant des actions de la vie quotidienne et entourées d'objets courants comme dans *La Dentellière* ou *La Laitière*. Les tapis ou les tentures lui servent à réaliser des jeux d'ombre et de lumière. Ses personnages sont quasiment transformés en objets, et ont même été qualifiés de « natures mortes avec figures humaines ». Ses tableaux respirent la paix, le silence, l'éternité.

Chez lui le sujet est secondaire, mais il se livre à des recherches extrêmement précises pour rendre à la perfection les couleurs, les lumières et les formes. Pour ce faire il revient toujours plusieurs fois sur quasiment la même scène, par exemple dans *L'Astronome* et *Le Géographe*, où seul l'angle de vision diffère légèrement. La composition est extrêmement étudiée, les tableaux étant souvent cadrés par une porte et une tenture, et la perspective marquée par le sol carrelé comme dans la *Lettre d'amour*. Il invente pour ce faire de nouveaux procédés, comme les points brillants dont il se sert pour accrocher la lumière et donner un éclairage net et vif. Ses ombres sont colorées par les objets qu'elles entourent. Des

reflets, dans un bijou ou un œil, résument tout le tableau en minuscule. Ses couleurs sont particulièrement franches comme dans sa *Jeune fille au turban* d'une pureté incroyable.
Vermeer arrive ainsi à une précision extrême et inégalée, qui donne à ses tableaux un aspect d'éternité. Il a peint également une *Vue de Delft* et une *Rue de Delft*, dont la précision extrême et la luminosité laissent également la même impression de temps arrêté et silencieux. L'expression «stilleven» (vie silencieuse) employée pour désigner la nature morte conviendrait tout à fait à l'œuvre de Vermeer.

Rubens et le baroque flamand ■ Rubens (1577-1640) vit aux Pays-Bas espagnols, qui sont donc restés catholiques. Il avait son atelier à Anvers. À la différence des peintres hollandais, il fit un voyage à Rome où il fut influencé par Raphaël mais aussi par le Caravage. Vite célèbre, riche et respecté, il eut aussi par la suite une activité de diplomate et correspondait avec tous les grands de son temps.
Ses tableaux de femmes sont célèbres, en particulier les portraits sensuels de ses épouses successives, Isabelle Brant et Hélène Fourment. Les dessins qu'il fait de ses enfants sont également pleins de vie. Il va se spécialiser dans une peinture d'apparat que ne connaît pas la Hollande protestante. Il peint ainsi une série de vingt-deux tableaux, très animés et colorés sur Marie de Médicis, dont le fameux *Mariage de Marie de Médicis* qui inspirera David pour son *Sacre de Napoléon*. Tout le tableau est organisé autour du personnage de Marie de Médicis, plus que d'Henri IV. Il peint également, à la manière italienne, une série de tableaux allégoriques et mythologiques, à la sensualité exubérante, qui fera parler d'un type de femme «à la Rubens». Son style tout de mouvements et de couleurs peut être qualifié de baroque.

Prolongements

- Selon Hegel, la peinture hollandaise est marquée par le protestantisme, seule religion «qui ne détache pas ses fidèles de la prose de la vie». Cette peinture «a poussé l'art de saisir le côté caractéristique des choses et de le rendre de la manière la plus vivante, à un degré de vérité et de perfection qui ne peut être surpassé».
- Eugène Delacroix a une très grande admiration pour Rembrandt : «Peut-être un jour découvrira-t-on que Rembrandt est un beaucoup plus grand peintre que Raphaël». À l'instar de Delacroix, Charles Baudelaire, dans les *Fleurs du mal*, consacre une strophe de son poème *Les Phares* à Rubens, une autre à Rembrandt :

  «Rubens, fleuve d'oubli, jardin de la paresse
  Oreiller de chair fraîche où l'on ne peut aimer
  Mais où la vie afflue et s'agite sans cesse
  Comme l'air dans le ciel et la mer dans la mer
  Rembrandt, triste hôpital tout rempli de murmures,
  Et d'un grand crucifix décoré seulement,
  Où la prière en pleurs s'exhale des ordures,
  Et d'un rayon d'hiver traversé brusquement.»
- Vermeer, apprécié de son vivant, a été ensuite oublié jusqu'à la fin du XIXe siècle, mais il va en revanche passionner le XXe siècle. Pour les Goncourt, Vermeer représente l'«idéal du français», de clarté classique. Marcel Proust, dans *À la recherche du temps perdu*, fait mourir l'écrivain Bergotte après s'être extasié sur le «petit pan de mur jaune» de *La Vue de Delft* de Vermeer.

5.4 Bach

Bach est le premier grand musicien allemand et le plus grand musicien baroque. Son inspiration est profondément religieuse et, en ce sens, il représente la plus grande réussite artistique de la Réforme luthérienne. Son œuvre illustre surtout au mieux la formule de son contemporain, le philosophe Leibniz : «La musique est un exercice d'arithmétique d'un esprit qui ne sait pas qu'il pense». Si l'on accepte cette définition, Bach est sans conteste l'un des plus grands musiciens.

Une vie simple

Jean-Sébastien Bach (1685-1750) est issu d'une incroyable lignée de musiciens. Fils de musicien, orphelin très jeune, il fut élevé par son frère, également musicien. Durant ses études il se passionne pour l'étude de la théologie luthérienne à l'égal de celle de la musique.

Il travailla d'abord, à partir de 1703, comme organiste dans la ville d'Arnstadt puis à Mülhausen en 1707, mais il s'oppose au pasteur piétiste de sa propre église. C'est à cette époque qu'il se rend dans le nord de l'Allemagne pour entendre le fameux Buxtehude, gloire de la musique allemande. Il se marie avec une de ses cousines, dont il a sept enfants.

Il est ensuite recruté en 1708 comme organiste à la cour duc de Weimar, où il apprend à mieux connaître la musique italienne : ses morceaux pour orgue datent surtout de cette période.

Ensuite, en 1717, il va occuper une plus haute position sociale à Köthen, où il dirige l'orchestre du prince d'Anhalt. Mais celui-ci est calviniste. De ce fait, il n'y a pas de musique durant les offices, à l'exception du chant des *Psaumes*. Durant cette période heureuse de sa vie, Bach écrit surtout de la musique de chambre, ses *Concertos brandebourgeois*, le début de son *Clavecin bien tempéré*. À la mort de sa femme, il se remarie et a encore treize enfants.

Il cherche à nouveau une place où il pourrait composer de la musique religieuse et va en 1723 à Leipzig avec la charge de cantor de l'école Saint-Thomas de Leipzig. Il y est responsable de l'enseignement musical mais aussi de celui du latin. Il fut malheureux dans ces fonctions qu'il exerça vingt-cinq ans. Mais sa production sera extraordinaire : près de trois cents cantates, les *Passions selon saint Jean* et *selon saint Matthieu*, le *Magnificat*, l'*Oratorio de Noël* et même une «messe catholique», la superbe *Messe en si mineur*. À la fin de sa vie il composera son *Offrande musicale* et l'*Art de la fugue*.

Une œuvre immense

Bach écrivit plus de deux cent cinquante cantates religieuses, pour les besoins du culte. Il composa également beaucoup de musique pour orgue, en particulier ses fugues et chorals qui illustrent des pensées pieuses. Il écrit également de la musique de clavecin et introduit l'habitude de jouer en se servant du pouce et en repliant les doigts. Pour violon et clavecin il écrivit des sonates, où clavecin et violon ont une part égale, ainsi que des sonates pour violon seul et des concertos pour divers instruments.

Bach fut surtout apprécié en son temps comme organiste virtuose, moins comme compositeur, dans la mesure où l'Allemagne commençait à être séduite par la musique italienne.
La richesse de son œuvre tient à ce qu'il a su fusionner des apports distincts d'une manière originale. Bach était très curieux de l'œuvre de ses prédécesseurs qu'il étudiait en la recopiant. Outre sa connaissance de la musique allemande, de Buxtehude en particulier, il fut très ouvert aux influences musicales étrangères, française et italienne, dont il arriva à faire la synthèse. Il sait allier la discipline orchestrale de Lully et la maîtrise du clavecin de Couperin au concerto à la manière de Vivaldi et au bel canto de l'opéra italien. Par ailleurs, vivant au moment du passage de la polyphonie à l'harmonie, Bach a su là aussi combiner les deux approches musicales en une œuvre unique.

Prolongements

- Bach connut une période de relatif oubli après sa mort. Mozart, de passage à l'église Saint-Thomas de Leipzig, l'a redécouvert en 1789. Félix Mendelssohn a dirigé des auditions de *La Passion selon saint Matthieu* et aimait également jouer le *Concerto pour trois claviers*. Schumann était un grand admirateur du *Clavier bien tempéré*, mais ce n'est qu'en 1850 que se forma la « Bachgesellschaft » qui édita ses œuvres complètes.
- Selon Richard Wagner, la musique de Bach « est l'histoire la plus intime de l'âme allemande ».
- Au XXe siècle des musiciens néo-classiques, comme Honegger ou Stravinski se sentent proches de Bach par son refus du subjectif, sa clarté et son art du contrepoint.

6. Sciences

6.1 Du monde clos à l'univers infini : Copernic et Galilée

La nouvelle représentation de l'univers, qui est pour une part encore la nôtre, trouve son origine dans les œuvres de Copernic, Kepler et Galilée. À la vision d'Aristote et de Ptolémée qui distinguent un monde sublunaire, sujet à l'irrégularité et au désordre, et un monde supralunaire harmonieux, régulier et ordonné, se substitue la représentation d'un univers homogène et infini, où la terre n'est plus le centre du monde.

Copernic et sa révolution

Dans son ouvrage sur *Les Révolutions des orbes célestes* (1543), Copernic (1473-1543) est le premier, depuis Aristarque de Samos, à énoncer que la terre tourne sur elle-même et autour du soleil, qui devient le centre de l'univers. Le soleil éclaire l'univers et Copernic admire tant sa perfection, qu'il sera pris pour un nouveau pythagoricien par ses contemporains. La terre n'est plus distincte des planètes, elle est une parmi les planètes. Pour en arriver là Copernic était parti

d'une critique du système de Ptolémée qui ne respecte pas suffisamment le principe de l'uniformité du mouvement circulaire des corps célestes. Mais, dans sa préface, Osiander présente cet héliocentrisme comme une simple hypothèse destinée à « sauver les apparences », et non pas à se prononcer sur la réalité.
Les idées de Copernic sont peu reprises car elles vont à l'encontre d'Aristote et de la Bible, et à ce titre elles sont critiquées aussi bien par les protestants, très attachés à l'Écriture, que par les catholiques.

Kepler, astronome et astrologue

Le très grand observateur danois Tycho Brahé (1546-1601) critique le système copernicien qui ne permet pas de rendre compte de certaines observations. Il propose pour sa part un autre système du monde, qui semble concilier celui de Ptolémée et de Copernic, où toutes les planètes tournent autour du soleil, et celui-ci autour de la terre.
C'est à partir des observations de Tycho Brahé qu'il a rencontré à Prague que Kepler (1571-1630) va construire son propre système du monde, qui confirme pour l'essentiel celui de Copernic. Il assure lui aussi que le mouvement des étoiles n'est qu'apparent et dû à la rotation de la terre. Croire que le monde bouge autour de nous, c'est faire comme Énée qui dit : « Nous sortons du port et les terres et les villes reculent. » Inspiré pour une part par des motifs mystiques et astrologiques, il est frappé, selon le titre d'un de ses ouvrages par les *Harmonies du monde*.
C'est d'abord à propos de Mars qu'il formule les trois lois sur les mouvements planétaires qui portent son nom. La première énonce que les orbites des planètes décrivent des ellipses dont le soleil est l'un des foyers. La seconde que les aires balayées par les rayons joignant le soleil à la planète sont proportionnelles au temps. La troisième que le carré des périodes des planètes est proportionnel aux cubes de leurs moyennes distances au soleil.

Galilée et le nouvel univers

Galilée (1564-1642) va populariser les découvertes de Copernic, et va surtout les faire passer du statut de simples hypothèses à celui de descriptions de la réalité se présentant comme vraies. Galilée donne tout son sens à l'expression de « révolution copernicienne », qui désigne un changement total dans la conception du monde moderne par rapport à celle des anciens.
Professeur à l'Université de Padoue, Galilée s'intéresse en 1609 à la découverte qui vient d'être faite de la lunette, qu'il a le premier l'idée de tourner vers le ciel. Il expose ses nombreuses découvertes dans le *Messager céleste* en 1610. Il découvre que Jupiter a quatre lunes qui tournent autour d'elle et qui l'accompagnent dans son mouvement. Ce qui est un moyen de réfuter une des principales objections contre le mouvement de la terre, qui est que la lune ne saurait se mouvoir avec elle. De plus, il note que la lune possède des montagnes, dont les ombres sont dues à l'éclairage du soleil, et qu'elle est donc en cela tout à fait semblable à la terre. La barrière séparant la terre du ciel tombe donc définitivement et l'espace devient un milieu homogène. L'astronomie qui était jusqu'alors une discipline conjecturale devient désormais une science d'observation.

Ces découvertes astronomiques vont être élargies à l'exposé de thèses physiques radicalement nouvelles dans le *Dialogue sur les deux principaux systèmes du monde* (1632), celui de Ptolémée et celui de Copernic. Il y met définitivement à bas le système aristotélicien et fonde la physique moderne. Dans ce livre qu'il appelle «mon traité sur le mouvement», il formule en effet le principe de relativité qui porte son nom et qui énonce que les lois de la physique restent les mêmes à l'intérieur de deux systèmes en translation uniforme l'un par rapport à l'autre. Il avait déjà formulé en 1604 les lois de la chute des corps : la première établit qu'en chute libre, dans le vide, les corps tombent avec la même vitesse ; la seconde, que l'accroissement de cette vitesse est constant, c'est-à-dire qu'il est proportionnel à la durée de la chute.

L'Église va alors réagir violemment à ce qui n'est plus présenté comme une simple hypothèse, mais comme une description adéquate de la réalité. En 1632, un tribunal de cardinaux énonce que : «Soutenir que le soleil immobile et sans mouvement local, occupe le centre du monde, est une proposition absurde, fausse en philosophie et hérétique, puisqu'elle est contraire au témoignage de l'Écriture.» Galilée devra abjurer ses découvertes et sera retenu chez lui en résidence surveillée jusqu'à sa mort.

Galilée impose un changement complet de l'image du monde, qui n'est plus désormais conforme aux apparences immédiates, et qui ne peut plus être compris que d'une manière mathématique. Le «livre de la nature» est «écrit en langue mathématique, et ses caractères sont les triangles, les cercles et autres figures géométriques, sans lesquels il est humainement impossible d'en comprendre un mot».

Quant à la terre, elle a pris rang parmi les diverses planètes qui se meuvent dans le système solaire. La séparation entre le monde sublunaire et le monde supralunaire n'a désormais plus de sens. On est passé «du monde clos à l'univers infini», d'un cosmos limité et ordonné à un univers semblable à l'espace infini et homogène de la géométrie.

Newton complétera la représentation moderne de l'univers dans ses *Principes mathématiques de la philosophie naturelle* en 1687. Il formule la loi de la gravitation universelle : tous les corps s'attirent réciproquement en raison directe de leur masse et en raison inverse de leur distance. Il raconte comment cette idée lui serait venue en observant une pomme tomber un soir de lune : la «force gravifique» qui attire la pomme sur la terre ne serait-elle pas la même que celle qui retient la lune sur son orbite ?

Prolongements

- Selon Freud, Galilée est l'auteur de la «première blessure infligée à l'orgueil de l'humanité». La terre n'est plus au centre du monde. La seconde lui est infligée par Darwin qui met l'homme au rang des autres espèces animales. La troisième lui est infligée par Freud lui-même qui démontre, avec la découverte de l'inconscient, que l'homme n'est plus même maître de lui-même.
- Bertolt Brecht dans sa pièce *Galileo Galilei* (1955) fait de Galilée un homme qui subordonne tout à ses recherches et qui est prêt, pour les continuer, à renier Copernic devant l'Inquisition.

Partie 6

Le XVIIIe siècle

LES LUMIÈRES

1. Histoire

1.1 Repères

- **1789.** Convocation des États généraux
- **12 juillet 1789.** Constitution civile du clergé
- **4 août 1789** Abolition de l'Ancien Régime
- **octobre 1791.** Mise en application de la Constitution
- **20 septembre 1792.** Victoire française à Valmy
- **21 septembre 1792.** Proclamation de la république
- **2 juin 1793 – 26 juillet 1794.** Gouvernement révolutionnaire (c'est-à-dire exceptionnel)
- **mars 1793.** Début des troubles en Vendée
- **9-10 novembre 1799.** Coup d'État de Napoléon Bonaparte
- **mai 1804.** Établissement de l'Empire

1.2 La Révolution Française

La fin de l'Ancien Régime

La séance d'ouverture des États généraux fut pour beaucoup de députés, particulièrement ceux du Tiers État, une extraordinaire déception du fait de l'absence de propositions de réformes de la part du gouvernement. Grâce au ralliement de quelques privilégiés, le Tiers État rassembla une majorité réformatrice. Le 17 juin 1789, ces députés affirmèrent le principe de la souveraineté nationale en se proclamant Assemblée Nationale. Le 20 juin ils jurèrent de « ne point se séparer avant d'avoir donné une constitution à la France ». Le roi, après une brève résistance, enjoignit aux députés des ordres privilégiés de rejoindre leurs collègues. Le 9 juillet, l'Assemblée se déclara constituante.

Le roi donna alors l'impression de vouloir prendre sa revanche : il concentra des troupes et renvoya Necker. Ces actes inquiétèrent Paris où les bourgeois organisèrent une municipalité et une garde nationale. Celle-ci pouvait servir aussi bien à résister au roi qu'à contenir les débordements du peuple, qui, excédé par la cherté du pain tourna sa colère contre la Bastille, symbole de l'arbitraire du pouvoir royal. Cette première «journée révolutionnaire» fit reculer le roi. Il reconnut la municipalité de Paris et la garde nationale et rappela Necker. En gage de sa bonne foi, il vint à Paris recevoir la cocarde tricolore. À l'exemple de Paris les villes se dotèrent de municipalités et refusèrent d'obéir aux agents du pouvoir royal. Dans les campagnes les paysans se révoltèrent contre les châtelains et propriétaires ecclésiastiques et exigèrent l'abolition des droits féodaux. Des rumeurs de complot aristocratique se répandirent, poussant les paysans à s'armer. Ce phénomène de la «grande peur» affecta plus des trois quarts des campagnes. Craignant une généralisation des troubles l'Assemblée abolit le 4 août 1789 le régime seigneurial et les privilèges. Du 20 au 26 août elle rédigea la «Déclaration des droits de l'homme et du citoyen». Le régime de la monarchie absolue venait de disparaître. L'aristocratie avait accepté de perdre ses privilèges ou pris le chemin de l'étranger, avec l'espoir de revenir mater les révolutionnaires. Pour les aristocrates libéraux, comme pour les bourgeois, il était urgent de mettre un terme à la Révolution. Méfiants à l'égard des couches populaires, malgré le principe de la souveraineté nationale, ils soumirent le droit de vote et d'éligibilité à des conditions de fortune et installèrent une monarchie constitutionnelle avec la constitution de 1791.

Le conflit avec le roi

Cette construction fut très vite mise en péril par l'attitude du roi. Lors des journées d'octobre le peuple le ramena à Paris et l'obligea à ratifier les décisions d'août 1789. Suspect aux yeux de beaucoup de citoyens, il renforça le courant républicain par sa fuite qui se termina piteusement à Varennes. Les difficultés économiques et financières, le ravitaillement toujours difficile, exaspéraient le peuple, qui avait le sentiment que jusqu'alors la Révolution ne lui avait pas apporté grand-chose. L'établissement de la constitution civile du clergé et l'exigence d'un serment de fidélité à la constitution demandé aux clercs ouvrirent une très grave crise religieuse. Le pape rejeta le texte et interdit aux prêtres et aux évêques de jurer fidélité à la constitution. L'Église se partagea en deux camps. Aux frontières les émigrés se faisaient menaçants.

Face à ces difficultés la France, toutes tendances politiques confondues, crut trouver une issue dans la guerre. L'objectif poursuivi variait selon la famille politique. En s'opposant aux décrets de l'assemblée législative votés pour assurer la défense de la «patrie en danger», le roi cristallisa sur lui la colère du peuple. Le 10 août 1792 le peuple prit l'Assemblée d'assaut et lui imposa la destitution et l'arrestation de Louis XVI.

Le Gouvernement révolutionnaire

Après le 10 août 1792 l'objectif d'égalité l'emporta sur celui de liberté, les milieux populaires occupant le devant de la scène politique. Élue au suffrage universel, mais dans une situation troublée, la Convention dut faire face à de multiples problèmes. Elle proclama la République et condamna le roi. La nouvelle de la mort du roi et la peur d'une «croisade de la liberté» lancée par les Français contre l'Europe donna naissance à une coalition des puissances européennes, financée par l'Angleterre. À l'invasion étrangère s'ajouta la révolte de la Vendée. Devant la

gravité de la situation, la Convention décida d'instaurer un Gouvernement révolutionnaire de Salut public, qui établit une centralisation maximale. Le Tribunal révolutionnaire, par une justice expéditive, devait débarrasser la République de l'ennemi intérieur : la Terreur était à l'ordre du jour. Ce gouvernement prit aussi des mesures économiques et sociales en faveur des petites gens : il lutta contre la spéculation, bloqua les prix, mais aussi les salaires, et s'efforça de combattre le marché noir. Il s'apprêtait, au moment de sa chute, à distribuer gratuitement aux indigents les biens confisqués aux ennemis de la République. Il avait déclenché une lutte vigoureuse contre l'Église et la religion, sécularisant les lieux de culte, pourchassant le clergé, créant un nouveau calendrier, qui faisait disparaître les saints. Il essaya de créer une religion républicaine et d'assurer le triomphe de la vertu.
Les mesures militaires du gouvernement révolutionnaire portèrent assez rapidement leurs fruits. L'invasion étrangère fut repoussée et le gouvernement reprit le contrôle du pays. Les mesures économiques restèrent sans grand effet. Ces résultats rendaient de moins en moins supportable la «dictature» exercée par le gouvernement révolutionnaire et ses agents. Le souci de vertu de Robespierre s'accordait mal avec la corruption de certains responsables. Lâchés par les sans-culottes des sections parisiennes, Robespierre et ses amis furent renversés par les députés du centre à la Convention, mis hors-la-loi et exécutés sans jugement. Leur mort marqua le terme de la période populaire et démocratique de la Révolution française. Le pouvoir revenait entre les mains de la bourgeoisie qui se retrouvait face au même problème qu'en 1791-1792 : comment mettre un terme à la Révolution en préservant les acquis de 1789?

À la recherche de l'homme providentiel

Le «marais», le centre qui avait renversé Robespierre, dut se protéger du péril contre-révolutionnaire monarchiste, et du danger démocratique des sans-culottes. Partisans du juste milieu, ils s'empressèrent d'abolir la plupart des mesures du gouvernement révolutionnaire, en particulier les mesures de taxation des denrées. La liberté religieuse fut rétablie. La première mesure entraîna une envolée des prix et, dans un dernier sursaut de survie, le peuple essaya d'intimider l'Assemblée : dispersé par l'armée il dut remettre toutes ses armes. Cette politique de réaction incita les royalistes à lancer dans certaines régions la chasse aux patriotes. L'armée apparut comme le recours. En 1795, la Convention céda la place au Directoire. Ce régime fut celui de l'illégalité allant de coup d'État en coup d'État, pour corriger les résultats des élections. Non content de vivre dans l'illégalité organisée, il fut aussi un régime d'immoralité. La classe dirigeante étalait sans vergogne un luxe tapageur et insolent sous le regard du peuple misérable des «ventres creux». Progressivement la nation se détacha de ce régime discrédité. Cette désaffection conduisit certains hommes politiques, dont Siéyès, à envisager une réforme des institutions. Pour ce faire, il se mit en quête d'un «sabre».

Napoléon Bonaparte

Cet homme providentiel, à qui pour un temps les vainqueurs de 1789 s'en remirent pour préserver l'ordre et leurs propriétés, fut Napoléon Bonaparte. Mais il ne voulait pas être un instrument des bourgeois. Il prit le pouvoir le 18 Brumaire avec l'intention bien arrêtée de l'exercer lui-même et de le conserver. En décembre 1799, il fit approuver, par un plébiscite, une nouvelle constitution. Il réorganisa la France dans le cadre d'un régime centralisé. Il rétablit l'ordre auquel tout le monde aspirait et mit en place une administration efficace. Il garantit les acquis fondamentaux de la révolution bourgeoise de 1789-1790 et restaura la paix religieuse en signant un concordat avec le Saint-Siège. Lassé par dix ans de lutte et de grandes difficultés matérielles, le peuple accepta le régime. Quant à la bourgeoisie, le peu de liberté tolérée par le Premier Consul, puis l'Empereur, lui parut dans un premier temps suffisant si cela permettait de sauver l'égalité civile et la propriété et si cela garantissait le retour de la prospérité.

La Révolution apporta à la France, et tenta de diffuser en Europe, le principe de l'égalité civile. La loi égale pour tous devait, seule, régler la vie des hommes, auxquels étaient garanties les libertés fondamentales. Elle fit faire aux Français l'expérience de plusieurs systèmes politiques. Tous reposaient sur une constitution écrite instituant une séparation, plus ou moins complète, des pouvoirs et étaient organisés autour des représentants de la nation. Il revint à Bonaparte de réorganiser rationnellement l'administration française en bâtissant les grandes institutions publiques des Finances, de la Justice, de l'Instruction et de l'Armée. L'œuvre reprit bien des réalisations des régimes antérieurs, monarchie incluse. Cette reconstruction centralisée permit de sauvegarder l'unité nationale.

> **Le sans-culotte** ■ C'est d'abord l'homme qui porte un pantalon et non pas la culotte comme sous la monarchie. C'est ensuite le militant révolutionnaire, issu de l'artisanat et de la boutique. Armé de la pique et coiffé du bonnet phrygien, il joua un rôle important entre 1792 et 1795. Présenté de façon caricaturale comme un dangereux sanguinaire il servit de repoussoir aux bien-pensants.

Prolongements

- Ils sont multiples et souvent encore passionnés. Il n'est pas indifférent qu'en 1935 les dirigeants des principaux partis de gauche aient choisi d'annoncer la constitution du Front populaire sur la place de la Bastille. Le 10 mai 1981, c'est au même endroit que les militants de gauche fêtèrent la victoire de François Mitterrand à l'élection présidentielle. Jusqu'à un passé très récent de nombreux républicains mangeaient de la tête de veau le 21 janvier, jour anniversaire de l'exécution de Louis XVI.
- Le droit de chasse, reconnu à chacun en 1789, fait qu'il est aujourd'hui impossible de restreindre le droit de détenir une arme de chasse tant l'attachement est fort à cette « conquête révolutionnaire ».
- Le sinistre régime de Vichy mis à part, la fête nationale est depuis la IIIe République fixée au 14 juillet et l'hymne national est *La Marseillaise*, c'est-à-dire le chant de marche des volontaires marseillais de l'armée du Rhin.
- La plupart de nos administrations ont été réorganisées à cette époque. Le baccalauréat et quelques prestigieuses grandes écoles sont des créations de la Révolution.

1.3 Les droits de l'homme et leurs critiques

La principale *Déclaration des droits de l'homme* est celle de 1789. Mais l'origine historique de l'idée de droits de l'homme est plus ancienne, et, après avoir été la cible de critiques d'inspiration contre-révolutionnaire ou marxiste, elle connaît aujourd'hui un important renouveau.

Origines de l'idée de droits de l'homme

Chez les Anciens existait sans doute l'idée que l'on a des devoirs envers tous les hommes, comme le montre en particulier la notion chrétienne de charité, qu'illustre la parabole du Bon Samaritain. En revanche, l'idée que chaque homme a droit à un certain nombre de garanties est plus récente.
L'idée qu'il existerait, partout et toujours, des droits propres à l'homme en tant qu'il est homme, est au cœur des théories du droit naturel, à partir du XVIe siècle. Elle suppose l'immutabilité de la nature humaine à travers les âges ou les pays. C'est Hobbes qui dans son *Léviathan* (1651) introduit l'idée que, dans l'état de nature hypothétique existant avant toute société, il y aurait un «droit de chaque homme» à toutes choses, ce qui conduit à un état de guerre de tous contre tous, dont il faudra sortir par le pacte social. Locke transformera cette notion en établissant dans cet état de nature un certain nombre de droits, de propriété, d'expression, de résistance à l'oppression, que la société politique aura pour fonction de préserver. Il s'agit dans un cas comme dans l'autre d'un homme défini à l'état de nature comme individu séparé.

La Déclaration des droits de l'homme et du citoyen de 1789

La première *Déclaration des droits* est celle de l'État américain du Massachusetts en 1780, et la *Déclaration d'indépendance* des États-Unis en 1776 considérait déjà «comme des vérités évidentes par elles-mêmes que les hommes naissent égaux, que la Créateur les a dotés de certains droits inaliénables, parmi lesquels sont la vie, la liberté et la recherche du bonheur».
La *Déclaration* adoptée par l'Assemblée nationale le 26 août 1789 récapitule, «sous les auspices de l'Être suprême», les droits déjà énoncés par Locke, mais les replace au sein d'une organisation politique déterminée. Comme l'indique l'intitulé même de cette déclaration, les notions d'homme et de citoyen sont liées et on n'est vraiment homme qu'au sein d'une société politique légitime. Aussitôt après l'énumération des droits de l'homme, la *Déclaration* affirme le principe de la souveraineté nationale, qui doit les garantir. Les principaux droits sont la liberté d'opinion et de conscience, en particulier religieuse, la liberté de presse, la sûreté qui est liée à la liberté, et le droit de propriété. C'est sur la question de la liberté religieuse que les débats seront les plus animés.
Par ailleurs, on estime nécessaire que ces droits soient «déclarés», c'est-à-dire récapitulés dans un texte écrit qui aura une valeur constitutionnelle. Certes ces droits sont présentés comme évidents. Selon Lafayette, la *Déclaration* «doit dire ce que tout le monde sait, ce que tout le monde sent». Mais le fait de les rédiger, de les «déclarer» doit leur donner une plus grande force. C'est au nom de ces droits de l'homme, qu'il sera désormais possible de juger tout régime politique à venir, de «comparer les actes du pouvoir législatif et exécutif avec le but de toute institution politique». En ce sens la *Déclaration* ne s'adresse pas seulement à la France mais au monde entier.

Cette *Déclaration* est la plus haute réalisation d'une Révolution qui se pense comme exprimant les exigences de la raison et de l'humanité et qui envisage de reconstruire de fond en comble la société, conformément à ces exigences, sans tenir compte des coutumes, qualifiées de préjugés. Selon le mot de Rabaut-Saint-Étienne qui résume bien cette entreprise : « Notre histoire n'est pas notre code. »

Les critiques des droits de l'homme

Dès son apparition la doctrine des droits de l'homme est critiquée de deux côtés apparemment opposés, mais qui en fait se rejoignent.

Les contre-révolutionnaires comme Burke, dès 1790, dans ses *Réflexions sur la révolution de France*, Maistre ou Bonald, critiquent l'abstraction de ces droits de l'homme. Selon la formule de Maistre, dans ses *Considérations sur la France* (1797), l'homme en général n'existe pas : « J'ai vu, dans ma vie, des Français, des Italiens, des Russes, etc. ; je sais même, grâce à Montesquieu qu'on peut être Persan : mais quand à l'homme, je déclare ne l'avoir rencontré de ma vie; s'il existe, c'est bien à mon insu. » Cette volonté de plier à une idée la réalité diverse et fluctuante ne pouvait, selon Burke, que conduire à la Terreur.

D'un autre côté, Karl Marx, dans *La Question juive* (1844), critique la doctrine des droits de l'homme comme n'étant que « les droits du membre de la société bourgeoise », c'est-à-dire de « l'homme égoïste, du bourgeois, de l'individu séparé de la communauté, replié sur lui-même ». Ces droits se résument selon lui à la garantie du droit de propriété.

Déclaration des droits de l'homme et du citoyen du 26 août 1789 ■ Reprise dans le *Préambule* de la Constitution du 4 octobre 1958

Les représentants du peuple français, constitués en Assemblée nationale, considérant que l'ignorance, l'oubli ou le mépris des droits de l'homme sont les seules causes des malheurs publics et de la corruption des gouvernements, ont résolu d'exposer dans une déclaration solennelle, les droits naturels, inaliénables et sacrés de l'homme, afin que cette déclaration, constamment présente à tous les membres du corps social, leur rappelle sans cesse leurs droits et leurs devoirs; afin que les actes du pouvoir législatif et ceux du pouvoir exécutif, pouvant être à chaque instant comparés avec le but de toute institution politique, en soient plus respectés; afin que les réclamations des citoyens, fondées désormais sur des principes simples et incontestables, tournent toujours au maintien de la Constitution et au bonheur de tous. En conséquence, l'Assemblée nationale reconnaît et déclare, en présence et sous les auspices de l'Être suprême, les droits suivants de l'homme et du citoyen

Art. 1. Les hommes naissent et demeurent libres et égaux en droits. Les distinctions sociales ne peuvent être fondées que sur l'utilité commune.

Art. 2. Le but de toute association politique est la conservation des droits naturels et imprescriptibles de l'homme. Ces droits sont la liberté, la propriété, la sûreté et la résistance à l'oppression.

Art. 3. Le principe de toute souveraineté réside essentiellement dans la Nation. Nul corps, nul individu ne peut exercer d'autorité qui n'en émane expressément.

Art. 4. La liberté consiste à pouvoir faire tout ce qui ne nuit pas à autrui : ainsi l'exercice des droits naturels de chaque homme n'a de bornes que celles qui assurent aux autres membres de la société la jouissance de ces mêmes droits. Ces bornes ne peuvent être déterminées que par la loi.

Art. 5. La loi n'a le droit de défendre que les actions nuisibles à la société. Tout ce qui n'est pas défendu par la loi ne peut être empêché, et nul ne peut être contraint à faire ce qu'elle n'ordonne pas.
Art. 6. La loi est l'expression de la volonté générale. Tous les citoyens ont droit de concourir personnellement, ou par leurs représentants à sa formation. Elle doit être la même pour tous, soit qu'elle protège, soit qu'elle punisse. Tous les citoyens étant égaux à ses yeux, sont également admissibles à toute dignité, places et emplois publics, selon leur capacité et sans autre distinction que celle de leurs vertus et de leurs talents.
Art. 7. Nul homme ne peut être accusé, ni arrêté, ni détenu que dans les cas déterminés par la loi et selon les formes qu'elle a prescrites. Ceux qui sollicitent, exécutent ou font exécuter des ordres arbitraires doivent être punis; mais tout citoyen appelé ou saisi en vertu de la loi doit obéir à l'instant; il se rend coupable par la résistance.
Art. 9. Tout homme étant présumé innocent jusqu'à ce qu'il ait été déclaré coupable, s'il est jugé indispensable de l'arrêter, toute rigueur qui ne serait pas nécessaire pour s'assurer de sa personne doit être sévèrement réprimée par la loi.
Art. 10. Nul ne doit être inquiété pour ses opinions, même religieuses, pourvu que leur manifestation ne trouble pas l'ordre public établi par la loi.
Art. 11. La libre communication des pensées et des opinions est un des droits les plus précieux de l'homme; tout citoyen peut donc parler, écrire, imprimer librement, sauf à répondre de l'abus de cette liberté dans les cas déterminés par la loi.
Art. 17. La propriété étant un droit inviolable et sacré, nul ne peut en être privé, si ce n'est lorsque la nécessité publique, légalement constatée, l'exige évidemment, et sous la condition d'une juste et préalable indemnité.

Prolongements

- La *Déclaration des droits de l'homme* de 1789 a été complétée, au lendemain de la Seconde Guerre mondiale, par une *Déclaration universelle des droits de l'homme* qui prétend ne pas s'en tenir aux droits purement politiques et abstraits de 1789 et aborder les droits économiques et sociaux, «substantiels», à la santé, à l'éducation, aux loisirs.
- Par leur incorporation dans la *Constitution* de 1958 ces deux déclarations des droits peuvent prendre une valeur juridique, celle de «principes généraux du droit», bien qu'il soit fort difficile, et peu réaliste, de réclamer devant un tribunal le droit à la santé ou le droit au travail.

2. Religions

2.1 Libertinage et athéisme

➠ TERMINOLOGIE • «Libertinus» désigne à Rome ce qui concerne les affranchis, ceux qui sont libérés de l'esclavage. Au XVIe siècle à Genève, la secte protestante des libertins s'oppose au calvinisme dominant. Ce terme sera ensuite revendiqué au XVIIe siècle par certains libre-penseurs, mais la connotation péjorative finira par l'emporter au XVIIIe siècle.

Face aux religions dominantes, un courant athée ou anti-religieux existe dès le XVIIe siècle, même si c'est la plupart du temps sous une forme clandestine. On parlera alors de libertinage. Au XVIIIe siècle apparaîtra une forme d'athéisme plus radical, chez certains des philosophes des Lumières. L'existence de ces courants pose la question de la tolérance des religions dominantes à leur égard, et de la tolérance entre les diverses religions.

Le libertinage

Au début du XVIIe siècle on appelle «libertins» ceux qui, autour de Théophile de Viau s'opposent, par des pratiques provocatrices, à la religion établie et à ses coutumes. Selon Boileau, «un libertin met l'honneur à rompre jeûnes et carême». Ce libertinage devient libertinage érudit avec Gassendi, Cyrano de Bergerac, La Mothe le Vayer et Naudé, qui fondent leur critique de la religion sur une philosophie matérialiste inspirée d'Épicure. Cette inspiration libertine se retrouve dans le fameux *Dictionnaire historique et critique* de Bayle en 1695-1697. Pascal combattra ces libertins, notant que l'athéisme «est une marque de force d'esprit, mais jusqu'à un certain degré seulement».
Les thèses matérialistes et athées se retrouvent dans toute une série de manuscrits clandestins circulant à cette époque, dont le plus célèbre est le *Traité des trois imposteurs*, qui dénonce Moïse, Jésus et Mahomet.
Cependant au XVIIIe siècle le terme sera repris pour désigner un mode de vie déréglé, en particulier au point de vue sexuel, avec l'idée qu'une pensée libre implique nécessairement une vie dépravée. C'est ce sens qui s'est imposé aujourd'hui.

L'athéisme

Il convient de distinguer l'athéisme et le panthéisme, qui sont souvent confondus. L'athéisme est l'affirmation qu'il n'existe pas de Dieu, le panthéisme est l'affirmation que Dieu est le tout ou la nature. Quant à l'agnosticisme («ne pas connaître»), c'est l'attitude qui consiste à ne pas se prononcer sur l'existence de la divinité.
L'athéisme se réclame souvent d'Épicure et de Lucrèce, même si ceux-ci critiquent surtout la religion, et pensent que des dieux existent peut-être dans les intermondes, mais qu'ils n'ont aucune influence sur le destin des hommes. L'athéisme semble disparaître durant le Moyen Âge et ne renaître qu'à la Renaissance, avec des auteurs comme Giordano Bruno qui nient l'existence de Dieu : il meurt sur le bûcher pour cette raison et aurait craché sur le crucifix qu'on lui tendait. La philosophie de Spinoza a souvent été présentée comme une philosophie athée, même si elle se présente plutôt comme un panthéisme. Nombre des philosophes des Lumières furent athées, par exemple La Mettrie, Diderot ou d'Holbach. De longues listes d'athées sont dressées par Naigeon, le secrétaire de Diderot, dans son *Dictionnaire des athées*. La question est alors souvent posée de savoir si l'athée peut être vertueux. La plupart pensent que la vertu peut être fondée sans avoir recours à la notion de Dieu, d'autres athées pensent au contraire qu'il convient de compléter l'athéisme par un immoralisme radical.
L'athéisme au XIXe siècle est fondé sur la science, et souvent le fait de médecins, comme Cabanis en France, ou Büchner et Vogt en Allemagne. L'athéisme se

combine avec un anticléricalisme, une hostilité aux religions constituées, qui se serviraient de l'ignorance et des craintes des hommes pour les soumettre. L'athée se sent pour sa part libéré de ces fausses croyances, et a le sentiment de faire partie d'une élite éclairée. Mais tous les athées ne sont pas d'accord pour populariser leur opinion, car ils sont conscients des risques qu'elle présente pour le maintien de la hiérarchie sociale. L'athéisme est en général loin d'être révolutionnaire, ce qui lui vaudra la critique de Robespierre : « L'athéisme est aristocratique. »
Enfin, le marxisme se présente comme un athéisme, qui entend en outre rendre compte de l'existence de la religion. Selon la fameuse formule de Marx « la religion est l'opium du peuple », ce qui n'est pas entièrement négatif, car l'opium est aussi un médicament. Auparavant il notait : « La misère religieuse est partiellement l'expression de la misère réelle, partiellement la protestation contre la misère effective. La religion est le soupir de la créature opprimée, l'âme d'un monde sans âme, tout comme elle est l'esprit de circonstances qui en sont dépourvues. » La fin de l'exploitation capitaliste devrait mettre un terme à la religion.

La notion de tolérance ■ La notion de tolérance a des origines religieuses. Après la Réforme et la révocation de l'Édit de Nantes, la liberté religieuse est revendiquée par les protestants radicaux, ou, en pays protestants, par certains catholiques. Bayle, Locke ou plus tard Voltaire réclameront cette tolérance. Pour Bayle la liberté de conscience est sacrée : en 1686 il publie sur ce sujet et sous un pseudonyme son *Commentaire philosophique sur ces paroles de Jésus-Christ : « Contrains les-d'entrer »*. En effet, les adversaires de la tolérance se servaient volontiers, depuis saint Augustin, du « *compelle intrare* » de l'évangile de Luc pour justifier les conversions forcées. Locke dans son *Essai sur la tolérance* de 1667 insiste sur la nécessaire distinction de l'autorité politique et du pouvoir religieux : le Christ n'a fondé aucun pouvoir temporel. Du reste il n'est pas dans les capacités du pouvoir politique de contraindre les consciences qui restent nécessairement libres. La tolérance implique une séparation radicale de l'Église et de l'État.
Voltaire, dans l'article « tolérance » du *Dictionnaire philosophique* estime que l'intolérance est propre à la religion chrétienne qui aspire à la domination universelle, alors que les juifs ou les romains acceptaient que chaque peuple eût sa religion. Voltaire s'engage directement contre l'intolérance à l'occasion des affaires Calas, Sirven ou du Chevalier de la Barre.
Les adversaires de la tolérance arguent au contraire que la tolérance est une marque de faiblesse et d'erreur. Bossuet se flatte que la religion catholique soit « la plus sévère et la moins tolérante de toutes les religions ».

Prolongements

- Au début du XIXe siècle le contre-révolutionnaire de Bonald notera que « Dieu est suprêmement intolérant ». L'Église ne peut se tromper, le dogmatisme va de pair avec l'idée de vérité. Dans la deuxième partie du siècle, le pamphlétaire catholique Louis Veuillot explique aux républicains : « Je réclame la liberté au nom de vos principes, je vous la refuse au nom des miens. »
- La tolérance peut verser aujourd'hui dans le relativisme, qui accepte tout, y compris l'intolérable. Le relativisme se présente souvent comme une forme de mauvaise conscience de « l'homme blanc ».

3. Philosophie

3.1 La philosophie des Lumières

➡ TERMINOLOGIE • « Lumières » traduit l'allemand « *Aufklärung* », qui désigne l'action d'éclairer. En italien « lumières » se dit « *illuminismo* » et en anglais « *enlightenment* ». Mais en France le terme d'« illuminisme » désigne justement les ennemis des Lumières, philosophes visionnaires ou gnostiques comme Saint-Martin qui développe toute une symbolique de la lumière.

Le mouvement des Lumières est au XVIIIe siècle un mouvement européen. Il se caractérise par une volonté de donner toute sa place à la raison, contre l'argument d'autorité dont usent en particulier les religions, que la plupart des auteurs des Lumières disqualifient comme superstitions.
Du point de vue politique les philosophes des Lumières appellent à un combat pour la tolérance, mais partent aussi à la recherche d'un gouvernement « éclairé ». Pour ce faire, ils espèrent beaucoup du « despotisme éclairé », dont ils croient trouver des exemples en Frédéric II de Prusse ou Catherine II de Russie, la « Sémiramis du Nord ».
Il convient de noter le grand prestige de la France à cette époque : le français est la langue que parlent toutes les élites européennes. Cependant les Lumières ont des particularités nationales : les Lumières anglaises n'ont pas de dimension politique, et les Lumières allemandes sont plus anticatholiques que véritablement antireligieuses.

La « devise des Lumières »

Le philosophe Emmanuel Kant tente de répondre à la question : *Qu'est-ce que les Lumières ?* en 1784. Il estime que les Lumières, c'est un acte de « courage », la « décision » d'user de sa raison : « Les Lumières, c'est pour l'homme sortir d'une minorité qui n'est imputable qu'à lui ». Il ne doit plus se fier à un autre pour penser.
En ce sens, selon Kant, la devise des Lumières devrait être « *Sapere aude* ! (Aie le courage de te servir de ton propre entendement), selon une formule empruntée à Horace (*Épîtres*, I, 2, 40).
Mais pour parvenir à sortir de cette minorité qui est si facile pour lui, il faut que l'homme ne soit plus seulement un individu. Les Lumières renvoient à l'idée d'un progrès collectif : « Il est donc difficile pour tout homme pris individuellement de se dégager de cette minorité devenue comme une seconde nature. » En revanche, il est possible qu'un public, une opinion publique, s'émancipe progressivement, à condition que soient garanties les libertés de penser et de publier.

Les « philosophes »

L'acteur principal, le héros des Lumières est le « philosophe », terme qui désigne alors tout écrivain favorable aux Lumières, dont la première figure est celle de Bayle, héros de la raison persécuté par l'Église. Le philosophe, tel que le définit Dumarsais dans l'article « Philosophe » de l'*Encyclopédie* est « un homme qui agit en tout par raison », qui use de « l'esprit d'observation », mais aussi qui « ne se croit pas

en exil dans ce monde» et qui aspire à y vivre en «honnête homme» et en homme d'action. Selon Voltaire également, «le vrai philosophe défriche les champs incultes, augmente le nombre des charrues et par conséquent des habitants».
Ce philosophe n'est en aucun cas un métaphysicien et tout le XVIIIe siècle critique les systèmes, comme le fait Condillac dans son *Traité des systèmes* (1749), en particulier le système cartésien et ses «tourbillons». Le modèle ce sont les sciences expérimentales, et surtout l'œuvre de Newton (1642-1727) : les «romans» cartésiens sont remplacés par le refus newtonien des hypothèses : «*hypotheses non fingo*» (je ne forge pas d'hypothèses). La philosophie empiriste issue de Locke est l'autre référence centrale pour les philosophes du XVIIIe siècle.

Lumières et ombres

La métaphore des Lumières qui l'emporte sur les ténèbres implique l'idée que la victoire des Lumières est une nouvelle aurore, le début d'une ère nouvelle, qui s'oppose radicalement à l'obscurantisme des siècles antérieurs.
Cette clarté se propage vers l'avenir et elle est le résultat d'un effort collectif : ainsi selon Diderot, «nos travaux doivent avoir pour but, ou d'étendre les limites des places éclairées, ou de multiplier sur le terrain les centres de lumières».
Le progrès des connaissances est particulièrement manifeste dans le domaine scientifique et c'est chez des auteurs comme Fontenelle ou Condorcet que se rencontre d'abord l'expression de «progrès des lumières».
Curieusement, à cette métaphore des Lumières, s'oppose, chez leurs adversaires, une autre référence à la lumière : l'«illuminisme», avec des auteurs comme Swedenborg ou Saint-Martin, fait référence à une «illumination» intérieure, de type mystique. Cette lumière est à rechercher dans le passé et non dans l'avenir. En effet, l'idée d'une référence à la vérité comme lumière se trouvait déjà dans la tradition chrétienne.

La philosophie empiriste ■ Locke (1632-1704), dans son *Essai sur l'entendement humain* (1690), soutient, contre la doctrine des idées innées, que toutes les idées viennent de l'expérience. L'intelligence de l'homme est à l'origine une «table rase», une feuille vierge, sur laquelle viennent s'imprimer les idées issues de l'expérience, c'est-à-dire de la sensation. Cette expérience a deux sources, l'expérience externe ou sensation et l'expérience interne ou réflexion, qui opère sur les idées issues de ces sensations.
Cette philosophie est reprise et développée par Hume (1711-1776). Son *Traité de la nature humaine* (1739) souligne que l'apparente relation que nous établissons entre deux faits, dont l'un est qualifié de cause et l'autre d'effet, est seulement due à l'habitude. La répétition de telles séquences ne leur donne aucun caractère nécessaire : il n'est ainsi pas possible d'affirmer d'une manière certaine que le soleil se lèvera demain.
En France l'empirisme aboutit au sensualisme de Condillac (1715-1780), qui ramène tout à la sensation, y compris la réflexion. Il l'illustre, dans le *Traité des sensations* (1754) avec sa célèbre hypothèse de la statue qui n'est rien d'autre que les sensations qu'elle éprouve, et donc tout d'abord odeur de rose, l'odorat étant la sensation la plus primitive.

Kant et la philosophie critique ■ Emmanuel Kant (1724-1804) a vécu et enseigné à Königsberg. Il est l'auteur de l'une des plus grandes œuvres de la philosophie, la

Critique de la raison pure (1781, 2e éd. 1787). Avouant avoir été «éveillé de son sommeil dogmatique» par la lecture de Hume, il y opère une «révolution copernicienne», qui consiste à faire de la question du sujet connaissant le centre de toute philosophie : ce ne sont pas nos connaissances qui doivent «se régler sur les objets», ce sont plutôt «les objets qui se règlent sur notre connaissance». Sa philosophie sera donc une philosophie «critique», c'est-à-dire qui s'interroge sur les conditions de possibilité de la connaissance et, dans la *Critique de la raison pratique*, de l'action. Dans toute connaissance il y a une part, *a posteriori*, qui vient de l'expérience, et une part, *a priori*, qui vient du sujet.
La philosophie morale de Kant insiste sur le fait que le devoir est un impératif catégorique, c'est-à-dire qui doit être respecté de façon absolue, sans conditions. Elle s'oppose radicalement à toutes les morales de l'intérêt.
Kant participe aux débats de son temps, qu'il s'agisse de définir la notion de Lumières, ou d'analyser la portée de la Révolution française. Il montre également l'importance de l'«idée d'une histoire universelle» pour civiliser l'homme, entreprise toujours hasardeuse.

Prolongements

- La métaphore des «Lumières» sera reprise pendant la Révolution par toute une série d'images solaires, qui continuent aussi le mythe solaire de la monarchie absolue.
- La figure du philosophe des Lumières, qui met son savoir au service d'une action dans le monde, inspirera celle de l'«intellectuel» engagé qui voit le jour avec l'affaire Dreyfus et connaît sa fin provisoire avec Sartre.
- La philosophie empiriste, toujours dominante dans le monde anglo-saxon, connaîtra un renouveau au XXe siècle avec le courant de l'empirisme logique, ou néo-positivisme, qui complète l'empirisme par les résultats de la logique formelle moderne.
- Le texte de Kant sur les Lumières est selon Michel Foucault le premier exemple d'une tentative de la philosophie pour réfléchir sur «aujourd'hui». En ce sens il l'estime caractéristique de l'«attitude» propre à la modernité et le rapproche des remarques de Baudelaire sur ce sujet.

3.2 L'Encyclopédie de Diderot et d'Alembert

➡ TERMINOLOGIE • «Encyclopédie», désigne en grec, chez Plutarque, une instruction circulaire, c'est-à-dire embrassant le cercle complet des connaissances.

L'Encyclopédie, qui ne devait au départ être que la traduction d'une encyclopédie anglaise, devient progressivement le monument des Lumières et l'instrument des combats des philosophes. Elle est principalement animée par Diderot et d'Alembert, mais bénéficie de la collaboration de la plupart des philosophes des Lumières.

Un projet de combat

Le XVIIIe siècle peut être considéré comme le siècle des dictionnaires, en particulier des dictionnaires de langue, comme le *Dictionnaire* de Furetière, celui de l'Académie ou le *Dictionnaire de Trévoux* des jésuites. Toutefois, le principal monument en est l'*Encyclopédie ou Dictionnaire raisonné des sciences, des arts et métiers*, qui paraît de 1751 à 1771 sous la responsabilité de d'Alembert, Diderot et du chevalier de Jaucourt.

L'idée de départ du libraire Le Breton était de traduire la *Cyclopedia* anglaise de Chambers, mais Diderot, avec la collaboration de d'Alembert, élargit rapidement son projet. Il s'agit d'exposer la totalité du savoir, en montrant les progrès de la raison et en combattant les préjugés. Loin de se contenter de critiquer les connaissances passées comme le faisait le *Dictionnaire historique et critique* (1695-1697) de Bayle, l'*Encyclopédie* entend donner une vision constructive de la science et des techniques du temps. Il convient selon Diderot, de faire preuve de « hardiesse dans l'esprit ».

Le choix d'un dictionnaire alphabétique n'a pas seulement des vertus pédagogiques : le système de renvois permet de plus ou moins discrètes critiques antireligieuses. Ainsi des articles importants respectent l'opinion orthodoxe, mais renvoient à des articles mineurs qui la critiquent : par exemple l'article « cordeliers », respectueux, renvoie à l'article « capuchons », qui se moque de ces moines, l'article sur la plante « *agnus scythicus* » est l'occasion d'une critique de la superstition et des miracles.

Le *Prospectus* rédigé par Diderot en 1750 insiste sur l'importance des arts mécaniques et des métiers, ainsi que des planches, au sein de cette *Encyclopédie*. Ces superbes planches illustrant les arts mécaniques seront pour beaucoup dans le succès de l'*Encyclopédie*.

D'un point de vue politique, l'influence de Montesquieu se fait sentir, et aucun des auteurs, mis à part Rousseau, n'est hostile à une monarchie éclairée.

Une histoire mouvementée

L'Encyclopédie est attaquée à la fois par les jésuites et les jansénistes, et les deux premiers volumes sont interdits en 1752, à la suite de l'affaire de l'abbé de Prades, collaborateur de Diderot pour l'article « certitude », dont la thèse est jugée hérétique par les jésuites. Cependant en même temps ses auteurs sont protégés par des personnages aussi puissants que le directeur de la librairie, Malesherbes, qui les a prévenu des poursuites à venir, et qui permettra la reparution de l'*Encyclopédie* en 1753. Les dévots poursuivent néanmoins leurs attaques.

Une autre polémique éclate lors de la parution de l'article « Genève » de d'Alembert, qui est attaqué par Rousseau dans sa *Lettre à d'Alembert*, au motif qu'il aurait voulu introduire le théâtre corrupteur à Genève. D'Alembert se retire alors du projet que Diderot poursuit avec Jaucourt. Avec le scandale qui suit la parution de *De l'esprit* d'Helvétius, ses adversaires arrivent à faire interdire *L'Encyclopédie* en 1758. Mais, protégée par Malesherbes, l'entreprise continue et est facilitée par l'expulsion des jésuites de France en 1762.

La totalité du savoir

Il s'agit d'exposer la totalité du savoir, conformément au terme même d'« encyclopédie », mais donc aussi de montrer que ce savoir forme un système, qu'il est possible d'ordonner. C'est ce qu'explique Diderot dans l'article « Encyclopédie » : « Le but d'une *Encyclopédie* est de rassembler les connaissances éparses sur la surface de la terre ; d'en exposer le système général. »

Ce système est précisé dans le «Discours préliminaire» de d'Alembert qui expose le «Tableau des connaissances humaines». Sa classification des sciences s'inscrit dans la continuité de celle de Bacon dans le *Novum organum* : elle est fondée sur les «facultés principales de l'homme» qui sont la mémoire, la raison et l'imagination. Les trois sciences principales sont donc l'histoire, la philosophie et la poésie.
La classification a d'autant plus de raisons d'être rapportée à l'homme que toutes ces connaissances n'ont de signification que rapportées à l'homme, «centre commun» de *L'Encyclopédie* comme il l'est de l'univers. «L'homme est le terme unique, d'où il faut partir et auquel il faut tout ramener, si l'on veut plaire, intéresser, toucher, jusque dans les considérations les plus arides et les détails les plus secs».

Le progrès des lumières

L'entreprise de *L'Encyclopédie* ne se comprend que si l'on pense qu'il peut y avoir une augmentation des «lumières» et que cette récapitulation permettra à ceux qui nous suivent d'aller plus loin. Donc *L'Encyclopédie* s'adresse, toujours selon l'article «Encyclopédie» de Diderot, «aux hommes avec qui nous vivons» mais aussi «aux hommes qui viendront après nous; afin que les travaux des siècles passés n'aient pas été des travaux inutiles pour les siècles qui succéderont; que nos neveux, devenant plus instruits, deviennent en même temps plus vertueux et plus heureux, et que nous ne mourions pas sans avoir bien mérité du genre humain».
Le progrès des lumières est donc naturellement un progrès de la moralité et du bonheur contrairement à ce qu'affirmera bientôt Rousseau.

Une œuvre collective

Face à un objet si étendu, «la seule chose qu'on aperçoive distinctement, c'est que ce ne peut être l'ouvrage d'un seul homme». Il ne peut pas non plus être l'œuvre d'une société savante, qui est trop spécialisée. Il faut réunir «des hommes liés par l'intérêt général du genre humain, et par un sentiment de bienveillance réciproque».
C'est l'aspect collectif de l'œuvre qui frappe particulièrement les contemporains, et qui lui donne le caractère d'une «aventure». Les collaborateurs sont à la fois des amis de Diderot et d'Alembert, comme le grammairien Dumarsais ou Jean-Jacques Rousseau, des philosophes sensualistes comme Condillac ou Helvétius, des abbés peu orthodoxes comme l'abbé Morellet ou l'abbé de Prades, des médecins et naturalistes comme Louis et Daubenton, des économistes comme Quesnay, Necker, Turgot, mais aussi des techniciens qui sont allés directement se renseigner auprès des «ouvriers les plus habiles».

Prolongements

- *L'Encyclopédie moderne* parue de 1782 à 1832 chez l'éditeur Panckouke se présenta comme la suite de *L'Encyclopédie*. Le même idéal a été repris par l'*Encyclopédie française* publiée pour l'essentiel entre les deux guerres à l'initiative d'A. de Monzie et sous la direction de l'historien L. Febvre. Mais cette *Encyclopédie* ne veut pas réunir seulement le «camp laïque» qui est à l'origine de ce projet.

4. Littérature

4.1 Voltaire, le «mondain»

Voltaire (1694-1778) est le représentant le plus typique du XVIIIe siècle des philosophes. À la fois «mondain» et élégant, ne prenant rien au sérieux, et surtout pas lui-même, mais également philosophe actif et engagé, qui représente le premier «intellectuel» au sens moderne du terme. Le conte philosophique, à la fois sérieux et plein d'entrain, est le genre qui le résume le mieux. Il est en tout, comme l'a bien vu Goethe, le contraire de Rousseau.

D'une vie chez les rois à la vie d'un roi

François-Marie Arouet est fils d'un notaire et homme d'affaires. Il reçut une culture classique au lycée Louis-le-Grand et entreprit des études de droit puis commence une carrière de diplomate. Mais il est surtout vite remarqué dans le monde pour ses écrits satiriques sur les amours du régent, qui lui valent d'être enfermé onze mois à la Bastille.

Commençant une carrière littéraire, il se choisit un pseudonyme, Voltaire, anagramme de *AROUET* Le Ieune. Il fera lui-même son nom comme il le réplique au Rohan qui l'a fait bastonner et s'offusquait qu'il n'ait «même pas un nom» : «Mon nom, je le commence, et vous finissez le vôtre».

Il devient célèbre avec ses pièces de théâtre, comme *Œdipe* en 1712. On voit en lui le nouveau Corneille. Il est riche, ayant hérité de son père. Toutefois il se querelle avec le chevalier de Rohan et réclame justice en vain. Il retourne à la Bastille puis s'exile trois ans en Angleterre, de 1726 à 1729. Il y écrit une épopée, *La Henriade*, en 1728, qui a un énorme succès, de même que *Zadig* en 1732. Mais les *Lettres philosophiques*, aussi appelées *Lettres anglaises* (1734), sont condamnées au feu. Il doit à nouveau quitter Paris et s'installe à Cirey auprès de Mme du Châtelet avec qui il se consacre à des travaux historiques, philosophiques et scientifiques. Sa tragédie *Le Fanatisme ou Mahomet le prophète* est interdite.

Rappelé à la cour par son condisciple d'Argenson, devenu ministre, il est nommé historiographe du roi, élu à l'Académie, mais Louis XV ne l'aime pas et il n'est bientôt plus en grâce.

Il se rend ensuite à la cour de Frédéric II de Pusse d'où il publie *Le siècle de Louis XIV* en 1751 et *Micromégas* en 1752. Là il attaque Maupertuis, secrétaire de l'Académie de Prusse et se brouille avec Frédéric II qui le fait enfermer.

Il s'installe alors dans sa propriété des «Délices» près de Genève. Il y publie le *Poème sur le désastre de Lisbonne* en 1756 qui marque un infléchissement de sa pensée dans un sens pessimiste. Ensuite, l'article «Genève» de *L'Encyclopédie* déclenche un scandale et il doit à nouveau changer de résidence.

Il se réfugie enfin en 1760 à Ferney, en France, près de la frontière suisse, où il restera jusqu'à sa mort. Il y mène une vie de «seigneur de village» et reçoit ou correspond avec tout ce qui compte en Europe : «Après avoir vécu chez les rois, je me fis roi chez moi».

Il se consacre à la lutte contre l'intolérance à l'occasion de l'affaire Calas et d'autres affaires. Il a une activité débordante, publie le *Traité sur la tolérance* en 1763 et de nombreux pamphlets, pièces et romans.
Il fait un retour triomphal à Paris en 1778 où il meurt.
La production de Voltaire est immense. Il laisse près de quatre-vingt-dix ouvrages, dans tous les genres : épopée, théâtre, philosophie, sciences, histoire, et surtout dans un genre qu'il crée, le conte philosophique, illustré entre autres par *Zadig*, *Micromégas* et *Candide*.

Le modèle anglais

Son séjour en Angleterre lui fait découvrir un pays de liberté, religieuse et politique, qu'il s'emploie à faire connaître aux Français dans les *Lettres philosophiques*, et qui sera à l'origine de l'anglomanie qui s'empare du XVIIIe siècle français.
L'Angleterre est un pays de liberté religieuse où plus de trente sectes vivent en harmonie. C'est un pays où le développement du commerce entraîne la liberté politique : « Le commerce qui a enrichi les citoyens en Angleterre a contribué à les rendre libres. » L'équilibre des pouvoirs entre le roi et le parlement fait que « le prince, tout puissant pour faire du bien, a les mains liées pour faire du mal ».
En philosophie, l'Angleterre a produit l'empirisme de Locke, qui utilise une méthode expérimentale et que Voltaire oppose aux « romans » de Descartes : « Tant de raisonneurs ayant fait le roman de l'âme, un sage est venu qui en a fait modestement l'histoire ». Du point de vue scientifique, Voltaire s'enthousiasme pour l'œuvre de Newton qu'il popularisera en France dans son *Épître à Madame du Châtelet* (1736) et qu'il utilisera dans son conte *Micromégas*.

« Écrasons l'infâme »

À partir de son arrivée à Ferney, Voltaire va se consacrer à la défense d'hommes injustement condamnés, pour des raisons la plupart du temps religieuses. Ce sont les affaires Calas, Sirven, de la Barre, Lally-Tolendal, pour lesquelles il organise de véritables campagnes de presse et d'opinion.
L'affaire Calas est exemplaire. Le père Calas, protestant, avait été condamné à mourir sur la roue en 1762, sous le prétexte qu'il aurait pendu son fils qui voulait se faire catholique. Voltaire s'informe auprès des enfants Calas qu'il a recueillis. Il conclut à une erreur judiciaire et luttera pendant trois ans pour la réhabilitation de Calas. Il écrit alors son *Traité sur la tolérance à l'occasion de la mort de Jean Calas* (1763). Cette affaire a le mérite d'être à tout coup une critique du fanatisme. Si le père Calas était innocent, c'est une victime du fanatisme. Si même il avait été coupable, ce serait un fanatique, dont son fils aurait été victime. Le fanatisme est de toute façon coupable.
Voltaire combat de la même manière dans l'affaire du chevalier de la Barre accusé injustement d'avoir mutilé un crucifix et décapité à Abbeville.
Une religion est particulièrement intolérante selon Voltaire, c'est le catholicisme et il lance une campagne sur le thème : « Écrasons l'infâme » qu'est cette religion. Un moment il espère que Frédéric II parviendra à détruire le catholicisme.

Le déisme

Voltaire critique les religions, mais il n'est pas athée. Il estime qu'on ne peut se passer de Dieu, pour des raisons à la fois sociales et philosophiques : «Si Dieu n'existait pas, il faudrait l'inventer.»
Pour des raisons sociales d'abord. Il faut un «Dieu rémunérateur et vengeur», pour retenir nos laquais de nous voler et de nous égorger : «Je veux que mon procureur, mon tailleur, mes valets croient en Dieu; et je m'imagine que j'en serais moins volé.» On raconte que Voltaire ne souhaitait pas que ses amis philosophes et athées soutiennent leurs thèses à table devant ses serviteurs.
D'autre part, on ne peut se passer du «Dieu des philosophes et des savants», du Dieu de Locke et de Newton. Il faut un «Dieu horloger», «éternel architecte du monde». Mais ce Dieu est égal à X, on ne peut le définir avec précision : «Je ne sais ce que sont les attributs de Dieu». Il se réfère simplement à un «Être suprême», «Dieu de tous les mondes et de tous les temps». Voltaire est bien un déiste à la recherche d'une religion naturelle.

Candide *et le conte philosophique*

Voltaire est, au long de sa carrière, l'inventeur d'un nouveau genre littéraire, le conte philosophique, illustré par *Zadig*, *Micromégas*, *L'Ingénu* ou *L'Homme aux quarante écus*. Ces contes lui permettent d'illustrer une idée philosophique d'une manière tout à fait vivante et humoristique. Les personnages, toujours comiques, y incarnent des idées sans être didactiques.
Candide est écrit contre l'optimisme excessif des disciples de Leibniz et contre le Rousseau de la *Lettre sur la providence*. Il se contente pour cela de constater l'existence de fait du mal et chaque épisode des aventures de Candide autour du monde lui fait découvrir une nouvelle forme de mal.
Candide vivait heureux en Westphalie dans le château du baron Thunder-ten-tronckh. Il a pour précepteur Pangloss, disciple de Leibniz et de Wolff. Il est amoureux de Cunégonde, fille du baron. Mais celui-ci le chasse et il est enrôlé de force comme soldat, participe à une bataille sanglante, déserte, retrouve Pangloss qui lui annonce que tous les habitants du château ont été massacrés. Il passe à Lisbonne le jour du tremblement de terre de 1755, Pangloss est pendu par l'Inquisition, Candide est fouetté. Il retrouve Cunégonde mais doit aussitôt s'embarquer pour l'Amérique, ayant été conduit à tuer deux personnes. Il se réfugie au Paraguay, où règnent les jésuites, dirigés par le frère de Cunégonde. Il se querelle avec lui et le tue, fuit, manque d'être mangé par des sauvages, arrive en Eldorado et en repart avec des trésors, puis se rend à Surinam, où il constate le drame de l'esclavage et où il rencontre le pessimiste philosophe Martin. Ensemble ils vont en Angleterre, pays de liberté, mais ils y arrivent le jour de l'exécution injuste de l'amiral Byng. À Venise, ils rencontrent des rois détrônés. À Constantinople, il libère d'une galère le frère de Cunégonde et Pangloss, qui n'étaient pas morts. Il retrouve Cunégonde, vieille et laide, mais il l'épouse. Ruiné, il s'installe avec ses compagnons sur des terres et conclut : «Il faut cultiver notre jardin.»

Le mondain

Voltaire a poussé l'éloge de la civilisation jusqu'à faire, dans son poème *Le Mondain* (1736), de façon provocante, l'éloge du luxe, du commerce qui pourvoit à tous les raffinements de la vie, des arts du « doux Corrège et du savant Poussin » : « J'aime le luxe et même la mollesse/Tous les plaisirs, les arts de toute espèce/La propreté, le goût, les ornements/Tout honnête homme a de tels sentiments/[...] Oh, le bon temps que ce siècle de fer !/[...] Le paradis terrestre est où je suis. »
Un des aspects essentiels de cette civilisation est la vie de l'honnête homme dans le monde, qui sait faire preuve d'esprit, c'est-à-dire ne jamais se prendre au sérieux, ne pas adhérer d'une manière pesante à quelque opinion que ce soit. C'est à cette élite cultivée que Voltaire s'adresse, et sa fameuse ironie fait toujours signe à ces lecteurs qui savent entendre. Un bon exemple de cet humour voltairien est la lettre de remerciements qu'il envoie à Rousseau qui lui avait adressé le *Discours sur l'inégalité* : « J'ai reçu, monsieur, votre nouveau livre contre le genre humain, je vous en remercie... On n'a jamais employé tant d'esprit à vouloir nous rendre bêtes ; il prend envie de marcher à quatre pattes, quand on lit votre ouvrage. Cependant comme il y a plus de soixante ans que j'en ai perdu l'habitude, je sens malheureusement qu'il m'est impossible de la reprendre... M. Chappuis m'apprend que votre santé est bien mauvaise ; il faudrait la venir rétablir dans l'air natal, jouir de la liberté, boire avec moi du lait de nos vaches, et brouter nos herbes. »

Voltaire et l'histoire ■ Voltaire renouvelle le genre historique en faisant une histoire qui n'est pas seulement celle des rois et des guerres, mais celle de « la nation », de « l'esprit des hommes », c'est-à-dire de la civilisation, en particulier dans *Le Siècle de Louis XIV*, où il traite longuement des grands auteurs classiques. D'autre part, cette histoire n'est plus seulement une histoire européenne : l'*Essai sur les mœurs et l'esprit des nations* (1756) traite aussi de l'Amérique et de l'Extrême-Orient.
Voltaire souligne le rôle du hasard dans l'histoire. Seuls les grands hommes peuvent tenter d'infléchir l'histoire dans le sens d'une plus grande civilisation, comme l'a fait Louis XIV : « Il ne s'est presque jamais rien fait de grand par le monde que par le génie et la fermeté d'un seul homme qui lutte contre les préjugés de la multitude ou qui lui en donne. »

Prolongements

- Alors que leur dispute fut souvent très violente, les restes de Voltaire et Rousseau se sont retrouvés face à face au Panthéon. Voltaire y est entré en 1791, Rousseau en 1794.
- Selon Goethe : « Avec Voltaire, c'est un monde qui finit, avec Rousseau c'est un monde qui commence ». Voltaire c'est encore les Lumières et la cour, Rousseau c'est le sentiment et la république.
- Chateaubriand dans le *Génie du christianisme* est choqué par le détachement de Voltaire : « Il n'aperçoit que le côté ridicule des choses et des temps, et montre sous un jour si hideusement gai l'homme à l'homme. Il charme et fatigue par sa mobilité, il vous enchante et vous dégoûte. »
- Pour Paul Valéry au contraire, cette mobilité est ce qui fait le charme de Voltaire : « Il est l'homme d'esprit par excellence, le plus délié des humains, le plus prompt, le plus

éveillé. Tous les autres semblent dormir ou rêvasser auprès de lui. Il passe à travers ses erreurs en homme capable de les exterminer aussi lestement qu'il les épouse. »

4.2 Rousseau, la politique et le moi

Jean-Jacques Rousseau (1712-1778) est, avec Voltaire, le plus grand écrivain français du XVIIIe siècle. Mais, à la différence de celui-ci et des autres philosophes des Lumières, il annonce, à certains égards, le retour de la religiosité, ainsi que le culte du moi et le romantisme du XIXe siècle. Il est tout autant philosophe systématique, en particulier dans le domaine de la philosophie politique, qu'écrivain très novateur. Son influence sur la Révolution française est sans doute plus grande que celle de tout autre auteur des Lumières.

De la mondanité à la solitude

Né à Genève, orphelin élevé par son père, puis mis en pension chez un pasteur, il quitte ensuite Genève à seize ans et mène une vie de vagabond. Il est recueilli par une dame charitable chargée de le convertir au catholicisme, Mme de Warens. Lorsqu'elle décide de le « traiter en homme », il vit dans un bonheur parfait.
À vingt-neuf ans il va tenter sa chance à Paris, d'abord avec des œuvres musicales, dont un opéra *Les Muses galantes*. En 1750 il répond à une question de l'Académie de Dijon par le *Discours sur les sciences et les arts* où il soutient que le progrès des sciences et des arts entraîne une dégénérescence des mœurs et devient aussitôt célèbre : c'est ce qu'il nomme le « funeste tournant » de sa vie. Puis, en réponse à une autre question de cette Académie de Dijon, il compose le *Discours sur l'origine de l'inégalité*, publié en 1755. Emporté par la logique de ses thèses hostiles au progrès, il entreprend une « réforme morale » et se détourne des mondanités au moment même où il devient célèbre. Il s'agit de retrouver en lui-même ce qui est naturel, non altéré par la société. Il vit chez divers protecteurs avec qui il se brouille souvent. Ses trois grandes œuvres *Julie ou la Nouvelle Héloïse*, l'*Émile* et le *Contrat social* paraissent en 1761 et 1762. *La Nouvelle Héloïse* connaît un immense succès, mais l'*Émile* est condamné par le parlement de Paris, en raison des thèses religieuses de la *Profession de foi du vicaire savoyard*. Rousseau, décrété de « prise de corps » doit s'enfuir en Suisse. Pourtant, à Genève aussi le *Contrat social* est condamné. Il entreprend de se justifier en donnant un récit sincère et détaillé de sa vie dans les *Confessions*. Parti en Angleterre à l'invitation de Hume il croit vite voir se tramer contre lui un nouveau « complot ». De retour à Paris il écrit des œuvres politiques de commande, les projets de constitution pour la Corse ou la Pologne. Il se juge lui-même dans les étonnants *Dialogues, Rousseau juge de Jean-Jacques*. Enfin, il entreprend de revivre son bonheur passé dans les *Rêveries d'un promeneur solitaire*, peut-être sa plus grande réussite, qui resteront inachevées.

La philosophie politique

Rousseau part d'un constat, établi dans le *Discours sur les sciences et les arts*, que « les mœurs ont dégénéré chez tous les peuples du monde, à mesure que le goût de l'étude et des lettres s'est étendu parmi eux ». La vertu cède la place à l'amour-propre, au souci du paraître. Les « causes » de cette dégradation, établies par le second *Discours*, sont politiques : l'homme est naturellement bon, le mal n'apparaît qu'avec la société.

Comme la plupart des philosophes politiques depuis Hobbes, Rousseau fait l'hypothèse d'un « état de nature » dans lequel se trouverait l'homme avant l'institution de la société. Mais, selon lui, l'homme, dans cet état de nature, n'est ni sociable ni doué de raison comme le pensait Pufendorf, ni entraîné par un égoïsme actif, comme le pensait Hobbes. Ces philosophes se sont laissés entraîner par une « illusion rétrospective » et ont projeté sur l'état de nature des qualités qui ne sont apparues qu'avec la société. En fait, cet homme naturel est simplement un « animal avantageusement organisé », qui n'est paradoxalement supérieur à l'animal que par son absence de spécialisation. Ne possédant aucune qualité propre, il peut les acquérir toutes, il est « perfectible ». Le second *Discours* décrit l'apparition de l'inégalité à la suite d'une série de « circonstances » hasardeuses. Pour sortir de l'état de guerre qui termine l'état de nature, les hommes signent des pactes, qui se font au bénéfice des riches.

Rousseau ne se contente pas de critiquer ce « pacte des riches », il lui oppose un « vrai contrat », légitime, fondé en droit, et pas seulement en fait : « je cherche le droit et la raison et ne discute pas des faits. » C'est l'œuvre du *Contrat social*. Pour « guérir » la dénaturation de l'homme, il convient non pas de revenir à la nature, mais de faire appel à un « art plus perfectionné ». La seule dépendance qui ne soit pas contraire à la nature est la dépendance de la loi, qui est impersonnelle et inflexible. Il faut « trouver une forme de gouvernement qui mette la loi au-dessus de l'homme ». Chacun doit renoncer à tous ses droits en faveur de la communauté. Il affirme clairement l'idée de la souveraineté du peuple, dont le pouvoir est absolu. Contre Montesquieu, Rousseau affirme que le pouvoir ne doit pas être partagé, et le peuple ne peut en aucun cas se défaire de sa souveraineté. Le pouvoir exécutif ou gouvernement est toujours subordonné au peuple souverain.

Le moi et la nature

En attendant de refonder la société ou de réformer l'homme, Rousseau ne trouve son bonheur que dans l'écriture, dans l'évocation de sa propre vie passée et de ses sentiments. Il explique ainsi l'origine de la *Nouvelle Héloïse* : « L'impossibilité d'atteindre aux êtres réels me jeta dans le pays des chimères, et ne voyant rien d'existant qui fût digne de mon délire, je le nourris dans un monde idéal que mon imagination créatrice eut bientôt peuplé d'êtres selon mon cœur. » Il y décrit à plaisir des êtres vertueux dans un cadre naturel de montagnes et de lacs selon son cœur.

L'homme naturel, c'est en lui-même qu'il le retrouve. D'où l'importance de ses œuvres autobiographiques. En particulier, dans les *Confessions*, dont le titre fait référence à saint Augustin, il entend donner un témoignage totalement véridique sur sa vie, ses vertus mais aussi ses vices, depuis ses petits larcins et mensonges jusqu'à son exhibitionnisme ou l'abandon de ses enfants : « Je veux montrer un homme dans toute la vérité de la nature. J'ai dit le bien et le mal avec la même franchise, je me suis montré tel que je fus : méprisable, bon, généreux. » Il veut ainsi se disculper de tout ce dont il pense que ses ennemis l'accusent. Surtout Rousseau témoigne bien de l'ambiguïté de son propre personnage, à la fois

soucieux d'authenticité et obsédé par le regard que les autres portent sur lui, amateur de simplicité mais avec ostentation.
Il ne parvient à un certain apaisement que dans les *Rêveries du promeneur solitaire*, où il se contente d'évoquer les moments heureux de sa vie passée, avant de s'interroger mélancoliquement : «Qu'ai-je fait ici bas? J'étais fait pour vivre et je meurs sans avoir vécu?» Dans cet ouvrage la sensibilité à la nature, les descriptions de paysages, la sensibilité exacerbée, évoquent déjà le préromantisme. Il est le premier en France à aimer les paysages impressionnants et sublimes, comme ceux des Alpes : «Il me faut des torrents, des roches, des sapins, des montagnes qui me fassent peur.»

La pédagogie de Rousseau ■ L'entreprise politique de Rousseau se complète d'une philosophie de l'éducation. Dans *Émile ou de l'éducation*, qui reprend pour une large part le plan de la *République* de Platon, il s'agit de «former un homme bon et juste dans une société qui ne l'est pas», au cas où il serait impossible de réaliser la cité du *Contrat*.
Ce livre propose une pédagogie idéale, qui n'est pas directement réalisable. Il faut en effet supposer Émile riche et noble, et remplacer ses parents, qui projettent nécessairement sur lui des intérêts égoïstes, par un gouverneur qui prendrait totalement en charge son éducation et lui consacrerait sa vie.
La première phrase du livre est un constat : «Tout est bien sortant des mains de l'Auteur des choses, tout dégénère entre les mains de l'homme.» Le but de l'éducation est donc de préserver l'enfant des influences sociales, ou tout au moins de retarder leur action néfaste : cette éducation est d'abord «purement négative», il faut savoir «perdre du temps». Il faut laisser l'enfant «jouir de son enfance», ne pas lui imposer des exigences qui sont celles de l'âge adulte, et partir des capacités propres à chaque âge de l'enfant : *L'Émile* peut ainsi être considéré comme le premier traité de psychologie enfantine.
Il ne faut jamais contredire la nature : Rousseau se prononce contre l'usage du maillot, qui fait que l'enfant «naît dans l'esclavage» et contre le recours à des nourrices. Il faut retarder au maximum la fréquentation des livres, en particulier des *Fables* de La Fontaine, qui sont une leçon d'immoralité. Il ne faut «point d'autre livre que le monde, point d'autre instruction que les faits». Le premier livre d'Émile sera le *Robinson Crusoé* de de Foe (1719), qui est «le livre du monde», celui de l'homme solitaire dans l'état de nature. Contrairement aux idées de Locke, Rousseau estime qu'il ne faut pas raisonner avec les enfants : ils doivent être soumis à l'autorité inflexible des «choses», des faits.
La «profession de foi du vicaire savoyard» expose, dans le cadre sublime de la vallée du Pô, la religion naturelle, simple et sensible au cœur qui conviendra à Émile, bien distincte des religions révélées. Ses règles sont «au fond de mon cœur écrites par la nature en caractères ineffaçables».

Prolongements

- Peu lu lors de sa parution, le *Contrat social* connaîtra un grand succès avec la Révolution française qui fait transférer les cendres de Rousseau au Panthéon. Robespierre voit en Rousseau un «précepteur du genre humain» et s'inspire de son idéal de vertu, à la manière de la Rome antique.
- Dans l'autre sens, les adversaires de la Révolution, de Burke à Taine, verront souvent dans le *Contrat social* une des causes de celle-ci, par son caractère abstrait et son refus

des faits. Déjà Benjamin Constant notait que le *Contrat social*, «si souvent invoqué en faveur de la liberté» est en fait «le plus terrible auxiliaire de tous les genres de despotisme».

- Nietzsche voit en Rousseau le symbole de la duplicité des temps modernes, de leurs idéaux égalitaires et de leurs revendications moralisatrices : «Cet avorton qui s'est campé au seuil des temps nouveaux» est «le premier homme moderne», «idéaliste et canaille en une seule personne, qui avait besoin de la «dignité morale» pour supporter son propre aspect, malade d'un dégoût effréné, d'un mépris effréné de lui-même.»
- Dans *Tristes tropiques* (1955), Claude Lévi-Strauss salue en Rousseau «notre maître, notre frère». Le second *Discours* «fonde» l'ethnologie par la façon dont il réfléchit au problème des rapports entre la nature et la culture. Lévi-Strauss note que l'intérêt pour les hommes les plus lointains va de pair, chez Rousseau comme chez l'ethnologue, avec l'étude «de cet homme particulier qui semble le plus proche, lui-même».
- *L'Émile* sera souvent considéré comme l'ouvrage fondateur de la pédagogie moderne, de Montessori à Freinet, dans la mesure où Rousseau y insiste sur la place centrale de l'enfant qu'il faut considérer comme un être ayant ses propres rythmes et intérêts, au lieu de partir de l'adulte qu'il doit devenir.

4.3 Goethe ou l'Allemagne

La vie de Goethe (1749-1832) s'étend à la fois sur le XVIIIe et le XIXe siècles, et il fut de son temps considéré successivement comme un romantique et comme un classique. C'est cette union entre un style classique et des états d'âme fortement romantiques, une vie toujours amoureuse, son goût pour les arts et son insatiable curiosité scientifique et philosophique, qui font la grandeur de Goethe, dont l'œuvre est véritablement universelle. À travers son personnage de Faust, il est également le créateur d'un mythe à la portée immense.

Un génie universel

Goethe fait des études de droit, mais il se passionne également pour le théâtre, la poésie, le dessin, qu'il pratiquera jusqu'à sa mort, et dont il dira que c'est «le plus moral des arts». Dans sa passion de comprendre la nature, il étudie également les sciences, la médecine, l'histoire, la théologie, la philosophie. Ainsi, il suit de très près les découvertes en anatomie humaine. Plus tard il s'intéressera plus à la dispute entre les deux naturalistes Cuvier et Geoffroy Saint-Hilaire qu'à la Révolution de 1830 en France. À Strasbourg, il rencontre Herder et vit son premier amour avec Frédérique Brion. Il sera souvent amoureux dans sa vie, jusqu'à l'être, à plus de soixante-dix ans d'une jeune fille de dix-sept ans. Dans sa vie comme dans son œuvre, son optimisme consiste à accepter sa nature.

Il est brièvement avocat à Francfort, avant de s'installer à Weimar, à l'invitation du prince Frédéric-Auguste de Saxe Weimar. Il y fait partie du gouvernement, est anobli. Il accompagnera le duc dans sa guerre contre la France révolutionnaire. Il a en charge les affaires culturelles et est administrateur de l'université d'Iéna, puis se dégage de ces responsabilités mais reste jusqu'à la fin de sa vie directeur du théâtre.

En 1786-1788 il fait un voyage en Italie, particulièrement heureux, qui renforce son optimisme et achève de le convertir au classicisme. Il s'intéresse à nouveau à la science et à la philosophie. Il découvre même l'os intermaxillaire de l'homme en 1786. Il poursuit également des recherches sur « la plante originelle » dans son *Essai sur la métamorphose des plantes* en 1790. En 1791-1792, il polémique contre Newton dans sa *Théorie des couleurs*, qu'il reprend en 1810.

Romantisme et classicisme

Dans sa jeunesse, de 1770 à 1785, Goethe fait partie du mouvement romantique allemand du *Sturm und Drang* (« tempête et élan »). Il est ainsi à l'origine de la redécouverte de l'art gothique par les romantiques allemands dans *De l'architecture allemande*.

Il écrit en 1773 le drame *Götz von Berlichingen*, mais surtout, en 1774, *Les Souffrances du jeune Werther*, qui connaît un immense succès et devient le roman-culte de toute la génération romantique : il décrit l'amour sans espoir pour la femme d'un de ses amis d'un jeune homme nostalgique et mélancolique, qui finit par se suicider.

Dans son *Voyage en Italie*, il raconte l'année heureuse de voyage qui le convertit au classicisme. Il rencontre en 1794 Schiller et collaborera avec lui, tous deux étant inspirés par l'éloge de l'art ancien fait par Winckelmann. À cette époque, il écrit toute une série de pièces d'inspiration classique : *Egmont* en 1788, *Torquato Tasso* en 1789, *Iphigénie en Tauride* (1779-1789) et, en 1790, la première version de *Faust*.

Il écrit également de très nombreux recueils de poèmes, où il remplace les vers libres de sa jeunesse par des vers d'inspiration latine : *Ballades*, *Chants*, *Élégies*, *Élégies romaines*.

En 1796, avec *Les Années d'apprentissage de Wilhelm Meister*, il crée un nouveau genre littéraire, le roman de formation (*Bildungsroman*), où le héros s'enrichit et devient adulte à travers expériences et erreurs.

Après 1805 et la mort de Schiller, son œuvre connaît un nouvel élargissement, « post-classique », avec *Les Affinités électives* en 1809 et, en 1837, la publication posthume des *Années de voyage de Wilhelm Meister*, qui fait le récit de l'éducation de Félix, fils de Wilhelm. En 1811-1814 Goethe publie son autobiographie sous le titre de *Poésie et vérité*.

Le nouveau Prométhée

Le personnage le plus célèbre de Goethe est celui de Faust, inspiré d'un personnage réel du début du XVIe siècle qui se vantait d'avoir conclu un pacte avec le diable. Ce personnage de Faust avait déjà connu un grand succès sur scène par exemple en Angleterre avec le *Faust* de Marlowe en 1589 et avait inspiré plusieurs auteurs du *Sturm und Drang*.

Goethe reviendra toute sa vie sur son *Faust* qui, en un sens, est l'image de toute sa vie. Faust est l'image du savant qui veut vivre intensément et quitter le monde gris de l'abstraction. En 1775 son *Urfaust* (« Faust originel ») est largement influencé par le *Sturm und Drang*. En 1790 dans *Faust, un fragment* Méphisto n'est plus seulement le diable, mais « l'émissaire de l'esprit de la terre ». En 1808 Goethe publie son *Faust première partie*, puis, en 1832, après sa mort, paraît *Faust. Deuxième partie de la tragédie en cinq actes*.

Le point de départ de la pièce est un pacte passé entre le docteur Faust et le diable, Méphistophélès, « l'esprit qui toujours nie ». Le diable aidera Faust à réaliser tous ses désirs mais, en échange, Faust accepte d'être damné dans l'au-delà. Méphistophélès avait dans le prologue parié avec Dieu qu'il arriverait à lui enlever un de ses serviteurs.

Faust est le successeur moderne de Prométhée, qui veut faire progresser la science au-delà de toutes limites, avec l'aide de Méphisto. Dans le *Faust* de Goethe, le pacte n'a pas la durée traditionnelle de vingt-quatre ans, il durera jusqu'à l'instant où Faust dira : « Instant, arrête-toi tu es si beau. » Faust accepte car il pense que Méphistophélès ne parviendra jamais à lui donner un tel instant qui comblerait ses aspirations infinies.

L'épisode de son amour pour Marguerite joue un rôle essentiel : Faust la séduit avec l'aide de Méphistophélès, tout en sachant qu'il va faire son malheur. Le frère de Marguerite tente de tuer Faust mais meurt en maudissant Marguerite. Faust, qui assiste à la folle « nuit de Valpurgis » chez Méphistophèlès y voit le fantôme de Marguerite : il prend conscience de son crime et se révolte contre Méphisto. Marguerite est emprisonnée et va être exécutée pour avoir tué son enfant. À la fin de la première partie, Faust semble devoir être damné, alors qu'une voix céleste annonce que Marguerite est sauvée.

Dans le *Faust deuxième partie*, Faust est sauvé par la grâce divine. Cette deuxième partie mêle séjours dans l'Antiquité et dans les temps modernes. Le disciple de Faust, Wagner, crée un homme artificiel, un homuncule (petit homme) : « Je vois, sous une forme gracieuse, se présenter un gentil petit homme. » Mais Faust se détourne des recherches magiques et se consacre à des travaux en vue du bien général, en particulier l'assèchement d'un marais hollandais. Goethe y insiste sur la prépondérance de l'action : « Au début était l'Action » remplace le « Au début était le Verbe » de la Bible.

Citations de Goethe

« J'appelle classique ce qui est sain, romantique ce qui est malade ».
« Ici et aujourd'hui commence une ère nouvelle de l'histoire du monde et vous pourrez dire que vous y avez été » (à propos de la bataille de Valmy gagnée par les armées de la République française).
« J'aime mieux une injustice qu'un désordre ».
« Ose être heureux ».
« À quoi bon persister dans nos idées quand tout change autour de nous ».
« Plus de lumière » (*mehr Licht*, paroles prononcées sur son lit de mort).

Prolongements

- Napoléon, grand lecteur de *Werther*, rencontra Goethe en 1808 à Erfurt : après avoir critiqué les tragédies où intervient le destin, car aujourd'hui « le Destin, c'est la politique », il déclara de Goethe : « Voilà un homme. »
- Les adaptations musicales de Faust furent nombreuses, par Berlioz avec *La Damnation de Faust* (1846) et par Gounod, *Faust* (1859), où le personnage central est celui de Marguerite. Schubert adapte au piano le poème *Le Roi des Aulnes* en 1815, après s'être inspiré de *Faust* pour *Marguerite au rouet* en 1814.
- Oswald Spengler dans *Le Déclin de l'Occident* (1918) montre que la « culture faustienne » de l'Occident est « grisonnante » : la « volonté de puissance » ne veut dominer

que des apparences. « Le sacrilège du Faustien et son désastre surpassent tous les autres, allant au delà de tout ce qu'Eschyle ou Shakespeare n'ont jamais imaginé ».
- Le mythe de Faust fut adapté au cinéma, par exemple par Méliès en 1903 et par Murnau en 1926.
- Dans le *Docteur Faustus* de Thomas Mann (1947), Adrian Leverkühn, demande l'aide du diable pour se consacrer à la musique et finit sa vie fou.

5. Arts

5.1 Watteau et Fragonard

La peinture française du XVIIIe siècle a souvent été considérée comme représentative du siècle des Lumières, dans sa légèreté et son libertinage. Elle est quelquefois même critiquée comme étant purement décorative. Il existe effectivement, sous la Régence, un certain relâchement des mœurs, un goût du plaisir, en réaction contre la gravité de la fin du règne de Louis XIV : en témoigne le retour des comédiens italiens à Paris, qui en avaient été chassés depuis 1697. Mais, chez les plus grands peintres, cette superficialité apparente ne va pas sans profondeur, à la manière de la musique de Mozart, leur contemporain.

Watteau et les « fêtes galantes »

Originaire de Valenciennes, en Flandres, Antoine Watteau (1684-1721) fut largement inspiré par Rubens et en particulier par sa série de portraits de Marie de Médicis. Il est le véritable créateur d'un genre pictural, celui des « fêtes galantes », qui réunissent, dans des paysages d'Arcadie, jeunes femmes et bergers amoureux, aux costumes amples et élégants, s'accompagnant d'instruments de musique. Ainsi dans son fameux *Pèlerinage à l'île de Cythère*, où les amoureux, arrivés en barque, vont déposer leurs présents sur l'autel de Vénus et attendent avec regret le moment de repartir.
Watteau est aussi le peintre de la vie mondaine de l'époque, dans son *Enseigne de Gersaint*, représentant la boutique de ce marchand de tableaux, qui était son ami. Le caractère rêveur et mélancolique de sa peinture, malgré des dehors enjoués, est manifeste dans ses scènes de théâtre, en particulier le *Gilles*, représentant un pierrot au regard éteint, avec en arrière-plan une fête joyeuse.

Fragonard et l'amour

Jean-Honoré Fragonard (1732-1806) qui est sans doute le peintre le plus caractéristique du XVIIIe siècle, fut à la fois l'élève de Chardin et de François Boucher. Il retint la gravité et le sérieux de Chardin (1699-1779), peintre de natures mortes ou de scènes d'intérieur, décrivant d'humbles moments de la vie quotidienne, comme *La Toilette du matin* ou *Le Bénédicité*.
Il fut aussi l'élève de François Boucher (1703-1770), le « peintre des Grâces », auteur de nombreuses scènes galantes, représentant des baigneuses tirées de la mytholo-

gie. Ses tableaux sont remarquables par leur sensualité, comme dans *L'Odalisque*, à la posture lascive, abandonnée au milieu des étoffes, et par l'attention portée à la chair pâle et au corps potelé de ses nus, comme dans son *Bain de Diane*.
L'attrait pour la sensualité se retrouve dans l'œuvre de Fragonard, qui va même jusqu'à représenter des scènes carrément libertines, aux sous-entendus explicites, comme dans son *Feu aux poudres* ou dans *Les Hasards heureux de l'escarpolette* (1767), commande où un jeune homme contemple les dessous d'une jeune femme poussée sur une balançoire par un abbé. Cependant, certains de ses tableaux arrivent à une plus grande intensité comme dans *L'Instant désiré*, représentant avec une grande simplicité deux jeunes gens enlacés, nus sur un lit.
Certaines autres de ses œuvres ont été considérées comme caractéristiques du style rococo de la Régence, par leur prédilection pour le mouvement, souligné par des motifs circulaires et peint par touches légères comme dans *Renaud et Armide*. Ce style rococo, aux lignes contournées, souvent ornées de coquilles, connaîtra tout son éclat dans le domaine des arts décoratifs, ébénisterie, tapisserie, ou porcelaine, qui est alors en plein grand essor.

Hubert Robert et les ruines ■ La peinture d'Hubert Robert (1773-1808), proche de Fragonard, annonce à certains égards les rêveries romantiques, en particulier par sa représentation des ruines, qui semblent annoncer la fin d'un monde que provoquera la Révolution. Hubert Robert peindra d'ailleurs plusieurs moments historiques de cette Révolution, par exemple avec sa *Bastille dans les premiers jours de sa démolition*. Il peint de nombreux paysages de temples en ruines, par exemple son *Pont du Gard*, et sera ainsi à l'origine de toute une réflexion sur la fragilité des plus grands empires, surtout illustrée par *Les Ruines ou méditations sur les révolutions des empires* (1791) du philosophe et voyageur Volney (1757-1820). Pour Volney, inspiré par son séjour en Syrie et en Égypte, la cause de la destruction n'est pas la fatalité, elle « réside dans l'homme même, il la porte dans son cœur ».
C'est devant les tableaux d'Hubert Robert que Diderot écrit dans son *Salon de 1767* : « Les idées que les ruines réveillent en moi sont grandes. Tout s'anéantit, tout périt, tout passe… Je vois le marbre des tombeaux tomber en poussière; et je ne veux pas mourir. »

Prolongements

- Ce sont les frères Goncourt qui dans leur *Art du XVIIIe siècle* (1873) firent le plus pour assimiler l'art du XVIIIe siècle au joli et au décoratif : ainsi ils écrivent de Boucher : « Le joli, c'est l'âme du temps, et c'est le génie de Boucher. »
- Peintre de la sensualité féminine et du plaisir de vivre, Auguste Renoir se réclamait des peintres du XVIIIe siècle, surtout de Fragonard : « À Watteau et Boucher, j'ajouterai Fragonard, surtout les portraits de femmes. Ces bourgeoises de Fragonard!…. Distinguées sans cesser d'être bonnes filles. »
- André Malraux, dans *Les Voix du silence* (1951), fait de Chardin l'un des fondateurs de la peinture moderne, qui se libère de l'aveugle « soumission au réel » au profit de la seule « création artistique » : « L'humilité de Chardin implique moins une soumission au modèle qu'une destruction secrète de celui-ci au profit de son tableau. » Avec lui l'art devient le seul « absolu ».

5.2 Mozart

Mozart (1756-1791) est aujourd'hui l'un des musiciens les plus classiques et les plus universellement appréciés, pour la joie que procure sa musique. Son œuvre est d'une profonde originalité dans tous les domaines qu'il a abordés, mais c'est l'opéra qu'il a réellement créé sous sa forme moderne.

L'enfant prodige

Fils de musicien, Wolfgang Amadeus Mozart est né à Salzbourg en 1756. Il fut un enfant prodige, à la mémoire extraordinaire, qui entreprend de composer son premier concerto à quatre ans.

À partir de l'âge de six ans, son père organise, pour lui et sa sœur, des tournées dans toute l'Europe, dont l'une dure trois ans : Mozart y joue du piano mais quelquefois aussi du violon ou de l'orgue. Ces voyages le formeront en le mettant au contact des styles musicaux de toute l'Europe. En Angleterre il est influencé par Jean-Chrétien Bach, fils cadet de Jean-Sébastien, qui lui fait apprécier la musique italienne. Son premier opéra-comique *Bastien et Bastienne* est joué alors qu'il n'a que douze ans. De retour en Autriche il découvre la musique de Joseph Haydn, qui, bien que beaucoup plus âgé que lui, deviendra son ami. Il va en Italie à trois reprises où il connaît aussi un immense succès, et prend contact avec l'opéra italien et la polyphonie vocale, grâce à l'enseignement du père Martini. Sa mère meurt lors d'un voyage qu'elle fait avec lui à Paris en 1778. Revenu à Salzbourg il reprend sa place d'organiste à la cour de l'archevêque : il compose alors l'essentiel de sa musique religieuse. Cependant l'archevêque prend plaisir à l'humilier, jusqu'à ce qu'il le congédie comme un domestique en 1781.

L'indépendance à Vienne

Il s'installe alors à Vienne où il mène une carrière indépendante. Il épouse en 1782 Constance Weber, sœur cadette de son grand amour de jeunesse, mais son père s'éloigne de lui et meurt en 1787. Il reçoit la commande de *L'Enlèvement au sérail* en 1782, que l'empereur Joseph II qui l'avait commandé trouve trop savant : « Beaucoup trop beau pour nos oreilles, et beaucoup trop de notes. » Il connaît un grand succès avec les *Noces de Figaro* en 1786, à Vienne et plus encore à Prague en 1787. On lui commande alors son *Don Giovanni*, qui connaît aussi plus de succès à Prague qu'à Vienne. À la demande de l'empereur, il compose en 1790 *Cosi fan tutte*. En 1791, il compose une « féerie », *La Flûte enchantée*, où, comme dans d'autres œuvres comme l'*Adagio en si bémol*, il illustre ses croyances maçonniques en la fraternité, en la victoire de la sagesse sur l'ignorance : il faisait partie de la loge maçonnique de Vienne depuis 1784. La *Flûte* connaît un grand succès, mais trop tard. Vers la fin de sa vie, il s'éloigne de la musique de divertissement et se tourne vers une musique de chambre spiritualisée, passant ses derniers jours à écrire un tragique *Requiem*. Mozart meurt dans l'indifférence en 1791, à l'âge de trente-cinq ans.

Un génie incomparable

L'œuvre de Mozart est immense : il a composé plus de six cents œuvres dans tous les genres. Il écrivit de la musique instrumentale : quarante-cinq sonates pour piano et violon, dix-neuf sonates pour clavecin ou piano-forte, neuf concertos pour violon, des concertos pour instruments à vent, et surtout quarante-neuf symphonies, qui annoncent Beethoven. De la musique religieuse, des motets, des litanies, plusieurs messes et le *Requiem* inachevé, sur lequel il travaillait au moment de sa mort.

Il connut sans doute ses plus grands succès dans l'opéra, qu'il illustre dans les trois genres de l'opéra classique (*opera seria*), de l'opéra bouffe (*opera buffa*), aux sujets plus simples et quotidiens, et l'opéra allemand, le *Singspiel*, qui entremêle numéros musicaux et dialogues parlés.

Au premier genre appartiennent *Ideoménée* (1781) ou *la Clémence de Titus* (1791); au second *Les Noces de Figaro* (1786), *Don Giovanni* (1787) et *Cosi fan tutte* (1790), au troisième, *L'Enlèvement au sérail* (1778), premier opéra allemand, ou *la Flûte enchantée* (1791). Sans doute plus intéressé par le *Singspiel*, Mozart ne se détourne pourtant pas de l'opéra bouffe qui connaît alors un plus grand succès à la cour de Vienne. Il obtient une parfaite harmonie entre la musique et l'action lorsqu'il rencontre le prêtre défroqué Lorenzo da Ponte avec qui il travaille aux livrets des *Noces de Figaro*, à partir de la comédie de Beaumarchais, de *Don Giovanni* et de *Cosi fan tutte*. L'opéra abandonne les sujets antiques et tragiques : ainsi les *Noces* reprennent avec légèreté la critique de l'aristocratie présente chez Beaumarchais. Il s'y sert à la perfection de tous les types de chanteurs qu'utilisera ensuite l'opéra, donne un caractère expressif au timbre de tous les instruments musicaux.

La grandeur de Mozart dans ses opéras est de mêler le tragique et la gaieté, le sérieux et la légèreté, dépassant ainsi les frontières classiques entre les différents types d'opéras.

Toute l'œuvre de Mozart est marquée par cet enjouement, cette fraîcheur quasi enfantine, qui s'accompagne cependant d'une inquiétude croissante. Ses dernières œuvres, comme *Cosi fan tutte*, à l'action extrêmement simple et à la construction musicale parfaite, ont une tonalité plus désabusée et pessimiste : les personnages, facilement manipulables, y apparaissent tragiques par leur caractère inconsistant. Son *Requiem* inachevé est également noir.

Prolongements

- Haydn apprit beaucoup de l'œuvre de celui qui était pourtant son cadet. En particulier ses douze *Symphonies londoniennes* sont pénétrées de l'influence de la symphonie *Jupiter* et de la *Symphonie en sol mineur*.
- Beethoven, durant toute la première partie de son œuvre, par exemple sa *Symphonie en ut majeur* ou ses *Six Premiers quatuors à cordes* de l'opus 18 continue la tradition classique de Haydn et de Mozart.
- Wagner, pourtant très éloigné de Mozart, reconnaissait, à propos de *Don Juan* : «Jamais musique […] n'a reçu le pouvoir de caractériser avec autant de sûreté et de justesse, avec une aussi débordante plénitude.»

6. Sciences

6.1 L'économie politique

➠ TERMINOLOGIE • «Économie» dérive du grec «*oikonomia*» : administration (*nomia*) de la maison (*oikos*). L'expression d'économie politique est employée pour la première fois par

Montchrestien dans son *Traité de l'économie politique* (1615). Elle désigne alors l'art de gérer les biens de l'État. Ce n'est qu'avec Jean-Baptiste Say en 1803 qu'elle prendra le sens de « science des lois de la production, de la distribution et de la consommation des richesses ».

C'est au siècle des Lumières que prit naissance une des premières sciences humaines, l'économie politique. Elle se développe dans les deux pays européens les plus avancés économiquement, la France et l'Angleterre, et n'est pas sans influencer les idées philosophiques et politiques, par exemple sur la question du luxe qui oppose, entre autres, Voltaire et Rousseau.

Le mercantilisme et les origines de la théorie économique

L'idée d'économie politique se rencontre déjà dans l'œuvre de Bodin au XVIe siècle. Le premier *Traité d'économie politique* est celui du mercantiliste A. de Montchrestien en 1615. Les mercantilistes, comme Colbert, Vauban, Cantillon pensent que l'accumulation de métaux précieux, or et argent, fait la richesse d'un État. Ils théorisent ainsi les changements que la découverte du Nouveau Monde a provoqués dans l'économie mondiale. Par ailleurs ils insistent sur l'importance du cadre national dans la vie économique, traduisant là aussi l'émergence d'États nationaux. Selon eux, l'État doit intervenir dans l'économie en limitant les importations et en augmentant les exportations : ainsi pour Colbert, il faut « établir le système protecteur dans les douanes » et développer les industries nationales.

Les physiocrates

Cette science ne se développe véritablement qu'au XVIIIe siècle, en France et en Angleterre.

L'école française des physiocrates explique, contre les mercantilistes, que la seule source de richesse est l'« art fécond », l'agriculture, qu'ils opposent à l'« art royal », l'administration, qui ne crée pas de richesse, à l'« art stérile », l'industrie, qui ne fait que transformer des matières premières qu'elle ne crée pas, et au commerce, les « voituriers », qui ne fait que déplacer ces matières premières. Ils revendiquent le « laissez-faire, laissez-passer ». L'État ne doit pas mettre d'entraves au commerce des grains. Pour cela il faut faire appel à un despotisme éclairé, le « despotisme légal », qui respecte l'ordre naturel : pour Quesnay le despotisme chinois est même un modèle de respect de cet ordre naturel. Il faut laisser se réguler la nature et il y a dans le mot de « physiocratie » l'idée même que c'est la nature (*physis*) qui doit exercer le pouvoir (*cratie*). Le médecin de Louis XV, F. Quesnay (1694-1774) est le plus célèbre de ces physiocrates. Il est l'auteur, dans *L'Encyclopédie*, des articles « fermiers » et « grains » et du *Tableau économique* (1758). Ses principaux disciples sont Dupont de Nemours, Mirabeau père (« toute la politique part d'un grain de blé ») et Turgot (1727-1781) qui introduit l'idée que chaque individu économique est rationnel, qu'il « a la faculté de connaître ses intérêts mieux que tout autre ».

L'école écossaise

Les économistes politiques écossais, comme Hume (1711-1776) et Adam Smith (1723-1790), vont au contraire insister sur le rôle de l'industrie et du commerce dans la production des richesses. La division du travail poussée à l'extrême est une des raisons de la productivité des entreprises comme le montre Smith dans sa célèbre analyse d'une fabrique d'épingles en tête de ses *Recherches sur la nature et la cause de la richesse des nations* (1776). À travers le modèle de l'*homo economicus*, l'acteur économique est représenté comme un individu rationnel et calculateur, qui tend à maximiser ses profits et à minimiser ses pertes. Chacun poursuit ses intérêts propres, mais ce faisant il contribue à la réalisation des fins de la société. Smith illustre cela par sa fameuse image de la « main invisible » qui pousse l'individu à « remplir une fin qui n'entre nullement dans ses intentions ». Au début du XIXe siècle l'économiste anglais Ricardo (1772-1823) insistera sur la quantité de travail comme déterminant la valeur d'une marchandise. Il parle de « loi d'airain » du capital : le travail est payé strictement à la valeur nécessaire pour que le travailleur subsiste. En ce sens il inspirera très largement Marx.

La querelle du luxe ■ Pour les économistes du XVIIIe siècle, repris par Voltaire, le luxe est un des moyens essentiels du développement économique, outre qu'il est un signe de civilisation. Hume notait qu'il implique un « grand raffinement dans la satisfaction des sens ». Voltaire estime que « dans un royaume rempli de manufactures, vouloir diminuer le luxe, c'est diminuer l'industrie et la circulation ». « Le luxe général est la marque infaillible d'un empire puissant et respectable ». Il a également une valeur civilisatrice, en favorisant le commerce et la circulation des biens qui ne va pas sans celle des idées. À ces vues s'opposent celles de Rousseau, qui, dans le *Discours sur les sciences et les arts* (1750) entend combattre le luxe, qui, comme les lettres et les arts, « est né de l'oisiveté et de la vanité des hommes ». Il faut des lois somptuaires pour l'interdire, comme en faisait Caton l'Ancien dans la Rome antique.

Citation de Voltaire : *Le Mondain* (1736)

> « J'aime le luxe, et même la mollesse,
> Tous les plaisirs, les arts de toute espèce,
> La propreté, le goût, les ornements :
> Tout honnête homme a de tels sentiments [...]
> Le superflu, chose très nécessaire,
> À réuni l'un et l'autre hémisphère. »

Prolongements

- Marx reprend la théorie de la valeur de Ricardo qui montre que la valeur d'une marchandise est mesurée par le travail nécessaire à sa production. Mais il la complète par sa théorie de la plus-value : la force de travail des ouvriers est la seule marchandise qui produise une « plus-value », car le capitaliste ne paye pas ce travail à son prix, qui serait celui nécessaire à la production des moyens d'existence de l'ouvrier.
- Le modèle de l'*homo economicus* sera emprunté au XXe siècle par la sociologie et la philosophie d'inspiration libérale, qui se réclament volontiers d'Adam Smith, par exemple chez F. Hayek (*Droit, législation et liberté*, 1973).

Partie 7

Le XIXe siècle

1. Histoire

1.1 Repères

- **1815.** Acte final du Congrès de Vienne
- **18 juin 1815.** Défaite de Napoléon Ier à Waterloo
- **26-28 juillet 1830.** Révolution à Paris, début de la monarchie de Juillet
- **22-24 février 1848.** Révolution à Paris, proclamation de la IIe République
- **2 décembre 1851.** Coup d'État de Louis Napoléon Bonaparte
- **1862.** La France colonise la Cochinchine
- **4 septembre 1870.** Défaite de Napoléon III à Sedan et proclamation de la IIIe République
- **1871.** Soulèvement de la Commune
- **1875.** Adoption des trois lois constitutionnelles régissant la IIIe République
- **1881.** La France impose son protectorat sur la Tunisie
- **1884-1885.** Conférence coloniale de Berlin
- **1886-1889.** Crise boulangiste
- **1899-1902.** Guerre de l'Angleterre contre les Boers pour le contrôle de l'Afrique du Sud
- **1894-1906.** Affaire Dreyfus
- **décembre 1905.** Séparation de l'Église et de l'État
- **1905.** Révolution à Saint-Pétersbourg
- **1911.** L'Italie prend pied à Tripoli et Benghazi
- **1914.** Attentat de Sarajevo et début de la Grande Guerre

En 1815 Waterloo mit un terme au Premier Empire, sans en effacer le souvenir, ni en France, ni dans de nombreux pays d'Europe. L'organisation du Grand Empire avait entraîné une diffusion du Code civil. Un peu partout des personnes ou des groupes avaient été séduits par les idées d'abolition des privilèges, d'égalité juridique des individus ou de tolérance religieuse. Les souverains, qui venaient de vaincre Napoléon, en étaient conscients et craignaient de voir se rallumer le brasier révolutionnaire. Aussi le Congrès de Vienne établit le règlement final du conflit entre la France et les coalisés et mit sur pied la Sainte-Alliance. C'était un accord, aux termes assez vagues, entre les souverains de Prusse, d'Autriche et de

Russie pour défendre les régimes monarchiques contre les aspirations libérales. Angleterre mise à part, le libéralisme était la bête noire des souverains européens.

Les aspirations nationales

Les aspirations libérales et nationales étaient très fortes dans de nombreuses régions d'Europe. Les partisans des idées défendues par la Sainte-Alliance furent toujours sur la défensive. Dans les États italiens, les complots de la Charbonnerie menacèrent les régimes autoritaires. Les Grecs en 1827 engagèrent le combat pour recouvrer leur indépendance, et la riposte violente des Turcs, en particulier les massacres de Chio, soulevèrent l'indignation des libéraux européens.
Le combat des Polonais essayant de faire renaître leur patrie fut également perçu avec sympathie. Ces luttes pour la liberté et la réalisation des aspirations nationales culminèrent en 1848 avec le «printemps des peuples». Des révolutions éclatèrent en Italie, en France, dans divers États allemands et en Autriche. Elles échouèrent souvent, du fait de l'aide apportée par le tsar de Russie aux forces réactionnaires. Mais elles avaient suscité de grands espoirs, qui ne restèrent pas sans suite.

Nationalismes satisfaits et frustrations nationales

Au milieu du XIXe siècle la carte politique de l'Europe se modifia avec la réalisation de l'unité italienne qui entraîna pour un demi-siècle une rupture entre l'État italien et la papauté. Celle-ci n'acceptait pas la perte de ses territoires, considérant qu'ils étaient la condition et la garantie de son indépendance. À peu près en même temps Otto von Bismarck réussissait à imposer que l'unité allemande se fît autour de la Prusse. Un bref conflit écarta d'abord l'Autriche, que l'on se garda bien d'écraser pour ménager l'avenir. Puis la guerre franco-prussienne permit de rassembler les États allemands déjà associés à la Prusse depuis 1834 dans le cadre d'une union douanière, le *Zollverein*. Toutes les nationalités n'eurent pas le bonheur de réaliser leurs aspirations nationales et de faire reconnaître par le concert des nations leur droit à un État souverain. En grande partie vidée de ses hommes depuis la grande famine du milieu du siècle, l'Irlande resta sous le joug anglais. Les Polonais ne réussirent pas plus à faire renaître la Pologne avant 1919. Cette aspiration nationale entretint dans la péninsule balkanique une tension très forte de caractère politique doublée de rivalités religieuses. D'où des guerres dans lesquelles les principaux protagonistes étaient les Autrichiens, qui voulaient contrôler les Balkans, les Russes, qui aspiraient à mettre la main sur les détroits conduisant à la Méditerranée, les Turcs et les minorités slaves qui voulaient se débarrasser de la tutelle des Austro-Hongrois ou des Turcs. Par le jeu des alliances, il finit par sortir de cette poudrière balkanique la Première Guerre mondiale.

Les rivalités en Europe

Les puissances européennes constituaient une sorte de club, mais elles étaient aussi rivales et très préoccupées par l'évolution de leur puissance respective. Par ses capacités industrielles et financières, l'Angleterre était, vers 1850, la première puissance européenne. Sa doctrine de l'équilibre européen consistait à veiller à ce qu'aucune puissance continentale n'imposât sur le continent son hégémonie, pour conserver le plus de liberté d'action possible. À la fin du siècle, l'Allemagne devint la première puissance industrielle d'Europe et les Anglais furent taraudés par la peur de leur déclin. La crainte d'une hégémonie allemande les poussa à se rapprocher de la France et de la Russie. Cela passa par le règlement en 1904 du contentieux avec la France et en 1907 de celui avec la Russie. Chacune des puissances européennes se savait capable d'assurer sa survie face à l'agression d'une seule d'entre elles. Mais si elle était attaquée par plus d'une puissance, le danger était plus grand. C'est, entre autres raisons, ce qui donna lieu à la construction d'un double système d'alliance. La Triplice regroupait le IIe Reich allemand et l'Empire austro-hongrois, dont l'alliance était solide, et l'Italie entrée dans le système par dépit de l'installation française en Tunisie. Toutefois l'Italie avait un fort contentieux territorial avec l'Autriche et avait, dès 1902, entamé un rapprochement financièrement intéressé avec la France. En face l'alliance franco-russe espérait que l'attitude anglaise évoluerait, si nécessaire, jusqu'à l'engagement militaire à ses côtés. Toutes les puissances surveillaient l' Empire ottoman, « l'homme malade de l'Europe », dans l'espoir ou d'obtenir son alliance ou, après une guerre, d'acquérir ses dépouilles. Enfin, les puissances étaient conscientes de la montée rapide de concurrents extérieurs, qui étaient les États-Unis d'Amérique et le Japon, sans savoir encore que l'inconséquence des choix de juillet-août 1914 donnerait à ces deux pays une prodigieuse impulsion.

Metternich ■ Chancelier d'Autriche, après avoir été ambassadeur à Paris, Metternich (1773-1859) vouait une haine farouche à la Révolution française. Durant toute la première moitié du XIXe siècle, il fut le champion du principe monarchique, refusant aussi bien de satisfaire les aspirations libérales que les revendications nationales, essayant de faire survivre un régime bureaucratique et policier. Symbolisant l'absolutisme il dut s'enfuir de Vienne en mars, dès le début de la révolution de 1848. Il ne revint en Autriche qu'après trois ans d'exil et resta à l'écart de la politique qui avait pourtant été sa raison de vivre.

Garibaldi ■ Génois, Garibaldi (1807-1882) fut officier de marine en Europe avant de partir en Amérique latine. Partisan de l'unité italienne et ardent défenseur de la liberté des peuples, il revint en Italie et, en 1849, lutta pour empêcher le retour de Rome au Saint-Siège. À partir de 1859 il milita pour l'unité italienne. En 1870, il offrit son aide au Gouvernement de la Défense nationale en France et combattit les Allemands en Bourgogne. Élu à l'Assemblée nationale française, il démissionna et rentra en Italie.

L'attentat de Sarajevo ■ Le 28 juin 1914 un patriote serbe, Prinzip, assassinait à Sarajevo l'archiduc héritier d'Autriche, François-Ferdinand. L'Autriche, excédée des agissements violents des nationalistes serbes y vit l'occasion rêvée de se débarrasser de la Serbie et lui adressa un ultimatum, dont Vienne espérait le rejet. Tenant un prétexte, soutenue par l'Allemagne, l'Autriche déclara la guerre à la Serbie. Le jeu des alliances contribua à déclencher l'engrenage qui aboutit à la guerre de 1914-1918.

Prolongements

- La mutation économique de la fin du XXe siècle, en limitant l'importance de l'acier, a sonné le glas des grandes installations sidérurgiques du XIXe siècle. D'où ces ruines industrielles abandonnées, transformées en écomusées à moins qu'elles ne soient démontées et comme gommées du paysage.

- Le conflit irlandais, l'éclatement de la Tchécoslovaquie et la guerre dans l'ex-Yougoslavie rappellent que les aspirations nationales sur le continent européen n'ont pas encore reçu toutes les réponses attendues. Ces prolongements sont d'autant plus vivaces que les conséquences de l'expansion soviétique, en imposant la longue parenthèse de 1945-1989, firent penser que le XIXe siècle avait davantage été «effacé».

1.2 La France et l'héritage de 1789 au XIXe siècle

L'ébranlement dû à la Révolution avait été considérable et la bourgeoisie, vainqueur et bénéficiaire de 1789, avait été contrainte de renoncer pour un temps à user de sa victoire pour garantir en priorité l'ordre politique et social. La chute de Napoléon Ier en 1815 remit face à face ceux qui avaient la nostalgie de la monarchie d'Ancien Régime et les héritiers de 1789. Du seul fait de la présence des troupes étrangères en France, les premiers avaient l'avantage, sans qu'ils puissent pour autant revenir exactement à la situation antérieure au 4 août 1789. Durant la majeure partie du XIXe siècle ce face-à-face pesa sur l'histoire politique de la France, entraînant une succession de régimes politiques et de très fortes tensions. Deux problèmes principaux se mêlaient au cœur de ces luttes : celui de la souveraineté du peuple, et donc des droits politiques, et celui de la place de l'Église dans la société et la vie politique, les deux étant étroitement imbriqués.

La monarchie entre libéralisme et réaction

Il fallut toute la première moitié du XIXe siècle pour que fût réellement reconnue la souveraineté du peuple et instauré le suffrage universel en 1848. Même s'il avait la nostalgie de l'Ancien Régime, Louis XVIII savait qu'il ne serait jamais en son pouvoir d'effacer la Révolution. En 1814, en octroyant la Charte, il maintint donc l'égalité devant la loi, les libertés de culte, de pensée et de presse et renonça à revenir sur les ventes de biens nationaux. Il avait rétabli le suffrage censitaire, comme dans la constitution de 1791. Jusqu'à la révolution de 1830 le corps électoral fut très réduit et la manipulation des documents fiscaux permettait d'éliminer des électeurs gênants. Cependant, ce régime était beaucoup trop libéral aux yeux des ultras et, à l'inverse, ne l'était pas assez aux yeux des libéraux. L'assassinat du duc de Berry puis l'avènement de Charles X ne permit pas la survie de la voie moyenne qu'avait essayé de suivre Louis XVIII. À partir de 1820 les Français eurent le sentiment que le pouvoir voulait rogner les libertés qu'il avait reconnues. Surtout, sans revenir sur le concordat signé par Bonaparte, le gouvernement pratiqua une politique outrageusement favorable à l'Église et appuya toutes les initiatives destinées à rechristianiser les populations. Or, une bonne partie de la société, en particulier dans les élites et la petite bourgeoisie urbaine, mais aussi dans quelques campagnes, était profondément anticléricale. Cette fraction de la société, adhérait à l'idée que la religion était une affaire personnelle, ne relevant que de la sphère privée. Aussi la révolution de 1830 eut une très forte tonalité anticléricale, l'Église paraissant soutenir la politique de restriction des libertés de Charles X. Les clercs furent l'objet de violences, le noviciat des jésuites et l'archevêché de Paris furent saccagés. Ces violences anticléricales ne disparurent qu'au bout de plusieurs mois.

Un libéralisme modéré

La Monarchie de Juillet supprima la censure de la presse, abaissa le cens électoral et diminua le rôle de l'Église dans la vie publique, mais ce n'était pas un régime démocratique. On put croire un moment que le relâchement des liens entre Église et État allait permettre une réconciliation entre la société et le clergé. L'apparition du catholicisme social, le développement de nombreux mouvements de charité conduisirent les ouvriers à penser que l'Église n'était pas systématiquement du côté des puissants. C'est pourquoi la révolution de 1848 fut totalement dépourvue de caractères anticléricaux. Au contraire des prêtres bénirent les arbres de la Liberté, tandis que Lamennais s'engageait résolument aux côtés des plus pauvres.

L'éphémère deuxième République

Cette révolution, en proclamant le suffrage universel, rétablissait enfin la souveraineté du peuple et la démocratie en France. Ne manquait que le suffrage féminin. Aucun pays européen n'était, sur le plan politique, aussi avancé. Mais la IIe République trébucha sur les difficultés économiques et sur son incapacité à apporter une réponse immédiate aux plus pauvres sans aussitôt inquiéter les nantis. De peur de voir la révolution reprendre vigueur, la bourgeoisie, comme en 1799, préféra s'en remettre à un homme providentiel pour garantir la sécurité de ses biens.

Le second des Bonaparte bénéficia, comme le premier de l'appui de l'Église qui n'hésita pas à le qualifier de « nouveau Constantin ». Déjà, en 1850, la IIe République conservatrice avait appelé l'Église à son secours en lui confiant, par la loi Falloux, une place importante dans la formation de la jeunesse. Elle pensait que, peut-être, en inculquant à la jeunesse des idées « saines », c'est-à-dire de soumission, elle renoncerait à bouleverser l'ordre social. Ce calcul des conservateurs, auquel l'Église se prêta, aboutit à une hostilité sans faille des républicains à l'égard du clergé. L'anticléricalisme était devenu, et pour longtemps, une composante de l'identité de la gauche française. En même temps que les républicains faisaient émerger leurs futurs chefs et organisaient leur réflexion dans les loges maçonniques, les Français, en dépit de la candidature officielle, s'appropriaient le suffrage universel.

La victoire de la République

La défaite de 1871 permit aux monarchistes de gagner les élections et d'imposer le gouvernement de l'ordre moral avec l'espoir de rétablir la monarchie. Mais la France était, dans ses profondeurs, républicaine. En 1880, les républicains détenaient l'exécutif, avaient la majorité dans les deux assemblées. Ils purent adopter les mesures législatives qui permirent l'épanouissement de l'héritage de 1789. Considérant que l'enseignement concernait la puissance publique, ils adoptèrent les lois scolaires qui retiraient à l'Église son contrôle sur la jeunesse et organisaient un enseignement laïc et obligatoire. Néanmoins ils respectaient la liberté des parents, qui pouvaient choisir l'autre école. Ils firent également adopter les lois organisant les libertés publiques fondamentales sur lesquelles reposent toujours la société et la vie politique françaises. La lutte entre l'Église et la République sembla s'apaiser. L'inique condamnation du capitaine Dreyfus la ralluma : l'Église catholique soutint, majoritairement, le camp hostile à Dreyfus. Les assomptionnistes et leur journal *La Croix* furent de violents anti-dreyfusards. Le gouvernement réalisa, un peu tard, l'étroitesse des liens existant entre la haute hiérarchie militaire et l'Église. Il décida donc de renforcer la politique scolaire et de retirer à l'Église tout rôle dans l'enseignement. Les relations entre Paris et le Saint-Siège se dégradèrent rapidement et aboutirent à la séparation de l'Église et de l'État. La laïcité venait s'ajouter aux caractères qui définissent la gauche en France. Pourtant les adversaires de 1789 et de la République ne désespéraient pas d'avoir un jour leur revanche. Pour eux, l'école républicaine était «l'école des voyous» et la République «la gueuse». Ils durent attendre le désastre militaire de 1940 et la liquidation de la République le 10 juillet 1940 pour faire prendre des mesures abrogeant les grandes décisions de la IIIe République.

Lamennais ■ Ce prêtre breton né en 1782 et mort en 1854 avait compris tout le danger que courait l'Église en liant son sort à l'État. Aussi, après juillet 1830, il défendit dans son journal *L'Avenir* la nécessité pour l'Église de se séparer de l'État. Ses thèses séduirent quelques catholiques libéraux, mais il fut désavoué par le pape et quitta l'Église.

L'ordre moral ■ L'expression désigne la politique conservatrice, paternaliste et imprégnée des valeurs religieuses catholiques qu'essaya d'appliquer le gouvernement de Mac-Mahon de 1873 à 1876. Elle se traduisit par de multiples révocations de préfets et fonctionnaires, le retour à la nomination des maires, des restrictions aux libertés et de multiples tracasseries pour ceux qui n'affichaient pas une pratique religieuse. Elle eut pour seul résultat de porter au plus haut degré l'exaspération des républicains et de contribuer à renforcer, parmi eux, le nombre des anticléricaux.

Prolongements

- De très nombreuses formules du débat politique datent de la IIIe République, par exemple : «Il faudra se soumettre ou se démettre» et «Le cléricalisme voilà l'ennemi» de Gambetta.
- La IIIe République est encore présente dans le paysage à travers les statues érigées à la gloire de ses grands hommes, mais aussi par les multiples écoles, au style si caractéristique, qu'elle fit construire.
- Cet héritage est plus ou moins visible en fonction de la conjoncture politique. En 1981 l'anniversaire de la Commune fut célébré avec un certain faste, puis on revint à plus de discrétion.
- L'Église n'a jamais accepté les limites que lui imposa la IIIe République en matière d'enseignement. Elle se heurte à la famille républicaine qui n'entend pas laisser porter atteinte à un aspect important de son identité. Ce conflit entre l'Église et la République s'est estompé après la Seconde guerre mondiale, du fait de l'affirmation du groupe des chrétiens de gauche, dont l'existence prouva que la foi catholique n'est pas obligatoirement hostile à la République.

1.3 Les révolutions industrielles

Le XIXe siècle connut deux profondes transformations économiques, appelées « révolutions industrielles », qui reposent sur des découvertes scientifiques et leurs applications techniques. Elles furent vécues comme sources de progrès et de modernité, à une époque où la science était l'objet d'une profonde admiration. Leurs conséquences sociales ne furent pas heureuses pour tous.

De la houille au pétrole

La première révolution industrielle reposa sur la houille et l'utilisation sur une grande échelle de l'énergie fournie par la machine à vapeur. Cela permit de mécaniser un grand nombre d'opérations et d'accroître considérablement la production. Une des activités principales fut la sidérurgie, aux très nombreux débouchés : besoins en fonte et en acier pour les transports, la construction des chemins de fer, des navires en acier…

L'Angleterre fut incontestablement le pionnier de la première révolution industrielle. Elle était richement pourvue en houille. En 1913 elle en produisait 300 millions de tonnes, dont elle exportait le tiers. Elle avait accumulé, grâce au commerce, un capital considérable, qui finança les investissements nécessaires. En 1851 l'organisation, à Londres, de l'Exposition universelle consacra la suprématie britannique.

La France, moins riche en houille et dépourvue de moyens de transports modernes pour l'acheminer, maintint plus longtemps sa production dans le cadre proto-industriel en tirant profit de l'énergie que lui assuraient sa couverture forestière importante et un réseau de rivières très développé. L'absence de système bancaire lui interdisait de drainer l'épargne abondante, mais inaccessible, des Français. Le Second Empire, en s'appuyant sur les premières transformations opérées sous la monarchie de juillet, fit entrer la France dans l'ère industrielle. Quant à l'espace allemand, la création du *Zollverein* permit le début d'une transformation économique des États membres. Mais c'est après la création du IIe Reich, en 1871, que le pays se transforma. La Belgique, riche en charbon, devint aussi un pays industriel, avec une forte présence du capital anglais. Dans les autres pays européens, il y avait des régions relativement plus industrialisées comme en Italie l'ancien royaume du Piémont, en Espagne la Catalogne et les provinces basques. Comme en Russie et en Autriche-Hongrie, les capitaux étrangers y étaient fortement implantés.

La seconde révolution industrielle s'épanouit à l'issue de la longue récession des années 1873 à 1896. Elle reposait sur le pétrole, associé au moteur à explosion, et sur l'électricité. L'Europe, dépourvue de pétrole entrait avec un gros handicap dans cette nouvelle période. On assista à un très vigoureux développement de la chimie. La construction automobile, puis aéronautique, succéda à l'industrie ferroviaire. La Première Guerre mondiale stimula cette seconde révolution industrielle qui se prolongea au-delà de 1918.

Les conséquences humaines

La concentration des travailleurs dans de grandes usines accrut le nombre des citadins en prélevant sur les campagnes les bras nécessaires. Cet afflux de population imposa un aménagement important de villes, incapables d'absorber en l'état ces nouveaux habitants. Dans les villes industrielles se développèrent les banlieues, avec les longs murs des usines, d'où dépassaient les toits caractéristiques et les cheminées. Cette transformation, comme les précédentes, ne se fit pas au même rythme dans tous les pays européens. En 1913, en Grande-Bretagne comme en Allemagne, trois habitants sur quatre vivaient en ville, alors qu'en France les villes regroupaient moins de la moitié de la population. Quant à la Russie, où le servage ne fut aboli qu'en 1861, seule une poignée de Russes vivait en ville, mais on y trouvait parfois des usines regroupant, dans des conditions de travail et d'existence sordides, plusieurs milliers d'ouvriers. Ces transformations firent apparaître la classe ouvrière. Elle juxtaposait une élite, héritière de l'ancien artisanat, instruite, hautement qualifiée, et une masse de pauvres hères déracinés, incultes et s'abrutissant parfois dans l'alcool pour oublier leur misérable existence. Ces femmes et ces hommes étaient considérés par les bourgeois comme de nouveaux barbares, des êtres dangereux dont il convenait de se protéger.

Les courants socialistes

Avant 1848 les socialistes aspiraient à réaliser une de ces constructions exposées dans les œuvres des théoriciens dits utopiques, comme le *Voyage en Icarie* de Cabet. Puis le «socialisme scientifique» de Marx fit planer sur les «honnêtes gens», comme étaient désignés alors les propriétaires, la menace de la collectivisation des moyens de production et d'échange. Face à ce danger les bourgeois s'efforcèrent d'utiliser l'Église, réduite au rôle de police des esprits. Cela eut surtout pour effet de rendre difficile la christianisation des populations laborieuses. Quand le danger était trop grave, c'est-à-dire en cas de grève ou d'émeute, on envoyait la troupe. Cependant sur ce terrain social non plus tous les pays n'étaient pas comparables. En Grande-Bretagne, le mouvement ouvrier, sans hostilité particulière à l'égard de la religion, choisit rapidement de délaisser la voie révolutionnaire et violente pour une démarche réformiste. En Allemagne, il était hors de question pour le gouvernement d'accepter quelque agitation sociale que ce fût. Aussi en dépit d'une organisation précoce et d'effectifs importants le mouvement ouvrier allemand n'a jamais rien conquis par la lutte. Mais, pour prévenir toute agitation sociale, Bismarck fit bénéficier les travailleurs allemands d'une législation sociale très avantageuse : certaines de ses dispositions ne furent adoptées en France qu'après la Seconde Guerre mondiale! En France, au contraire, un patronat conservateur et une forte implantation anarcho-syndicaliste donnèrent une vie sociale heurtée.

Chronologie du mouvement ouvrier

1864 : fondation de la Ire Internationale
1865 : fondation de la section française de l'Internationale
1871 : Commune de Paris, désavouée par les syndicats anglais
1872 : loi contre l'Internationale en France
1875 : congrès de Gotha : création du parti social-démocrate allemand
1876 : fin de la Ire Internationale
premier congrès ouvrier à Paris

1878 : législation antisocialiste en Allemagne
1880 : amnistie des Communards
1884 : loi sur les syndicats professionnels en France
1889 : fondation de la II^nde Internationale
1890 : première célébration du 1er mai
fin de la législation antisocialiste en Allemagne
1892 : fédération des Bourses de travail en France
1895 : création de la CGT
1905 : unification des socialistes français
1906 : charte d'Amiens
création du Labour party en Angleterre

Prolongements

- Si les implantations industrielles du XIXe siècle sont plus ou moins en voie de disparition, l'héritage de cette époque marque encore largement la vie sociale : les manifestations ouvrières du 1er mai, comme les différentes organisations économiques ou professionnelles du monde ouvrier (coopératives, syndicats…) en sont des exemples.
- De cette époque nous restent des œuvres littéraires ou artistiques qui avaient attiré l'attention des contemporains sur la fameuse « question ouvrière » : *Germinal* de Zola, par exemple.
- On trouve dans les régions minières des monuments aux morts de la mine, symétriques en quelque sorte de celui des morts au combat et expression d'un monde ouvrier qui se pense comme une contre-société.

1.4 Le contrôle de l'Europe sur le monde

En 1914, à la veille de la guerre, l'Europe dominait le monde. Elle exerçait cette domination en toute bonne conscience, persuadée de remplir une mission et sûre de sa supériorité. C'était même peut-être un des rares points sur lequel l'accord des Européens était sans fausse note.

L'expansion coloniale

Jusqu'au milieu du XIXe siècle la situation héritée du XVIIIe siècle demeura inchangée et les Européens n'acquirent pas de colonies nouvelles. En 1815, la France recouvra l'essentiel de ses colonies. À la même époque l'Espagne perdit l'Amérique du Sud, ne gardant que Cuba et les Philippines. À partir de 1873 l'expansion coloniale reprit. Les Européens se mirent d'accord au congrès de Berlin pour exiger que toute acquisition coloniale s'accompagnât d'une occupation effective du territoire acquis. Il fallait également informer les puissances de cette acquisition. Ces conquêtes furent le plus souvent faciles, sans vrais combats.
Cette expansion coloniale tint à plusieurs facteurs. Les gouvernements étaient soucieux, surtout à partir du retournement de la conjoncture économique, vers 1875, de pouvoir fournir à leurs industriels approvisionnements et débouchés dans un monde à nouveau saisi par la fièvre protectionniste. Il y avait aussi des soucis de prestige et de grandeur. Jules Ferry les exprima très clairement lorsqu'il dit, dans son discours de juillet 1885, que si ce n'était pas notre drapeau qui flottait sur le delta du Fleuve rouge ce serait celui d'une autre puissance. Alors, à ses

yeux, cela reviendrait à admettre que la France soit sur la voie du renoncement. Plus concrètement, les marines marchande et de guerre avaient besoin, dans les conditions techniques de l'époque, de ports où venir se ravitailler, en eau et en charbon en particulier.

La mission civilisatrice de l'Europe

Les puissances européennes étaient persuadées d'avoir une mission civilisatrice à assumer. Les Européens avaient la maîtrise des techniques les plus modernes, une foi quasi illimitée dans la science, dont ils pensaient qu'elle donnerait dans un avenir plus ou moins proche une solution à la plupart des problèmes. Ils se sentaient donc tenus de faire profiter les «primitifs» de tous ces bienfaits. Là encore écoutons Jules Ferry qui dit aux députés : «Les races supérieures ont des droits sur les races inférieures, car elles ont des devoirs envers elles.» On ne saurait être plus clair. Ce propos, qui aujourd'hui signerait la fin de la carrière d'un homme politique, ne suscita aucune réprobation. Dire à un contemporain de Jules Ferry qu'il y avait un véritable art africain serait revenu à passer pour un imbécile.

Le refus limité de la colonisation

Cette politique de conquête coloniale vit se dresser contre elle, dans tous les pays colonisateurs, des adversaires, à droite comme à gauche. Mais ceux-ci ne devinrent jamais assez forts pour enrayer le mouvement, *a fortiori* le faire cesser. Certains critiques, comme les socialistes français, s'en prenaient d'ailleurs davantage aux méthodes de la colonisation, qu'à son bien-fondé. En France l'opposition aurait pu trouver un appui dans le monde rural, très méfiant et qui redoutait que tout cela ne coûtât très cher. Les partisans de la conquête désarmèrent ces opposants en réservant les missions coloniales aux troupes de marine : les conscrits ne partiraient pas outre-mer, sauf à être volontaires. Un texte prévoyait que les colonies devraient avoir un budget dont elles assureraient l'équilibre. Rassurés sur le coût, les paysans français finirent par être fiers de leur empire colonial. Après s'être atténué durant les quinze dernières années du XIXᵉ siècle, l'anticolonialisme connut un regain en Europe au début du XXᵉ siècle, en grande partie à cause de la diffusion de témoignages relatifs aux abus commis aux colonies, aux dépens des indigènes.

Les rivalités entre puissances

Cette expansion coloniale fut aussi une cause de tension entre puissances. L'Allemagne, tard venue dans ce partage du monde, put soutenir qu'elle avait été mal traitée et demanda une révision de ce partage. L'Italie, elle aussi, trouvait qu'elle avait été réduite à la portion congrue et espéra obtenir des compensations coloniales pour prix de son engagement dans la guerre de 1914 aux côtés de la France et de l'Angleterre. En particulier elle n'acceptait pas l'installation de la France en Tunisie depuis 1881 : elle considérait que la Tunisie, où vivaient un nombre d'Italiens très supérieur à celui des Français, lui revenait naturellement. Avant même que la conquête ne fût achevée les opérations coloniales furent la cause de crises plus ou moins graves entre les puissances. Ainsi la rencontre à

Fachoda, sur le Nil, en 1898, d'une colonne française et d'une colonne anglaise donna lieu à une agitation dans les deux opinions publiques, il est vrai très excitées par les journaux. De même, un des obstacles au rapprochement anglo-russe avant l'accord de 1907 tenait à des contentieux coloniaux.
Enfin, si la Grande-Bretagne avait une démographie assez puissante au XIXe siècle pour créer un certain nombre de colonies de peuplement, peu de Français quittèrent l'Europe pour aller s'installer dans les colonies. Mais la maîtrise du monde par les Européens ne se limite pas à l'acquisition d'empires coloniaux, si vastes soient-ils. L'Europe, avant 1914, exerçait aussi un pouvoir de contrôle du fait de ses investissements dans le monde, dont elle était la créditrice. Cette situation lui permettait de tirer des revenus substantiels des différentes régions, dans lesquelles elle avait investi.

Prolongements

- Ils tournent beaucoup autour d'une vision ou pittoresque ou franchement mythique des colonies et de la vie qu'on y menait. L'idée de « vivre comme aux colonies » laisse supposer qu'elles étaient une sorte d'Eden. Tout dépend pour qui. On en trouve de nombreuses traces dans les chansons.
- À Marseille, à la sortie de la gare Saint-Charles, des statues féminines représentent des éléments de l'ancien Empire colonial français.
- Le séjour d'Européens aux colonies entraîna la diffusion en Europe de modes alimentaires empruntées aux populations colonisées. Ce phénomène est amplifié par l'inversion des migrations depuis 1945.
- Le débat sur le bien-fondé, ou non, de la colonisation se poursuit. Il s'est actualisé, avec l'émergence du tiers-monde dans les années soixante et a porté sur la question de savoir quelle était la part prise par l'épisode colonial dans le sous-développement. Mais il ne doit pas occulter le véritable néo-colonialisme qui s'est développé après les indépendances.

2. Religions

2.1 Laïcité et anticléricalisme

➠ TERMINOLOGIE • « Laïc » vient du grec « *laios* » : peuple, opposé à « *klerikos* », clerc, qui désigne les gens instruits. « Laïc » désigne ainsi dans l'Église celui qui n'a pas reçu les ordres ecclésiastiques. La laïcité est au sens courant la séparation des Églises et de l'État. Le mot anticléricalisme n'apparaît qu'en 1903 au plus fort du combat entre l'Église et la République.

L'idée laïque s'est constituée en France au XIXe siècle. À la suite de la Révolution française et de l'attitude de refus radical de l'Église face au régime républicain, toute une série de penseurs vont proposer des idéologies de substitution destinées à remplacer la religion. Cela aboutit aux lois laïques des années 1880 à 1905 qui séparent radicalement les Églises de l'État. Ces relations conflictuelles entre l'Église et la République ont quelquefois conduit à un développement de l'anticléricalisme.

La Révolution française et les débuts de la sécularisation

La séparation de l'Église et de l'État est le résultat d'une longue histoire. La première constitution qui reconnaît l'égalité des religions devant la loi est celle du Rhode Island, fondé par les baptistes, en 1639. Durant la Révolution française, un certain nombre de fonctions exercées par l'Église sont transférées à l'État, qu'il s'agisse de la tenue de l'état civil, confiée aux municipalités en 1792, après l'échec de la Constitution civile du clergé, de l'assistance ou de la gestion des hôpitaux.
La religion devient dès lors une affaire privée comme le montrent les lois qui accordent les mêmes droits à toutes les religions, et émancipent les juifs. Cependant il convient de noter que cette liberté religieuse s'accompagne d'une dissolution de la communauté religieuse : comme l'affirme le comte de Clermont-Tonnerre, l'un des artisans du décret d'émancipation des juifs de 1790, «il faut refuser tout aux juifs comme nation et accorder tout aux juifs comme individus».

L'émergence de la notion de laïcité

L'Église catholique restant pendant la majeure partie du XIXe siècle très violemment hostile à la République, les penseurs républicains tentèrent de fournir une idéologie de remplacement qui puisse assurer la cohésion et la stabilité de la République. Ce fut en particulier l'œuvre de Victor Cousin (1792-1867), philosophe et ministre de l'Instruction publique. Grâce au corps des professeurs de philosophie, qu'il mène comme un «régiment», il espère faire habilement concurrence au catholicisme, et fournir aux élites qui fréquentent les lycées une idéologie rationaliste et anti-matérialiste. D'autres, comme Auguste Comte, tentent de fonder des religions rationnelles, incluant un culte organisé, qui devrait pouvoir rivaliser avec celui de l'Église catholique. L'influence de Comte sur Jules Ferry est indéniable.

Ferry et les lois laïques

Le principe de laïcité s'applique en premier lieu dans le domaine scolaire. Jules Ferry (1832-1893), franc-maçon, proche du positivisme, fut le principal artisan des lois sur l'enseignement primaire de 1881 et 1882. Elles s'inscrivent dans toute une série de lois laïques : loi de 1881 et 1887 sur la liberté de funérailles, loi de 1884 sur la suppression des prières publiques, loi Naquet sur le divorce de 1884. Ces lois et les conflits qui s'ensuivront aboutiront à la loi de séparation de l'Église et de l'État du 9 décembre 1905 qui autorise le libre exercice des cultes, mais affirme l'absolue neutralité de l'État en matière de culte : ainsi il ne prend plus en charge l'entretien des bâtiments et des ministres des cultes.
Les lois Ferry établissent trois principes : l'obligation scolaire pour tous, la gratuité de l'enseignement et la laïcité de l'école. La laïcité implique que les enseignants ne doivent pas être religieux, il ne doit pas y avoir d'emblèmes religieux dans les écoles, les programmes ne doivent pas faire référence à la religion et il ne doit pas y avoir d'enseignement religieux dans l'enceinte des écoles. L'enseignement n'est pas hostile à la religion, il doit être neutre.

Pourtant il ne doit pas oublier de faire référence à des valeurs. Les lois Ferry supposent l'instauration d'un enseignement nouveau, celui de l'instruction civique. Une morale laïque peut alors fort bien remplacer la vieille morale : selon Ferry, il faut enseigner « tout simplement la bonne vieille morale de nos pères, la nôtre, la vôtre car nous n'en avons qu'une ». Cette morale n'est en fait pas seulement négative, elle est fondée sur les valeurs propres de la République, rationalisme et idée de progrès, mélange souvent hasardeux entre morale kantienne et positivisme scientifique. Elle a des conséquences politiques indirectes : selon le mot de Jean Macé, fondateur de la Ligue de l'enseignement, « l'instituteur ne fait pas des élections, mais il fait des électeurs ». L'École fonde la République en éclairant le citoyen.

L'apogée de l'anticléricalisme

L'anticléricalisme ne se développe qu'au moment du « petit père Combes », ministre de l'Intérieur et des Cultes de 1902 à 1905, et auteur de la loi de séparation de l'Église et de l'État. Il ne doit pas être confondu avec l'athéisme, qui affirme qu'il n'y a pas de Dieu. L'anticléricalisme est l'hostilité aux religions constituées, et à leur clergé, soupçonnées de vouloir intervenir dans le domaine politique ou moral. Combes s'inspire du slogan rendu célèbre par le discours de Gambetta en 1877 contre l'ultramontanisme : « Le cléricalisme, voilà l'ennemi ! ». Il s'agit pour lui qui a trouvé « une France envahie et demi conquise par les ordres religieux », de « refouler les envahisseurs au-delà des frontières ». Par la suite cette tradition anticléricale ne persistera en partie que dans le milieu syndicaliste enseignant.

> **Jules Ferry : Lettre aux instituteurs (1883)** ■ « Si parfois vous étiez embarrassé pour savoir jusqu'où il vous est permis d'aller dans votre enseignement moral, voici une règle pratique à laquelle vous pourrez vous tenir. Au moment de proposer aux élèves un précepte, une maxime quelconque, demandez-vous s'il se trouve à votre connaissance un seul honnête homme qui puisse être froissé de ce que vous allez dire. Demandez-vous si un père de famille, je dis un seul, présent à votre classe et vous écoutant, pourrait de bonne foi refuser son assentiment à ce qu'il vous entendrait dire. Si oui, abstenez-vous de le dire ; sinon parlez hardiment ; car ce que vous allez communiquer à l'enfant, ce n'est pas votre sagesse ; c'est la sagesse du genre humain, c'est une de ces idées d'ordre universel que plusieurs siècles de civilisation ont fait entrer dans le patrimoine de l'humanité [...]. Il ne s'agit plus là d'une série de vérités à démontrer, mais ce qui est tout autrement laborieux, d'une longue suite d'influences morales à exercer sur ces jeunes êtres à force de patience, de fermeté, de douceur, d'élévation dans le caractère et de puissance persuasive. On a compté sur vous pour leur apprendre à bien vivre par la manière même dont vous vivrez avec eux et devant eux. »

Prolongements

- La question de la laïcité resurgit aujourd'hui en France avec une particulière acuité autour de la question du voile islamique et de la nécessité de tenir l'école à l'écart du renouveau de tous les types d'intégrismes religieux et de particularismes communautaires.

3. Philosophie

3.1 Libéralisme et individualisme

➨ TERMINOLOGIE • Le mot «libéralisme» n'apparaît qu'en 1821, ainsi que le terme libéral en un sens politique, alors que le mot libéral est fort ancien au sens de «généreux».
«Individu» signifie en latin «indivisible». Le terme d'individualisme apparaît en français chez Lamennais en 1829 et désigne la doctrine qui fait prévaloir les droits de l'individu contre ceux de la société.

La doctrine libérale, un temps oubliée du fait des doctrines socialistes ou conservatrices, retrouve aujourd'hui un important crédit. Il est possible de distinguer entre un libéralisme économique et un libéralisme politique. Ce libéralisme va souvent de pair avec un individualisme, dont Tocqueville est le premier à faire la théorie.

Adam Smith et le libéralisme économique

Le libéralisme économique, à la suite des physiocrates, réclame le «laissez-faire, laissez-passer», c'est-à-dire une liberté totale du commerce, et plus largement refuse toute emprise de l'État sur l'économie. Le meilleur représentant en est sans doute Adam Smith dans ses *Recherches sur la nature et les causes de la richesse des nations* de 1776. Critique des physiocrates, il montre qu'il n'est pas nécessaire d'établir un régime politique éclairé et organisé pour que le marché fonctionne. Au contraire, les lois de la concurrence et du marché sont bien plus aptes que toute administration pour servir à la fois les intérêts privés et le bien public qui se rejoignent comme par miracle : ainsi ce n'est pas de «la bienveillance du boucher, du marchand de bière ou du boulanger, que nous attendons notre dîner, mais bien du soin qu'ils apportent à leur intérêt». La liberté de commercer est également au fondement de la liberté politique.

Benjamin Constant et le libéralisme politique

Le libéralisme politique se présente comme la défense des droits de l'individu contre l'oppression de la collectivité. Il apparaît en réaction aux excès de la Révolution française et de l'Empire qui traitent comme négligeables les droits individuels. Or, pour le libéralisme, l'individu possède, antérieurement à toute société, des droits inaliénables. Ce libéralisme se réclame souvent de Locke. Un des meilleurs représentants en France en est Benjamin Constant.
Contre la «liberté des Anciens» qui pensent que l'homme n'est libre que par sa «participation active au pouvoir collectif», Benjamin Constant montre que la «liberté des modernes» se conçoit comme la préservation des droits de l'individu, la «jouissance paisible de l'indépendance individuelle». Constant critique donc clairement la théorie de Rousseau, dont le *Contrat social* «si souvent invoqué en faveur de la liberté» est «le plus terrible auxiliaire de tous les genres de despotisme», puisqu'il se réclame d'une volonté générale qui «ne saurait errer». L'expérience de la Révolution française a bien montré le terme de cette dérive. Il

s'agit, pour Constant, de préserver l'indépendance de la sphère privée face aux empiétements toujours menaçants de la collectivité, de «mettre le citoyen à l'abri des gouvernements». Il convient donc que la souveraineté soit limitée : «lorsqu'on établit que la souveraineté du peuple est illimitée, on crée et l'on jette au hasard dans la société humaine un degré de pouvoir trop grand par lui-même, et qui est un mal, en quelques mains qu'on le place». La séparation des pouvoirs constitue un système de «freins et de contrepoids» qui empêche cette dérive : car, comme le notait Montesquieu, «par la disposition des choses, le pouvoir arrête le pouvoir».

Tocqueville et l'individualisme

De vieille famille aristocratique, Alexis de Tocqueville (1805-1859) sera député conservateur et un moment ministre des Affaires étrangères de la IIe république. Il est célèbre par ses analyses historiques sur la Révolution française et par sa description de la société américaine, comme prototype de la société démocratique.

«L'Ancien Régime et la Révolution» (1856)

Dans cet ouvrage, il montre que ce qui frappe c'est plutôt la continuité de l'un à l'autre régime que la rupture. L'absolutisme royal annonce la centralisation républicaine et conduit à une marche inéluctable vers l'égalité des conditions. «En France, les rois se sont montrés les plus actifs et les plus constants des niveleurs».

«De la démocratie en Amérique» (1835-1840)

À l'occasion d'un voyage pour étudier le système pénitentiaire aux États-Unis, Tocqueville réfléchit sur les dangers qui menacent la démocratie moderne dans *De la démocratie en Amérique*. Les États-Unis sont un pays où cette égalité des conditions est réalisée, et où la démocratie n'est plus marquée par les convulsions politiques qui sont celles de la France du début du XIXe siècle. Tocqueville montre qu'elle est fondamentalement un régime paisible.

Mais il est également sensible aux transformations profondes de la condition humaine qu'entraîne la passion pour l'égalité des conditions, qui est devenue la passion dominante de son temps. «Les hommes montrent un amour plus ardent pour l'égalité que pour la liberté». Car l'égalité a des effets directement perceptibles que la liberté n'a pas. Ce qui les intéresse est la poursuite d'un «bonheur médiocre», un bien-être matériel chèrement acquis, mais qui est en revanche accessible à «la totalité des hommes». Obnubilés par l'attention qu'ils portent aux petites différences qui les distinguent, ils sont en fait tous semblables. L'aristocrate Tocqueville décrit «une foule innombrable d'hommes semblables et égaux qui tournent sans repos sur eux-mêmes pour se procurer de petits et vulgaires plaisirs dont ils emplissent leur âme».

L'individualisme et ses dangers

Cette égalité des conditions tend à défaire le lien social : les hommes sont comme posés les uns à côté des autres, ils ne dépendent pas les uns des autres comme dans les anciennes sociétés hiérarchisées. «Chacun d'eux retiré à l'écart est comme étranger à la destinée de tous les autres».

C'est ainsi que va se développer une nouvelle attitude, l'individualisme, différent de l'égoïsme. C'est un «sentiment réfléchi et paisible qui dispose chaque

citoyen à s'isoler de la masse de ses semblables et à se retirer à l'écart avec sa famille et ses amis; de telle sorte que, après s'être ainsi créé une petite société à son usage, il abandonne volontiers la grande société à elle-même».
Les risques que court la démocratie sont donc paradoxalement un conformisme généralisé et un renforcement du rôle de l'État du fait de la démission de tous. Tocqueville entrevoit une inquiétante «tyrannie de la majorité», la venue d'un «pouvoir immense et tutélaire»,«absolu, détaillé, régulier, prévoyant et doux». Alors les hommes ne désirent même plus être libres.
L'antidote qu'offre la société américaine est un art politique, qui permet de faire jouer les pouvoirs les uns contre les autres, et de «créer artificiellement l'action réciproque des hommes les uns sur les autres» par le développement du rôle des associations et des pouvoirs intermédiaires, par la décentralisation, par la garantie de la liberté de la presse.

Stuart Mill et le droit à l'excentricité ■ En Angleterre, Stuart Mill s'élève dans *De la liberté* (1859) contre le conformisme qui menace la société démocratique. La société exerce un trop grand pouvoir sur l'individu par le «despotisme de la coutume». Contre cela Mill revendique un droit à l'excentricité pour les hommes supérieurs, qui seul permet à des Socrate d'exister : «Précisément parce que la tyrannie de l'opinion fait un crime de l'excentricité, il est désirable, afin de briser cette tyrannie, que les hommes soient excentriques.»

Prolongements

- La défense du libéralisme économique et politique est au centre de l'action d'hommes politiques comme Ronald Reagan ou Margaret Thatcher dans les années quatre-vingt.
- Certains courants néo-libéraux radicaux anglo-saxons se qualifient de «libertariens» et veulent réduire à l'extrême le rôle de l'État. Ils se justifient en montrant que les préférences individuelles de chacun sont incomparables.
- Durkheim fait du développement de l'individualisme, qu'il qualifie d'égoïsme un des éléments les plus marquants et les plus inquiétants des sociétés industrielles modernes. Pour éviter les risques de désordre, d'anomie que cela peut entraîner, il souhaite développer l'adhésion à une morale collective.
- L'individualisme méthodologique est un courant de pensée, dominant en économie politique, qui raisonne à partir du modèle d'un individu abstrait et rationnel, calculant ce qui est le meilleur pour lui. On ne peut expliquer un phénomène social quelconque que si l'on parvient à reconstruire les motivations des individus concernés par ce phénomène. Ce modèle de l'*homo economicus* est lié à la philosophie utilitariste : l'individu cherche à «maximiser» son intérêt et à «minimiser» ses désagréments.
- Bien des remarques de Tocqueville peuvent sembler d'extraordinaires anticipations de nos sociétés actuelles, comme le notent les philosophes français contemporains Gilles Lipovetsky (*L'Empire de l'éphémère*, 1987), ou Alain Renaut (*L'Ère de l'individu*, 1989).

3.2 L'idée de progrès

➠ TERMINOLOGIE • Le terme de «progrès» a encore chez Bacon, en 1623, le sens de voyage : «*progress*» désigne le voyage officiel d'un personnage royal.

La croyance en un progrès de l'humanité, dont les origines sont fort anciennes, sera surtout dominante au XIXe siècle, en liaison avec le constat d'un progrès des sciences et de la liberté politique, à la suite de la Révolution française. L'idée de « progrès de l'esprit humain » se rencontre déjà chez Fontenelle (1657-1757) mais le premier auteur qui développe cette idée est Condorcet (1743-1794) qui écrit son *Esquisse d'un tableau des progrès historiques de l'esprit humain* en 1793, alors qu'il est pourchassé par le Comité de salut public. Il y retrace les divers progrès de l'humanité depuis ses origines, en insistant particulièrement sur la découverte de l'imprimerie comme facteur de lutte contre l'obscurantisme, et il envisage, dans le dernier chapitre, l'avenir des progrès de l'esprit humain. Ces idées inspireront Auguste Comte qui voit en Condorcet son principal prédécesseur.

La notion de progrès suppose en général trois éléments : l'idée d'un sens de l'histoire, l'idée que cette histoire va d'un moins bien vers un mieux, l'idée que cette évolution est indéfinie et inéluctable.

Une histoire orientée

Le christianisme est le premier à présenter l'idée d'un temps orienté et non cyclique, de la Révélation au salut. C'est d'ailleurs chez saint Augustin que se trouve pour la première fois la comparaison de l'humanité à un seul homme « qui de l'enfance à la vieillesse poursuit sa carrière dans le temps en passant par tous les âges ». Cette image est reprise par Pascal dans sa préface au *Traité du vide*, en rapport avec les progrès des sciences : « Non seulement chacun des hommes s'avance de jour en jour dans les sciences, mais tous les hommes ensemble y font un continuel progrès à mesure que l'univers vieillit, parce que la même chose arrive dans la succession des hommes que dans les âges différents d'un particulier. De sorte que toute la suite des hommes, pendant le cours de tant de siècles, doit être considérée comme un même homme qui subsiste toujours et qui apprend continuellement. »

D'un moins vers un plus

Le progrès d'un moins vers un plus est d'abord constaté dans le domaine technique et scientifique : les doctrines du progrès laissent alors envisager l'arrivée à un stade ultime, enfin scientifique, de la connaissance. C'est en particulier le cas avec la loi des trois états d'Auguste Comte : aux états « théologique » et « métaphysique » succède un état « positif », qui est l'âge vraiment adulte et définitif de la connaissance. En y accédant l'homme réalise sa vraie nature, qui était d'ailleurs enveloppée dans le premier stade, dans l'enfance de l'humanité.

À la différence des antiques doctrines de l'âge d'or qui voient la perfection au commencement, les théories du progrès voient donc l'âge d'or dans le futur. C'est en ce sens que la description par Marx du communisme, stade ultime de l'évolution historique, retrouve bien des traits de l'âge d'or ou des théories utopistes. Simplement, les doctrines du progrès au XIXe siècle pensent retrouver le paradis sur terre et non au ciel.

Un progrès inéluctable

Dans l'idée de progrès, il y a aussi l'affirmation que l'histoire est gouvernée par des lois, qui dépassent dans une certaine mesure l'action libre de l'homme. Le progrès s'impose à nous. Comte parle en ce sens de « loi », à laquelle est « nécessairement assujetti » le développement de l'esprit humain. C'est aussi le cas dans la théorie de l'histoire du marxisme, le matérialisme historique. En outre, selon les théoriciens du progrès, Condorcet en particulier, il n'existe pas de limites à la perfectibilité de l'homme : les dernières pages de l'*Esquisse* prennent un ton prophétique pour annoncer une « perfectibilité indéfinie » de l'esprit humain : « Il n'a été marqué aucun terme au perfectionnement des facultés humaines. » Tout retour en arrière, vers l'obscurantisme, est impossible et les progrès réalisés en un lieu, ici en France, se répandront dans la terre entière.

« Décadence de l'idée de progrès »

Selon la formule du philosophe G. Canguilhem, il est possible de constater, depuis la fin du XIXe siècle, la « décadence de l'idée de progrès ». Dès 1906, Georges Sorel dénonce *Les Illusions du progrès*. Ce recul est alors en particulier dû au fait que les sciences, la géométrie non-euclidienne comme la mécanique non-newtonienne, ont périmé l'idée d'un progrès scientifique continu et ont constaté l'existence d'une science en crise.
Une autre critique qui a pu être faite à cette idée de progrès est qu'elle suppose un finalisme. L'histoire est considérée comme un progrès dirigé vers sa fin dont l'explication ne peut être donnée qu'en se plaçant à cette fin même de l'histoire. Une des autres conséquences négatives de ces idéologies du progrès est la dévalorisation systématique du présent, qui est jugé comme inessentiel par comparaison avec la fin ultime. Les ravages politiques qu'entraîne une telle conception du progrès sont évidents dans le cas du marxisme.

Hegel et la philosophie de l'histoire ■ G.W.F. Hegel (1770-1831) a conçu le dernier grand système philosophique, à visée encyclopédique. Dans ses *Leçons sur la philosophie de l'histoire* il s'interroge sur la signification de l'histoire. Selon lui, l'Idée se révèle dans le monde à travers l'histoire, ce qui suppose le caractère entièrement déterminé des événements historiques, et l'importance que le philosophe doit leur accorder, d'où la phrase fameuse sur « la lecture des journaux » qui est « la prière quotidienne du matin » et l'importance qu'il attache à la Révolution française ou au personnage de Napoléon. Le sens de l'histoire est en effet perceptible non seulement dans sa totalité, mais aussi dans ses détails.
« L'histoire universelle n'est que la manifestation de la raison » qui s'enrichit en s'affrontant aux choses. Cette philosophie de l'histoire a pour conséquence que « ce qui est rationnel est réel, et ce qui est réel est rationnel ». Même lorsqu'ils n'en sont pas conscients les hommes agissent au service de cette raison universelle : du fait de ce que Hegel appelle la « ruse de la raison », « il résulte des actions des hommes autre chose que ce qu'ils projettent ». Cette raison se manifeste dans l'histoire suivant un schéma dialectique, où la contradiction joue un rôle moteur. Ce schéma dialectique de l'histoire s'applique à l'histoire politique, histoire de l'avènement de la liberté, qui se réalise dans l'État, mais aussi à l'histoire de la religion, de l'art ou de la philosophie. Il est clair que la philosophie hégélienne, en donnant le sens de cette histoire, la termine par là même.

Prolongements

- Paul Valéry, dans ses *Regards sur le monde actuel* (1931), critique les illusions et les dangers des philosophies de l'histoire : « L'histoire est le produit le plus dangereux que la chimie de l'intellect ait élaboré... L'histoire justifie ce que l'on veut. Elle n'enseigne rigoureusement rien, car elle contient tout et donne des exemples de tout. »
- Les expériences tragiques du XXe siècle semblent avoir définitivement sapé l'idée de progrès. Ainsi Freud, en 1938, dans *Moïse et le monothéisme*, écrit : « Nous découvrons avec surprise que le progrès a conclu un pacte avec la barbarie. »
- L'anthropologue Claude Lévi-Strauss a bien montré dans *Race et histoire* (1952) que le culte du progrès empêche de comprendre la valeur des civilisations différentes : « Les zélateurs du progrès s'exposent à méconnaître, par le peu de cas qu'ils en font, les immenses richesses accumulées par l'humanité de part et d'autre de l'étroit sillon sur lequel ils gardent les yeux fixés. »
- Pour le politologue américain contemporain F. Fukuyama, qui s'inspire de Hegel, nous vivons aujourd'hui la « fin de l'histoire » dans la mesure où le capitalisme n'a plus d'adversaire, ayant triomphé du communisme; l'histoire comme lieu de conflits tragiques est terminée et laisse la place aux seuls mécanismes du marché.

3.3 Socialismes, marxisme et anarchisme

➠ TERMINOLOGIE • Le terme « socialisme » apparaît en France en 1833 chez Pierre Leroux (1797-1851), adepte d'un socialisme romantique et mystique, qui inspirera Hugo et George Sand.

Le socialisme est une des grandes doctrines politiques nées au XIXe siècle, dont l'influence a pesé sur tout le XXe siècle. L'idée de socialisme suppose à la fois une critique de la société établie et des projets de réorganisation totale de celle-ci, selon un plan déterminé à l'avance. Il s'appuie en général sur un appel à la classe des producteurs, en particulier au prolétariat. Ce socialisme prendra une nouvelle forme avec l'apparition du marxisme, qui se présente comme un « socialisme scientifique » et fait qualifier, *a posteriori*, les socialismes antérieurs de « socialismes utopiques ».

Les socialismes utopiques

Saint-simon et l'industrie

Claude-Henri de Saint-Simon (1760-1825), petit-neveu de l'auteur des *Mémoires*, est l'auteur de *Lettres d'un habitant de Genève à ses contemporains* (1803), où il confie à l'« Industrie » le soin de régénérer l'humanité, les « producteurs » seuls ayant une fonction sociale, comme le montre sa célèbre parabole des abeilles et des frelons. Ces producteurs sont, outre les industriels, les savants, artistes et inventeurs. Si la nation les perdait, elle deviendrait « un corps sans âme ». Les inutiles, dont la disparition n'« entraînerait aucun mal politique pour l'État » sont les nobles, les ministres, le clergé, les propriétaires fonciers. Dans la société parfaite, il conviendrait selon un mot d'ordre qui aura une grande postérité, de passer du « gouvernement des hommes » à « l'administration des choses ».
Premier du XIXe siècle, il fonde une religion, le *Nouveau Christianisme* (1825). Une secte saint-simonienne, dirigée par Enfantin, tentera des expériences de vie

communautaire, ainsi qu'une expédition en Égypte pour trouver la Femme nécessaire à toute religion. Ces tentatives font sourire les contemporains, qui se moquent de leur habitude de porter des gilets boutonnés dans le dos, afin de manifester que les hommes sont tous dépendants les uns des autres.

Charles Fourier et l'« harmonie »

Charles Fourier (1772-1837) veut réaliser l'« harmonie universelle », en se servant des passions de chacun qu'il fait contribuer à l'organisation de la cité idéale, le phalanstère, communauté rassemblant 1 620 individus. Il énumère douze passions fondamentales. L'attraction passionnée, sur le modèle newtonien, doit permettre de faire servir au bien commun les passions de chacun : ainsi le goût des enfants pour les excréments pourrait en faire de parfaits ramasseurs d'ordures. Du point de vue sexuel aussi, Fourier prévoit, dans *Le Nouveau Monde amoureux*, de multiples combinaisons entre les diverses particularités sexuelles. Victor Considérant est le plus important des disciples de Fourier.
Il existe de nombreux autres socialistes utopiques : Robert Owen (1771-1858) en Angleterre, industriel philanthrope dans son entreprise textile de New Lanark, Étienne Cabet dont le *Voyage en Icarie* (1840) propose une société totalement communiste, organisée jusque dans le moindre détail, et dont l'essai fut tenté sans succès au Texas, ou Louis Blanc qui souhaite que l'État réglemente l'*Organisation du travail* (1839).

Le marxisme

Le dernier et le plus important par ses conséquences de ces socialismes est le marxisme, qui se présente comme « scientifique », entendant ainsi disqualifier les socialismes antérieurs qu'il qualifie d'« utopiques ».

La philosophie de l'histoire : le matérialisme historique

Le marxisme, suivant la formule de Friedrich Engels aurait synthétisé « trois sources », la philosophie allemande (Hegel, Feurerbach), le socialisme français (Leroux, Saint-Simon, Fourier) et l'économie politique anglaise (Smith, Ricardo, Malthus). Le capitalisme est d'abord critiqué, sur un mode hégélien, parce que le travailleur y est aliéné : le travail devient pour lui un « objet, une existence extérieure ». Par la suite Marx prétend retrouver les lois de l'évolution de la société, qui conduisent, d'une manière nécessaire à la sortie du capitalisme pour passer au socialisme. Ces lois reposent sur les lois de la dialectique, empruntées à Hegel, avec en particulier l'idée que la contradiction joue un rôle moteur dans l'histoire. Les changements des techniques de production entraînent des changements de la structure de la société : on passe du mode de production asiatique à la société esclavagiste, puis féodale, puis capitaliste et enfin socialiste et communiste.

Socialisme et communisme

La société socialiste sera la dictature de la classe qui achève l'histoire de l'exploitation de l'homme par l'homme, le prolétariat. Dans la société communiste, il n'existe plus de classes, plus de séparation du travail, plus d'État, d'armée ou d'argent. Le communisme idéal correspond aux descriptions des sociétés

utopiques. Bien que les lois de l'histoire, établies par le matérialisme historique soient nécessaires, il convient que les travailleurs prennent conscience de leur rôle historique pour accélérer ce passage à une société meilleure : d'où l'importance dans la doctrine marxiste de la théorie de la lutte des classes.
Le projet marxiste implique donc une renonciation à la conception traditionnelle, contemplative, de la philosophie, comme le note la XIe *Thèse sur Feuerbach* : « Les philosophes n'ont fait qu'interpréter diversement le monde, ce qui importe c'est de le transformer. » La philosophie marxiste se présente, depuis Engels et surtout Staline, comme un matérialisme dialectique, c'est-à-dire comme l'affirmation du primat de la matière sur la pensée et de l'existence de lois dialectiques à l'œuvre dans la nature.

« Manifeste du parti communiste » (extrait) ■ « L'histoire des sociétés n'a été que l'histoire des luttes de classes. Hommes libres et esclaves, patriciens et plébéiens, barons et serfs, maîtres de jurandes et compagnons, en un mot, oppresseurs et opprimés, en opposition constante, ont mené une guerre ininterrompue, tantôt ouverte, tantôt dissimulée : une guerre qui toujours finissait par une transformation révolutionnaire de la société toute entière ou par la destruction des deux classes en lutte. [...] La société se divise de plus en plus en deux grands camps opposés, en deux classes ennemies : la bourgeoisie et le prolétariat. [...]. La bourgeoisie n'a laissé subsister entre l'homme et l'homme d'autre lien que le froid intérêt, que les dures exigences du paiement au comptant. Elle a noyé l'extase religieuse, l'enthousiasme chevaleresque, la sentimentalité du petit bourgeois dans les eaux glacées du calcul égoïste. »

Marx et Engels ■ Karl Marx (1818-1883), fils d'un avocat juif libéral, fait des études de droit et de philosophie à Berlin, et un doctorat sur Épicure. Il s'enthousiasme pour la philosophie hegelienne. Journaliste à la *Nouvelle Gazette rhénane*, il se réfugie à Paris où il découvre les milieux socialistes français. Il rédige avec Friedrich Engels (1820-1895) le *Manifeste du parti communiste* (1848) qui se termine sur la formule fameuse : « Prolétaires de tous les pays, unissez-vous ! » Engels avait rédigé en 1845 un ouvrage sur *La situation de la classe laborieuse en Angleterre*. Marx vit ensuite à Londres grâce à l'aide financière d'Engels qui gère l'entreprise industrielle de son père à Manchester. Il y rédige *le Capital* dont le livre I paraît en 1867. Marx et Engels participent en 1864 à la création de la Première Internationale communiste, l'Association internationale des travailleurs.

L'anarchisme

➡ TERMINOLOGIE • Du grec « *anarcheia* », absence de pouvoir. Le terme prendra une nuance péjorative, en particulier sous la forme « anarchie », synonyme de désordre, alors que pour ses adeptes, comme Jean Grave, « l'anarchie est la plus haute expression de l'ordre ».

L'anarchisme entend refuser toute autorité politique, et toutes les institutions qui vont de pair avec l'État : armée, argent, Églises, famille, propriété privée. Il est possible de distinguer entre un anarchisme individualiste et un anarchisme collectiviste.
Max Stirner, philosophe allemand, auteur de *L'Unique et sa propriété* (1845) représente un individualisme radical. Le moi seul existe, l'égoïste est le seul être réel, qui ne se possède que lui-même, et dont la liberté est seule effective.

En France, Pierre-Joseph Proudhon (1809-1865) peut être rattaché au courant anarchiste. Correcteur d'imprimerie, il propose de supprimer la propriété dans sa fameuse brochure *Qu'est-ce que la propriété ?* (1840), où il répond : « La propriété c'est le vol. » À la différence d'autres utopistes, il se montre très hostile au christianisme, y compris celui de Jésus. Dieu, l'État et la propriété sont ses trois principaux adversaires, auxquels il conviendrait d'ajouter les femmes et les juifs. Il propose de revenir à une conception artisanale de la société, en développant le crédit aux petits entrepreneurs, un fédéralisme « décentralisateur » et le développement du syndicalisme sous la forme de la « mutualité ». À la *Philosophie de la misère* (1846) de Proudhon, Marx répliquera par sa *Misère de la philosophie* (1847).
Pour le russe Michel Bakounine (1814-1876) qui affrontera Marx au sein de l'Association internationale des travailleurs, il convient de détruire l'État et ses institutions, comme l'Église, pour retrouver une vie communautaire dont la communauté paysanne russe pourrait donner un exemple.
À la fin du XIXe siècle il existe un mouvement anarchiste violent, prônant la « propagande par le fait », c'est-à-dire des attentats ou actions violentes, censées avoir un caractère exemplaire et permettant de réveiller les masses opprimées. L'anarcho-syndicalisme est également une tradition constante du syndicalisme.

Solidarisme et république

À la fin du XIXe siècle et au début du XXe siècle apparaît la doctrine solidariste (Léon Bourgeois, *Solidarité*, 1896), en partie inspirée par les travaux de sociologues comme Durkheim. Selon Bourgeois « l'homme est débiteur de l'association humaine ». Cette doctrine entend reprendre l'idéal de fraternité propre à la Révolution de 1848, qui souhaitait corriger, par une intervention de l'État, les inégalités économiques nées de la seule affirmation des principes juridiques de liberté et d'égalité. Le risque de la doctrine de la solidarité, comme l'avait souligné l'économiste français Frédéric Bastiat, est de « détruire la responsabilité » et de limiter la liberté individuelle.

Prolongements

- Le saint-simonisme a une postérité industrielle : le successeur de Saint-Simon, Enfantin, et ses disciples, polytechniciens et ingénieurs, joueront un rôle important dans les grandes réalisations de la fin du XIXe siècle : développement des chemins de fer, percement du canal de Suez, modernisation du système bancaire, avec les frères Pereire. Le féminisme peut également s'en réclamer à bon droit. En littérature, avec George Sand, et en musique, avec Liszt ou Félicien David, le saint-simonisme aura également une certaine influence.
- Certaines tentatives fouriéristes seront réalisées aux États-Unis. André Breton dans son *Ode à Charles Fourier* fait de Fourier un des ancêtres du surréalisme.
- Le projet marxiste a bouleversé tout le XXe siècle à travers la lecture qui en a été faite par Lénine et la révolution d'octobre en Russie. Il ne subsiste aujourd'hui que sous la forme d'une certaine économie organisée ou planifiée.
- Les critiques libérales du socialisme, comme celle de Hayek, retrouvent derrière le marxisme les projets « constructivistes » de Saint-Simon ou Comte, qui prétendent reconstruire la société selon des projets abstraits propres aux « ingénieurs ».

- Proudhon influencera durablement le mouvement ouvrier. Ses idées sont majoritaires durant la Commune de Paris. L'idée d'autogestion a également des origines proudhoniennes.
- Le mouvement anarchiste connaîtra son plus grand succès en Espagne avant et pendant la guerre civile.

4. Littérature

4.1 Le roman : Balzac, Stendhal, Flaubert

Le roman est la forme littéraire la plus caractéristique du XIXe siècle, et sans doute sa plus grande réussite artistique. Il est, selon le mot de Hegel, la « moderne épopée bourgeoise » qui permet de voir « le fond vaste d'un monde tout entier ». En ce sens, le plus caractéristique des romanciers est l'auteur de *La Comédie humaine*, Balzac. Stendhal et Flaubert, chacun à leur manière, illustrent deux autres directions possibles de la création romanesque.

Balzac et la Comédie humaine

Une vie littéraire et mondaine

Honoré de Balzac (1799-1850), né à Tours, est clerc de notaire à Paris mais fait des études à la Sorbonne. Il souhaite en réalité se faire une place dans le monde des lettres. Pour vivre il publie des romans sous divers pseudonymes, puis se lance dans le commerce, comme éditeur et imprimeur. Il vit son premier amour avec la marquise de Berny, de vingt-deux ans son aînée, la « *dilecta* », qui l'aide matériellement et moralement.

Il connaît le succès avec *Les Chouans* en 1829, confirmé par la *Physiologie du mariage*. Ses livres suivants paraissent à un rythme effréné. Il mène alors une vie de luxe, et accumule les dettes, qui le contraignent à travailler sans interruption. Il fréquente le faubourg Saint-Germain et affiche des idées monarchistes et catholiques. En 1832 il reçoit les premières lettres d'une comtesse russe amoureuse, Mme Hanska, l'« Étrangère ».

C'est dans *Le Père Goriot*, en 1834, que Balzac découvre le principe qui fera l'originalité de *La Comédie humaine*, celui de personnages reparaissant d'un roman à l'autre. En 1841 apparaît pour la première fois le titre de *La Comédie humaine*, inspiré de *La Divine comédie* de Dante, dont il explique le dessein dans l'*Avant-Propos* de 1842. Entre ses périodes d'écriture continues, il voyage, échafaude divers projets financiers, mène une vie mondaine, mais aussi se documente pour les livres qu'il va écrire.

En 1847 il reçoit, à Paris, Mme Hanska, devenue veuve, et l'épouse en Russie en 1850 quelques mois avant de mourir.

Une œuvre gigantesque

L'œuvre de Balzac est gigantesque, environ cent cinquante ouvrages : outre la *Comédie humaine* des *Contes drolatiques* à la manière de Rabelais, des pièces de théâtre.

La Comédie humaine fut écrite de 1829 à 1850. Elle compte quatre-vingt treize romans au lieu des cent trente-sept prévus. Balzac y distingue trois parties principales, les «Études de mœurs», qui représenteront «tous les effets sociaux», toutes les mœurs de son temps, en décrivant des «individualités», les «Études philosophiques», décrivant des «types», «car après les effets viendront les causes», enfin les «Études analytiques», «car après les effets et les causes doivent se rechercher les principes» : il faut trouver «le sens caché dans cet immense assemblage de figures, de passions et d'événements.» Il espère ainsi donner «une œuvre qui sera comme les *Mille et une Nuits* de l'Occident» et qui n'est donc pas platement réaliste. Il expose sa conception du roman dans l'*Avant-propos* de la *Comédie humaine* et dans les préfaces de ses livres, reconstruisant après coup la cohérence de son œuvre.

Les hommes et leurs milieux

Il entend s'inspirer de l'histoire naturelle de son temps, et en particulier de Geoffroy Saint-Hilaire, à qui il dédie *Le Père Goriot*, qui montre que, à partir d'«un seul et même patron», tous les êtres vivants sont différenciés par le milieu dans lequel ils vivent. Ce milieu joue un rôle considérable, «les choses ont dominé les êtres». Il convient donc d'étudier l'homme dans ce milieu et les «espèces sociales» comme les autres espèces zoologiques. La vie n'est rien d'autre qu'un «amas de petites circonstances» qu'il faut savoir observer et Balzac écrit des «physiologies» à la manière des médecins du temps. Le mode de vie, le caractère des hommes se dépose sur leur physique et Balzac s'inspire bien souvent de la physiognomonie de Lavater ou de la phrénologie de Gall.

Outre leur physionomie, il convient de décrire avec une grande précision le milieu dans lequel les hommes vivent, et Balzac se documente sérieusement sur telle ou telle profession, telle ou telle ville avant d'écrire ses œuvres. Balzac est particulièrement attentif aux détails qui «seuls constitueront désormais le mérite des ouvrages improprement appelés romans».

Les passions et la société bourgeoise

Sur ce modèle scientifique, Balzac crée tout un monde de personnages, revenant d'un roman à l'autre, de tous milieux, qui «fait concurrence à l'état civil». On a pu recenser deux mille personnages dans la *Comédie humaine*, qui illustrent tous les types de comportements sociaux. Ils sont tous mus par des passions dominantes : des maniaques comme le père Goriot, des arrivistes comme Rastignac ou Rubempré, des avares comme Grandet, des vertueux comme César Birotteau, des envieux comme la cousine Bette, des hommes mus par la volonté de dominer comme Vautrin.

Tous ces personnages sont gouvernés par leurs intérêts et leurs passions, en particulier les deux passions essentielles, celle du pouvoir, et plus encore de l'argent, qui joue un rôle aussi important dans la *Comédie humaine* que dans la vie de Balzac. L'argent qui est le moteur principal de la société bourgeoise, qui se met en place à l'époque de Balzac, l'argent qui est le symbole de la puissance humaine : «L'or représente toutes les forces humaines», son pouvoir créateur est analogue à celui de Dieu. Les grands banquiers comme Nucingen sont des

personnages fascinants pour Balzac, de même que le personnage central de Vautrin.
Toutefois ces passions sont destructrices, comme l'illustre l'image de *La Peau de chagrin*, talisman qui réalise tous les désirs du jeune Raphaël de Valentin, mais rétrécit à chaque fois en même temps que le temps qui reste à vivre au héros. Une vraie vie, une vie passionnée est nécessairement brève.
Balzac, tout en décrivant la société bourgeoise, prétend la critiquer : du point de vue politique, il s'affirme traditionaliste et légitimiste, disciple de Bonald et de Maistre. Il y a « deux vérités éternelles » : la religion et la monarchie. Ses préférences politiques sont au reste indissociables de ses préférences amoureures pour les grandes dames de la noblesse. Le regard qu'il porte sur la société bourgeoise est donc un regard froid : comme Vautrin, personnage particulièrement fascinant, il prend « la vie telle qu'elle est », sans illusions. Mais l'image qu'il donne de cette société, dominée par l'énergie et l'ambition, provoque souvent plutôt l'admiration.
Ainsi, il met en évidence le rôle de la presse, pourrie par l'argent, mais qui permet de forger l'opinion : elle est un commerce « et comme tous les commerces il est sans foi ni loi ».

Le Père Goriot
Le Père Goriot est le roman où se précise le projet de la *Comédie humaine* et où apparaissent ses personnages principaux, banquiers et forçats, vieillard vertueux et filles ingrates. En particulier Vautrin, qui illustre bien le fantasme de création, de paternité qui anime toute l'œuvre de Balzac. Dans la misérable pension Vauquer se retrouvent le jeune et ambitieux Eugène de Rastignac qui vient d'arriver à Paris, l'étudiant en médecine Bianchon, le vieux père Goriot, ancien vermicelier, qui s'est ruiné pour ses filles qui l'abandonnent, l'ancien bagnard Vautrin qui prend Rastignac sous sa protection pour mieux lui expliquer la vie. Les filles de Goriot, grâce à l'argent de leur père, ont épousé l'une un aristocrate, l'autre, Delphine, le banquier et baron Nucingen. Rastignac tombe amoureux de Delphine, mais il faudrait qu'il soit riche. Vautrin lui propose de tuer le frère d'une jeune fille de la pension Vauquer, amoureuse de Rastignac et qu'il lui suffirait d'épouser pour faire fortune, mais Rastignac refuse. Vautrin est arrêté par la police alors même qu'il a déjà commencé à réaliser son projet pour Rastignac. Après avoir assisté à la mort solitaire de Goriot, qui attend la venue de ses filles, Rastignac va dîner chez Delphine, et se promet de la conquérir avant de conquérir Paris à qui il lance, du cimetière du Père Lachaise, son fameux défi : « À nous deux maintenant ! »

Stendhal, l'amour et l'ambition

Né à Grenoble, révolté contre son père et contre la Restauration, fidèle aux idées de la Révolution, Henry Beyle (1783-1842) s'engage dans l'armée d'Italie, après des études de mathématiques. En 1814, il s'installe en Italie, pays qu'il chérit, et prend le nom de Stendhal pour signer *Rome, Naples et Florence* en 1817. De retour à Paris il mène une carrière de critique engagé aux côtés des romantiques avec son *Racine et Shakespeare* en 1823, et publie *De l'amour* (1822), étude d'une passion

dans le style de l'idéologue Destutt de Tracy, où il décrit l'amour comme «cristallisation» : l'objet aimé est paré de toutes les qualités par celui qui aime, comme un simple rameau jeté dans les mines de Salzbourg est recouvert en quelques semaines de brillants cristaux de sel. En 1830 il publie le *Rouge et le noir* et est nommé consul en Italie. Il a écrit cinq autres romans, dont la *Chartreuse de Parme* en 1839 et l'inachevé *Lucien Leuwen*. Dans ses romans Stendhal illustre le culte du moi et de l'ambition, de l'énergie à la manière de son héros Bonaparte. Le roman doit être un reflet de son temps, «comme un miroir qu'on promène le long d'un chemin».
Il recherche un style dépouillé, à la manière du modèle qu'est le Code civil. Outre ses romans, il publie de nombreux textes de critique, récits de ses voyages et de son amour de l'Italie, et autobiographies : *Vie de Henry Brulard*, *Journal*, *Souvenirs d'égotisme* où il s'abandonne à un certain faible qui le pousse à parler de soi, tout en reconnaissant qu'il s'accepte difficilement : «J'aurais voulu être un autre.» Mais il se flatte «d'aller à la chasse aux plaisirs, au bonheur», et l'amour est pour lui «la seule affaire importante de la vie».

Le Rouge et le noir
Inspiré d'un fait divers, *Le Rouge et le noir* fait le récit d'une ambition, celle de Julien Sorel, fils de scieur de bois, qui entre dans la carrière ecclésiastique (le noir) puisque l'armée (le rouge) n'est plus le moyen de parvenir. Précepteur de ses enfants, il se fait aimer de la femme du maire, Mme de Rênal, puis, devant la rumeur, est contraint d'entrer au séminaire à Besançon. Il réussit à devenir ensuite, à Paris, secrétaire du très royaliste marquis de la Môle, dont il séduit la fille, Mathilde, qui lui procure un titre et va l'épouser. Mais Mme de Rênal, jalouse et poussée par un prêtre, le dénonce au marquis de la Môle. Julien la blesse d'un coup de pistolet. Malgré les interventions de Mme de Rênal et de Mathilde, il est condamné à mort et guillotiné. Mme de Rênal meurt trois jours après lui.

La Chartreuse de Parme
La Chartreuse de Parme transpose au début du XIXe siècle la vie d'Alexandre Farnèse. Fabrice del Dongo, jeune noble italien, aux idées libérales, part rejoindre l'armée de Napoléon, et participe à la bataille de Waterloo, à laquelle «il ne comprend rien du tout». De retour à Parme, il se tourne, pour parvenir, vers la carrière ecclésiastique, mais il tue un rival en duel et est condamné par contumace. La duchesse Sanseverina, sa tante qui l'aime tente de le faire gracier. Il est néanmoins arrêté et emprisonné. Il tombe alors amoureux de la fille du gouverneur de la prison, Clélia. Il n'accepte de s'évader que sur l'insistance de la Sanseverina et de Clélia. Après diverses péripéties Clélia meurt et Fabrice devenu archevêque se retire à la Chartreuse de Parme où il meurt bientôt.

Flaubert et le roman moderne

Né à Rouen, fils de médecin, Gustave Flaubert (1821-1880) vit l'essentiel de sa vie en province, à Croisset, mis à part deux voyages en Orient avec son ami Maxime du Camp, et consacre tout son temps à son œuvre. Il s'efforce d'avoir un «coup d'œil médical de la vie». En 1849 il écrit une première version de la *Tentation de saint Antoine*; et en 1856 *Madame Bovary*, qui lui vaut un procès retentissant, et qui sera considéré comme le chef d'œuvre de la littérature réaliste par ses contemporains. Il écrit ensuite *Salammbô* (1862), l'*Éducation sentimentale* (1869) et *Bouvard et Pécuchet* (1881), qui ridiculise le positivisme et le scientisme, comme le *Dictionnaire des idées reçues* s'en prend à la bêtise bourgeoise. Il a une grande influence sur son «filleul» Maupassant à qui il explique son art : «Il s'agit de regarder tout ce qu'on veut exprimer assez longtemps et avec assez d'attention pour en découvrir un aspect qui n'a été dit et vu par personne.»

Des romans de l'échec

Ses deux plus grands romans sont des romans de l'échec, alors que ceux de Balzac et Stendhal étaient des romans du succès et de l'énergie.

Madame Bovary décrit cruellement les ravages qu'occasionnent les rêveries romantiques sur un personnage médiocre. Le «bovarysme» deviendra d'ailleurs un nom commun pour décrire l'insatisfaction romanesque provoquée par le romantisme sur une âme ordinaire. Emma, fille de paysan, épouse le docteur Bovary, espérant sortir de sa condition. Mais elle s'ennuie dans le bourg où elle vit et, séduite par le faste d'un bal, se donne au noble local qui promet de l'enlever, mais l'abandonne. Puis elle prend comme amant un jeune clerc de notaire et un chanteur d'opéra. Endettée par ses achats, elle se suicide à l'arsenic. Son mari meurt ruiné.

L'Éducation sentimentale est le récit des amours du jeune Frédéric Moreau, qui, venu de province dans le Paris des années 1840, avec des ambitions aussi nombreuses qu'imprécises, tombe amoureux de la jolie Mme Arnoux. Il ne la revoit que bien des années après et elle reconnaît alors qu'elle l'aimait. Trop tard. Frédéric et son ami Deslauriers ne peuvent alors que constater qu'ils ont raté leur vie.

Aux origines du roman moderne

Bien que le réalisme se soit réclamé de lui, Flaubert n'accepte pas d'être enrôlé sous quelque bannière que ce soit : «L'art ne doit servir de chaire à aucune doctrine sous peine de déchoir».

Il se moque de la prétendue inspiration romantique et souligne le rôle du travail, sur des textes qu'il reprend sans cesse. Il refuse le lyrisme et souhaite être oublié derrière son œuvre : «Tu prendras en pitié l'usage de se chanter soi-même... L'artiste doit s'arranger de façon à faire croire à la postérité qu'il n'a pas vécu.» Seule compte pour lui l'œuvre littéraire qui ne renvoie pas à une réalité qu'elle devrait décrire, mais qui est elle-même créatrice d'un monde, d'une réalité autonome. En ce sens il annonce le roman contemporain, qui n'a pas d'autre objet que lui-même et qui vise à ce que l'auteur disparaisse.

Plan de *la Comédie humaine*

- Études de mœurs

1. Scènes de la vie privée : 23 romans dont *Le Père Goriot, La Femme de trente ans, Le Colonel Chabert.*
2. Scènes de la vie de province : 13 romans dont *Eugénie Grandet, Le Lys dans la vallée, Les Illusions perdues.*

3. Scènes de la vie parisienne : 24 romans dont *César Birotteau, Le Cousin Pons, La cousine Bette, Splendeur et misères des courtisanes.*
4. Scènes de la vie politique : 4 romans dont *Un épisode sous la Terreur, Une ténébreuse affaire.*
5. Scènes de la vie militaire : 2 romans, dont *Les Chouans.*
6. Scènes de la vie de campagne : 3 romans dont *Le Médecin de campagne.*

- Études philosophiques : 22 romans et contes mystiques dont *La Peau de chagrin, La Recherche de l'absolu, Le Chef-d'œuvre inconnu, Louis Lambert, Seraphita.*
- Études analytiques : 2 romans dont *La Physiologie du mariage.*

Prolongements

- Dans le discours qu'il prononce aux obsèques de Balzac, Hugo souligne le caractère effrayant du monde que décrit la *Comédie humaine* : « Tous ses livres ne forment qu'un livre, livre vivant, lumineux, profond, où l'on voit aller et venir et marcher et se mouvoir, avec je ne sais quoi d'effaré et de terrible mêlé au réel, toute notre civilisation contemporaine. »
- Champfleury au milieu du siècle, Émile Zola à la fin du siècle, tenteront d'annexer Balzac au courant réaliste et naturaliste, laissant de côté son aspect visionnaire qui est pourtant essentiel, comme le manifestent ses œuvres mystiques et illuministes.
- Stendhal pensait écrire pour les « *happy few* », une petite élite, et n'être lu, peut-être, « qu'en 1935 ». Effectivement, parmi ses contemporains, Balzac est un des rares à l'apprécier, avec Prosper Mérimée.
- Sartre, dans *L'Idiot de la famille* (1971-1972) tente de répondre à propos de Flaubert, « créateur du roman moderne », à la question : « Que peut-on savoir d'un homme aujourd'hui ? » Sartre s'efforce d'y parvenir par une « totalisation » des éléments dont on dispose sur Flaubert, en partant de sa première enfance.
- En 1986, dans *L'Art du roman*, Milan Kundera définit le roman par son autonomie : il ne dépend de rien d'antérieur à lui-même et propose de véritables expérimentations sur des manières d'exister non encore décrites.

4.2 Le romantisme

➠ TERMINOLOGIE • De l'anglais « *romantic* » (pittoresque). En allemand, désigne selon Mme de Staël la « poésie dont les troubadours ont été à l'origine » (*De l'Allemagne*, 1800).
Stendhal définit en 1823 le terme de « romanticisme » comme « l'art de présenter aux peuples les œuvres littéraires qui, dans l'état actuel de leurs habitudes et de leurs croyances, sont susceptibles de leur donner le plus de plaisir possible ».

Le romantisme est un mouvement littéraire, et plus largement artistique, qui domine toute l'Europe pendant la première moitié du XIXe siècle. Il se caractérise par un appel au sentiment et aux émotions, par un lyrisme exacerbé, par l'apparition de nouvelles formes littéraires. Il a néanmoins des spécificités nationales : ainsi le romantisme français se distingue de tous les autres car il est consciemment anticlassique.

Le préromantisme

L'œuvre de Rousseau joue un rôle majeur dans le développement d'une sensibilité romantique, laissant de côté la raison pour découvrir l'importance du sentiment, analyser les mouvements du moi et vibrer à l'unisson d'une nature sauvage.

Le romantisme en France va de pair avec la découverte des littératures européennes autre qu'italiennes, en particulier de la littérature anglaise et de Shakespeare au XVIIIe siècle, et de la littérature allemande, que fait connaître Mme de Staël (1766-1817). Dans *De la littérature considérée dans ses rapports avec les institutions sociales* (1800), elle avance l'idée que comme la société a changé, la littérature doit également changer. Dans *De l'Allemagne* (1800), elle oppose aux littératures du midi, classiques, intellectuelles, les littératures du nord, romantiques, plus adaptées à l'âme moderne, car elles s'adressent directement au cœur, au caractère. Elle choisit ainsi Shakespeare, Schiller ou Goethe plutôt que Racine.

Le romantisme redécouvre aussi les littératures pré-classiques et se passionne pour le Moyen Âge ou la poésie populaire, ressentis comme plus vrais, plus proches des origines nationales de chaque peuple. Le roman historique de Walter Scott connaîtra un très grand succès.

Un autre auteur qui marque cette sensibilité préromantique est Chateaubriand. Son *Génie du christianisme* en 1802 fait l'effet d'une révolution, en démontrant la valeur poétique du christianisme. La Bible peut être une source d'inspiration tout aussi riche qu'Homère, à travers ses rites et ses idéaux. Il le démontre à travers *Atala* (1801) et *René*, partie du *Génie*. Le sentiment de la nature est éveillé par *Atala* et ses tableaux de la vie des indiens Natchez. Quant à René il est un des premiers exemples de ces personnages mélancoliques, tourmentés par « le vague des passions », qui seront caractéristiques du romantisme.

Le mouvement romantique

En 1820 les *Méditations poétiques* de Lamartine sont le premier grand succès du romantisme, avec ses vingt-quatre poèmes très personnels chantant l'amour de l'auteur pour Julie mourante, dont le fameux *Lac* : « Ô temps suspends ton vol ! Et vous, heures propices/Suspendez votre cours. »

Le mouvement romantique se développe et s'organise ensuite avec le Cénacle qui réunit autour de Victor Hugo Benjamin Constant, Stendhal et Alfred de Vigny. Il connaît sa grande bataille le 25 février 1830 à l'occasion de la représentation d'*Hernani* de Victor Hugo. Le romantisme triomphe ensuite de 1830 à 1848. Après 1848 ce romantisme, qui était à ses débuts royaliste et catholique, va s'infléchir dans un sens humanitaire et socialisant.

Ce mouvement romantique s'accompagne en général de prises de parti politiques et religieuses, royalistes et catholiques au début.

Le sentiment et le moi

Le romantisme souligne le rôle du sentiment, de l'émotion et des passions contre la raison des classiques : selon Alfred de Musset, « il faut déraisonner ». L'amour sous ses formes les plus extrêmes, la mélancolie, l'inquiétude reviennent chez

tous les héros romantiques. Ainsi le *Werther* de Goethe, tout à fait en accord avec le «mal du siècle», connaît un énorme succès et inspire toute une vague de suicides. Dans certains cas cette exaltation des sentiments ira jusqu'au frénétisme, aux délires macabres, à la manière de la littérature noire anglaise.
Les romantiques découvrent cette importance des passions en se tournant vers le moi de l'auteur. Une de leurs principales caractéristiques est le caractère lyrique et personnel de leur poésie, qui est, selon Lamartine, «l'incarnation de ce que l'homme a de plus intime dans le cœur et de plus divin dans la pensée». Pour Hugo également, «la poésie, c'est ce qu'il y a d'intime dans tout». Le poète exprime ses sentiments dans son œuvre.
Au-delà, ce moi du poète est représentatif de son temps. Ainsi dans sa *Confession d'un enfant du siècle* (1836), Musset cherche à identifier les causes sociales de son mal-être : s'il est «lassé de tout avant que de jouir de rien», c'est qu'il fait partie d'une génération «venue trop tard dans un monde trop vieux».

Le sentiment de la nature

Pour la poésie romantique, comme pour la peinture de paysage, un nouveau sentiment de la nature se fait jour. Celle-ci n'est plus un cadre indifférent, mais elle résonne des mêmes sentiments qui animent le héros, ou contribue à calmer ses inquiétudes.
Ainsi Lamartine s'adresse aux astres : «Beaux astres! Fleurs du ciel dont le lis est jaloux,/J'ai murmuré tout bas : Que ne suis-je un de vous?» Quant à Hugo, dans les *chants du crépuscule* il évoque la beauté de la nature : «Oh oui! La terre est belle et le ciel est superbe.»
La nature apparaît quelquefois comme le seul refuge possible, comme chez Vigny, dans *La Maison du berger* : «Pars courageusement, laisse toutes les villes [...]/Les grands bois et les champs sont de vastes asiles.»

La mission sociale

De plus en plus le romantisme affirmera que le poète a une mission sociale. Il est un «mage», un «voyant». Selon Hugo, «le poète a charge d'âmes» : «Peuples! Écoutez le poète!/Écoutez le rêveur sacré... Car la poésie est l'étoile/Qui mène à Dieu rois et pasteurs (*Les Rayons et les ombres*). Lamartine ira jusqu'à jouer un rôle politique important, à la tête du gouvernement provisoire de 1848. Hugo sera le principal opposant au Second Empire et à l'origine de la figure très française de l'intellectuel engagé : «Honte à qui peut chanter pendant que Rome brûle.» Pour certains romantiques l'engagement se fera en faveur d'idées sociales, comme le souhaitait le socialiste Pierre Leroux.
Le héros romantique est un héros révolté par le monde tel qu'il est, sa trivialité et son caractère bourgeois. Le personnage de Charles Moor dans *les Brigands* (1781) de Schiller est le premier de ces héros hors la loi, comme le sera Hernani dans la pièce de Hugo.

Le mélange des genres

Un autre aspect important du romantisme est sa critique de la doctrine classique traditionnelle, de sa distinction des genres et de sa définition stricte de la tragédie. Ainsi pour l'allemand A.W. Schlegel, dans son *Cours de littérature dramatique* (trad. 1814), « L'esprit romantique… se plaît dans un rapprochement continuel des choses les plus opposées », car le sentiment « embrassant tout, pénètre seul le mystère de la nature ». La poésie se mêle donc à la prose, le comique au tragique, le sérieux à la plaisanterie.

Le romantisme va ainsi donner naissance à un genre nouveau, le « drame » romantique, qu'Hugo définit, dans la préface de *Cromwell* (1827), en l'opposant à la tragédie classique. Il refuse la théorie des unités au nom de la vraisemblance. Il ne craint pas non plus le mélange des genres tragique et comique : « la poésie vraie, la poésie complète est dans l'harmonie des contraires. » Il n'y a pas de limites à ce que peut représenter le théâtre : « Tout ce qui existe dans le monde, dans l'histoire, dans la vie, dans l'homme, tout doit et peut s'y réfléchir. » Enfin le théâtre, pas plus que la poésie, ne doit craindre de défendre des idées : « Le théâtre est une tribune, une chaire. » Les grands héros de ce drame romantique sont Hernani ou Ruy Blas chez Hugo, Chatterton chez Vigny et Lorenzaccio chez Musset.

Le style romantique

Pour ce qui est du style, les romantiques se prononcent pour un « vers libre, franc, loyal, osant tout dire sans pruderie ». Ils n'emploient pas de périphrases pour éviter les termes triviaux, et veulent au contraire se servir de tout l'éventail du vocabulaire, voire « mettre un bonnet rouge au dictionnaire » selon la formule de Hugo. Selon lui, « les mots sont les passants mystérieux de l'âme », il faut jouer sur leurs sens et leur épaisseur.

Victor Hugo ■ Victor Hugo (1802-1885) est le prototype du « grand homme » à la manière du XIXe siècle, et c'est d'ailleurs à l'occasion de ses obsèques que le Panthéon retrouvera ses fonctions de sanctuaire républicain. Outre sa carrière littéraire gigantesque, ce qui explique la gloire de Hugo est son action politique contre le Second Empire et ses positions sociales.

Dans sa jeunesse Hugo, qui à quinze ans déclarait : « Je veux être Chateaubriand ou rien », anime le mouvement romantique, et en écrit les œuvres fondatrices dans les trois genres principaux : *Hernani* pour le drame en 1830, *Notre-Dame de Paris* pour le roman en 1831, les *Feuilles d'automne* pour la poésie en 1831. Mais son œuvre, par son ampleur, dépasse largement le courant romantique. Après que sa femme le trompe avec son ami Sainte-Beuve, il aime Juliette Drouet, et a d'innombrables aventures. Après la noyade de sa fille Léopoldine, Hugo ne publie plus pendant dix ans et se consacre à la politique. Pair de France, député, il s'exile après le coup d'État du 2 décembre 1851 à Bruxelles, puis à Jersey et Guernesey. Il y écrit ses chefs d'œuvre, tout en se livrant à des expériences spirites : les *Châtiments* (1853) contre Napoléon III, les poèmes des *Contemplations* (1856), sur l'enfance, l'amour, la mort de sa fille, la philosophique et mystique *Légende des siècles* (1859) qui décrit l'histoire de l'humanité, de la Bible au XXe siècle comme « un seul et immense mouvement d'ascension vers la lumière », enfin *Les Misérables* (1862), qui contribue le plus à sa popularité. Il retourne en France avec la République, est élu député puis sénateur, et meurt en 1885. Ses *Choses vues*, éditées après sa mort, sont un remarquable recueil de notes, d'un ton très moderne, sur son temps et ses contemporains.

Les Misérables

Les Misérables sont le récit de la vie d'un forçat, Jean Valjean, condamné à vingt ans de bagne pour avoir volé un pain pour nourrir sa famille et avoir cherché à s'évader. Recueilli à sa sortie du bagne par Mgr Myriel, il le vole, mais celui-ci non seulement ne le dénonce pas mais lui donne encore deux chandeliers. Il est transformé par cette expérience. Devenu honnête, industriel et maire de sa ville sous le nom de M. Madeleine, Jean Valjean est néanmoins poursuivi par l'insensible policier Javert. Obligé de se constituer prisonnier pour sauver un innocent, il s'évade encore et protège comme un père Cosette, ainsi qu'il l'avait promis à sa mère, la malheureuse Fantine. Il l'enlève aux sordides cabaretiers, les Thénardier, qui l'exploitent. Elle épousera le jeune républicain Marius, fils d'honnêtes bourgeois. Sur les barricades de 1832 Jean Valjean lutte aux côtés du jeune Gavroche, image du peuple révolutionnaire de Paris. Jean Valjean épargne la vie de Javert qui est de l'autre côté de la barricade. Par delà ses aspects mélodramatiques, dans le style d'Eugène Sue, *Les Misérables* sont le premier grand roman du peuple et des petits, qui sont sauvés par la pitié et la charité. Le Mal y est vaincu par le Bien.

L'art pour l'art ■ En réaction contre un romantisme qui proclame que l'écrivain a une mission sociale, Théophile Gautier (1811-1872) avait développé sa théorie de l'art pour l'art, en particulier dans sa préface à *Mademoiselle de Maupin* en 1836, ou dans ses *Émaux et camées* de 1852. Il s'élève contre l'idée d'un art utile : « L'art pour nous n'est pas un moyen mais le but. » « Non, imbéciles, non, crétins et goitreux que vous êtes, un livre ne fait pas de la soupe à la gélatine ; un roman n'est pas une paire de bottes sans couture ; un sonnet, une seringue à jet continu ; un drame n'est pas un chemin de fer, toutes choses essentiellement civilisantes, et faisant marcher l'humanité dans la voie du progrès ».

Selon lui « en général, dès qu'une chose devient utile, elle cesse d'être belle » : le beau est « la combinaison complexe, savante, harmonique des lignes, des couleurs et des sons ».

Cette recherche de l'art pour l'art est reprise par les poètes du Parnasse, réunis de 1866 à 1876 autour des anthologies du *Parnasse contemporain* publiées par l'éditeur Lemerre. Ses principaux représentants sont Leconte de Lisle (1818-1894) et José-Maria de Heredia (1842-1905). Cet art est par essence un art aristocratique : « Il n'est pas bon de plaire ainsi à une foule quelconque. Un vrai poète n'est jamais l'écho systématique ou involontaire de l'esprit public. »

Prolongements

- Le mouvement romantique, avec sa redécouverte des littératures nationales et son esprit de révolte, va encourager le mouvement des nationalités naissant à cette époque. Ainsi Byron (1788-1824) s'engage et meurt aux côtés des Grecs en lutte pour leur indépendance. Le grand poète romantique Mickiewicz (1798-1855) est un héros de l'indépendance polonaise.
- Les excès de lyrisme et d'engagement du romantisme provoquent une réaction en faveur de « l'art pour l'art » avec le mouvement du Parnasse.
- Baudelaire voit dans Victor Hugo l'artiste « le plus universel », « le plus apte à se mettre en contact avec les forces de la vie universelle, le plus disposé à prendre sans cesse un bain de nature ».
- André Gide dit de Victor Hugo qu'il est « le plus grand poète français, hélas !.... »

4.3 Baudelaire et la poésie moderne

La poésie de Charles Baudelaire (1821-1867), par la nouveauté de ses thèmes, et leur caractère scandaleux, jouera un grand rôle dans le renouvellement de la poésie française au XIXe siècle. Il est le premier à réclamer que la poésie soit « moderne », c'est-à-dire à la hauteur de son temps. Il est également à l'origine du mouvement symboliste qui succède à la poésie romantique et qui est illustré par des auteurs aussi fameux que Arthur Rimbaud, Paul Verlaine ou Stéphane Mallarmé

Une vie de dandy

Malheureux du remariage de sa mère avec le commandant Aupicq, qui incarne pour lui tout ce qu'il déteste dans son époque, Baudelaire mène une vie de bohème. Envoyé aux Indes par son beau-père, il est à son retour amoureux de Jeanne Duval, la « Vénus noire ». Il dépense son héritage sans compter, jusqu'à ce que, effrayée par ses dépenses, sa mère le fasse placer sous tutelle judiciaire.
Il mène une vie raffinée et originale qu'il qualifie de « dandysme », défini comme « le plaisir d'étonner et la satisfaction orgueilleuse de ne jamais être étonné ». Il travaille comme journaliste et critique d'art, prenant parti pour Eugène Delacroix et Édouard Manet, ou pour Richard Wagner. Il voue un culte amoureux à la présidente Sabatier. Il est condamné pour « outrage aux bonnes mœurs » pour *Les Fleurs du mal* dont la première édition paraît en 1857. Il traduit et présente l'œuvre d'Edgar Poe (*Edgar Poe, sa vie et ses ouvrages*, 1853), chez qui il apprécie la recherche du fantastique sous le familier. De plus en plus malade, abusant des stupéfiants, il meurt paralysé à Paris en 1867. En 1869 sont réunis en recueil ses *Petits poèmes en prose* sous le titre *Le Spleen de Paris*.

Les Fleurs du mal

Son grand livre, composé de 158 poèmes, travaillé pendant quinze ans, ce sont *Les Fleurs du mal*. « Dans ce livre atroce, j'ai mis toute ma pensée, tout mon cœur, toute ma religion (travestie), toute ma haine ». Ses poèmes célèbrent les femmes, l'amour sensuel, le corps de Jeanne Duval, sa chevelure, ses parfums, mais aussi la ville, c'est-à-dire Paris et ses vices. Il chante la beauté du mal et du vice, comme l'effort pour s'en détacher.
Il espère, par la poésie, s'élever au dessus de la médiocre réalité, quitter le « spleen » pour l'« idéal », comme dans son fameux poème *L'Albatros*, qui décrit le poète cloué au sol au milieu des huées par ses trop grandes ailes. Pour ce faire, il faut s'éclairer des quelques « phares », artistes ou poètes, pour rendre « l'univers moins hideux » et atteindre à un monde supérieur fait d'ordre et de calme : « Là, tout n'est qu'ordre et beauté, luxe calme et volupté. »
Autres solutions, plus immédiates, le recours à l'ivresse et aux « paradis artificiels », vin, tabac, opium, ou la tentation de fuir, de voyager, comme dans *L'Invitation au voyage*.
Mais il semble que l'unique remède soit la mort, à laquelle il convient de faire face, y compris sous ses aspects les plus repoussants (*La Charogne*). Le livre se termine sur ces mots : « Plonger au fond du gouffre, Enfer ou Ciel qu'importe ? / Au fond de l'Inconnu pour trouver du *nouveau* ! »

Le Beau et les « correspondances »

La poésie n'a pour objet que le culte du beau. Baudelaire refuse absolument la poésie philosophique ou moralisatrice : la poésie « ne peut pas, sous peine de mort ou de déchéance, s'assimiler à la science ou à la morale ; elle n'a pas la vérité pour objet, elle n'a qu'Elle-même ». Contre le réalisme, il affirme que l'art « diminue le respect de lui-même s'il se prosterne devant la réalité extérieure ».

Mais « le Beau est toujours bizarre », il doit avoir un caractère « spontané et inattendu ». Il faut dégager sous le quotidien le « merveilleux qui nous enveloppe et nous abreuve comme l'atmosphère ».

En effet, en partie inspiré par le mystique Swedenborg, Baudelaire soutient l'idée qu'il y a derrière, ou au-dessus du monde quotidien un monde supérieur que la poésie peut faire entrevoir grâce aux « correspondances » qu'il y a entre le monde des sensations et cet univers suprasensible. Le poète est celui qui sait déchiffrer ces correspondances, grâce à la faculté mystérieuse qu'est l'imagination :

> « La Nature est un temple où de vivants piliers
> Laissent parfois sortir de confuses paroles ;
> L'homme y passe à travers des forêts de symboles
> Qui l'observent avec des regards familiers…
> Les parfums, les couleurs et les sons se répondent. »

La notion de modernité

Dans son essai sur le peintre Constantin Guys, *Le Peintre de la vie moderne*, Baudelaire s'interroge sur la modernité. Il s'agit d'être à la hauteur de son temps et de retrouver ce qui fait le propre de chaque époque : « J'ai dit que chaque époque avait son port, son regard et son geste ». Il faut tirer « l'éternel du transitoire », de la mode, du maquillage ou des coutumes : c'est cela qu'il qualifie de « modernité ». « La modernité, c'est la transitoire, le fugitif, le contingent, la moitié de l'art dont l'autre moitié est l'éternel et l'immuable ».

Les symbolistes et Mallarmé ■ C'est en 1866 que Jean Moréas crée le nom de « symboliste » et rédige un manifeste pour une nouvelle école poétique qui réunit d'aussi grands auteurs que Paul Verlaine (*Poèmes saturniens*, 1866), Arthur Rimbaud (*Une saison en enfer*, 1873) ou Stéphane Mallarmé (1842-1898).

L'œuvre de Mallarmé est sans doute encore plus importante que celle de Baudelaire, par sa tentative d'une poésie pure et absolue, ne chantant rien d'autre que la langue elle-même. Selon lui « le monde est fait pour aboutir à un beau livre ». L'hermétisme de la composition de ses poèmes montre qu'ils ne renvoient que très indirectement à une réalité bien moins importante que le jeu sur la langue et les sonorités. Pour lui le poète ne peut se contenter de gémir sur l'incapacité du langage à exprimer l'ineffable, il doit sans discontinuer travailler cette langue, « creuser le vers », « donner un sens plus pur aux mots de la tribu », pour parvenir à l'idéal dont il est hanté :

> « De l'éternel azur la sereine ironie
> Accable, belle indolemment comme les fleurs,
> Le poète impuissant qui maudit son génie
> À travers un désert stérile de Douleurs […]
> *Je suis hanté.* L'Azur ! L'Azur ! L'Azur ! »

Prolongements

- Sainte-Beuve ne voit pas l'originalité de Baudelaire et en fait seulement l'architecte «d'un kiosque d'une originalité concertée et composite... À la pointe extrême du Kamtchatka romantique».
- Pour Rimbaud, comme pour l'ensemble des poètes symbolistes, Baudelaire est «un voyant», «un vrai Dieu».
- Les *Cahiers de Malte Laurids Brigge* (1910) de Rainer Maria Rilke, notes sur Paris, la maladie et la mort, se réclament de Baudelaire et précisément du poème *Une Charogne*.

4.4 Zola et le naturalisme

Le mouvement naturaliste se présente comme une radicalisation de l'exigence réaliste qui avait été celle de Champfleury dans les années 1850. Ce naturalisme prétend s'inspirer des méthodes des sciences expérimentales, en particulier de la médecine. Émile Zola est le principal animateur de ce courant.
Pour Champfleury, dans son manifeste *Le Réalisme* (1857), la littérature doit aspirer «à devenir l'expression de la banalité quotidienne». Ce réalisme a au moins autant de succès en peinture, avec l'œuvre de Millet ou de Courbet, qui se présente explicitement comme réaliste. On tentera souvent d'annexer Flaubert à ce courant qui lui est en fait profondément étranger.
Zola est à l'origine du mouvement naturaliste, qui est selon lui conforme aux exigences de la société démocratique moderne. Fils d'immigré italien, Émile Zola (1840-1902) travaille comme employé chez Hachette. En 1871 il commence à écrire une œuvre de grande envergure, *Les Rougon-Macquart, Histoire naturelle et sociale d'une famille sous le Second Empire* en vingt romans, qu'il achève en 1893. Il réunit autour de lui à Médan un groupe de jeunes romanciers qui publient en 1880 *Les Soirées de Médan*. Ses œuvres sur *Le Roman expérimental* (1880) ou *Les Romanciers naturalistes* servent de manifeste au naturalisme. Il publie également des «romans symboliques», *Les Trois villes. Lourdes* (1894), *Rome* (1896), *Paris* (1897), et des romans d'inspiration socialiste, avec ses *Quatre évangiles* : *Fécondité* (1899), *Travail* (1901), *Vérité* (1905) *et Justice*, inachevé. Il défend courageusement Dreyfus par un article éclatant dans *L'Aurore* en 1898, sous le titre «J'accuse». Il meurt asphyxié en 1905.

Le modèle expérimental

Selon Zola le naturalisme n'est pas une école à proprement parler mais plutôt une certaine manière d'observer la réalité : «Le naturalisme n'est qu'une méthode, ou moins encore une évolution.» Il fait remonter le naturalisme à Diderot et Balzac, qui est pour lui toujours un modèle indépassable.
La nouveauté est qu'il entend s'inspirer de la méthode des sciences de la nature : «Nous devons opérer sur les caractères, sur les passions, sur les faits humains et sociaux comme le chimiste ou le physicien opèrent sur les corps bruts, comme le physiologiste opère sur les corps vivants.» Zola, très impressionné par l'*Introduction à la médecine expérimentale* de Claude Bernard (1865) qualifie aussi le roman naturaliste de «roman expérimental». Il privilégie l'observation et l'expéri-

mentation au sens scientifique : « Le roman naturaliste est une expérience véritable que le romancier fait sur l'homme en s'aidant de l'observation ». Il faut « prendre les faits dans la nature, puis étudier le mécanisme des faits en agissant sur eux par les modifications des circonstances et des milieux, sans jamais s'écarter des lois de la nature ». Comme chez Bernard, le principe du déterminisme est essentiel, car « le monde humain est soumis au même déterminisme que le reste de la nature ».

Le modèle médical

Zola s'inspire également directement de Darwin, et plus encore de médecins comme Prosper Lucas, auteur d'un *Traité de l'hérédité naturelle* (1847-1850) ou du psychiatre B.A. Morel, fondateur de la théorie de la dégénérescence. En effet *Les Rougon Macquart* retrace l'évolution d'une famille sur cinq générations, et fait l'histoire des tares héréditaires à l'intérieur de cette famille, à partir d'une ancêtre hystérique, la tante Dide, dont le mari est sain, mais l'amant ivrogne. *Le Docteur Pascal* (1893) qui achève le cycle des *Rougon-Macquart* expose ces lois de l'hérédité devant l'arbre généalogique de la famille qu'il est parvenu à reconstituer. Ces lois s'imposent d'une manière fatale et les *Rougon*, malgré les dernières pages optimistes du *Docteur Pascal*, sont « une épopée pessimiste de la nature humaine ».

Germinal *et le monde ouvrier*

Les Rougon-Macquart ambitionnent d'être pour le Second Empire ce que la *Comédie humaine* avait été pour le début du siècle, un tableau de toutes les couches de la société, avec des personnages revenant d'un roman à l'autre. Zola décrit en effet la bourgeoisie, totalement corrompue, dans *Pot-Bouille*, le monde des grands magasins dans *Au bonheur des dames*, ou les halles de Paris dans *Le Ventre de Paris*.

Il est surtout le premier romancier qui décrit la vie du prolétariat, des masses et des faubourgs : « On ne sait point encore quel cadre vaste et puissant peuvent être les mœurs de nos faubourgs. » *L'Assommoir* (1877) décrit la vie d'un ouvrier honnête, qui, tombé d'un toit, se met à boire et entraîne dans l'alcoolisme puis dans la prostitution sa femme Gervaise.

Dans *Germinal* (1885), roman de la mine, Zola décrit la lutte contre la Compagnie des mines du militant socialiste Étienne Lantier, fils de Gervaise. La grève dure de longs mois d'hiver et les grévistes affamés, semblables à des bêtes féroces, finissent par détruire les installations, malgré Lantier. La troupe peut alors noyer la révolte dans le sang. Après la fin de la grève, le nihiliste Souvarine inonde la mine et Lantier part vers Paris continuer la lutte.

C'est dans sa description des mouvements de foule, des objets, comme la locomotive de *La Bête humaine*, du grand magasin que Zola connaît ses plus grandes réussites. Après s'être très soigneusement documenté, il réussit à donner un souffle halluciné à ses descriptions.

Prolongements

- Guy de Maupassant (1850-1893) est le plus important des disciples de Zola. Sa nouvelle *Boule de suif* est la plus réussie du recueil des *Soirées de Médan* et lui vaut un succès immédiat. Il sombrera dans la folie et écrivit alors certains de ses textes les plus fascinants comme *Le Horla* ou *Un fou*.

- Zola soulèvera, en particulier au moment de l'affaire Dreyfus, de violentes antipathies : le légitimiste Barbey d'Aurevilly dit de lui qu'il est un «Michel-Ange de la crotte». Le transfert de ses cendres au Panthéon en 1908 fit scandale.

5. Arts

5.1 Ingres et Delacroix

L'histoire de la peinture au XIXe siècle peut se caractériser comme une alternance entre une tendance classique, issue de Louis David, avec Dominique Ingres, et une tendance romantique, avec Théodore Géricault ou Eugène Delacroix. L'art du paysage est renouvelé en Angleterre par John Constable et William Turner, en Allemagne par Caspard David Friedrich. Après 1848, se développe un courant réaliste, avec Gustave Courbet. Le mouvement impressionniste né à la fin du XIXe siècle fait en revanche déjà partie de la peinture du XXe siècle.

Ingres et le classicisme

Louis David (1748-1825) est un ardent révolutionnaire : élu à la Convention il vote la mort de Louis XVI et organise les grandes fêtes révolutionnaires. Admirateur de Poussin et des bas-reliefs antiques qu'il a admirés à Rome, son style néo-classique s'accordera parfaitement avec les références à l'Antiquité de la Révolution française. Son *Serment des Horaces* de 1784, à la construction très géométrique, annonce la Révolution : le thème en sera repris dans l'inachevé *Serment du Jeu de Paume* (1791-1792). David exalte les héros de la Révolution dans la théâtrale *Mort de Marat* ou dans la très antiquisante et idéalisée *Mort de Bara*. David sera ensuite proche de l'empereur, dont il peindra le *Sacre de Napoléon* en 1807, puis finira sa vie en exil en Belgique sous la Restauration.

Jean-Dominique Ingres (1780-1867) fut le plus célèbre des élèves de David. Grand prix de Rome, il séjourna lui aussi en Italie où il se pénétra de l'influence de Raphaël.

Ses tableaux, impressionnants de calme et de majesté, sont particulièrement attentifs aux lignes et aux contours, ainsi qu'aux détails des vêtements, plus qu'aux volumes et aux couleurs. Il réalise de nombreux dessins, et estime que «le dessin est la probité de l'art» alors que la couleur n'est qu'un «élément négligeable». Il vise à donner un caractère achevé à ses tableaux, d'où doit disparaître toute trace d'hésitation, de labeur.

Ses portraits et ses nus féminins sont surtout célèbres. Des portraits, à l'apparence généralement austère, mais qui ne sont pas non plus dépourvus de vie, comme le montre le sourire de son ami, le *Peintre Granet*. Quant à ses nus féminins, *Odalisques* ou *Grande baigneuse*, au dos excessivement allongé, ils sont d'une grande sensualité, bien qu'étant la plupart du temps représentés de dos, par pudeur. Son *Bain turc* s'inspire de Raphaël. Dans son *Odalisque à l'esclave*, l'arabesque du corps de l'odalisque s'oppose au fond aux angles droits et aux couleurs violentes. Derrière le classicisme apparaît une sensibilité assez moderne.

Delacroix et le romantisme

Avant Delacroix, l'œuvre de Géricault (1791-1824) ouvre la voie au romantisme avec son *Radeau de la Méduse* qui fait scandale au salon de 1819. Des naufragés, des cadavres, sont peints avec des couleurs morbides, sinistres, marquant bien le caractère tragique de leur situation. Géricault peint également des portraits d'aliénés. Son sujet de prédilection, qui deviendra un sujet typique de la peinture romantique, ce sont les chevaux, où peut se manifester son goût pour la force et le mouvement comme dans son *Cheval arrêté par des esclaves*.

Eugène Delacroix (1798-1863) apparaît, à son corps défendant, comme le chef de l'école romantique. Il proclame sa dette à l'égard de la peinture vénitienne et de Rubens, par exemple dans sont *Dante et Virgile* de 1822, comme Ingres l'avait fait à l'égard de Raphaël. Il réalise des tableaux sur des sujets historiques et épiques : en 1824 *Les Massacres de Scio* et en 1827 *La Mort de Sardanapale*, tableaux tout en mouvement, aux couleurs chatoyantes, aux rouges et aux verts contrastés. Il privilégie les courbes et refuse les lignes droites, dont il dit qu'elles « sont des monstres », comme dans sa *Chasse au tigre* de 1854, aux couleurs violemment contrastées.

À l'occasion de la Révolution de 1830, il peint la fameuse allégorie *La Liberté guidant le peuple.* Après un voyage en Orient en 1832, Delacroix s'inspire de sujets exotiques, avec ses *Femmes d'Alger dans leur appartement*. Il se laisse de plus en plus volontiers emporter par la fièvre et l'imagination, « reine des facultés ». Delacroix réalise également de grandes fresques pour décorer les bibliothèques du palais Bourbon et du Sénat, ainsi que la chapelle Saint-Sulpice.

Il était courant au début du XIXe siècle d'opposer Ingres et Delacroix comme on oppose la ligne à la couleur, le dessin à la peinture, l'intellect à l'émotion. Eux-mêmes ne se ménageaient guère. Ainsi Delacroix critique l'enseignement donné par Ingres à ses élèves : « On leur enseigne le beau comme on enseigne l'algèbre. » Pourtant l'un comme l'autre se réfèrent à la nature. Mais, pour Ingres, elle est la source de toute beauté et de tout ordre : « Dans la nature réside cette beauté qui est l'objet même de la peinture. » Pour Delacroix, la nature est « mon dictionnaire ». Là où l'un est humble par rapport à une nature qui lui fournit un modèle de formes et d'ordre, l'autre s'en sert, avec une relative désinvolture, comme d'un moyen pour exprimer l'âme humaine, ses passions et ses émotions.

Le paysage au XIXe siècle ■ Depuis Rousseau et le romantisme un nouveau sentiment de la nature inspire les peintres comme les poètes : au lieu d'être simplement représenté pour lui-même, le paysage devient le reflet des sentiments de l'artiste. L'art du paysage, illustré auparavant par les Hollandais, est alors renouvelé par Constable et Turner en Angleterre, et par C. D. Friedrich en Allemagne.

John Constable (1776-1837) est extrêmement attentif à la diversité de la nature, des ciels et de la lumière qui rendent le paysage sans cesse mouvant. « Jamais deux jours ou deux heures ne se ressemblent. Il n'y a jamais eu deux feuilles pareilles depuis la création ». Il passe pour avoir le premier installé son chevalet en plein air et se sert de petites touches de pinceau pour mieux rendre ces paysages fluctuants. Son âme vibre à leur unisson. Ainsi sa *Charrette de foin*, particulièrement vivante, impressionne beaucoup Delacroix et rend Constable célèbre au Salon de Paris de 1824. Pour William Turner (1775-1851) le paysage, souvent par temps de brume, de pluie ou de neige, devient l'occasion de jeux sur les couleurs et la lumière, qui dans ses dernières œuvres deviendront des visions totalement abstraites, par exemple dans son *Vapeur dans une tempête de neige* de 1842. Il annonce très directement l'impressionnisme, en particulier les dernières recherches de Monet.
Pour l'allemand Caspar David Friedrich, les paysages, toujours grandioses, le plus souvent au crépuscule, comportent souvent au premier plan un personnage de dos, qui contemple l'infinité de la nature ou songe au passage du temps, comme dans son *Voyageur contemplant une mer de nuages* ou dans *Les Trois Âges de l'homme*.

Courbet et le réalisme ■ Il existe toute une tradition française de peintres réalistes depuis Le Nain (1593-1648) jusqu'à Millet (1814-1875) en passant par Chardin (1769-1799). Millet, contemporain de Courbet, réalise des tableaux représentant la vie des paysans dont *Les Glaneuses* ou le célèbre *Angelus*.
Courbet (1819-1877), volontiers provocateur, a des idées socialistes qui l'obligent à s'exiler en Suisse après la Commune. Après 1848, il s'inscrit dans le courant réaliste et naturaliste qui domine la littérature de l'époque et qu'il sera le premier à nommer ainsi lors de son exposition de 1855 : « Le réalisme. G. Courbet ». Selon lui, « seul ce qui existe positivement peut être décrit en peinture ». Il entend donc dépeindre des scènes de la vie populaire, des sujets humbles, représentés sans apprêt. Il pousse la provocation jusqu'à les représenter sur d'immenses toiles, jusqu'alors réservées aux sujets historiques ou épiques, comme dans le fameux *Un enterrement à Ornans,* qui dépeint des paysans aux visages fermés, indifférents devant la mort. Dans le *Bonjour, monsieur Courbet,* il se représente lui-même, l'artiste, en toute simplicité, habillé comme une sorte de vagabond. Ces tableaux font alors scandale par leurs sujets et leur traitement non académique.

Prolongements

- Degas a retenu d'Ingres « le désir passionné de la ligne unique qui détermine une figure ».
- L'usage qu'Ingres fait des couleurs, l'absence de profondeur le font également apprécier de certains peintres hyperréalistes contemporains.
- Ami de Delacroix, Baudelaire admire l'« harmonie » qu'il sait établir « entre la couleur et le sujet » ainsi que l'impression qu'il produit sur le spectateur : « Vu à une distance trop grande pour analyser ou même comprendre le sujet, un tableau de Delacroix a déjà produit sur l'âme une impression riche, heureuse ou mélancolique. »
- Delacroix connaîtra un grand succès auprès de peintres comme Van Gogh ou Cézanne. Van Gogh écrit de lui qu'« il avait travaillé pour faire revivre la passion ». Quant à Cézanne, il projeta toute sa vie de peindre une *Apothéose de Delacroix*.

5.2 Impressionnisme et néo-impressionnisme

➡ TERMINOLOGIE • Le terme d'« impressionnisme » est utilisé par dérision par un journaliste du *Charivari* à l'occasion de la première exposition des impressionnistes, organisée chez le photographe Nadar par Degas en 1874. Il fait référence à un tableau de Monet intitulé *Impression, soleil levant* (1872).
Le terme de néo-impressionnisme a été pour la première fois utilisé en 1886 par le critique F. Fénéon à l'occasion de la huitième exposition impressionniste.

À la fin du XIXe siècle, le mouvement impressionniste introduit une révolution complète dans la manière de peindre et est ainsi à l'origine de la plupart des courants artistiques du début du XXe siècle.
Contre la peinture académique, qui privilégie les tableaux de genre, l'impressionnisme montre le caractère accessoire des sujets représentés. L'important n'est pas le sujet, mais les impressions que le peintre ressent et qu'il s'efforce de produire sur le spectateur. Selon Monet, « le motif est pour moi une chose insignifiante ; ce que je veux reproduire est *ce qu'il y a entre le motif et moi* ». D'où le choix de paysages ou de sujets familiers, comme *Les Repasseuses* de Degas. Par ailleurs, l'impressionnisme est une tentative de peindre la lumière et ses variations, le fugace : d'où la découverte d'une peinture claire, aux couleurs affirmées contre la couleur bitumineuse des tableaux académiques, et une facture rapide, par touches, contre le côté achevé, léché de la peinture officielle de l'époque.
À l'origine de cette école impressionniste on trouve plusieurs influences : les peintres de paysage de l'école de Barbizon ou des peintres de plage comme Jongkind et Boudin, la redécouverte des Anglais Constable et surtout Turner, mais aussi de l'art des estampes japonaises.

Le premier impressionnisme

En 1874 Monet, Renoir, Pissarro, Sisley, Berthe Morisot, Degas et Cézanne participent à la première exposition impressionniste. Le groupe organisera ensuite huit expositions jusqu'en 1886. Ils se reconnaissent pour maître Édouard Manet (1838-1883) dont *Le Déjeuner sur l'herbe*, refusé au Salon de 1863, avait fait scandale. Le sujet avait semblé choquant, puisqu'il représentait une femme nue assise auprès de personnages masculins habillés. Il s'agissait en fait d'une transposition de thèmes classiques, mais Manet voulait ainsi refuser la « dignité du sujet » exigée par la peinture académique. Ce qui est important pour lui est le travail sur les couleurs, le refus du clair-obscur et la recherche de brusques contrastes. Manet se rapprochera par la suite du groupe impressionniste.
Le peintre qui joue le rôle de chef de file du mouvement est Claude Monet (1840-1926). Peintre de la lumière, il sort de son atelier et réalise des tableaux en plein air en forêt de Fontainebleau, inspiré en cela par les peintres de l'École de Barbizon, qui avaient peint les ciels brumeux de l'Île-de-France. Il tente de rendre, à l'aide de touches de couleur pures, les jeux de lumière au cours du temps en représentant le même sujet à différents moments, par exemple en réalisant une série de tableaux représentant *La Cathédrale de Rouen* à diverses heures du jour. Il travaille aussi sur la lumière dans sa série sur *la Gare Saint-Lazare* de 1876 à 1878, où il tente de rendre les fumées des locomotives. Ses tableaux

deviendront de plus en plus des jeux quasi abstraits sur les couleurs, comme dans la série des *Nymphéas* peints à la fin de sa vie. Monet revendique le caractère spontané, non théorique de sa peinture : « Nous peignons comme l'oiseau chante, on ne fait pas des tableaux avec des doctrines. »
L'autre personnalité essentielle est Auguste Renoir (1841-1919). Son inspiration est en un sens beaucoup plus classique que celle des autres impressionnistes. Il s'intéresse davantage à la figure humaine qu'aux paysages et n'hésitera pas à s'inspirer un moment d'Ingres. Il reconnaît le caractère cultivé de son art : « La peinture s'apprend au musée. » En même temps sa peinture est des plus sensuelles : peintre de la chair et des plaisirs païens, il représente des corps de femmes au soleil, en l'absence de tout péché, comme dans son *Torse de femme au soleil* ou ses *Baigneuses* (1884-1887) qui évoquent Boucher ou Watteau. Attentif aux volumes et à la composition, il est un peintre remarquable de la lumière dans son *Moulin de la galette* (1876). Il n'hésite pas à reconnaître : « Pour moi, un tableau doit être chose aimable, joyeuse et jolie. »

Le néo-impressionnisme

Une seconde génération d'impressionnistes va donner un caractère plus systématique aux recherches sur la couleur. Ainsi quelqu'un comme Georges Seurat (1859-1891) s'inspire des recherches du chimiste Chevreul sur le « contraste simultané des couleurs », dans son *Dimanche à la Grande Jatte* (1886) : cette technique qui juxtapose de petites touches de peinture que l'œil doit mélanger est aussi appelée « pointillisme ».
Paul Signac (1864-1935) préfère quant à lui le terme de « divisionnisme », qu'il explique dans son ouvrage *De Eugène Delacroix aux néo-impressionnistes* (1889) : « Le néo-impressionniste ne pointille pas, mais divise » : « diviser, c'est s'assurer tous les bénéfices de la luminosité, de la coloration et de l'harmonie ». Par ailleurs, Signac comme Pissarro et d'autres néo-impressionnistes défendront la cause anarchiste.

Cézanne, au-delà de l'impressionnisme

Paul Cézanne (1839-1906) quitte le groupe impressionniste en 1877. Plus qu'aux couleurs, il attache de l'importance à la structure, à l'organisation de ses tableaux. Il peint les paysages du Midi, Aix, Gardanne, l'Estaque toujours sous le soleil, sans jamais de brumes, ce qui l'encourage à travailler la construction du tableau plus que les couleurs. Les champs, les arbres, les herbes, les cimes de la *Montagne Sainte-Victoire* structurent ses tableaux.
Cézanne ne veut pas peindre le momentané, l'éphémère, il veut atteindre à l'objectivité, à une certaine éternité, « créer quelque chose de solide comme l'art des musées ». Il veut peindre le monde « objectivement » et non « subjectivement », comme le font les impressionnistes. Il faut, selon lui, se dégager des « sensations confuses que nous apportons en naissant », et atteindre l'essence des choses, « ce qui est vraiment pomme dans les pommes ». Comme il le dit lui-même, il s'agit de « refaire le Poussin sur nature ».
Il sera dès lors conduit à privilégier les natures mortes qui se prêtent encore mieux que le paysage à une construction rigoureuse : « Il faut traiter la nature par le cylindre, la sphère, le cône, le tout mis en perspective. » À cette « réalisation »

géométrique, il n'omet pas cependant d'adjoindre une « modulation » de facettes colorées. Cette peinture géométrique, essentielle, ouvre la voie à toutes les recherches formelles du XXe siècle : Cézanne le pressentait d'ailleurs, en notant : « Je suis un jalon, d'autres viendront. »

Gauguin et le symbolisme ■ Gauguin et Van Gogh, contemporains des impressionnistes, ne se laissent pas réduire à ce mouvement, à la fois pour des raisons picturales et en raison du caractère emblématique de leur vie. L'un comme l'autre rejettent le naturalisme des impressionnistes.
Paul Gauguin (1848-1903), ancien agent de change, décide à trente-cinq ans d'abandonner son métier pour devenir peintre. Il séjourne à Pont-Aven puis à Arles et se retire enfin à Tahiti et aux îles Marquises, où il mourut, pauvre, de la syphilis. Il s'éloigne volontairement de la civilisation, ayant l'impression d'aller vers la jeunesse de l'humanité : « La barbarie est pour moi rajeunissement. » Sa découverte des arts exotiques, de la sculpture simple des calvaires bretons vont le conduire à une peinture aux couleurs posées en aplats bien délimités, sans ombres ni modelé. Il n'y a pas de limites à l'expérimentation formelle : « J'ai voulu établir le droit de tout oser. »
Ses tableaux expriment des sentiments ou des idées plus que la réalité : « ne compilez pas trop d'après la nature, l'art est une abstraction : tirez-le de la nature en rêvant devant elle, et pensez plus à la création qu'au résultat, c'est le seul moyen de monter à Dieu en faisant comme notre Divin Maître, créer. » Il a pu à ce titre être considéré comme l'initiateur de l'école symboliste. Ses tableaux posent des énigmes métaphysiques, quelquefois écrites sur la toile, comme : *D'où venons nous ? Que sommes nous ? Où allons nous ?* (1897), qui exprime son inquiétude « devant le mystère de notre origine et de notre avenir ». À Tahiti il connaîtra des moments d'apaisement et de volupté comme dans ces *Seins aux fleurs rouges* (1898), qui expriment la pureté native de la vie tahitienne.

Van Gogh, le suicidé de la société ■ Vincent Van Gogh (1853-1890) reste comme la figure du peintre maudit, du « suicidé de la société ». Évangélisateur dans les mines belges du Borinage, peintre social de paysans, à la manière de Millet, il vient ensuite à Paris rejoindre son frère Théo : il y découvre l'impressionnisme et l'art japonais. Puis il s'installe à Arles, où il est ébloui par la lumière de la Provence : le Midi est « aussi beau que le Japon ». Gauguin vient le rejoindre mais ils se brouillent, et, lors d'une crise de folie, Van Gogh se coupe une oreille. Après un séjour à l'hôpital psychiatrique de Saint-Rémy de Provence, il s'installe à Auvers-sur-Oise, où il se suicide à l'âge de trente-sept ans. Ses tableaux, aujourd'hui extrêmement recherchés, ne se vendent pas de son vivant et il ne survivait que grâce à l'aide de son frère Théo. Van Gogh ouvre la voie aux fauves et aux expressionnistes, dans son usage extrêmement original et violent de la couleur : « Au lieu de chercher à rendre exactement ce que j'ai devant les yeux, je me sers de la couleur plus arbitrairement pour m'exprimer fortement. » Il se sert de couleurs pures, comme les violents bleus cobalt de la très symbolique *Nuit étoilée* (1889). Ses œuvres deviendront de plus en plus dramatiques, torturées, comme son fameux *Champ de blé aux corbeaux*, peint peu de temps avant sa mort en 1890.

Prolongements

- La musique de Debussy a été à bon droit rapprochée de l'impressionnisme, par le caractère fluide et sensuel de ses compositions, en particulier dans ses pièces inspirées par la nature, *La Mer* ou *Les Nuages*

- Matisse, chef de file du fugace mouvement des « fauves » s'inspire de Gauguin, de son usage de la couleur en aplats ainsi que de ses thèmes édéniques. Quant à l'autre représentant important du fauvisme, Vlaminck, il reconnaissait : « J'aime Van Gogh mieux que mon père. »
- Les abstraits, comme Kandinsky ou Malevitch, reconnaissent leur dette à l'égard de Monet. Malevitch déclare que « *La cathédrale de Rouen* a une importance capitale pour l'histoire de l'art et oblige des générations entières à changer leurs conceptions », car il n'y est question que de « rapports picturaux, du changement des éléments colorés et non d'images des objets ou des êtres ».

6. Sciences

6.1 Positivisme et scientisme

➠ TERMINOLOGIE • Le positivisme désigne la philosophie d'Auguste Comte. Le mot « scientisme » apparaît en un sens positif chez le philosophe matérialiste Le Dantec en 1911. Il était utilisé auparavant d'une manière péjorative.

Le XIXe siècle passe pour être l'époque où l'on crut que les sciences allaient remplacer la philosophie et périmer tous les problèmes métaphysiques auxquels elles apporteraient une réponse définitive. Cette croyance est effectivement très présente au XIXe siècle, mais elle est également ridiculisée par les meilleurs auteurs comme Flaubert, à travers le personnage de Monsieur Homais dans *Madame Bovary*. L'expression la plus achevée de ce scientisme est donnée dans *L'Avenir de la science* d'Ernest Renan. Le positivisme de Comte est une vision plus subtile de l'âge de la science que constitue le XIXe siècle.

Comte et le positivisme

Auguste Comte (1798-1857), polytechnicien et républicain, dont la vie est secouée de crises de folie, n'affirme pas que tous les problèmes sont désormais scientifiques, mais que la tendance historique de l'esprit humain le conduit vers la positivité, qu'il définit comme l'établissement de lois sur le modèle scientifique. Cette vision historique s'applique à la pensée humaine et non aux sentiments humains qui conservent leur irréductibilité. Comte intitule sa découverte la « loi des trois états » : l'esprit passe successivement par les états théologique, métaphysique et positif, qui sont comme l'enfance, l'adolescence et l'âge adulte de l'humanité. Cette loi des trois états est complétée par la classification des sciences, exposée également au début du *Cours de philosophie positive* : astronomie, physique, chimie, biologie et sociologie accèdent à la rationalité dans cet ordre, les mathématiques étant classées à part. L'astronomie est la plus ancienne science positive, la sociologie la plus récente, puisque Comte se flatte d'en être le fondateur.

Une fois fondée scientifiquement, la sociologie permettra de réorganiser la société en tenant compte des lois scientifiques de son évolution. L'immense œuvre de

philosophie des sciences de Comte n'a en effet pour fonction ultime que de répondre aux troubles introduits par la Révolution française, d'en stabiliser les acquis et d'en éviter les excès. Par la suite, Comte se rendra compte de l'importance du sentiment religieux pour motiver l'action des hommes, et il instituera une religion positive, centrée autour du culte de Clotilde de Vaux, qu'il a aimée, et qui lui a fait comprendre que le cœur l'emporte toujours sur la pensée.
Cette évolution religieuse de la pensée de Comte scandalisera ses principaux disciples comme Littré, qui refuseront de le suivre dans cette direction. Pourtant cette idée d'une religion scientifique est loin d'être isolée au XIXe siècle.

Taine et Renan

Les deux auteurs d'inspiration positiviste les plus célèbres de la France de la fin du XIXe siècle sont Hippolyte Taine (1828-1893) et Ernest Renan (1823-1892).
Taine développe une philosophie matérialiste et déterministe qui inspirera des auteurs comme Zola. Dans une formule provocante, il soutient que «le vice et la vertu sont des produits comme le vitriol et le sucre». Dans son *Histoire de la littérature anglaise* (1864), il explique que tout écrivain est la résultante de trois facteurs primordiaux, «la race, le milieu et le moment». Dans *Les Origines de la France contemporaine* (1875-1894) il critique la Révolution française due à l'esprit excessivement classique et abstrait d'un Rousseau et entraînant les pires violences.
Renan, après une formation de séminariste, perd la foi. Il se tourne alors vers la philologie et s'enthousiasme pour la science, qui devient une nouvelle foi : il écrit *L'Avenir de la science* en 1848, qu'il ne publiera qu'en 1890 : «Nous croyons à l'œuvre des temps modernes [...], à la raison [...], à l'humanité [...], à la dignité de l'homme, à la bonté de sa nature [...]. Il viendra un jour où l'humanité ne croira plus, mais où elle saura; un jour où elle saura le monde métaphysique et moral, comme elle sait déjà le monde physique [...] car la science est la seule manière légitime de connaître.»
Il publie en 1863 une *Vie de Jésus* qui fait scandale. En 1883 il retrace ses *Souvenirs d'enfance et de jeunesse*. Dans une conférence célèbre de 1882, en réponse à la question : «Qu'est-ce qu'une nation?», il expose la conception abstraite, française, de la nation : «La nation est une âme, un principe spirituel.» Elle est un passé, «un legs de souvenirs» et un consentement actuel, «la volonté de vivre ensemble».

Claude Bernard et la méthode expérimentale ■ Au-delà de l'école positiviste au sens strict, il existe un état d'esprit positiviste au sens large chez la plupart des savants du XIXe siècle. Il se résume surtout dans le mot d'ordre qui refuse la recherche des causes au profit de l'établissement des lois, et qui reprend la loi des trois états et la classification des sciences. C'est en particulier le cas de Claude Bernard (1813-1878), dont l'*Introduction à l'étude de la médecine expérimentale*, parue en 1865, sera, selon Bergson, à peu près l'équivalent pour le XIXe siècle et les sciences biologiques de ce que le *Discours de la méthode* avait été pour le XVIIe siècle et pour les sciences physiques. Ce qui frappe ses contemporains est l'idée que la médecine, qui était un art, va devenir, en passant de l'hôpital au laboratoire, une science et pourra à terme être remplacée par la physiologie ou l'hygiène.
Plus qu'un discours de la méthode *a priori*, l'*Introduction* est plutôt une réflexion *a posteriori* sur les découvertes réalisées par Claude Bernard, et en particulier celle de la fonction glycogénique du foie.

La «méthode expérimentale» consiste à la fois à ne pas oublier l'idée, l'hypothèse, qui ne sort pas spontanément des faits, contrairement à ce que croit l'empirisme, mais aussi à soumettre toujours cette hypothèse à une vérification expérimentale, dans les faits. Le savant doit être à la fois observateur et expérimentateur. Bernard s'attache à la fois à démontrer que l'expérimentation sur le vivant peut se faire de la même manière que sur l'inanimé, en particulier à l'aide de la vivisection ou de l'usage de poisons, mais aussi qu'il existe une spécificité de ce vivant, qui fait que la physiologie ne peut être réduite à la physique. Le concept de «milieu intérieur» lui permet de rendre compte de cette double caractéristique du vivant. Il est à la fois soumis à ce que Bernard appelle pour la première fois en français le déterminisme, c'est-à-dire l'idée que les mêmes causes produisent les mêmes effets. Mais ce déterminisme n'est pas seulement celui du milieu extérieur, qui entoure le vivant, il est aussi celui du milieu intérieur au vivant, qui fonctionne avec ses lois propres. Rejetant à la fois vitalisme et mécanisme, Bernard propose sa philosophie propre, qu'il appelle déterminisme, et qu'il distingue du positivisme, car elle ne rejette pas toutes les questions métaphysiques, mais prétend ne pas s'en préoccuper.

Prolongements

- Stuart Mill (1806-1873) en Angleterre sera longtemps proche de Comte, avant de se séparer de lui sur la question des femmes. Mill est un des premiers féministes, alors que Comte a une conception très traditionnelle de leur rôle domestique.
- Le positivisme connaîtra une postérité inattendue au Brésil où il deviendra la philosophie officielle de la République. Le drapeau brésilien, sur fond vert positiviste, porte toujours la devise comtienne «ordre et progrès».
- Le néo-positivisme du cercle de Vienne, au milieu du XXe siècle, reprend à Comte sa critique de la métaphysique et son idée d'une destination politique de la philosophie. En revanche, l'empirisme et le formalisme du Cercle de Vienne sont tout à fait étrangers à l'esprit de Comte.

6.2 Darwin et les philosophies du vivant

➠ TERMINOLOGIE • Le mot «biologie» n'apparaît qu'en 1802, simultanément chez le français Lamarck et chez l'allemand Treviranus. Darwin n'emploie jamais le terme d'évolution pour caractériser sa propre théorie du vivant. Ce terme est employé en revanche par le philosophe Herbert Spencer à partir de 1854 pour caractériser sa propre théorie.

Depuis Aristote, les recherches sur les vivants n'ont pas cessé. Mais la vie en tant que telle n'est devenue vraiment objet de science qu'au début du XIXe siècle. La biologie remplace alors l'histoire naturelle comprise comme une enquête (*historia*) sur les vivants, par exemple chez Aristote dans son *Histoire des animaux*. Après une tentative de classification des différentes espèces vivantes, qui culmine au XVIIIe siècle dans l'œuvre de Linné, une nouvelle approche est tentée, qui essaie de comprendre les similitudes entre les espèces, et qui aboutit au milieu du XIXe siècle à l'œuvre de Darwin.

Lamarck et les origines du transformisme

L'idée que les espèces étaient fixes et séparées est clairement présente dans les systèmes de classification de la nature comme celui de Linné au XVIIIe siècle. Les espèces ne se seraient pas modifiées depuis la création du monde. Cette idée fixiste est encore soutenue au début du XIXe siècle par Cuvier.

Les prémisses de l'idée de transformation des espèces se rencontrent chez Lamarck (1744-1829). Selon lui, lorsque les circonstances changent, les vivants changent de besoins, et donc d'actions, puis d'habitudes. Ils emploieront telle partie de préférence à telle autre, et donc leurs organes se modifieront, selon la formule fameuse «la fonction crée l'organe». Ces caractères acquis seraient transmis héréditairement.

L'exemple le plus célèbre est celui de la girafe : «cet animal, le plus grand des mammifères, habite l'intérieur de l'Afrique, et il vit dans les lieux où la terre, presque toujours aride et sans herbage, l'oblige de brouter le feuillage des arbres, et de s'efforcer continuellement d'y atteindre. Il est résulté de cette attitude soutenue depuis longtemps, dans tous les individus de sa race, que ses jambes de devant sont devenues plus longues que celles de derrière, et que son col s'est tellement allongé, que la girafe, sans se dresser sur ses jambes de derrière, élève sa tête et atteint à six mètres de hauteur».

La pensée de Lamarck sera souvent interprétée dans un sens finaliste, comme la preuve que les vivants s'adaptent merveilleusement au milieu environnant.

La formation de Darwin

Plusieurs éléments interviennent pour conduire Charles Darwin (1809-1882) à l'idée de sélection naturelle. Tout d'abord son voyage de cinq ans autour du monde sur le navire Beagle. Il constate, d'une part, la ressemblance entre certaines espèces vivantes et des espèces disparues, d'autre part, la diversité de la flore et de la faune de l'une à l'autre des îles Galapagos, et leur ressemblance avec les espèces du continent. Enfin, il note que les espèces sont semblables lorsqu'elles ne sont pas séparées par des obstacles naturels infranchissables.

De retour en Angleterre il étudie les méthodes d'agriculture et d'élevage qui permettent de sélectionner des variétés nouvelles, en tirant profit de la variabilité existant entre les individus et de l'hérédité des particularités congénitales. Darwin va essayer de retrouver dans la nature une force capable de faire ce que fait l'éleveur dans la sélection artificielle.

Sa lecture de Malthus (*Sur le principe de la population en tant qu'il intéresse l'amélioration future de la société*, 1795) est alors importante, qui démontre que, les ressources augmentant moins vite que la population, il est nécessaire que la nature élimine d'elle-même la plupart de ses produits. Il existe ce que Malthus nomme «lutte pour la vie» ou «concurrence vitale», qui oppose les êtres vivants pour leur survie, soit directement entre eux, soit dans une lutte pour la nourriture ou la reproduction.

Le principe de la sélection naturelle

Les variations fortuites favorables dans cette lutte pour la vie sont conservées et transmises à la descendance, et permettent une meilleure adaptation du vivant au milieu qui l'entoure – plus tard la génétique issue de Mendel permettra de comprendre le mécanisme de ces variations. Seuls survivent «les plus aptes», dans des conditions données. C'est ce que Darwin nommera «sélection naturelle», tout en reconnaissant que ce terme est assez mal choisi, puisqu'il s'agit d'un mécanisme aveugle et automatique et non d'un choix opéré par la nature. La sélection est le simple effet nécessaire de la concurrence vitale.

C'est dans *L'Origine des espèces* en 1859 que Darwin expose le résultat de ses recherches. Il n'emploie pas le terme «évolution», qui désigne un développement, et donc n'implique pas l'idée de nouveauté. C'est le philosophe Herbert Spencer qui proposera une théorie générale de l'évolution, confondue à tort avec le darwinisme.

Dans *La Descendance de l'homme* (1871), Darwin montre la parenté entre l'homme actuel et les grands singes anthropomorphes. Mais il a tendance à voir dans l'animal ce qui annonce l'homme plutôt que l'inverse.

Dans *L'Expression des émotions chez l'homme et l'animal* (1872), il montre que nos émotions, apparemment inadaptées, sont le reliquat de conduites adaptées pour nos ancêtres animaux.

Darwinisme et philosophie

Deux conséquences philosophiques importantes ont été tirées de la découverte de Darwin. D'une part, il a mis fin aux conceptions finalistes du vivant, puisqu'il explique de façon purement mécanique l'adaptation des vivants à leur milieu. Ce sont des causes fortuites qui amènent des variations individuelles, qui sont conservées lorsqu'elles permettent une meilleure adaptation au milieu. Ce ne sont pas les vivants qui se modifient dans le but de s'adapter à ce milieu.

«Nous ne pouvons plus arguer, par exemple, que la belle charnière d'un bivalve ait été faite par un être intelligent, comme l'homme a fait celle des portes. Il me semble qu'il n'y a pas plus de dessein préconçu dans la variation des êtres organisés et dans l'action de la sélection naturelle, que dans la direction du vent».

D'autre part, en montrant que les espèces se transforment, et donc que l'homme est une espèce animale parmi d'autres, il est à l'origine de ce que Freud nommera la «seconde blessure infligée à l'orgueil de l'humanité». Galilée avait montré que la terre n'est pas au centre de l'univers, Darwin montre que l'homme n'est pas la première des espèces animales. La troisième blessure lui serait infligée par Freud, qui, en découvrant l'inconscient, montre que l'homme n'est pas maître de lui-même.

Nietzsche et le surhomme ■ À la fin du XIXe siècle et au début du siècle, un certain nombre de philosophies vont se présenter comme des efforts pour que la vie prenne conscience d'elle-même, indépendamment des schémas prétendument figés de la raison. C'est le cas de la philosophie de Nietzsche (1844-1900) ou de celle de Bergson (1859-1941).

Nietzsche vise à «renverser» toute la métaphysique depuis Platon, ainsi que la morale courante, dont il repère, par sa méthode de généalogie, les mobiles cachés. La morale, comme la religion chrétienne, est l'expression du «ressentiment» des «faibles» à l'égard des «forts». Socrate et le Christ, «le crucifié» sont en ce sens deux figures éminemment négatives. Face à la décadence de la culture occidentale,

Nietzsche annonce la venue du « surhomme », dégagé de « l'homme du troupeau ». Rien ne peut limiter son aspiration à la vie et à la puissance. Il nomme « volonté de puissance » cette augmentation de la capacité de vie dans le surhomme. Dès lors, les anciennes valeurs n'ont plus cours, Nietzsche parvient à un « renversement » de toutes les valeurs. Est bon « tout ce qui élève le sentiment de puissance, la volonté de puissance, la puissance elle-même en l'homme ». Est mauvais, « tout ce qui provient de la faiblesse ». Cette volonté de puissance doit vouloir aussi « l'éternel retour ».

Bergson et l'*Évolution créatrice* ■ Dans *L'Évolution créatrice* (1907), Bergson entend s'inspirer de la biologie contemporaine, en fait surtout de l'œuvre de Spencer, pour élaborer une nouvelle forme de scientificité, fluide, dynamique. Il prétend dépasser l'opposition du mécanisme radical et du finalisme radical, qui font l'erreur commune d'assimiler l'organisation à une fabrication. Selon Bergson, la vie est « élan vital », poussée interne sans direction prédéterminée, jaillissement de nouveauté. La philosophie doit parvenir à se couler dans la durée et dans son mouvement permanent d'invention, au lieu de figer la vie dans un temps spatialisé et quantitatif. Pour cela il lui faut faire appel à l'intuition, qui permet de « se transporter à l'intérieur d'un objet », et non à l'entendement.

Prolongements

- Herbert Spencer (1820-1903) propose, indépendamment de Darwin, une loi générale d'évolution inspirée de l'embryologie de von Baer, qui vaut pour l'ensemble des sciences, de la cosmologie à la psychologie ou à la sociologie en passant par la biologie : « Tout développement organique est un passage de l'homogène à l'hétérogène. »
- Un cousin de Darwin, Francis Galton (1822-1911) est à l'origine du darwinisme social. Constatant que les pauvres se reproduisent plus que les riches, il craint que nos sociétés, souffrant d'un manque de sélection, ne dégénèrent. Il propose donc un système d'eugénisme, de sélection positive, qui permettrait d'encourager la natalité des classes aisées.

6.3 Sciences humaines I : l'anthropologie

Au début du XIXe siècle, l'homme devient un objet d'étude comme les autres par exemple pour les Idéologues, mais il faut pour cela qu'il soit réintégré à la nature, que l'étude de l'homme devienne une partie de la « physiologie ». Les adversaires de l'étude scientifique de l'homme refusent que celui-ci soit assimilé à un objet, et qu'il ne soit pas tenu compte de sa liberté. Cette étude de l'homme se fera à travers trois disciplines principales, qui ont toutes leurs origines au début du XIXe siècle et viendront à maturité vers le milieu ou la fin du XIXe siècle, l'anthropologie, la psychologie et la sociologie.

L'anthropologie

Le terme d'« anthropologie » est apparu en Allemagne en 1795, chez Blumenbach, pour désigner la science de l'homme en général, à la fois physique et moral. Ce vocable désigne aujourd'hui en français essentiellement l'anthropologie culturelle, c'est-à-dire l'étude des civilisations humaines.
Née des voyages d'exploration du XVIIIe siècle, comme celui de La Pérouse, elle répond également aux souhaits d'un Rousseau qui désirait que « la philosophie

voyage à nouveau pour observer les hommes». Il s'agit de connaître l'homme civilisé par comparaison avec l'homme «sauvage», plus proche des origines, réelles ou hypothétiques. Cette étude peut être d'abord, comme dans l'*Histoire naturelle de l'homme* de Buffon, une étude des caractères physiques de l'espèce humaine; on parle alors d'anthropologie physique. Lorsqu'il s'agit d'étudier les caractères culturels et moraux de l'homme, il s'agit d'anthropologie culturelle.

L'anthropologie physique

L'anthropologie physique s'efforce de trouver des traits physiques qui permettraient de distinguer l'homme de l'animal, et en particulier des grands singes. Les premières études portent sur l'angle facial, constitué par deux lignes tracées sur le crâne, l'une allant du méat auditif à la base du nez, l'autre du front à la partie la plus proéminente de la mâchoire supérieure. L'écartement de cet angle permettrait de distinguer l'homme de l'animal et les diverses races humaines. C'est le point de vue de Camper, Blumenbach ou à la fin du XIXe siècle de Broca. Cette anthropologie physique sera à l'origine de l'anthropométrie, dont les applications policières sont célèbres avec Bertillon.

L'anthropologie culturelle

L'anthropologie culturelle, ébauchée par les «instructions de voyage» de certains Idéologues comme Degérando, au sein de la Société des observateurs de l'homme, ne connaîtra de véritable expansion qu'à la fin du XIXe siècle et au début du XXe siècle, avec le développement de la colonisation. L'ethnologie se présente alors comme l'étude des sociétés différentes, de petite échelle, sans histoire connue et sans écriture. Ces sociétés furent un temps qualifiées de «primitives», par exemple par Lévy-Bruhl (*La Mentalité primitive*, 1922), qui estimait que leur pensée en était resté à un stade prélogique, ignorant le principe d'identité et le principe de contradiction. Le terme «primitif» impliquait également, suivant un schéma évolutionniste, que ces sociétés représentaient un stade premier d'un développement devant conduire à nos sociétés «civilisées». Une telle attitude ne jugeant ces sociétés que par rapport aux nôtres peut à juste titre être critiquée comme ethnocentriste.

Barbares, sauvages, primitifs ■ Les Grecs désignaient comme «barbare» tout ce qui n'est pas grec, tous ceux dont la langue n'est pas véritablement humaine, ce vocable évoquant pour eux le cri du corbeau. Ce sens a subsisté dans le terme grammatical de «barbarisme». «Sauvage» vient du latin «*silva*» (forêt). Les sauvages sont les habitants de la forêt, qui eux aussi ne sont pas vraiment humains. Dans un cas comme dans l'autre il s'agit de nier l'humanité de celui qui est autre, différent. Cette attitude de rejet, qui ne reconnaît comme vraiment civilisée que notre société s'appelle ethnocentrisme. En fait c'est cette attitude qui n'est pas vraiment humaine et Lévi-Strauss a bien souligné le paradoxe qui veut que «le barbare, c'est d'abord l'homme qui croit à la barbarie».

Le mythe du «bon sauvage» ■ Dès Christophe Colomb et Amerigo Vespucci apparaît l'idée que la vie sauvage est proche de celle du paradis. Cette idée est développée par Montaigne, dans le chapitre «Cannibales» des *Essais* (1580) qui les pare de toutes les qualités physiques et de toutes les vertus morales, mais ne les décrit que négativement, en disant qu'ils n'ont pas nos défauts. Par la suite, ce bon sauvage deviendra un moyen de critiquer les sociétés occidentales corrompues, par exemple chez La Hontan (1703), qui voit chez les sauvages la mise en œuvre de principes égalitaristes. Le sauvage y fait figure de vrai philosophe. Ainsi apparaît l'attitude qualifiée ensuite d'«exotisme», et qui consiste à préférer systématiquement l'autre au même. Le mythe du bon sauvage englobe dans un même ensemble tous les sauvages, sans se préoccuper de les distinguer entre eux. Chateaubriand, dans *Atala* (1801) et le romantisme renouvelleront ce mythe du bon sauvage.

Prolongements

- L'anthropologie contemporaine avec Claude Lévi-Strauss (1908-) s'oppose au schéma évolutionniste et est au contraire attentive à la «cohésion interne» des systèmes sociaux, étudiée par une analyse comparative d'une société à l'autre. Il distingue entre «culture», «règles», tout ce qui varie d'une société à l'autre et «nature», tout ce qui est universel et nécessaire. Toutes les règles varient mais l'existence de règles est universelle, en particulier une, la prohibition de l'inceste, qui, en impliquant l'échange des femmes, est consubstantielle à l'existence d'une société élargie.

6.4 Sciences humaines II : psychologie et psychiatrie

➠ TERMINOLOGIE • Le mot de «psychologie» apparaît en grec chez l'auteur allemand Goeckel en 1590. Étymologiquement la psychologie désigne l'étude de l'âme. Elle ne prendra son sens moderne d'étude empirique du psychisme humain qu'avec le philosophe allemand Wolff, auteur d'une *Psychologie empirique* (1732) qu'il distingue de la *Psychologie rationnelle* (1734).

La psychologie prend naissance au début du XIXe siècle : elle consiste alors essentiellement dans l'observation intérieure, ce qu'on appellera ensuite «introspection». Au milieu du XIXe siècle en Allemagne la psychologie prend son sens d'étude expérimentale, de style scientifique, du psychisme humain. Au début du XXe siècle la psychanalyse, fondée sur une étude des pathologies de ce psychisme humain, renouvelle largement la psychologie.

Les débuts

Une connaissance du psychisme humain qui ne fasse plus de référence à la notion religieuse ou métaphysique d'âme ne prend naissance qu'au début du XIXe siècle, dans l'œuvre de Cabanis qui étudie les *Rapports du physique et du moral de l'homme* (1802). Le moral n'y est considéré que comme le physique sous un autre point de vue, et Cabanis va jusqu'à dire que «le cerveau sécrète la pensée comme le foie la bile». La psychologie est alors essentiellement psychophysiologie.
Une autre tendance de la psychologie naissante est l'introspection, qui se propose d'observer minutieusement les contenus de pensée à l'aide de ce que Maine de Biran appelle le «sens intime». Il y découvre un principe actif, unificateur, l'attention. Ces divergences renvoient au débat plus général entre matérialisme et spiritualisme. Auguste Comte critiquera sévèrement cette psychologie introspective, car il n'est pas, selon lui, possible à l'esprit de s'examiner lui-même, pas plus que l'œil ne peut se voir lui-même. Il propose de remplacer la psychologie par la phrénologie de Gall, qui étudie l'organe de la pensée, le cerveau, et par la sociologie, qui étudie les plus hautes productions de cette pensée humaine.

La psychologie expérimentale

La psychologie se présente comme science positive à partir du milieu du XIXe siècle en Allemagne, avec l'établissement de « laboratoires » de psychologie comme celui de Wundt à Leipzig (1879). Fechner (1801-1887) trouve une loi reliant les accroissements de la stimulation physique et les accroissements des sensations psychiques. Une autre tentative, plus développée en France, est la psychopathologie, qui veut connaître le fonctionnement normal du psychisme à partir de ses maladies : ainsi Ribot (1839-1916), inspiré par le philosophe Taine, propose d'étudier *Les Maladies de la mémoire* (1881) ou *de la volonté* (1883) : il établit ainsi la « loi de dissolution » qui montre que les souvenirs récents disparaissent avant les plus anciens. Il étudie également le langage à travers ses troubles, les aphasies.

Prolongements

- Au XXe siècle la psychologie expérimentale radicalisera sa critique de l'intériorité en devenant science du comportement, des conduites. Le behaviorisme de J. B. Watson (« *to behave* », se comporter), étudie « ce que les hommes font depuis la naissance jusqu'à leur mort » (*La Psychologie du point de vue du behavioriste*, 1913). La psychologie animale sert de modèle car elle a su progresser sans faire appel aux notions de conscience ou d'intériorité. Une même attitude se manifeste dans l'œuvre du physiologiste russe I. Pavlov (1849-1936) qui étudie les réflexes conditionnés chez l'animal et chez l'homme.
- En réaction contre le behaviorisme, prend naissance la psychologie de la forme ou *Gestalttheorie* de Köhler et Koffka qui, à partir d'une étude des mécanismes de la perception, montre que la forme est première dans la perception d'un objet, et qu'un ensemble est plus que la somme des parties qui le constituent. Cette psychologie de la forme inspirera des philosophes comme Merleau-Ponty.

La psychiatrie

➠ TERMINOLOGIE • Le terme de « psychiatrie » (« médecine du psychisme », en grec), venu d'Allemagne, apparaît en France en 1842. On employait auparavant le terme d'« aliénisme » pour désigner cette partie de la médecine.

La psychiatrie est la partie de la médecine spécialisée dans le traitement des maladies mentales. Ses liens seront néanmoins toujours étroits avec la psychologie, et plus largement avec la philosophie, en tant qu'elle s'intéresse au fonctionnement de l'esprit humain.

Pinel et les débuts de la psychiatrie

Avant même l'apparition de la psychologie comme science, la médecine mentale se présente comme scientifique au début du XIXe siècle, dans l'œuvre d'un médecin comme Pinel (*Traité médico-philosophique de l'aliénation mentale ou de la manie*, 1800). L'aliénisme est la discipline qui traite l'aliénation mentale, c'est-à-dire l'état du fou devenu étranger (« *alienus* » en latin) aux autres et à lui-même. Il propose de traiter les fous comme des malades parmi d'autres, et de s'appuyer sur les restes de raison qu'il discerne en eux pour proposer un « traitement moral» de la folie. Leur parler avec douceur, diriger leurs activités, les réinsérer dans une société réduite et particulière doit permettre de renouer la communication entre les fous et les hommes, leurs semblables. Le retentissement de l'œuvre de Pinel est considérable : on voit en lui un bienfaiteur de l'humanité qui a su libérer les fous de leurs chaînes, et les réintégrer à la société.

L'organicisme en psychiatrie

Un autre courant de la psychiatrie, qui sera dominant au XIXe siècle, est l'organicisme, qui entend rechercher les causes organiques des maladies mentales. Il trouve son origine dans la découverte de A.L.J. Bayle qui établit en 1822 qu'une maladie mentale, la paralysie générale, est causée par l'inflammation des membranes du cerveau.

Avec la loi de 1838 est inauguré le système asilaire français. Mais, alors que les asiles psychiatriques avaient été créés au début du siècle, sous l'inspiration des doctrines du traitement moral, ils deviendront avec le temps des lieux où sont gardés les malades mentaux en attendant de trouver les causes de leurs maladies, espoir qui sera le plus souvent déçu.

On peut mesurer l'importance de la psychiatrie à travers sa place dans les grands procès criminels dès le XIXe siècle. Il est demandé aux psychiatres de décider si le prévenu était «en état de démence au moment des faits» (art. 38 du *Code pénal*). La question de la responsabilité est alors débattue entre juristes, philosophes et psychiatres.

Psychiatrie et psychanalyse ■ La psychanalyse de Sigmund Freud (1856-1939) est au confluent de préoccupations scientifiques, de type positiviste, et d'un intérêt plus général pour «ce qui touche les relations humaines». Médecin, formé à la neurologie, Freud devient, sur le modèle de Charcot, spécialiste de «maladies nerveuses» comme l'hystérie, qui n'ont pas de cause organique. Il va montrer que ces maladies, les névroses, sont liées à des souvenirs traumatiques, et qu'il est possible de les traiter par la cure psychanalytique, cure par la parole, qui permet d'assumer ce passé individuel. Plus généralement, Freud va postuler qu'il existe un «déterminisme psychique», c'est-à-dire que tous les phénomènes psychiques, y compris les plus étranges, comme le rêve, les actes manqués ou les névroses ont un sens. Il montre ainsi que «l'interprétation des rêves est la voie royale de la connaissance de l'inconscient», qui constitue l'essentiel de notre psychisme (*L'Interprétation des rêves*, 1900). La psychanalyse réinterprète également tout le savoir psychologique implicite que contient la littérature, par exemple dans la lecture que Freud propose du mythe d'Œdipe ou de la pièce d'Hamlet.

Prolongements

- Un débat contemporain existe sur l'interprétation de la naissance de l'asile psychiatrique et l'œuvre de Pinel. Pour Michel Foucault, dans l'*Histoire de la folie à l'âge classique* (1961), il s'agit d'un geste de séparation et d'exclusion, qui met fin à la tradition médiévale et renaissante qui laissait le fou vivre dans la société, et qui le considérait comme porteur d'une plus haute vérité que l'homme «normal».
- Pour Marcel Gauchet et G. Swain, dans *Pratique de l'esprit humain* (1980), l'asile psychiatrique est au contraire un des aspects positifs issus de la révolution démocratique décrite par Tocqueville. Il permet de réintégrer le malade mental dans une

société adaptée, de renouer des liens avec ses semblables. La même tentative a lieu à la même époque avec d'autres «infirmes de la communication», sourds-muets, aveugles ou idiots.

6.5 Sciences humaines III : la sociologie

➨ TERMINOLOGIE • Le terme de «sociologie», mélange de racines latines et grecques, a été forgé par Auguste Comte en 1839 pour désigner l'étude scientifique des faits sociaux. Il avait d'abord appelé cette discipline «physique sociale», mais y renonce du fait de l'usage que le statisticien belge Quetelet fait de cette formule.

La sociologie naît au début du siècle à la suite des bouleversements issus de la Révolution française. Il s'agit de comprendre comment de tels mouvements sociaux ont été possibles, et comment «réorganiser» la société, c'est-à-dire la rétablir sur des bases fixes. La sociologie prend d'ailleurs naissance dans l'œuvre de penseurs contre-révolutionnaires comme de Bonald, qui se révoltent contre l'individualisme issu de la Révolution et soulignent que c'est la société qui fait l'homme. La sociologie est alors indissolublement étude scientifique de la société et action en vue d'une réorganisation. A. Comte insiste sur l'importance qu'il y a à traiter les phénomènes sociaux comme les autres phénomènes astronomiques, physiques ou chimiques. Il cite parmi les précurseurs de la sociologie Montesquieu dont *L'Esprit des lois* (1748) est la première tentative d'établir des lois gouvernant les phénomènes politiques.

Durkheim et les faits sociaux

Émile Durkheim (1858-1917) est en France le fondateur de la sociologie comme discipline scientifique autonome, en particulier dans les *Règles de la méthode sociologique* (1894). L'impératif est pour lui de «considérer les faits sociaux comme des choses». Il souligne que le caractère propre du fait social est de s'imposer à l'individu, qu'il dépasse, et qui ne peut à son niveau le modifier. Durkheim met en œuvre sa méthode dans *Le Suicide* (1897). Il entend prouver la régularité des lois d'un phénomène qui semble pourtant éminemment individuel. Il met en évidence que le suicide «varie en raison inverse du degré d'intégration de la société religieuse, de la société domestique, de la société politique». De ce point de vue Durkheim dévoile bien le caractère selon lui négatif de l'individualisme moderne qui empêche une intégration sociale satisfaisante. Pour renforcer cette intégration à la société, qui est le seul «sacré» acceptable aujourd'hui, il élabore toute une théorie de la famille et de l'éducation.

Weber et la «compréhension» des actions humaines

L'autre grand fondateur de la sociologie est l'allemand Max Weber (1864-1920), qui met davantage l'accent sur les acteurs individuels et le sens qu'ils donnent à leur conduite, que le sociologue doit s'efforcer de «comprendre». Dans *L'Éthique protestante et l'esprit du capitalisme* (1920), il montre, contrairement à Marx, que les causes économiques ne sont pas seules à l'origine du capitalisme. Le puritanisme conduit les protestants à une morale du travail et leur croyance à la prédestination les empêche de mépriser la richesse, qu'ils interprètent comme un signe possible du salut. À propos des sociétés contemporaines, il note qu'elles sont de plus en plus dominées par une gestion bureaucratique, qui privilégie une légitimité « rationnelle », alors que d'autres sociétés mettaient plutôt en avant une légitimité « traditionnelle » ou « charismatique ». Le monde est désormais « désenchanté ». Dans *Le Savant et le politique* (1919), il souligne que le savant choisit les valeurs de vérité, alors que l'homme d'action choisit d'autres types de valeurs.

Suicide et intégration selon Durkheim

« Nous avons donc établi successivement les trois propositions suivantes :

- le suicide varie en raison inverse du degré d'intégration de la société religieuse ;
- le suicide varie en raison inverse du degré d'intégration de la société domestique ;
- le suicide varie en raison inverse du degré d'intégration de la société politique.

Ce rapprochement démontre que, si ces différentes sociétés ont sur le suicide une influence modératrice, ce n'est pas par suite de caractères particuliers à chacune d'elles, mais en vertu d'une cause qui leur est commune à toutes. La cause ne peut se trouver que dans une même propriété que tous ces groupes sociaux possèdent, quoique peut-être à des degrés différents. Or, la seule qui satisfasse à cette condition, c'est qu'ils sont tous des groupes sociaux, fortement intégrés. Nous arrivons donc à cette conclusion générale : le suicide varie en raison inverse du degré d'intégration des groupes sociaux dont fait partie l'individu ».

Prolongements

- En France l'École et l'Université républicaines du début du siècle tenteront de trouver leurs fondements dans la doctrine de Durkheim qui justifiera quelquefois une « foi laïque » comme moteur de l'intégration sociale.
- La sociologie s'est largement développée au XXe siècle dans le monde anglo-saxon, et tend à modifier les comportements mêmes qu'elle étudie, comme le montre l'exemple des enquêtes électorales et des sondages d'opinion.
- En France, les divergences radicales entre écoles sociologiques, comme celles de Pierre Bourdieu et de Raymond Boudon marquent la difficulté de la sociologie à entrer dans une voie scientifique au sens traditionnel du terme.

Partie 8

Le XXe siècle

1. Histoire

1.1 Repères

- **1917.** Révolutions russes
- **1919.** Disparition de l'empire d'Autriche-Hongrie
- **1922.** Mussolini à la tête de l'Italie
- **1927.** Staline au pouvoir en URSS
- **1929.** Crise économique
- **1933.** Hitler chancelier en Allemagne
- **1934-1936.** Agitation ligueuse en France
- **1er septembre 1939.** Invasion de la Pologne par les Allemands et début de la seconde guerre mondiale
- **18 juin 1940.** De Londres le général de Gaulle appelle à poursuivre le combat
- **10 juillet 1940.** Liquidation de la IIIe République
- **1941-1945.** Les États-Unis préparent la reconstruction du monde à l'issue de la guerre
- **8 mai 1945.** Capitulation allemande
- **1947.** Les puissances européennes sollicitent les États-Unis pour garantir leur sécurité
- **1949.** Création de l'OTAN (Organisation du Traité de l'Atlantique Nord) structurant le bloc atlantique
- **1956.** Rapport Khrouchtchev
- **1962.** Crise de Cuba
- **1973.** Premier choc pétrolier
- **1989.** Chute du mur de Berlin et désagrégation du bloc soviétique
- **1990.** Réunification allemande

1.2 Le XXe siècle : une redistribution de la puissance

Les puissances européennes avant 1914

En 1900 l'Europe dont la carte était simple, dominait le monde dans tous les domaines. Lorsqu'on évoquait les « Puissances », tout un chacun savait qu'on

renvoyait à un petit groupe de pays, se reconnaissant comme des pairs, et on évitait ainsi l'énumération nominative des États qui pouvaient imposer leur volonté aux autres. Ce cercle comprenait l'Allemagne, l'Autriche-Hongrie, la France, la Grande-Bretagne, l'Italie, la Russie et la Sublime Porte. La puissance économique et financière des quatre premières était considérable et s'étendait à toute la planète. Chacune était en mesure d'assurer sa sécurité et sa survie en cas d'affrontement singulier avec l'une des autres. Deux systèmes d'alliances risquaient, en cas d'affrontement général, d'embraser toute l'Europe.
Il y avait une compétition entre ces puissances, chacune veillant à sa grandeur et plus ou moins sensible à la fièvre nationaliste. Il y avait aussi des contentieux plus ou moins graves. L'Italie ne se consolait pas de voir la France installée en Tunisie, où pourtant les Italiens étaient beaucoup plus nombreux que les Français, et considérait d'une façon générale qu'on lui mesurait trop chichement le rang de puissance à part entière. La crise de juillet 1914, qui aboutit au déclenchement de la Première guerre mondiale, se nourrit de tous ces griefs accumulés, d'erreurs de calcul, et ne peut être attribué à aucun contentieux précis. Les risques d'affrontement étaient grands et ils déclenchèrent une guerre civile qui porta un coup d'une exceptionnelle gravité à la puissance européenne.

La Grande Guerre : un affaiblissement des puissances européennes

Pour faire face au coût de la guerre, l'Europe dut liquider une bonne part de ses avoirs à l'étranger et même emprunter de l'argent aux États-Unis d'Amérique. Elle abandonna également de fait des marchés au Japon dont l'économie connut pendant la guerre une forte croissance. La Grande Guerre n'entraîna pas d'un coup l'effacement de l'Europe, même si beaucoup de contemporains ressentirent profondément l'importance des conséquences de la guerre, au point de parler, avec Oswald Spengler, du « Déclin de l'occident ».
Les puissances européennes n'étaient plus les mêmes qu'avant guerre. L'Autriche-Hongrie avait disparu et les États successeurs ne pouvaient pas prétendre assumer l'héritage du rang de puissance. La Russie devenue bolchevique était au ban des nations, plus ou moins coupée du monde par un cordon sanitaire. Quant à l'Empire ottoman, il était réduit à la Turquie du traité de Lausanne de 1923.
Les puissances survivantes étaient meurtries par la guerre, mais de façon très inégale. De toute façon elles avaient encore la possibilité de faire entendre leurs voix et continuèrent à peser sur la conduite des affaires mondiales. Le maintien de leur importance fut facilité par le refus des États-Unis d'assumer les conséquences de leur rang de première puissance du monde. L'opinion publique américaine regretta très vite de s'être engagée dans la Première Guerre mondiale et n'eut de cesse d'imposer à ses dirigeants le retour à l'engagement extérieur minimum, sans que l'on puisse parler d'isolement.
Le refus français de réviser le traité de Versailles qui ne satisfaisait personne, mise à part la France, empêcha de restaurer le concert des nations. La dépression économique des années trente n'eut aucun mal à empoisonner une atmosphère déjà médiocre et à plonger une seconde fois le continent européen dans la guerre.

L'établissement de la puissance américaine

La Seconde Guerre mondiale obligea les États-Unis d'Amérique à assumer la totalité de leur rôle mondial. Franklin Roosevelt dut se tenir à l'écart de la guerre européenne du fait d'une législation stricte de neutralité qu'il ne put que partiellement contourner en 1940-1941. L'attaque japonaise à Pearl-Harbor libéra la puissance américaine. À l'abri des dégâts dus aux combats, les États-Unis fournirent aux Alliés les hommes, le matériel et l'argent nécessaires à la victoire. Ils assurèrent la direction de la guerre sur à peu près tous les fronts. Seul le front russe échappa totalement à leur contrôle, et partiellement le front chinois. Surtout dès 1942, ils préparèrent la reconstruction et, à la lumière de la double expérience de 1919-1920 et de la dépression, ils décidèrent de s'impliquer totalement dans cette reconstruction.

Les grandes décisions prises à la fin de la Seconde Guerre mondiale permirent de reconstruire le monde selon la volonté des États-Unis. L'exemple du Fonds monétaire international (FMI) est particulièrement éclairant. Avec le recul il apparaît aujourd'hui que le projet anglais, défendu par Keynes, était préférable à l'américain. Mais à Bretton-Woods personne n'était en mesure de s'opposer à un système voulu par les États-Unis et qui leur donnait le contrôle du système monétaire international.

D'autant qu'à partir de 1947-1949 la guerre froide et la séparation du monde en deux blocs qui en découla conduisit les pays européens à rechercher la protection nucléaire américaine. Les États-Unis n'avaient tout de même pas effacé les puissances européennes. Par amour-propre celles-ci s'affichaient encore comme grandes, alors qu'elles n'étaient plus que moyennes, mais refusaient toujours de l'admettre.

Pour contenir l'autre grande puissance, l'URSS et ses satellites, les États-Unis encouragèrent la construction européenne. En une dizaine d'années le projet, après quelques aléas, prit forme : on ne cesse de prédire en cette fin de XXe siècle qu'à condition de se doter d'une organisation politique l'Europe pourrait reprendre sa place de puissance mondiale, après avoir dépassé le cadre de l'État-nation. Il faudra probablement du temps. Jusqu'en 1989 l'URSS apparaissait comme une puissance de rang mondial, alors qu'elle ne l'était que sur le plan nucléaire. Son effondrement mit l'Europe devant une situation nouvelle pour laquelle il fallut trouver une solution.

La décolonisation

La Seconde Guerre mondiale fut suivie de la fin de la domination des puissances européennes sur le reste du monde. Dès 1918 le cinquième des « quatorze points » de Wilson avait éveillé bien des espoirs en Asie et en Afrique blanche. En 1920, la conférence de Bakou put apparaître comme une mesure de rattrapage. Mais la faiblesse de la Russie bolchevique et l'abstention américaine permirent aux puissances européennes de préserver leurs positions coloniales, fût-ce au prix de mesures répressives.

En 1945 les États-Unis voulaient aider les colonies à se libérer de la tutelle européenne. Lorsqu'une telle démarche ne risquait pas de faire le jeu de l'URSS, ils

n'hésitaient pas à exercer les plus vigoureuses pressions sur les puissances coloniales *via* l'Organisation des Nations unies (ONU). C'est ainsi qu'ils imposèrent aux Pays-Bas la décolonisation des Indes néerlandaises. La Grande-Bretagne décolonisa en réussissant à préserver la majeure partie de ses intérêts matériels. La France privilégia le maintien de sa souveraineté effective. Elle dut affronter deux guerres coloniales qui se conclurent par l'abandon de la souveraineté, en plus des intérêts matériels, qu'elles étaient censées préserver.
La décolonisation fut aussi le triomphe du libéralisme économique. Les règles économiques libérales imposées par les États-Unis après la Seconde Guerre mondiale rendaient moins utiles les domaines coloniaux. L'obligation de développer aux colonies des infrastructures sociales de plus en plus onéreuses firent souhaiter à des économistes et aux politiques l'abandon de ces territoires plus coûteux que rentables.

Les États-Unis et le problème colonial ■ Ancienne colonie et nés par une guerre de décolonisation les États-Unis condamnèrent la possession de colonies et se refusèrent à en avoir, les Philippines étant une exception. Cette condamnation de la colonisation devait faciliter l'exercice de leur impérialisme, ce qui les conduisit à proposer le principe de la « porte ouverte », à savoir que nul pays n'a le droit de se réserver pour lui seul, dans le système du pacte colonial, des richesses et des marchés qui doivent être accessibles à tous.
En 1918 Wilson souhaitait placer les colonies des Européens sous « *trusteeship* » international. Cette tutelle aurait été confiée à la Société des nations (SDN) avec mission de conduire ces pays vers l'indépendance. La non-ratification du traité de Versailles par les États-Unis et leur absence de la SDN permirent aux Européens de n'avoir pas de lutte à mener pour conserver leurs empires coloniaux.
En 1945 les États-Unis crurent le moment venu de réaliser le vœu de Wilson. La peur de faire le jeu de l'URSS obligea Truman à modérer ses ambitions. Ils exercèrent néanmoins toutes les pressions possibles pour faire progresser la décolonisation. Il ne faut pas oublier qu'en 1945 et pendant encore quelques années les États-Unis furent très populaires dans les pays colonisés, où ils apparaissaient comme des défenseurs des aspirations à l'indépendance.

La « guerre froide » ■ En 1945 les États-Unis espéraient pouvoir rapidement démobiliser leur armée et reprendre une vie normale, mais en assumant leur rôle mondial. La détention de l'arme nucléaire devait suffire à leur sécurité. En Europe, en 1945, la résurgence d'un danger allemand était au premier rang des préoccupations des Français ou des Britanniques. Entre 1947 et 1949 les préoccupations furent bouleversées : l'URSS et la volonté d'expansion à l'Ouest qu'elle paraissait avoir devinrent le danger majeur à contenir.
Le monde se scinda alors en deux blocs et vécut une situation dans laquelle on évita soigneusement de déclencher la guerre, qui eût été nucléaire. C'est de ce souci que vient le qualificatif de « froide ». Cette situation de non-guerre s'accompagna d'une propagande très violente avec l'obligation de prendre parti. Ne pas condamner le bloc adverse revenait à en être.
Cela n'empêcha pas les deux camps de s'affronter dans des guerres que l'on qualifie de « périphériques », mais qui n'en furent pas moins réelles, comme la guerre de Corée ou celle d'Indochine, que ce soit celle conduite par la France ou celle menée par les États-Unis qui se termina comme la précédente.

Les grands conflits idéologiques du xxe siècle ■ À l'issue de la Grande Guerre les affrontements idéologiques furent une caractéristique importante du siècle et valurent aux populations de nombreux pays de connaître de grandes souffrances.
En 1917 le régime tsariste et la société russe, incapables de supporter plus longtemps les difficultés dues aux combats, furent balayés par une révolution. Le nouveau régime qui en sortit prétendit bâtir une société communiste en faisant enfin entrer dans les faits les promesses du socialisme scientifique qui avaient tant fait rêver les travailleurs dans les pays industrialisés avant 1914. Pour faire apparaître un « homme nouveau », la société fut rigoureusement encadrée et rapidement légitimée la lutte contre les adversaires de ce projet généreux. Le nouveau régime apporta dans un premier temps d'indéniables progrès qu'une habile propagande sut ensuite valoriser. Fidèle à l'idée que les prolétaires aliénés par le capitalisme n'ont pas de patrie la IIIe Internationale s'efforça de mobiliser les travailleurs de tous les pays. Les bourgeois libéraux n'avaient jamais eu de sympathie particulière pour le socialisme. Jusqu'en 1917 il leur suffisait d'affirmer que la société sans classe était une fumeuse utopie et de surveiller les agissements des militants socialistes. Après 1917, les communistes devaient être combattus et il fallait abattre « l'homme au couteau entre les dents ».
En Italie l'importance des écarts de fortune rendit plus aiguë cette peur de la révolution. S'y ajouta la blessure d'un nationalisme mal récompensé par les Alliés à l'issue de la victoire de 1918. Pour effacer cette humiliation et empêcher la subversion communiste, le fascisme n'eut guère de difficulté à s'installer tant l'assise sociale du libéralisme démocratique était fragile. En Allemagne la démocratie libérale n'était pas plus solide et le nationalisme avait aussi été gravement meurtri. Le socialisme y était honni par ceux qui ne se consolaient pas des conséquences de la guerre de 1914. Le nazisme prétendit leur apporter, comme le fascisme en Italie, une protection contre le péril communiste et une grandeur nationale à forte base raciale en plus. L'un et l'autre embrigadèrent la population et, sans toujours lui donner les améliorations matérielles promises, la préparèrent à la guerre.
En 1945 les sacrifices consentis par l'URSS contre le IIIe Reich servirent à faire oublier la connivence qui avait existé en 1939 entre Staline et Hitler, et à camoufler la réalité du régime communiste. La guerre froide ne réussit pas à gravement atteindre l'image positive du communisme tant la manipulation de l'information par Moscou et ses relais dans le monde était bien organisée. Ce ne fut que progressivement que des indices concordants firent douter les plus lucides, avant que l'effondrement de 1989 ne révèle une réalité plus catastrophique qu'imaginable.

1.3 La France au xxe siècle

Le xxe siècle fut pour la France un siècle agité qui lui fit vivre de multiples transformations principalement dans la période postérieure à la Seconde Guerre mondiale.

L'ébranlement sous-estimé de la Grande Guerre

En 1914 la IIIe République résista aux difficultés de la guerre et le pays fournit un effort considérable. Plus de sept millions d'hommes furent mobilisés et accomplirent leur devoir sans barguigner. L'École avait insufflé un sentiment patriotique que l'internationalisme prolétarien de la SFIO ne parvint pas à écorner, et qui permit « l'union sacrée ».

Mais le prix à payer fut particulièrement lourd dans un pays déjà frappé avant 1914 par une asthénie démographique qui perdura jusqu'en 1942. Le coût économique et social fut également élevé. Comme dans tout drame comparable il y eut des gagnants et des perdants, mais c'est la base sociale de la République qui fut atteinte. La masse des « couches nouvelles », chères à Gambetta, qui étaient en harmonie avec le parti radical et donnaient une base stable à la IIIe République fut déstabilisée. Les socialistes ne disposèrent pas pour leur part d'une assise ouvrière suffisante pour prendre le relais des radicaux et assurer la stabilité du régime. La scission de 1920 valait aux socialistes une surenchère à gauche de la part des communistes.

Le Parti radical devint un parti charnière et l'anticléricalisme n'avait plus autant d'importance qu'avant 1914 pour rendre solide l'alliance des radicaux et des socialistes. Le Parti radical était capable, dans une campagne électorale, d'être la caution de droite d'une coalition de gauche et de lui permettre de gagner les élections. Mais, le scrutin passé, il lui arriva au bout de quelque temps de faire basculer la majorité parlementaire à droite en devenant la caution de gauche d'une nouvelle majorité de droite au Parlement. Cette incapacité à faire émerger une majorité politique stable entraîna une instabilité ministérielle qui donnait l'impression d'un État faible. La détermination des adversaires de la République, ceux qui depuis toujours rêvaient d'en finir avec « la gueuse » n'en était que plus forte. La naissance du parti communiste en 1920 avait suscité une peur panique de « l'homme au couteau entre les dents ».

Un trouble profond durant les années trente

La dépression des années trente affecta la France tardivement et de manière spécifique, avec en particulier un très fort sous-emploi. La vie politique fut aussi émaillée de graves scandales. Le mécontentement qui en découla entraîna le développement d'aspirations à un pouvoir fort et même de mouvements fascisants. Pour barrer la route à la menace fasciste une coalition de Rassemblement populaire se constitua et remporta les élections de 1936. Cette victoire, inacceptable aux yeux des conservateurs, pour qui la gauche n'a aucune légitimité à gouverner la France, exaspéra les divisions idéologiques. La France fonctionna alors à fronts renversés. Une partie de la droite, normalement patriote, en vint à craindre de se défendre contre l'Allemagne par peur de voir une révolution sortir de la guerre : ce fut le « plutôt Hitler que le Front populaire ». La gauche antimilitariste et pacifiste dut assurer le réarmement de la France et accepter l'idée de devoir faire une guerre pour la survie des valeurs humanistes auxquelles elle était attachée.

C'est dans cet état pour le moins médiocre que le pays dut faire face à l'Allemagne nazie. Sa démographie, l'état des esprits avaient conduit ses responsables, en particulier militaires, à choisir une politique défensive. On avait construit à grands frais la « ligne Maginot » fortification sur laquelle l'armée allemande viendrait se fracasser. On avait décidé de l'interrompre au sud des Ardennes, que les chefs militaires déclaraient infranchissables. En contradiction avec cette politique défensive la France avait promis son assistance à des pays menacés par l'Allemagne, comme la Pologne par exemple.

Le désastre de 1940 et ses suites

En 1939 les Français furent donc mobilisés pour secourir la Pologne attaquée par Hitler. Mais, en raison de la politique militaire choisie, ils restèrent l'arme au pied à se demander pourquoi ils étaient mobilisés. Ainsi démoralisés lorsqu'ils subirent le choc des armées allemandes, qui franchirent les Ardennes, ils s'effondrèrent en six semaines. Incapable d'autorité sur ses militaires qui refusaient de capituler, le gouvernement se vit imposer par ceux-ci de demander l'armistice.
Les adversaires de la République ne laissèrent pas passer une si belle occasion et, en profitant du désarroi du pays, la remplacèrent le 10 juillet 1940, avec la complicité de nombreux républicains, par l'« État Français », le régime de Vichy du maréchal Pétain. Pour l'écrasante majorité des Français, dont beaucoup avaient servi sous ses ordres en 1914-1918, il était inimaginable qu'un maréchal de France pût forfaire à l'honneur et nuire à la France.
À Londres un colonel, « général à titre temporaire » en raison de sa participation à l'avant-dernier gouvernement de la République, refusa la défaite et lança un appel à la Résistance. De leur côté, sans l'avoir entendu, des Français décidaient de continuer le combat. Ce ne fut qu'en 1942-1943, au moment où Vichy s'enfonçait dans les compromissions les plus graves avec l'Allemagne, que la Résistance réussit à faire son unité, grâce à Jean Moulin, autour du général de Gaulle. Par une présence française sur tous les champs de bataille, aidé par Winston Churchill, Charles de Gaulle permit à la France de redevenir une puissance en 1945, cinq ans après avoir cessé de l'être en 1940 en tombant aux mains des Allemands.

La France d'après 1945

À la fin de la guerre les Français décidèrent de changer de constitution. Défendre la nécessité d'un exécutif fort en 1945 était difficile. La Résistance s'était unifiée par nécessité mais cette unité était fragile. De Gaulle gênait les politiques qui aspiraient à le voir partir. Ce fut donc laborieusement, à la seconde tentative, en octobre 1946 que naquit la IVe République.
Ce régime tant critiqué par les gaullistes dut affronter sur le sol de France la « guerre froide », du fait de la présence d'un fort parti communiste stalinien. Il dut également faire face à la décolonisation avec deux guerres successives en Indochine et en Algérie. Il réussit malgré tout la reconstruction du pays et prit des décisions courageuses et importantes à long terme. Enfin il eut une politique européenne active. La France changeait en profondeur, mais ces changements sociaux, psychologiques n'étaient pas encore perceptibles et ne le furent qu'après 1958.
L'œuvre de la IVe République ne réussit pas à masquer la faiblesse de sa vie politique et en particulier son instabilité ministérielle chronique. Le 13 mai 1958 l'insubordination militaire, combinée à un mouvement populaire en Algérie, lui porta le coup de grâce. Les hommes politiques ne pouvaient pas rétablir leur autorité sur les militaires. Mais d'un autre côté ils auraient voulu empêcher de Gaulle de « revenir aux affaires ». De Gaulle fut le plus habile et, sans se lier les mains avec les militaires, réussit à devenir chef du dernier gouvernement de la IVe République. Il fut chargé de faire élaborer une nouvelle constitution.

La nouvelle constitution adoptée à la fin de 1958, la Ve République fut installée en 1959 et dure encore. Selon la loi du balancier elle a établi un exécutif démesurément fort, et réduit le parlement à un rôle de chambre d'enregistrement, dont il semble au demeurant s'accommoder. Un prétendu domaine réservé, plus ou moins extensible selon la personnalité du détenteur de la présidence de la République, donne parfois au régime des allures monarchiques. Les progrès de la construction européenne, le poids déterminant des marchés financiers contribuent à réduire la capacité des gouvernants à appliquer des politiques, même quand ces choix sont avalisés par le corps électoral, en théorie toujours souverain. Cette perte de pouvoir de l'État-nation entraîne des crispations de défense, dont cherchent à bénéficier des nostalgiques de Vichy, qui ne s'avouent pas vaincus. Bénéficiant de l'héritage non négligeable de la IVe République, le nouveau régime poursuivit la modernisation de la France. Ces changements avaient été préparés par le développement d'un enseignement de masse qui, en dépit de grosses difficultés, réussit à élever le niveau général d'instruction de la société.

La transformation sociale ■ À la veille de la Seconde Guerre mondiale la société française était encore très différente de celles des pays de développement comparable. Elle était surtout marquée par les séquelles de 1914-1918. La guerre avait saigné une France qui déjà au XIXe siècle souffrait d'une démographie au dynamisme à peu près nul. La loi de 1920 d'un caractère très répressif contre l'avortement et l'information contraceptive n'eut aucun effet pour relancer la croissance démographique et combler les classes creuses de la guerre. Sans les étrangers la France de l'entre-deux guerres aurait connu un dépeuplement massif. Ce n'est qu'en 1939 que le gouvernement prit des mesures en adoptant le code de la famille. Vichy puis la Libération poursuivirent cette politique. Elle soutint un mouvement de croissance démographique qui commença en 1942 et dura trente ans. Ce «baby-boom» ne fut pas propre à la France, mais lui fit suivre une évolution identique à celles des autres pays de développement comparable. Durant la décennie soixante-dix la croissance démographique fléchit, mais, curieusement, en France un peu moins qu'ailleurs, même si les naissances sont insuffisantes pour assurer le renouvellement des générations et limiter le vieillissement, lui-même alimenté par l'allongement de l'espérance de vie.
Cette société s'est fortement urbanisée depuis 1945, où à peine un Français sur deux vivait en ville. Aujourd'hui la France a atteint la situation de l'Allemagne et de la Grande-Bretagne de 1914. Cette croissance brutale se lit parfaitement dans les paysages avec ces immeubles des banlieues construits en hauteur pour faire face tout à la fois à l'exode rural et à la croissance démographique. L'élévation du niveau de vie fut ensuite pour sa part responsable du développement des habitats pavillonnaires.
La population active fut également bouleversée. Les paysans «disparurent», tandis que les femmes s'installaient dans à peu près tous les secteurs d'activité. Ainsi en l'espace d'un petit demi-siècle la société française a connu des changement que les sociétés allemandes ou anglaises assumèrent beaucoup plus tôt et sur de plus longues durées. Il y a là de quoi expliquer bien des difficultés.

Les étrangers en France ■ Une grande partie de la prospérité française est le fruit du travail d'étrangers, dont la venue fut organisée après 1945 pour compenser le déficit de main d'œuvre dû aux guerres coloniales, à l'allongement de la durée des études et au refus par les nationaux des travaux les plus rebutants et les plus mal payés. Ces travailleurs venaient encore de pays européens comme avant 1939. La proportion de ceux qui venaient d'Afrique du Nord augmenta considérablement. Longtemps on crut que ces travailleurs repartiraient chez eux. Il s'agissait d'hommes célibataires ou venus seuls en laissant épouses et enfants dans leurs pays d'origine. Il n'en fut rien. La venue des familles rendit définitive l'installation de la plupart de ces immigrés. La facilité avec laquelle on voyage aujourd'hui fait que continuent à arriver en France, comme dans le reste de l'Europe, des personnes qui cherchent à échapper à la misère de leurs pays de naissance. C'est une immigration incontrôlée, à la fois différente et semblable à celle que connut antérieurement la France et qui nourrit les mêmes peurs et alimente les mêmes débats à partir de fantasmes comparables. Le ralentissement de la croissance et le retour d'un chômage important ont réveillé les réflexes xénophobes voire franchement racistes. Sans oublier les séquelles plus ou moins graves de la guerre d'Algérie.

2. Religions

2.1 Sécularisation et fondamentalismes

➠ TERMINOLOGIE • Le terme de « sécularisation » a d'abord une signification interne à l'Église, puisqu'il désigne le passage d'un religieux à la vie séculière, c'est-à-dire à la vie du monde, changeante, opposée à la vie religieuse, éternelle. Il désigne ensuite le passage d'un bien religieux dans le domaine de l'État, par exemple à l'occasion de la Révolution française. Enfin, ce terme décrit les diverses modalités du recul de la religion : il est en partie synonyme du terme de « déchristianisation », cependant plus étroit.

Le XXe siècle religieux se caractérise par une double tendance : un mouvement massif de sécularisation, de déclin apparent des religions traditionnelles, en particulier du catholicisme, mais aussi, plus récemment, un mouvement fondamentaliste de retour vers les formes les plus traditionnelles de ces religions. Ces deux mouvements sont sans doute liés pour une bonne part.

Le mouvement de sécularisation

Le mouvement de sécularisation se traduit par une baisse de la pratique religieuse régulière constatée : 73 % des français seulement disent appartenir aux grandes religions, dont 67 % au catholicisme : en 1994, 23 % des français se disent sans religion contre 15 % en 1986. La pratique religieuse régulière ne dépasse pas 7 % à 8 % de la population, et moins de 4 % chez les jeunes de 18 à 24 ans. La crise des vocations ecclésiastiques est également manifeste : il y a aujourd'hui en France environ 25 000 prêtres, alors qu'il y en avait 47 000 en 1945. Des dogmes parmi les plus fondamentaux sont récusés y compris par ceux qui se proclament croyants : une majorité de catholiques ne croit pas en une vie future ou dans le dogme de l'immaculée conception.

Cette sécularisation est lié à un certain progrès de l'indifférence en matière de religion, si ce n'est de l'athéisme. Ce mouvement général a été décrit par le sociologue Max Weber comme un processus de « désenchantement du monde ». La rationalisation des activités humaines, entamée par les religions traditionnelles, est achevée par la raison scientifique et technicienne. L'autonomie du sujet est davantage reconnue, qui recherche un rapport direct avec sa foi, sans l'intermédiaire d'un clergé. Les différentes sphères de l'activité humaine sont mieux distinguées et l'espace religieux devient, dans nos sociétés modernes, un espace privé.

Ce recul des religions traditionnelles a pu aussi s'expliquer par la montée au XXe siècle de ce que Raymond Aron a appelé les « religions séculières », que sont les doctrines totalitaires, qui se sont imposées en Union soviétique ou en Allemagne nazie. La « sacralisation » des partis et l'intolérance violente contre leurs adversaires rappellent les pires moments des Églises traditionnelles.

L'« aggiornamento » des Églises

Face à ce mouvement de sécularisation, l'une des réponses des religions traditionnelles a consisté à moderniser leurs doctrines et à tenter de se rapprocher des fidèles, en faisant entrer l'Église dans le siècle.

Le concile Vatican II, convoqué par le pape Jean XXIII, et réuni de 1962 à 1965, a reconnu la nécessité d'un « aggiornamento », c'est-à-dire d'une mise à jour, et d'une simplification des dogmes. L'Église, qualifiée de « peuple de Dieu », est organisée d'une manière moins hiérarchique : la collégialité est introduite à tous les niveaux, le pouvoir des évêques est accru par rapport à celui du pape. Un retour aux Écritures est préconisé. La liturgie est modernisée avec l'abandon très symptomatique de la messe en latin. Les relations avec les États sont facilitées par la reconnaissance officielle de leur laïcité, la référence aux droits de l'homme et la reconnaissance formelle de l'égalité de l'homme et de la femme.

Le concile marque également un approfondissement du mouvement œcuménique, qui vise au rapprochement avec les autres religions, en particulier chrétiennes, alors que ce mouvement avait été jusque là une affaire protestante. Le concile fut ouvert à de nombreux observateurs non catholiques, la validité des sacrements de l'Église orthodoxe reconnue, les protestants qualifiés de « frères dans le Seigneur ». Après Vatican II l'Église catholique envoie des observateurs au Conseil œcuménique des Églises, fondé en 1948 par des protestants. Une traduction œcuménique de la *Bible* est réalisée. Des rapprochements ultérieurs se produisent avec protestants, musulmans ou juifs.

Un effort missionnaire particulier fut fait en direction de la jeunesse et des ouvriers, avec notamment le mouvement catholique des prêtres ouvriers, qui date de 1941, mais fut condamné dans les années cinquante. Naguère les « théologies de la libération », en Amérique du Sud, soutinrent une « option préférentielle pour les pauvres », avec le livre de G. Gutierrez, *Théologie de la libération* (1971), avant d'être condamnées par Jean Paul II en 1986. Plus récemment encore se développent certains engagements censés manifester la foi dans le monde : action humanitaire, combat pour les droits de l'homme, solidarité ou assistance aux plus démunis.

Les réactions à la modernisation

Face à cette évolution des Églises, on peut noter une opposition de milieux traditionalistes, qualifiés d'intégristes. Particulièrement actifs au sein de l'Église catholique, ils reprennent le combat qu'avait mené Pie X en 1903-1904 contre le modernisme. Mgr Lefebvre, suspendu par Paul VI en 1976, créa une Église schismatique, ordonnant prêtres et évêques. Ces traditionalistes veulent réaffirmer la doctrine traditionnelle de l'Église et s'élèvent contre ce qu'ils qualifient de dérive protestante de l'Église catholique.

Sous une forme bien différente, Karol Wojtyla, pape depuis 1978, sous le nom de Jean-Paul II, dont l'action fut déterminante dans la fin du communisme en Pologne, dont il est originaire, et au-delà, réaffirme les positions traditionnelles de l'Église catholique, qu'il présente de manière claire et dogmatique dans un nouveau *Catéchisme de l'Église catholique* (1992). Il prône également une « seconde évangélisation de l'Europe », sur les traces du pèlerinage de Compostelle. Le cardinal Lustiger dénonce quant à lui « la prétention de la raison à une souveraineté sans mesure ». Jean-Paul II n'hésite pas à prendre des positions morales conformes à l'enseignement constant de l'Église, au risque de ne pas être suivi par ses fidèles : condamnation du divorce, de l'homosexualité, de la contraception, de l'avortement et de la procréation médicalement assistée, voire de l'utilisation du préservatif.

Le même retour aux sources identitaires peut s'observer dans d'autres religions, où se développent également des courants intégristes, par exemple le mouvement loubavitch chez les juifs, ou les télévangélistes américains chez les protestants. C'est bien sûr dans l'Islam, qui entretient des rapports complexes avec la modernité et avec l'Occident, que ce mouvement de retour en arrière est le plus sensible : il est cependant possible de distinguer entre le fondamentalisme, mouvement purement religieux, existant traditionnellement dans l'Islam, et l'islamisme, doctrine récente, qui a une dimension directement politique et prétend dicter les principes de fonctionnement d'une société idéale. Cet islamisme est le fait d'intellectuels relativement instruits et non de religieux traditionnels. Chez les sunnites, le premier mouvement de ce type est celui des Frères musulmans fondés en 1927 en Égypte par Hassan al Banna. Chez les chiites, la révolution iranienne de 1979 a donné un grand essor à l'intégrisme islamique.

Une dernière réponse au besoin de transcendance est le recours de plus en plus fréquent à des sectes ou à différents types de religiosités plus ou moins inspirées des religions orientales.

Deux écrivains catholiques : Péguy et Claudel ■ Au début du xxe siècle tout un courant de « conversions » à la religion se manifeste chez des intellectuels et artistes comme Joris-Karl Huysmans, Ernest Psichari, Charles Péguy, Paul Claudel, Jacques Maritain, ou Georges Rouault

Charles Péguy (1873-1914), d'origine très modeste, socialiste et dreyfusard, fondateur des *Cahiers de la Quinzaine*, évolue vers le nationalisme (*Notre patrie*, 1905) et la religion, mais sans renier ses indignations et ses engagements, par exemple pour les pauvres. Il s'oppose au « parti intellectuel » et dénonce la dégradation de la « mystique » en « politique » après les combats de l'affaire Dreyfus. Dans *Le Mystère de la charité de Jeanne d'Arc* (1911), il voit le moyen de rassembler « toutes les tradi-

tions françaises» autour de «la fille la plus sainte après la Sainte Vierge». Mais sa vision de la religion refuse le calme et le conformisme : «Le propre de la mystique est une inquiétude invincible.» Sa prose libre, tout à fait hors normes, est particulièrement moderne, par exemple dans *Victor-Marie, comte Hugo* (1910).
L'œuvre de Paul Claudel (1868-1955), diplomate, notamment en Chine et au Japon, est d'un catholicisme plus grandiloquent. Après une jeunesse révoltée, qui découvre Rimbaud, Claudel écrit en versets de style biblique. Dans ses grandes œuvres théâtrales, *Le Partage de midi* (1906), *L'Annonce faite à Marie* (1912) ou *Le Soulier de satin* (1929), il décrit les passions violentes de l'amour surmontées par le sacrifice. Claudel prétend à des visions cosmiques : «Il n'y a pas un Univers religieux et un Univers profane, il n'y a qu'une seule révélation, transcrite en un langage innombrable, continue et réciproquement traduisible.» Il affiche une croyance religieuse conquérante : «J'ai décidé de pratiquer ma religion non pas seulement ouvertement, mais imprudemment, mais insolemment (quoique paisiblement), comme il convient à quelqu'un qui est fait pour vaincre et non pas pour être vaincu.» Sa vision de l'Église est une vision de grandeur et de triomphe.

Prolongements

- Au mouvement d'«humanisation du divin», qui se manifeste aussi à l'intérieur de l'Église, le philosophe Luc Ferry, dans *L'Homme-Dieu* (1996), oppose un mouvement de «divinisation de l'humain», qui se traduit notamment par l'engouement contemporain pour tout ce qui est action «humanitaire».

3. Philosophie

3.1 Husserl et la phénoménologie

➠ TERMINOLOGIE • «Phénoménologie» est formé sur le grec «phainomenon», ce qui apparaît, et «logos», discours. Le terme est d'abord employé par le philosophe allemand J. H. Lambert dans son *Neues Organon* en 1764, au sens de doctrine de l'apparence, puis par Kant et surtout Hegel, dans la *Phénoménologie de l'esprit*. Husserl emploie le terme de phénoménologie pour désigner sa propre philosophie.

Husserl et la phénoménologie

Edmund Husserl (1859-1938), philosophe allemand, d'origine juive mais converti au protestantisme, fut professeur à l'Université de Fribourg. Après des études de mathématiques, il se tourne vers la philosophie, sous l'influence de son maître Brentano. En 1933 il est chassé de l'université par les nazis, que soutient son élève et successeur Martin Heidegger. Parmi ses nombreuses œuvres on peut retenir les *Recherches logiques* (1900-1901), les *Méditations cartésiennes* (1929) et *La Crise des sciences européennes et la phénoménologie transcendantale* (1936).
En 1911 dans son opuscule intitulé *La Philosophie comme science rigoureuse*, il donne comme objectif à la phénoménologie de refonder les sciences empiriques.

Contre le néokantisme et l'empirisme, la phénoménologie entend « revenir aux choses elles-mêmes » et « décrire » les phénomènes tels qu'ils apparaissent, au lieu de les expliquer. Mais contrairement à la métaphysique traditionnelle ces phénomènes ne sont pas de simples apparences : la phénoménologie est une « eidétique », une « science des essences ». Pour parvenir à une telle connaissance, il convient de mettre entre parenthèses l'existence du monde, comme l'a fait Descartes, qui a véritablement inauguré la philosophie moderne, mais n'est pas allé jusqu'au bout de cette méthode que Husserl nomme « épochè » (du grec « arrêt, suspension ») et qui est le premier moment de la « réduction phénoménologique ». La phénoménologie « s'abstient de tout jugement sur l'être et le non-être des objets, ce qui rend possible l'observation sans préjugés de la conscience pure ».

Un de ses premiers résultats est la découverte de la fausseté de la coupure entre sujet et objet : l'étude de l'acte de conscience lui-même montre que le sujet ne fait pas partie du monde, mais est ce qui fait qu'un monde paraît. Husserl se réfère à Brentano et à la notion médiévale d'intentionnalité : « Toute conscience est conscience de quelque chose », elle vise un objet. Ces objets visés sont ce que Husserl appelle des « régions » de l'être.

Au-delà Husserl croit pouvoir découvrir un sujet transcendantal, un sujet indépendant de tout contenu de conscience. Mais cet ego transcendantal pose le problème difficile du rapport à autrui, de l'intersubjectivité, de ce que Husserl nomme le « *Lebenswelt* » , le « monde de la vie » , monde intersubjectif où « chacun peut avoir part à la vie des autres ».

En 1935, dans sa conférence sur « la crise de l'humanité européenne et la philosophie », Husserl constate la « détresse spirituelle » de l'Europe et dénonce la « chute dans la barbarie » qui la menace. Il ne sera possible d'y échapper que par la philosophie et le dépassement du naturalisme : « La crise d'existence de l'Europe n'a que deux issues : ou bien l'Europe disparaîtra en se rendant toujours plus étrangère à sa propre signification rationnelle, qui est son sens vital, et sombrera dans la haine de l'esprit et dans la barbarie ; ou bien l'Europe renaîtra à partir de l'esprit de la philosophie, grâce à un héroïsme de la raison qui surmontera définitivement le naturalisme ».

Heidegger et la question de l'être

Martin Heidegger (1889-1976) est le principal élève de Husserl. Il publie en 1927 son œuvre majeure, *Être et temps*, qu'il dédie à son maître. Il lui succède à l'Université de Fribourg en 1928. Recteur de l'université en 1933, il est un membre convaincu du parti nazi qu'il célèbre dans son *Discours de rectorat*.

Heidegger dénonce l'« oubli de l'être » propre à la métaphysique occidentale depuis ses origines, en particulier chez Platon et Aristote, qui ont commis l'erreur de confondre l'être avec l'étant, c'est-à-dire ce qui simplement est. Il entend quant à lui procéder à ce qu'il nomme une analytique du « *Dasein* », de « l'être là » : ce *Dasein* désigne la manière d'exister de l'homme qui, seul de tous les étants, donne un sens à la question de l'être de l'être. L'homme est en effet « ekstase », sortie hors de soi vers ce qui n'est plus ou n'est pas encore : la temporalité est le lieu de la compréhension de l'être. L'« angoisse » de la mort est insé-

parable de l'existence authentique : « Le devant quoi de l'angoisse n'est pas une chose déterminée de façon intramondaine (comme pour la peur) : c'est l'être au monde comme tel. » L'homme peut fuir cette angoisse dans l'inauthenticité, en se réfugiant dans le « souci », l'engluement dans la banalité de la vie quotidienne et du bavardage, sous la forme du « on ».
À partir de 1930, la philosophie de Heidegger connaît un tournant (« *die Kehre* »). Heidegger passe de l'analytique du *Dasein* à une étude directe, ontologique, de la question de l'être : la vérité n'est pas le fait du sujet mais de l'être lui-même. Dans sa *Lettre sur l'humanisme* de 1946 Heidegger s'élève contre les interprétations humanistes de sa pensée, qui font de l'homme le fondement de l'être : en fait l'homme n'existe que pour penser l'être, il est « le berger de l'être ».
Heidegger dénonce en outre les conséquences éthiques de cet humanisme, qui serait une forme de la volonté de puissance occidentale : la technique, est la forme ultime de « l'oubli de l'être ». À travers elle la rationalité calculatrice fait violence à l'être, à l'instar de Descartes qui veut arraisonner le monde, nous rendre « maîtres et possesseurs de la nature ».
Heidegger réfléchit longuement sur le dévoilement de l'être au moment du « grand commencement grec », chez les présocratiques, Anaximandre, Héraclite ou Parménide. L'étymologie du mot « *aletheia* », couramment traduit par « vérité » aurait, selon Heidegger, un sens privatif. *Aletheia* désignerait « ce qui se dévoilant voile le dévoilement même » : l'être se donnerait dans l'étant tout en se retirant. Il ne sera pas possible de dire l'être tant qu'on ne saura pas faire un usage non métaphorique du langage : le modèle nous est fourni par les présocratiques et le « parler originaire » des poètes. Le langage poétique fait apparaître un monde qui n'existe pas : « Le langage est la maison de l'être, en laquelle l'homme habite et de la sorte *ek-siste*, appartenant à la vérité de l'être dont il assume la garde. »

Prolongements

- La phénoménologie de Maurice Merleau-Ponty (1908-1961) s'inspire en particulier de la dernière philosophie de Husserl, pour élaborer sa réflexion sur l'être dans le monde, sur les relations à autrui qui se déploient dans le langage ou le corps.
- L'analyse du *Dasein* et de l'angoisse faite par Heidegger dans *Être et temps* est reprise par Sartre dans *L'Être et le néant* qui voit dans cette angoisse une expérience de notre liberté.
- Le philosophe français contemporain Jacques Derrida se livre à un travail de « déconstruction » de la métaphysique occidentale, inspiré de Heidegger : il s'agit de déconstruire le « logocentrisme » d'une métaphysique, qui repose sur une survalorisation de la parole au détriment de l'écriture.

3.2 Sartre, l'intellectuel engagé

Jean-Paul Sartre est sans doute le dernier intellectuel universel, tout à la fois écrivain et philosophe, mais aussi et peut-être surtout conscience morale d'une époque, « conscience du monde » selon le mot de Marcuse. C'est ce qui explique son immense popularité, qui évoque celle de Victor Hugo au XIXe siècle. Il est la figure typique de l'intellectuel engagé : le caractère erroné, quoique enthousiasmant, de ses engagements a sans doute contribué à périmer ce style d'intellectuel universel, dont notre époque éprouve cependant une certaine nostalgie. L'œuvre philosophique, et plus encore littéraire, de Sartre reste néanmoins de tout premier plan.

L'écrivain

Jean-Paul Sartre (1905-1980) bien qu'orphelin de père, eut une enfance heureuse entre sa mère et ses grands-parents, qu'il passe plongé dans les livres. Normalien, agrégé de philosophie, il rencontre Simone de Beauvoir, avec qui il entretiendra une relation très libre pour l'époque. Il renonce assez vite à l'enseignement pour se consacrer à sa carrière littéraire. Après des ouvrages de philosophie, *La Transcendance de l'ego* en 1937 ou *L'Imaginaire* en 1940, il connaît le succès comme écrivain avec *La Nausée* en 1938 et *Le Mur* en 1939. On y décèle l'influence de Kafka dont *Le Procès* a été publié en français en 1933 : le monde est « absurde », dénué de sens, et sans espoir. Durant la guerre, Sartre se tourne vers le théâtre avec *Les Mouches* en 1943, reprise du mythe d'Électre et *Huis clos* en 1944. *Les Mots* (1963) récit de son enfance et tentative de « psychanalyse existentielle » est sans doute une de ses œuvres les plus réussies, où il explique : « Pour avoir découvert le monde à travers le langage, je pris longtemps le langage pour le monde. » Auteur universellement reconnu, il refuse le prix Nobel de littérature en 1964. Sartre publie également des ouvrages de critique littéraire, sur Baudelaire, Jean Genet ou Flaubert, auquel il consacre le monumental et inachevé *Idiot de la famille* (1971-1972).

La philosophie de Sartre

Les principes de la philosophie de Sartre, l'existentialisme, sont exposés sous diverses formes : romanesque dans *La Nausée*, savante dans l'ouvrage fondamental de 1943 *L'Être et le néant*, populaire dans le petit ouvrage de 1946 *L'Existentialisme est un humanisme*. On y décèle sans mal l'influence de Husserl et de Heidegger.

Dans *La Nausée*, le personnage de Roquentin découvre soudain le caractère contingent de toute chose et de lui-même : « Tout est gratuit, le jardin, cette ville et moi-même. » La vie est absurde, elle n'a pas de sens qui lui soit donné par avance : « L'existence est absurde, sans raison, sans cause et sans nécessité. » Il n'y pas de sens à la « facticité », à l'être-là de l'homme. Mais en même temps l'individu se découvre « hors de » l'existence, car il en a conscience et il peut donc décider de lui donner un sens. Pour l'homme, à la différence des choses, le sens de son existence n'est pas donné par avance : « Cela signifie que l'homme existe d'abord, se rencontre, surgit dans le monde, et qu'il se définit après », ce que Sartre résume en disant que « l'existence précède l'essence ». Il n'y a pas de nature humaine, l'homme est ce qu'il se fait.

Cette liberté humaine est un « néant », au sens où elle n'est pas donnée, mais toujours à faire : « L'homme est d'abord un projet qui se vit subjectivement, au lieu d'être une mousse, une pourriture ou un chou-fleur. » C'est ce que Sartre appelle un être pour-soi, un être en devenir, en train de se définir. Il faut donc poser que « l'homme est responsable de ce qu'il est ». Nous sommes « condamnés à être libres». Celui qui fuit sa liberté fait preuve de «mauvaise foi» et devient un «salaud» : par exemple le fameux garçon de café, dans *L'Être et le néant*, qui se laisse «engluer» dans le «visqueux» de son être en-soi, dans le personnage du garçon de café qui lui est imposé. Nous ne devenons en fait un être en-soi qu'au moment de notre mort. Mais cet en-soi menace toujours, il «est toujours là prêt à happer et à engloutir le pour-soi».

Nous prenons d'abord conscience de cette liberté sous la forme de l'angoisse. Cette liberté est toujours menacée par le regard de l'autre, puisque «l'homme est un être pour autrui.» L'autre est «le médiateur indispensable entre moi et moi-même», mais il risque aussi de nous enfermer dans une essence, de nous transformer en chose. Le conflit avec l'autre est constitutif de notre existence, comme en témoigne la fameuse formule de *Huis clos* : «l'Enfer, c'est les autres.»

Dans la *Critique de la raison dialectique* (1960), Sartre tente de concilier l'existentialisme et une conception de la praxis inspirée du marxisme.

L'engagement

L'engagement de Sartre devient surtout manifeste après la guerre, avec la fondation en 1945 de la revue *Les Temps modernes*, qui entend ne publier que des écrivains «engagés dans leur temps». Dans *Qu'est-ce que la littérature?* il définit «l'écrivain engagé» comme celui qui «sait que la parole est action» et «a abandonné le rêve impossible de faire une peinture impartiale de la société et de la condition humaine». Dans sa pièce de théâtre de 1948, *Les Mains sales*, Sartre s'interroge sur les drames de l'engagement, et sur la dialectique des moyens et des fins. Après 1952 Sartre se rapproche du Parti communiste français, ce qui le conduit à prononcer la phrase fameuse : «Il ne faut pas désespérer Billancourt», mais aussi la formule plus malheureuse : «Tous les anticommunistes sont des chiens.» Il se brouille avec Camus et Merleau-Ponty sur cette question de l'engagement. Après la répression de Budapest en 1956, Sartre s'éloigne des communistes. Il soutient ensuite les mouvements révolutionnaires du tiers monde, en particulier la révolution cubaine de Fidel Castro. Il s'oppose à la guerre d'Algérie et donne une préface au pamphlet anticolonialiste de Frantz Fanon, *Les Damnés de la terre* en 1961. Après 1968 il met sa notoriété au service des mouvements gauchistes, comme la Gauche prolétarienne, et participe au lancement du journal *Libération*. En 1979 il se retrouve avec son ancien condisciple, Raymond Aron, avec lequel il s'était depuis longtemps brouillé, pour soutenir les «*boat people*» vietnamiens.

Les intellectuels ■ Le terme d'«intellectuel» se rencontre déjà chez l'utopiste Saint-Simon en 1821. Mais il est popularisé en 1898 durant l'affaire Dreyfus, lorsqu'une pétition en faveur de la révision du procès Dreyfus est publiée dans la presse et qualifiée de «pétition des intellectuels». Clemenceau écrit alors : «N'est-ce pas un signe, tous ces intellectuels venus de tous les coins de l'horizon, qui se groupent sur une idée et s'y tiennent inébranlables?» Au contraire Maurice Barrès critique l'intellectuel, défini comme un «individu qui se persuade que la société doit se fonder sur la logique et qui méconnaît qu'elle repose en fait sur des nécessités antérieures et peut-être étrangères à la raison individuelle». De même Brunetière dénonce «ceux qui ne font que déraisonner avec autorité sur des choses de leur incompétence».

L'engagement des intellectuels va s'accroître avec la montée du fascisme, qui donne lieu à la création du Comité de vigilance des intellectuels antifascistes. Il persistera durant la guerre froide, Sartre soulignant d'un côté la «fonction critique» de l'intellectuel, alors que, de l'autre côté, R. Aron dénonce *L'Opium des intellectuels* (1955).

Soljenitsyne et le Goulag ■ Quoique très hostile aux intellectuels au sens traditionnel du terme, Alexandre Soljenitsyne illustre l'efficacité politique et sociale que peuvent avoir de simples œuvres littéraires. Né en 1918, auteur avec *Le Premier Cercle* (1968) d'un récit de son séjour dans les bagnes soviétiques, il reçoit en 1970 le prix Nobel de littérature, que les autorités soviétiques lui interdisent d'aller recevoir. En 1974 il est arrêté, déchu de sa nationalité et expulsé d'URSS. Son œuvre majeure, *L'Archipel du goulag* (1974) est une description gigantesque, sur tous les plans, du système concentrationnaire soviétique, et de la résistance à cet asservissement : c'est également une réflexion sur le caractère nécessaire de la violence dans les systèmes totalitaires comme le communisme. Très hostile à l'Occident, qu'il dénonce dans *L'Erreur de l'Occident* (1980). Soljenitsyne voit dans l'abandon des valeurs traditionnelles de la Russie et de la religion orthodoxe la source du mal qui affecte son pays. Les livres de Soljenitsyne contribueront grandement à hâter la chute du régime soviétique.

Prolongements

- Raymond Aron, bien qu'il ait choisi durant la guerre de rejoindre la France libre à Londres, critique la théorie sartrienne de l'engagement comme manifestation d'une «liberté absolue et inconditionnelle» et préconise une action fondée sur une «analyse de la conjoncture».
- La notion d'engagement est également récusée par l'ethnologue Claude Lévi-Strauss : «J'estime que mon autorité intellectuelle, dans la mesure où on m'en reconnaît une, repose sur la somme de travail, sur les scrupules de rigueur et d'exactitude.» Il n'est plus possible selon lui de faire comme un Victor Hugo qui «pouvait se croire capable de juger de tous les problèmes de son temps».
- Aujourd'hui encore, bien des intellectuels, en particulier en France, aimeraient tenir le rôle de J.-P. Sartre, intellectuel total, engagé au cœur des luttes : qu'il suffise de penser récemment à Pierre Bourdieu.
- Une autre vision de l'intellectuel est pourtant donnée par Michel Foucault, qui, contre «l'intellectuel universel», développe la notion d'«intellectuel spécifique», dont le savoir spécialisé peut servir de «petites boîtes à outils» pour «casser les systèmes de pouvoir».

3.3 Le structuralisme

➠ TERMINOLOGIE • Le terme de «structuralisme» est d'abord un terme de linguistique, utilisé à partir de 1928 par les linguistes du cercle de Prague, Nicolas Troubetzkoy et Roman Jakobson, qui se proclament héritiers de Saussure : celui-ci n'emploie pourtant que trois fois le mot de «structure» dans son *Cours de linguistique générale.*

Le courant structuraliste connaît un grand retentissement surtout en France, mais aussi à l'étranger, dans les années soixante : d'abord issu de la linguistique, il va s'étendre ensuite à l'ensemble des sciences humaines et à la philosophie, avant de

devenir un véritable phénomène de mode. Des auteurs très différents ont alors été réunis sous cette appellation de structuralistes, de Claude Lévi-Strauss à Michel Foucault en passant par Jacques Lacan, Louis Althusser ou Roland Barthes.
Ce qui est couramment retenu du structuralisme est l'idée que le sujet n'est pas nécessairement le plus conscient des raisons de ce qui le fait agir ou penser : une véritable science de l'homme ne peut se constituer que par la prise en compte de «structures» qui le dépassent et le déterminent. En ce sens le structuralisme est souvent assimilé à un «anti-humanisme» théorique : l'homme n'est pas le véritable objet des sciences de l'homme.

Saussure et le modèle linguistique

Les sciences humaines vont être séduites par le «mirage linguistique» : elles tentent de s'inspirer de la seule d'entre elles qui semble être arrivée à un haut niveau de scientificité, la linguistique. La principale référence est ici Ferdinand de Saussure (1857-1913), auteur du *Cours de linguistique générale*, publié en 1915, qui sert de modèle à l'école linguistique de Prague, à l'origine du terme de structuralisme.
Saussure introduit la notion d'arbitraire du signe et définit les langues comme des systèmes de signes. Dire que le signe linguistique est arbitraire, ou mieux «immotivé», c'est dire qu'il n'y a pas de lien naturel entre le signifiant, l'image acoustique, et le signifié, c'est-à-dire le concept qu'il représente. Le signifiant «n'a aucune attache naturelle dans la réalité» : le signe est conventionnel, institué. Parler de système de signes, c'est dire que les signes n'ont pas de valeur en eux-mêmes, qu'ils ne valent que par les relations qui les unissent et les différencient : ils «se définissent fonctionnellement par leurs oppositions les uns aux autres». «Tout ce qui précède revient à dire que, dans la langue, il n'y a que des différences».
L'étude de ce système de la langue doit se faire dans la synchronie, à un moment donné du temps, et non dans la diachronie, dans l'histoire : «Est synchronique tout ce qui se rapporte à l'état statique de notre langue, diachronique tout ce qui a trait aux évolutions.» En effet, seul compte pour les hommes le sens présent de la langue qu'ils parlent, l'historique de ses significations ne présente en revanche aucun intérêt pour eux. Les significations de la langue s'imposent à tout sujet parlant et Saussure insiste sur la prédominance du langage, collectif, sur la parole, individuelle. Saussure note l'importance, «au point de vue philosophique», de ce primat du système et de la synchronie.

Claude Lévi-Strauss et l'anthropologie structurale

Claude Lévi-Strauss (né en 1908) raconte dans son autobiographie intellectuelle, *Tristes Tropiques* (1955) comment il délaisse la philosophie pour se consacrer à l'ethnologie en partant au Brésil étudier les indiens Nambikwara. Pour surmonter les obstacles que rencontre l'anthropologie, il va se servir du modèle linguistique, en particulier de la phonologie, qu'il connaît bien par son ami Jakobson, rencontré à New York durant la guerre. Lévi-Strauss sera ainsi le principal initiateur du mouvement structuraliste, dont son *Anthropologie structurale* (1958) est une sorte de manifeste. Il s'inspire de l'idée qu'il convient de passer de l'étude des phénomènes linguistiques conscients à celle de leur infrastructure inconsciente et insiste sur la notion de système : les relations entre les termes sont plus

importantes que les termes eux-mêmes : il compare ainsi les femmes qui circulent entre les clans aux mots qui circulent entre les individus.
C'est ainsi qu'il parvient, dans les *Structures élémentaires de la parenté* (1949) à donner une explication désormais classique de la prohibition de l'inceste, qui n'est pas tant interdiction de prendre femme au sein d'un groupe arbitrairement défini, qu'obligation que les femmes circulent et créent ainsi des liens entre les groupes qui fondent la vie sociale : « La prohibition de l'inceste est moins une règle qui interdit d'épouser mère, sœur ou fille, qu'une règle qui oblige à donner mère, sœur ou fille à autrui. C'est la règle du don par excellence ». En ce sens la prohibition de l'inceste « exprime le passage du fait naturel de la consanguinité au fait culturel de l'alliance. »
Par la suite Lévi-Strauss va retrouver des « lois universelles de l'activité inconsciente de l'esprit », non seulement dans les langues ou les systèmes de parenté, mais aussi dans les mythes ou les règles culinaires. Il convient de retrouver les règles de fonctionnement d'une « pensée sauvage » qui est « logique, dans le même sens et de la même façon que la nôtre » (*La Pensée sauvage*, 1962).

Le structuralisme élargi

Le modèle de Lévi-Strauss va ensuite être utilisé dans d'autres domaines. En psychanalyse tout d'abord, avec Jacques Lacan (1901-1981) dont les *Écrits* paraissent en 1966. Lacan réinterprète la doctrine freudienne dans les termes de la linguistique contemporaine. Il radicalise la séparation entre signifiant et signifié, qui devient comme une image de la barrière que constitue le refoulement : il n'y a pas de rapport entre le signifiant et le signifié, toujours absent; le signifiant est donc toujours primordial. Ses éléments ne prennent sens que les uns par rapport aux autres : d'où la formule fameuse selon laquelle « l'inconscient est structuré comme un langage ».
En philosophie, une interprétation structuraliste du marxisme est développée par Louis Althusser (1918-1990) : dans *Pour Marx* (1965) il discerne une « coupure » entre les écrits de jeunesse de Marx et ses œuvres de la maturité. Le véritable marxisme est un « anti-humanisme théorique » : l'histoire ne s'explique pas par l'intervention de sujets, les hommes ne sont que les « supports » de relations structurelles entre les classes.
Le structuralisme inspire également pendant un temps l'œuvre de Michel Foucault. Dans *Les Mots et les choses* (1966), il entend montrer que la question de l'homme, telle que la posent les sciences humaines, est une question historiquement limitée et propre à la rationalité occidentale. L'homme n'existe pas comme un donné, mais il est constitué comme objet par les sciences humaines. La notion d'homme a une date de naissance, et sans doute une fin : « L'homme n'est qu'une invention récente » qui va s'effacer « comme à la limite de la mer un visage de sable ». La notion foucaldienne d'« *épistémès* » qui structurent de manière sous-jacente les savoirs propres à chaque époque de l'histoire peut également être rapprochée de la notion de structure.
Enfin, dans le domaine de la critique littéraire, Roland Barthes (1915-1980) avait décrit, dans *Le Degré zéro de l'écriture* (1953), ce que pouvait être la recherche formelle d'une écriture « blanche », sans sujet ni récit. Dans ses *Mythologies* (1957)

il réunit un recueil d'articles très subtils sur les mythes de la vie quotidienne, de la DS Citroën à Minou Drouet, en passant par le cerveau d'Einstein, la margarine Astra, ou le visage de Garbo.

Lévi-Strauss et le racisme ■ En 1952, à la demande de l'UNESCO, Claude Lévi-Strauss publia *Race et histoire* où il critique l'ethnocentrisme, défini comme le « rejet hors de la culture, dans la nature, de tout ce qui ne se conforme pas à la norme sous laquelle on vit ». Il montre qu'aucun critère ne permet de juger qu'une culture est supérieure à une autre et qu'il convient donc de « préserver la diversité des cultures », car le refus de la diversité humaine, c'est cela la vraie inhumanité : « Le barbare, c'est d'abord l'homme qui croit à la barbarie. »
Lévi-Strauss reprend la question en 1971 dans une conférence sur « Race et culture », toujours à la demande de l'UNESCO. Mais il fait scandale en répétant simplement que « chaque culture se développe grâce à ses échanges avec d'autres cultures », mais qu'il faut « que chacune y mette une certaine résistance, sinon, très vite, elle n'aurait plus rien qui lui appartienne en propre à échanger ». Il constate le caractère universel, et non répréhensible, du « désir de chaque culture de s'opposer à celles qui l'environnent, de se distinguer d'elles, en un mot d'être soi ». C'est cette diversité qui fait la richesse de l'humanité : « Toute création véritable implique une certaine surdité à l'égard d'autres valeurs, pouvant aller jusqu'à leur refus sinon même à leur négation. »

Prolongements

- La traduction en français en 1969 de l'ouvrage du linguiste américain Noam Chosmky *Structures syntaxiques*, va conduire à une remise en cause du modèle structuraliste dominant en linguistique : la linguistique « générative » s'interroge sur la capacité de l'homme à « générer » et comprendre des énoncés linguistiques. Il ne s'agit plus d'une méthode comparative, mais d'une méthode génétique.
- Dans *La Pensée 68* (1985) Luc Ferry et Alain Renaut dénoncent la philosophie des années soixante, comprise comme essentiellement « anti-humaniste » : elle s'accorderait, de Foucault à Derrida, en passant par Bourdieu et Lacan, à proclamer « la mort de l'homme comme sujet », ce qui aurait de graves conséquences éthiques.

4. Littérature

4.1 Proust et le roman

À la recherche du temps perdu de Marcel Proust est sans conteste le plus grand roman du XXe siècle. Il dresse certes un tableau de la vie mondaine à Paris au début du siècle, à la manière de *La Comédie humaine* de Balzac, mais il est surtout une tentative originale de description de la vie d'une conscience, une méditation sur le temps perdu et les tentatives de le retrouver, par la mémoire et par la littérature. La souveraineté de la littérature sur la vie y est clairement affirmée. Ce roman d'un roman en train de se faire ouvre également la voie à toutes les recherches de la littérature contemporaine sur la nature du langage et de la création littéraire.

Proust, mondain et écrivain

Fils d'un célèbre médecin, d'origine juive par sa mère, affligé de crises d'asthme dès l'âge de neuf ans, Marcel Proust (1871-1922) fait des études de sciences politiques et de philosophie et mène une vie mondaine et oisive, grâce à la fortune familiale. Il fréquente les salons de Mme de Caillavet, de Mme Strauss, veuve de Bizet, et de la princesse Mathilde et tient des chroniques mondaines ou littéraires dans les revues de l'époque. Homosexuel, il vit une passion avec le musicien Reynaldo Hahn, qui sera un des modèles du musicien Vinteuil dans *la Recherche*. Il a également une relation avec son secrétaire et chauffeur, Alfred Agostinelli, « être qu'il a le plus aimé après sa mère », qui meurt dans un accident d'aviation, et a sans doute inspiré le personnage d'Albertine. Durant l'affaire Dreyfus, Proust est favorable à Dreyfus, alors que l'aristocratie du faubourg Saint-Germain attaque violemment le capitaine. Ses parents meurent en 1903 et 1905. Le manuscrit de son chef-d'œuvre est refusé par tous les éditeurs : en 1913 Proust publie cependant, chez Grasset mais à compte d'auteur, *Du côté de chez Swann*, premier volume de *À la recherche du temps perdu*. Il connaît le succès avec *À l'ombre des jeunes filles en fleur* (1918), qui reçoit le prix Goncourt en 1919. De plus en plus malade, Proust se cloître dans son appartement pour terminer la rédaction de la *Recherche*, dont plusieurs volumes paraîtront après sa mort.

Proust, qui semble être l'homme d'une seule œuvre a pourtant écrit d'autres ouvrages. Dans son premier livre, le recueil de nouvelles *Les Plaisirs et les jours* (1896), Proust s'essaie à des pastiches de Balzac ou de Sainte-Beuve. Il traduit et préface *La Bible d'Amiens* et *Sésame et les lys* de l'esthète anglais John Ruskin : comme celui-ci il s'enthousiasme pour les cathédrales et l'art gothique. Il est également l'auteur de travaux critiques qui ne seront publiés qu'après sa mort (*Contre Sainte-Beuve*, 1954). Contre Sainte-Beuve, il montre que la biographie d'un artiste ne peut nous éclairer sur son œuvre : « Un livre est le produit d'un autre moi que celui que nous manifestons dans nos habitudes, dans la société, dans nos vices. » Dans la *Recherche* l'écrivain Bergotte ou le peintre Elstir, bien que grands artistes, sont des hommes tout à fait ordinaires. Proust écrit enfin *Jean Santeuil* (1952), essai d'autobiographie, qui est comme une répétition de la *Recherche*.

Le monde et le moi

Le caractère sans doute le plus remarquable de l'œuvre de Marcel Proust, c'est son absence d'intrigue, au sens traditionnel : il ne s'y passe rien, hormis la vie du narrateur qui se la remémore et en fait le récit à la première personne. Ce « je » n'est d'ailleurs pas tant celui du narrateur qu'un « je » impersonnel, comme en témoigne l'imprécision des indications données au début du livre. Cette vie n'a en elle-même rien de particulièrement exceptionnel, à l'image de la fameuse première phrase du roman : « Longtemps je me suis couché de bonne heure. » Les personnages se contentent de vieillir. Quant au narrateur, il souhaite écrire un roman, mais en recherche le sujet. Il s'agit de faire revivre à la fois un monde et une conscience. Le style très particulier de Proust, avec ses phrases longues et sinueuses, fait ressentir cette intrication du monde et du moi.

Ce n'est qu'à la fin du livre que le narrateur a la révélation du livre qu'il doit écrire : « Et je compris que tous les matériaux de l'œuvre littéraire, c'était ma vie passée. » Ce livre qu'il convient d'écrire est la traduction des matériaux de notre vie : « Ce livre essentiel, le seul livre vrai, un grand écrivain n'a pas, dans le sens courant, à l'inventer, puisqu'il existe déjà en chacun de nous, mais à le traduire. » Seule vaut à la fin la littérature qui donne un sens à une vie mondaine sans cela insignifiante : alors même qu'il ne pouvait s'empêcher de les rechercher, « car on ne pense pas à soi, on ne pense qu'à sortir de soi », le narrateur avait été déçu par la réalité, par la minceur des personnages qu'il avait côtoyés dans le monde. Son enquête dans la « comédie mondaine », à la manière de Saint-Simon ou de la *Comédie humaine*, ne prend sens qu'à travers la littérature. Il comprend enfin que « la vraie vie, la vie enfin découverte et éclaircie, la seule vie par conséquent réellement vécue, c'est la littérature ». Il faut accepter que l'homme soit seul et ne puisse communiquer avec autrui directement : l'homme est « l'être qui ne peut sortir de soi, qui ne connaît les autres qu'en soi et, en disant le contraire, ment ».

L'exploration de la mémoire

La Recherche fait le tableau d'existences désagrégées par le temps, qu'il s'agisse du moi ou de la société. Rien ne résiste au temps : devant l'oubli progressif de nos morts, Proust constate que « la permanence et la durée ne sont promises à rien, pas même à la douleur ». Proust n'accepte pas ce passage du temps et fait des tableaux impitoyables de la vieillesse.

Pour retrouver les états de conscience engloutis, il fait appel à la mémoire. Il apprécie ainsi particulièrement Chateaubriand qui, dans les *Mémoires d'Outre Tombe*, évoque le « gazouillement de la grive » à Combourg, dont le nom n'est pas sans annoncer Combray. Lecteur de Bergson, il distingue, dans une lettre à Antoine Bibesco, deux sortes de mémoire, une mémoire normale et une mémoire affective : « La mémoire volontaire, qui est surtout une mémoire de l'intelligence et des yeux, ne nous donne du passé que des faces sans vérité; mais qu'une odeur, une saveur retrouvées dans des circonstances toutes différentes réveillent en nous, malgré nous, le passé, nous sentons combien ce passé était différent de ce que nous croyions nous rappeler et que notre mémoire volontaire peignait comme les mauvais peintres avec des couleurs sans vérité. » La fameuse madeleine qui fait revivre les dimanches matin à Combray, sous tous leurs aspects, illustre cette mémoire affective : « La meilleure part de notre mémoire est hors de nous, dans un souffle pluvieux, dans l'odeur de renfermé d'une chambre ou dans l'odeur d'une première flambée. »

Avec cette mémoire affective, « une minute, affranchie de l'ordre du temps a recréé en nous, pour la sentir, l'homme affranchi de l'ordre du temps ». Il y a dans la mémoire une dimension cachée : « Comme il y a une géométrie dans l'espace, il y a une psychologie dans le temps où les calculs d'une psychologie plane ne seraient plus exacts. »

À la recherce du temps perdu : plan

I. Du côté de chez Swann, 1913 C'est le récit de l'enfance du narrateur à Combray, où sa famille séjournait plusieurs mois par an. Il évoque ses parents, tante Léonie, Françoise la cuisinière. Tout un monde renaît à travers l'épisode de la madeleine trempée dans le thé, qui fait revivre la madeleine du dimanche matin avant la messe dans la chambre de tante Léonie. Le narrateur évoque les deux « côtés », l'aristocratique côté de Guermantes et celui de Méséglise, où vit Swann. Celui-ci, prototype du mondain, a épousé une femme autrefois légère, Odette de Crécy, qu'il a rencontrée dans le salon de parvenus, les Verdurin. De ce mariage naît Gilberte, dont le narrateur sera un amoureux malheureux. Swann, dont l'amour est désormais envolé, est à la fois triste et apaisé lorsqu'il entend la sonate de Vinteuil, qui fut « l'air national de leur amour ».

II. À l'ombre des jeunes filles en fleur, 1919 En vacances à Balbec, sur la côte normande, le narrateur est amoureux d'Albertine, une parmi un groupe de « jeunes filles en fleur ». Il rencontre le peinte Elstir. Entre en scène le frère du duc de Guermantes, le baron de Charlus, auquel le narrateur est présenté et qui lui donne l'occasion d'approcher le monde de la haute aristocratie des Guermantes. Apparaît également le personnage de l'écrivain Bergotte.

III. Le Côté de Guermantes, 1920 Le narrateur, à propos du château de Guermantes, proche de Combray, se prend à rêver sur le nom des Guermantes et sur le pouvoir évocateur des noms. Il croit être amoureux de la duchesse Oriane de Guermantes : mais il est déçu lorsqu'il est admis chez la duchesse. Sa liaison avec Albertine commence.

IV. Sodome et Gomorhe, 1922 Le mystère de Charlus se révèle être son appartenance à la « race maudite » des homosexuels. Le narrateur évoque une soirée mondaine chez la princesse de Guermantes ou le salon bourgeois des Verdurin. Il souffre de la disparition de sa grand-mère plus qu'au moment de sa mort. Il découvre qu'Albertine a les mêmes mœurs particulières que Charlus.

V. La prisonnière, 1923 Albertine habite chez le narrateur mais leurs rapport sont dominés par la jalousie. Elle lui échappe et finit un matin par partir. Le narrateur assiste à la déchéance du baron Charlus.

VI. La Fugitive (ancien titre : Albertine disparue), 1925 Le narrateur apprend la mort accidentelle d'Albertine. Il retrouve Gilberte puis se rend Venise où il apprend le mariage de son ami Robert de Saint-Loup, qui avait pourtant les mêmes tendances que son oncle Charlus, avec Gilberte. Ainsi se rejoignent les deux « côtés » de l'enfance du narrateur.

VI Le Temps retrouvé, 1927 De retour à Combray, le narrateur se remémore son passé. Puis éclate la guerre. La paix revenue, la société est moins cloisonnée qu'avant guerre, puisque le prince de Guermantes a épousé en secondes noces Mme Verdurin devenue veuve. Tous les personnages qui entourent le narrateur ont vieilli, ils ne sont plus rien de ce qu'ils ont été pour le narrateur, qui voudrait les retrouver tels qu'ils étaient en ces temps-là. C'est à une sinistre matinée chez la princesse de Guermantes où se retrouvent les personnages de son enfance qu'il a une illumination : c'est par la résurrection du temps vécu qu'il accède à l'essence des choses, et cette résurrection n'est possible que par la littérature.

Prolongements

- Paul Claudel semble n'avoir qu'une vision très réductrice de l'œuvre de Proust : « Un peuple d'oisifs et de larbins […]. Tout de même, il y eut autre chose au cours de ces années honorables […] que les papotages de Mme Verdurin et les amours de M. de Charlus. »
- André Breton dans le premier *Manifeste du surréalisme* critique « l'abondance des romans », et attaque de la même manière Proust et Barrès, qui s'intéressent « aux moments nuls » de leurs vies.

- Gilles Deleuze (*Marcel Proust et les signes*, 1970) et Roland Barthes ont montré l'importance pour Proust du déchiffrement des noms, en particulier des noms propres qui produisent chez lui à la fois illusion et déception, et le conduisent alors à l'écriture.
- Dans *L'Art du roman* (1986), Milan Kundera voit dans Proust et dans Joyce l'« apogée » de « l'exploration intérieure de la vie de l'homme » qui est l'œuvre du roman européen.

4.2 Le surréalisme

➠ TERMINOLOGIE • Le terme de « surréalisme » est utilisé pour la première fois par Guillaume Apollinaire en 1917, dans la préface des *Mamelles de Tirésias*. Il est repris par André Breton qui le définit « une fois pour toutes » en 1924 comme : « Automatisme psychologique pur par lequel on se propose d'exprimer soit verbalement, soit par écrit, soit de toute autre manière le fonctionnement réel de la pensée. Dictée de la pensée, en l'absence de tout contrôle exercé par la raison, en dehors de toute préoccupation esthétique ou morale ».

Le surréalisme est un mouvement de « libération totale de l'esprit et de tout ce qui lui ressemble », qui réunit, à partir des années vingt, écrivains et artistes autour de la personnalité d'André Breton. Ils se font connaître par des « manifestes » retentissants et prennent des positions politiques radicales. Mouvement d'abord littéraire, le surréalisme s'élargit ensuite au domaine de la peinture puis à celui du cinéma, mais se désintéresse de la musique.
Le surréalisme se présente comme un dépassement du mouvement Dada, qui semblait, selon Breton, déboucher « sur un corridor qui tourne en rond ». Malgré la fin du mouvement surréaliste « organisé », l'inspiration surréaliste connaîtra une longue carrière tout au long du XXe siècle.

Le surréalisme, entre révolte et révolution

En 1920 paraît le premier ouvrage surréaliste, *Les Champs magnétiques*, écrit en collaboration par André Breton (1896-1966) et Philippe Soupault. La naissance officielle du surréalisme date du premier *Manifeste du surréalisme*, publié en 1924. Ensuite est fondée la revue *La Révolution surréaliste* qui se veut « la revue la plus scandaleuse du monde ». Les surréalistes recherchent tout ce qui peut « ruiner les idées de famille, de patrie et de religion » et prônent une « révolte absolue ». Ils manifestent contre la guerre du Maroc en 1923, ou s'en prennent au « cadavre » Anatole France. Le second *Manifeste du surréalisme*, plus politique, paraît en 1929. La revue change alors de titre pour marquer cette nouvelle orientation et devient *Le Surréalisme au service de la révolution* (S.A.S.D.L.R.) : selon Breton « l'art authentique d'aujourd'hui a partie liée avec l'activité sociale révolutionnaire ». Le mouvement surréaliste comprend des écrivains comme Louis Aragon, Paul Éluard, Benjamin Péret, Antonin Artaud, des peintres comme Max Ernst, Hans Arp, Giorgio de Chirico, André Masson, Man Ray, Yves Tanguy, puis, dans une deuxième période, René Char, Salvador Dali et Luís Buñuel. Les surréalistes se divisent ensuite sur des questions politiques, lorsqu'Aragon se rapproche du Parti communiste : Breton entend en effet préserver l'indépendance du mouvement (*Position politique du surréalisme*, 1935). La plupart des surréalistes se réfugient aux États-Unis pendant la guerre. Breton dirige ce qui reste du mouvement jusqu'à sa mort, évoluant dans un sens mystique, avec ses allusions à l'existence d'êtres supérieurs, les «Grands Transparents».

Le subconscient et le rêve

Breton, estime qu'il convient d'aller au-delà de la réalité courante : «On trouve plus dans le réel caché que dans le donné immédiat.» Pour cela, il faut «être voyant, se faire voyant; il ne s'est agi pour nous que de découvrir les moyens de mettre en application ce mot d'ordre de Rimbaud».
Le rêve est une voie d'accès à cette réalité supérieure. Dans *Les Vases communicants* (1932), Breton, ancien interne en psychiatrie et un des premiers lecteurs français de Freud, insiste sur la «toute puissance du rêve», qui illustre le mieux «le jeu désintéressé de la pensée» et permet de peindre ce qui est le seul objet de l'art surréaliste, un «modèle purement intérieur», une «représentation mentale pure». À terme, Breton conclut que rêve et réalité se rejoignent : «Je crois en la résolution future de ces deux états, en apparence si contradictoires, que sont le rêve et la réalité, en une sorte de réalité absolue, de surréalité, si l'on peut ainsi dire». Il doit être possible de retrouver un «certain point de l'esprit d'où la vie et la mort, le réel et l'imaginaire, le passé et le futur, le communicable et l'incommunicable, le haut et le bas cessent d'être perçus contradictoirement».
Breton note également que Freud a bien vu que les poètes sont nos «maîtres» dans la «connaissance de l'âme». Pour accéder à cette réalité supérieure, les surréalistes donnent également une grande importance à l'insolite et au hasard, que manifestent des procédés comme l'écriture automatique, «dictée de la pensée, en l'absence de tout contrôle exercé par la raison, en dehors de toute préoccupation esthétique ou morale». De même ils usent de la méthode ludique des «cadavres exquis» qui permet de produire des récits ou des dessins assemblés par hasard.

Amour et beauté

Breton se fait le théoricien de l'amour fou dans *Nadja* (1928), récit d'une rencontre hasardeuse, avec une femme voyante, mage mais aussi délirante. Dans *L'Amour fou* (1937), il fait de l'amour une des voies d'accès à la vraie vie : «Le surréalisme qui, pour une grande part a commencé lui-même par être protestation, s'est trouvé, dans son emportement, heurter parfois des portes qui cédaient, découvrir des échappées sur ce que pourrait être la vraie vie. L'amour a été une de ces échappées.» La femme est également l'objet d'un véritable culte chez les surréalistes, chez Aragon ou Éluard notamment.
Quant à la beauté, le surréalisme la définit par son pouvoir de commotion : qu'elle soit «érotique-voilée», «explosante-fixe» ou «magique-circonstancielle», «la beauté sera convulsive ou elle ne sera pas». La meilleure définition de la beauté est selon eux la formule du poète Lautréamont : «Beau comme la rencontre fortuite d'une machine à coudre et d'un parapluie sur une table de dissection.»
Le surréalisme sait en effet aussi manier l'humour : Péret et Éluard énoncent des proverbes surréalistes, tel que : «Il faut battre sa mère pendant qu'elle est jeune», tandis que Breton édite une *Anthologie de l'humour noir*.

Le surréalisme et la peinture

En 1928, dans *Le Surréalisme et la peinture*, Breton expose ses vues sur la peinture : « Il m'est impossible de considérer un tableau autrement que comme une fenêtre dont mon premier souci est de savoir sur quoi elle donne… et je n'aime rien tant que ce qui s'étend devant moi à perte de vue. »
La peinture surréaliste se sert de procédés comme le collage ou le frottage. Max Ernst (1891-1976) exploite dans ses collages de photographies « la rencontre fortuite de deux réalités distantes sur un plan non convenant ». Le frottage permet de marquer « l'irritabilité de l'esprit ». Il compose en 1926 *La Vierge Marie corrigeant l'enfant Jésus devant trois témoins, André Breton, Paul Éluard et le peintre.*
Salvador Dali (1904-1989) met au point sa méthode « paranoïaque critique », en partie influencée par la thèse de Jacques Lacan sur la paranoïa : il s'agit d'une « méthode spontanée de connaissance irrationnelle basée sur l'objectivation critique et systématique des associations et interprétations des phénomènes délirants ». La peinture doit être une « photographie à la main et en couleurs de l'irrationalité concrète et du monde imaginatif en général », ce qui conduira Dali à une peinture de facture très académique, à la manière des chromos. Dali collabore au scénario de deux films de Buñuel, *Un Chien andalou* (1928) qui montre notamment un homme tranchant au rasoir l'œil d'une jeune fille et *L'Âge d'or* (1930) où Bunuel souhaitait « affaiblir la capacité de résistance d'une société en putréfaction qui essaye de se survivre en utilisant les prêtres et les policiers ».
André Masson et ses « tableaux de sable », Juan Miró et ses papiers collés, Yves Tanguy et ses paysages lunaires, prouvent que le surréalisme pouvait être à l'origine de grandes œuvres picturales.

Dada ■ Le mouvement Dada a été créé le 8 février 1916 au Café Voltaire, à Zurich par le poète roumain Tristan Tzara, auteur en 1918 du premier *Manifeste dada*. Il est en partie issu du dégoût devant les massacres de la Première Guerre mondiale. Le mouvement s'étend bientôt aux États-Unis avec Francis Picabia, en Allemagne et en France, avec les membres de la revue *Littérature*, Breton, Aragon et Soupault. Dada est d'abord un mouvement littéraire, qui fabrique des poèmes avec « un journal et des ciseaux ». Les peintres dadaïstes utilisent des techniques comme le collage, avec Ernst, ou la construction de « machines ironiques », avec Picabia. Dada comprend aussi des sculpteurs comme Hans Arp ou des photographes comme Man Ray. Le mouvement disparaît en 1922 à la suite de la rupture entre Tzara et Breton.
Le nom « dada » est volontairement choisi pour son caractère absurde : « Dada ne signifie rien. » Tzara le définit : « Dada est l'art sans pantoufles ni parallèles ; qui est contre et pour l'unité et décidément contre le futur… Nécessité sévère sans discipline ni morale et crachons sur l'humanité. » Dada condamne radicalement l'art (« l'œuvre d'art est morte »), la tradition et le progrès (« Dada, abolition de la mémoire, Dada, abolition du futur ») ou le langage (« Dada propose deux solutions : plus de regards, plus de paroles »).
Dada se veut essentiellement destructeur : « Plus de peintres, plus de littérateurs, plus de musiciens, plus de sculpteurs, plus de religions, plus de républicains, plus de royalistes, plus d'impérialistes, plus d'anarchistes, plus de socialistes, plus de bolcheviques, plus de politiques, plus de prolétaires, plus de démocrates, plus de bourgeois, plus d'aristocrates, plus d'armées, plus de police, plus de patries, enfin

assez de toutes ces imbécillités, plus rien, plus rien, rien, RIEN, RIEN, RIEN. » Le premier *Manifeste Dada* conclut logiquement que « les vrais dadas sont contre dada ».

Chirico et la peinture métaphysique ■ Les surréalistes se réclameront un temps des tableaux du peintre italien Giorgio de Chirico (1888-1978), en particulier de ses *Intérieurs métaphysiques* (1911-1918), avant que Breton ne dénonce la « trahison » de Chirico, revenu à une facture classique. Lors de ses études en Allemagne, Chirico a été marqué par la lecture des romantiques, de philosophes comme Nietzsche, ainsi que par la peinture symboliste de Böcklin. Ses tableaux mystérieux, aux couleurs chaudes, représentant des villes désertes, des tours et des arcades, aux ombres curieuses renvoyant souvent à l'extérieur du cadre ont des titres sibyllins, comme *L'Énigme de l'arrivée* (1912) ou *L'Angoisse du départ* (1914). Chirico souligne le « rapport troublant » que la perspective entretient avec la métaphysique. Les seuls personnages sont des plâtres au regard vide ou des mannequins. Chirico influencera les peintres surréalistes belges comme Paul Delvaux (1897) ou René Magritte (1898-1967), auteur du fameux *Ceci n'est pas une pipe* (1928-1929).

Prolongements

- Le terme ultime de la désacralisation dadaïste de l'art donnera les « *ready made* » de Marcel Duchamp (1887-1968), œuvres d'art « toutes faites » dont la plus célèbre est l'urinoir qu'il expose à New York en 1917 sous le titre *Fountain*. Duchamp démontre ainsi que « ce sont les regardeurs qui font la peinture ». Il se moque également de la *Joconde*, présentée avec des moustaches en 1920 sous le titre *LHOOQ*.
- Antonin Artaud (1896-1948) après avoir activement participé au mouvement dénonce le « bluff surréaliste » qui se contente d'une action politique au lieu de s'attacher à rester au plus près des expériences-limites sur la pensée et le corps : « Là où d'autres proposent des œuvres, je ne prétends pas montrer autre chose que mon esprit. »
- Le surréalisme aura une grande influence sur les images de notre quotidien, influençant l'affichisme, la publicité, voire même la décoration des vitrines : comme le note ironiquement Roland Barthes : « Il y a du surréalisme dans les vitrines de chez Hermès ou des Galeries Lafayette. » Le surréalisme annonce également bien des slogans de Mai 68 : « L'imagination au pouvoir », « Il est interdit d'interdire »... Le lettrisme d'Isidore Isou, issu du dadaïsme et du surréalisme, sera d'ailleurs à l'origine du mouvement situationniste, illustré par Guy Debord décrivant l'avènement de *La Société du spectacle* (1967).

4.3 Le nouveau roman

➠ TERMINOLOGIE • L'appellation de « nouveau roman » fut inventée, en mauvaise part, par le chroniqueur littéraire du *Monde* Émile Henriot, qui dénonçait le 22 mai 1957 le « tapage » des nouveaux romanciers. Elle s'est imposée de préférence aux appellations concurrentes d'« école du regard », d'« école du refus », de « nouveau réalisme » ou d'« anti-roman ». Alain Robbe-Grillet, en 1963, a repris cette formule à son compte dans *Pour un nouveau roman*.

Le « nouveau roman » est un mouvement littéraire français des années cinquante-soixante. Le nouveau roman s'oppose à tout ce qui caractérise le roman traditionnel, qu'il s'agisse du récit, des personnages ou des significations : il insiste sur des préoccupations essentiellement formelles. Selon la formule de

Jean Ricardou, le nouveau roman « est moins l'écriture d'une aventure, que l'aventure d'une écriture ». Ses modèles sont Raymond Roussel, James Joyce, Franz Kafka ou Samuel Beckett, mais aussi *L'Étranger* de Camus ou *La Nausée* de Sartre. L'influence du nouveau roman se fera sentir également dans le domaine du cinéma.

Le groupe des Éditions de Minuit

S'ils ne constituent pas une école à proprement parler, les principaux auteurs du nouveau roman sont publiés aux Éditions de Minuit dirigées par Jérôme Lindon, où est également édité un de leurs principaux inspirateurs, Samuel Beckett : ils se nomment Alain Robbe-Grillet, Nathalie Sarraute, Michel Butor, Claude Simon, Claude Ollier et Robert Pinget. *Les Gommes* d'Alain Robbe-Grillet (né en 1922) est en 1953 le premier grand succès du nouveau roman, suivi, du même auteur, par *Le Voyeur* (1955), *La Jalousie* (1957), et *Dans le labyrinthe* (1959), répétitions et variations sur les mêmes thèmes.

Robbe-Grillet avait été précédé par Nathalie Sarraute (née en 1902), auteur de *Tropismes* (1939) et du *Planétarium* (1959). Elle décrit les mouvements infra-conscients, les « sous-conversations » qui font la trame de la vie quotidienne et qu'elle nomme « tropismes ».

Michel Butor (né en 1926) publie *L'Emploi du temps* (1956) et connaît un grand succès public avec *La Modification* (1957), récit curieusement écrit au vocatif d'un voyage en chemin de fer entre Paris et Rome. Plus austère est l'œuvre du futur prix Nobel de littérature, Claude Simon (né en 1913), auteur des *Géorgiques* (1981).

L'Ère du soupçon (1956) de Nathalie Sarraute et *Pour un nouveau roman* (1963) d'Alain Robbe-Grillet sont les principaux manifestes de ce nouveau roman.

Contre le roman classique

Le nouveau roman refuse ce qui fait l'essentiel du roman classique, et tout d'abord les personnages : selon Nathalie Sarraute, « non seulement le romancier ne croit plus guère à ses personnages, mais le lecteur, de son côté, n'arrive plus à y croire ». Pour Robbe-Grillet le personnage est une « momie ». Ces personnages seront donc effacés, leurs noms supprimés et remplacés par des pronoms personnels : « L'époque actuelle est plutôt celle du numéro matricule. » Les glissements sont incessants d'une personne à l'autre, qu'il est souvent difficile d'identifier.

Plutôt que des personnages, le nouveau roman s'attache à décrire des objets et des gestes : pour Robbe-Grillet, « à la place de cet univers des "significations" (psychologiques, sociales, fonctionnelles), il faudrait donc essayer de construire un monde plus solide, plus immédiat. Que ce soit d'abord par leur présence que les objets et les gestes s'imposent, et que cette présence continue ensuite à dominer ». Un exemple particulièrement frappant de cette « littérature objective » est la description d'une tomate dans *Les Gommes*. Contre la psychologie classique de l'intériorité, cette volonté d'une description purement objective s'inspire sans doute en partie de la psychologie behavioriste, et de ses descriptions en termes de stimulus et de réponse.

Enfin, le nouveau roman refuse la conception traditionnelle du récit, censé refléter de manière réaliste un cours inaltérable du temps. Il se présente, selon Robbe-

Grillet, comme un « roman du présent », d'où ses affinités avec le cinéma : « Le cinéma ne connaît qu'un seul mode grammatical : le présent de l'indicatif. Film et roman se rencontrent en tout cas aujourd'hui, dans la construction d'instants, d'intervalles et de successions qui n'ont plus rien à voir avec ceux des horloges ou du calendrier. »
Robbe-Grillet va d'ailleurs devenir scénariste, pour *L'Année dernière à Marienbad* (1961) d'Alain Resnais, puis réalisateur de films peuplés de fantasmes érotiques avec *Glissements progressifs du plaisir* (1973) ou *Le Jeu avec le feu* (1975).

Un engagement littéraire

Contre l'existentialisme, Robbe-Grillet pose que le monde décrit par le nouveau roman « n'est ni signifiant ni absurde, il est tout simplement » : « Gestes et objets seront là avant d'être "quelque chose" ; et ils seront encore là après, durs, inaltérables, présents pour toujours et se moquant de leur propre sens. » Il ne s'agit pas de leur ajouter, de l'extérieur, un sens qu'ils ne possèdent pas.
C'est aussi contre la théorie sartrienne de l'engagement que le nouveau roman affirme le caractère purement littéraire du travail de l'écrivain. S'il se prononce par exemple contre la guerre d'Algérie, Robbe-Grillet le fait à titre personnel mais non en tant qu'« intellectuel engagé » : « Au lieu d'être de nature politique, l'engagement c'est, pour l'écrivain, la pleine conscience des problèmes actuels de son propre langage. »

Joyce : *Ulysse* ■ James Joyce (1882-1941) est l'auteur d'*Ulysse*, qui fit scandale lors de sa parution en 1922, sans doute l'une des œuvres les plus novatrices de la littérature contemporaine. Il s'agit d'une version moderne et parodique de *L'Odyssée*, qui se passe toute entière en une seule journée – le jeudi 16 juin 1904 – de la vie du héros, le juif dublinois Léopold Bloom, et en un seul lieu, la ville de Dublin. Les autres personnages s'inspirent également des héros homériques : Stephen Dedalus est Télémaque, Molly Bloom Pénélope…. Dans ce qui n'est pas à proprement parler un roman sont mêlés toutes sortes de genres littéraires et de styles. Joyce dira de son livre : « J'ai écrit dix-huit livres en dix-huit langages. » L'unité de l'ouvrage est donnée par l'invention de la technique du monologue intérieur, qui permet ces divers jeux sur la langue. L'hermétisme de Joyce s'accroît avec sa dernière œuvre *Finnegans Wake* (1939).

Francis Ponge : *Le parti pris des choses* ■ Comme les auteurs du nouveau roman, le poète Francis Ponge (1899-1988) est un poète des objets et de la nature dans *Le Parti pris des choses* (1942), salué par Sartre à sa parution. Ces descriptions visent à rendre l'essence même des choses les plus humbles, l'huître ou le cageot. Il consacre également des recueils au *Savon* (1967) et à *La Fabrique du pré* (1971). Il convient « d'abaisser notre prétention à dominer la nature et d'élever notre prétention à en faire physiquement partie ». Il s'agit pour lui de « relever le défi des choses au langage », de redonner « force et tenue au langage » : dans ses tentatives très classiques, Ponge se réclame alors de Malherbe. Dans ses *Proèmes* (1948), il avait mêlé poème et prose.
Communiste et résistant, Francis Ponge sera ensuite gaulliste, sous l'influence de Malraux : dans un « essai de prose civique », *Nous mots français* (1978), il réfléchit sur la « notion complexe » de la France, qui est incarnée dans la langue.

Prolongements

- Roland Barthes, en 1957, qualifie de *Degré zéro de l'écriture* la recherche d'une écriture neutre, caractéristique du nouveau roman et annoncée par le Camus de *L'Étranger* (1942). La notion d'écriture se distingue ainsi de celle, trop personnelle, de « style ».
- L'influence du nouveau roman est indéniable sur des auteurs comme Jean-Marie Gustave Le Clézio, qui, dans *Le Procès verbal* (1963), cherche à « exprimer la platitude » ou Patrick Modiano, qui mêle les temps et les personnages de ses romans. Le nouveau roman importe également à Philippe Sollers et aux membres du groupe *Tel quel*, ainsi que, dans une moindre mesure, à Georges Perec.
- Robbe-Grillet lui-même, dans ses dernières œuvres, semble s'éloigner du nouveau roman : il publie en 1984 une autobiographie de facture très classique, *Le Miroir qui revient*.

5. Arts

5.1 Le cinéma, art du XXᵉ siècle

➠ TERMINOLOGIE • Le terme de « cinématographe », tiré du grec « *kinèma* » (mouvement) et de « *graphein* » (écrire), désigne d'abord des appareils inventés par l'ingénieur français Bouly en 1892-1893. Ce fut ensuite le nom de marque de l'appareil Lumière, qu'Auguste et Louis Lumière firent breveter en février 1895. « Cinématographe » devint par la suite un nom commun.

Inventé à la fin du XIXᵉ siècle, le cinématographe bénéficia très vite d'un immense succès populaire. Il est sans conteste l'art du XXᵉ siècle, seul « grand art » au sens hégélien, dans lequel communient à la fois le plus vaste public et l'élite cultivée, à la manière des cathédrales du Moyen Âge. Ce caractère populaire du cinéma est particulièrement frappant dans l'entre-deux guerres. Mais le cinéma n'est pas qu'un art, il est très rapidement devenu une industrie, en particulier dans « l'usine à rêves » qu'est Hollywood. Il reflète ainsi une des dimensions principales de la vie moderne : selon l'historien de l'art Élie Faure, le cinéma est « l'art de la société industrielle ». Les grands films façonnent l'imaginaire des sociétés contemporaines. Le cinéma est enfin un art universel, certes particulièrement brillant aux États-Unis, mais qui connaît le même succès en Égypte ou en Inde, qui produit plus de films encore que les États-Unis.

Le cinéma muet

Le cinéma est issu de toute une série d'inventions utilisant la persistance des impressions rétinienne pour donner l'illusion de la représentation du mouvement, comme le « fusil photographique » du physiologiste Étienne Marey. La première projection cinématographique en public eut lieu le 28 décembre 1895 au Grand Café à Paris : il s'agit de l'*Arrivée du train en gare de La Ciotat* des frères Lumière. Une première projection privée avait eu lieu quelques mois plus tôt, montrant *La Sortie des usines de produits photographiques Lumière*. Dans un premier temps les Lumière ne perçoivent pas l'avenir que va connaître leur invention.

Dès l'origine deux courants marqueront l'histoire du cinéma : une tendance réaliste et documentaire, avec les opérateurs Lumière qui réalisent toute une série de documentaires à travers le monde, et une tendance fantastique avec Georges Méliès (1861-1938). Ce prestidigitateur va tout de suite percevoir l'intérêt du cinéma, non pas comme instrument documentaire, mais comme œuvre d'imagination et de spectacle. Dans son studio de Montreuil, il réalise plus de cinq cents films, aux truquages poétiques, comme le *Voyage dans la lune*, d'après Jules Verne en 1902. Il reconstitue également des scènes «d'actualité postiche», par exemple le couronnement du roi d'Angleterre Édouard VII.
Ce sont Louis Gaumont (1864-1946) et Charles Pathé (1863-1957) qui font du cinéma une véritable industrie. Dans les studios Gaumont, Louis Feuillade tourne la série des *Fantomas* (1913-1914) qui enchante non seulement le grand public mais aussi les poètes comme Guillaume Apollinaire et Max Jacob, puis les surréalistes, alors que les intellectuels avaient d'abord été réticents devant le cinéma, qu'ils assimilaient à du théâtre filmé.

Le cinéma américain

C'est aux États-Unis que le cinéma connaît son plus grand développement. Le premier film américain est un western d'Edwin Porter, *Le Vol du grand rapide* (1903). Le western, ultérieurement illustré par John Ford, deviendra pour les États-Unis un équivalent de l'épopée, qui met en avant le thème du destin, et fournit un mythe des origines à une nation d'émigrants. En 1915 le premier grand film de l'histoire du cinéma est *Naissance d'une nation* de D.W. Griffith (1875-1948) : ce film à la construction subtile et aux scènes à grand spectacle est un tableau de la guerre de sécession qui est en fait un éloge du Sud et du Ku-Klux-Klan. La construction d'*Intolérance* du même Griffith fait preuve d'encore plus d'habileté au montage. Le public est désormais converti aux films de long métrage : le cinéma, distraction de foire, est maintenant un véritable art, ayant son propre langage. Les projections de ces films muets sont accompagnés de musique et de bruitages.
C'est à Hollywood, choisie pour sa luminosité, que les grands studios de cinéma s'installent de 1910 à 1920 : cinq grandes compagnies (*majors*) dominent bientôt la production dans ce qui est le centre du cinéma mondial : Paramount, Fox, MGM, Warner Bros et RKO.
Un grand nombre de films comiques est produit : Charlie Chaplin (1889-1977) est le plus célèbre, avec son personnage de Charlot, qui mêle tragique et comique, en particulier dans ses longs métrages, et qui réalise en 1940 *Le Dictateur*, dirigé contre Hitler. Mais il convient aussi de citer Mack Sennet, Harry Langdon, Buster Keaton, Laurel et Hardy, W.-C. Fields ou les Marx Brothers (*Soupe au Canard*, 1933).

Le cinéma européen et universel

En Allemagne le cinéma va illustrer le courant expressionniste, avec *Le Cabinet du docteur Caligari* (1919) de R. Wiene, aux décors peints par trois artistes du groupe *Der Sturm* (selon l'un d'entre eux «les films doivent devenir des dessins rendus vivants») ou *Nosferatu le Vampire* (1922) de F. Murnau, inspiré du *Dracula*

de Bram Stoker. En URSS la Révolution d'octobre privilégie le cinéma, qui est, selon Lénine, «de tous les arts, pour nous le plus important». Le plus grand réalisateur est Sergueï Eisenstein (1898-1948), qui utilise l'art du montage pour réaliser l'un des chefs d'œuvre du cinéma mondial, *Le Cuirassé Potemkine* (1925). En Italie, qui a inventé un nouveau genre cinématographique, le péplum (film sur l'Antiquité), le fascisme accorde une grande importance au cinéma avec la construction des studios de Cinecitta en 1935, dirigés par le fils de Mussolini. Le cinéma italien occupera une place importante après guerre avec le courant de critique sociale du néo-réalisme illustré par Victorio de Sica (*Le Voleur de bicyclette*, 1948) mais surtout par Roberto Rossellini (*Rome, ville ouverte*, 1944-1946).
Dès les années vingt les plus grandes stars et réalisateurs européens, comme Greta Garbo, Stroheim, Murnau ou Lubitsch s'installent à Hollywood, qui sait utiliser leur talent et leur culture.
Le mouvement s'accélère avec la Seconde Guerre mondiale : Hollywood devient le refuge des cinéastes européens fuyant l'Europe nazie, comme Fritz Lang, Billy Wilder ou Jean Renoir. Hollywood participe d'ailleurs à l'effort de guerre des Alliés en réalisant, sous la direction de Frank Capra, la série des films *Pourquoi nous combattons* (1942-1945). Avec tous ces immigrants, le cinéma d'Hollywood devient un art universel et non plus seulement américain.

Le film parlant

C'est en 1927 qu'avait été projeté le premier film parlant, *Le Chanteur de jazz*, avec quelques dialogues et de longs numéros de chant. Beaucoup de grands réalisateurs du muet ne s'adapteront pas à l'irruption du parlant dans le cinéma. Le comique devient un comique de mots et plus de gestes; moins d'attention est désormais portée au montage et à la lumière, essentiels dans les films muets. L'apparition du parlant pose également des problèmes de doublage et semble, pendant un temps, menacer le caractère universel du cinéma.
Certains réalisateurs attachés au montage, comme Eisenstein, sont très critiques à l'égard du parlant : «Toute addition de la parole à une scène filmée, à la façon du théâtre, tuerait la mise en scène parce qu'elle jurerait avec l'ensemble qui procède surtout par juxtaposition de scènes séparées.»
Le parlant va cependant permettre le développement d'un genre typiquement américain, la comédie musicale, illustrée par Fred Astaire dans les années quarante. Un autre genre qui se développe dans ces années est le film policier, avec l'acteur Humphrey Bogart et le film à suspens, illustré par Alfred Hitchcock.
Dernier en date des grands mouvements cinématographiques, la Nouvelle Vague française, qui date des années soixante : ce groupe de cinéastes, liés à la revue *Les Cahiers du cinéma*, Claude Chabrol, Jean-Luc Godard, Éric Rohmer ou François Truffaut, font un cinéma sans décors, tourné souvent en extérieurs, avec tout un art du montage au rythme brusque. *À bout de souffle* (1959) de Jean-Luc Godard avec Jean-Paul Belmondo fait figure de manifeste pour cette nouvelle vague qui se réfère au cinéma américain, contre le cinéma français traditionnel, critiqué comme trop littéraire : ainsi François Truffaut réhabilite l'œuvre d'Hitchcock.

Les stars ■ Le cinéma hollywoodien met en scène des stars (en anglais : *étoiles*), qui au-delà de leurs rôles cinématographiques prennent une dimension mythique, y compris dans leurs vies privées, et dont les images sont l'objet d'un nouveau culte. Greta Garbo définit la star comme «un comédien ou une comédienne qui ne sait pas forcément jouer la comédie, mais qui possède quelque chose de plus». C'est avec les stars qu'Hollywood devient véritablement l'«usine à rêves». Greta Garbo, Marlène Dietrich, Marylin Monroe, Rudolf Valentino ou Douglas Fairbanks sont de telles stars qui incarnent des types humains exemplaires, au destin souvent tragique. Le «star system» encourage ce culte des stars : photographies dédicacées, vie privée révélée par les journaux à scandale, maquilleurs, opérateurs et réalisateurs à leur service, les stars sont souvent prises en contrat exclusif par les sociétés de production, qui n'hésitent pas quelquefois à tenter de les fabriquer de toutes pièces. Dans *Les Stars* (1959), le sociologue Edgar Morin a bien décrit les processus d'identification à ces êtres de légende, aux amours romanesques et vivant dans un Olympe inaccessible.

Prolongements

- Un des premiers écrivains à reconnaître la valeur artistique du cinéma, Guillaume Apollinaire, note : «Monsieur Méliès et moi faisons à peu près le même métier; nous enchantons la matière vulgaire.»
- Dans les années trente et surtout après la Seconde Guerre mondiale, la télévision va se développer à la suite du cinéma. Elle ne parviendra cependant pas à créer un langage artistique propre, s'inspirant à la fois de la radio et du cinéma, et se contentera d'être un média particulièrement envahissant.
- Le cinéma est un objet de réflexion pour la philosophie, de Bergson qui critique «l'illusion cinématographique», donnant l'impression du mouvement à partir de la fixité, à Stanley Cavell qui souligne le caractère profondément américain de la «comédie de remariage», en passant par Gilles Deleuze qui distingue «image-temps» et «image-mouvement».

5.2 Expressionnisme et fauvisme

➠ TERMINOLOGIE • Le terme d'«expressionniste» apparaît en français en 1911, sous la plume de Henri Matisse, pour désigner un groupe d'exposants français à la Sécession de Berlin. En 1914, il est employé en Allemagne par Fechter pour désigner «un phénomène germanique, aryen ou nordique [...] incarnant sur le plan métaphysique l'esprit gothique».
Le nom de «fauvisme» est dû au critique d'art Louis Vauxcelles qui l'a employé à l'occasion du Salon d'automne de 1905 où une sculpture néoclassique était exposée au milieu d'artistes qu'il qualifie de «fauves», Matisse, Marquet, Rouault, Derain, Van Dongen, Vlaminck.

Le courant expressionniste est un courant aux multiples facettes qui s'est développé surtout dans les pays du Nord de l'Europe au début du XXe siècle. Il ne s'agit pas pour les expressionnistes de rechercher à peindre la beauté, mais de répondre à une nécessité intérieure, d'exprimer les sentiments de l'artiste, sentiments violents, souvent angoissés ou horrifiés, devant la guerre, la déréliction et la mort. En ce sens l'expressionnisme réagit contre l'optimisme et le naturalisme des impressionnistes. L'expressionnisme s'appuie pour cela sur un usage violent et dysharmonique de la couleur, et sur des convulsions de la forme. Il se fonde également sur une redécouverte des arts primitifs d'Afrique ou d'Océanie, ainsi que des gravures sur bois de maîtres de l'art gothique, comme Mathias Grünewald. Courant d'abord pictural, l'expressionnisme s'étendit également au domaine littéraire, théâtral et cinématographique. Il rejoint, mais d'une manière exacerbée, certains des thèmes du fauvisme français, qui lui est exactement contemporain. Expressionnistes et fauves se réclament également de Van Gogh et de Gauguin.

L'expressionnisme allemand

Quoique ses premiers maîtres ne soient pas Allemands, l'expressionnisme connut ses plus grands succès dans le monde germanique. Le philosophe de l'art Worringer note chez «l'homme nordique» un «déploiement malsain de l'imagination visionnaire» : «Tout devient bizarre et fantastique [...]. Toutes choses réelles deviennent grotesques.»

Les tout premiers expressionnistes sont le belge James Ensor et le norvégien Edvard Munch. James Ensor (1860-1949) peint, à la manière de Breughel ou de Jérôme Bosch, des personnages de grotesques et de fous, des masques de carnaval macabres. Son *Entrée du Christ à Bruxelles* (1888) est un magma de couleurs et une satire sociale violente.

Le norvégien Edvard Munch (1863-1944), proche également du symbolisme, est l'auteur de tableaux angoissé dont le célèbre *Cri* (1893) qui représente un homme sur un pont, se tenant la tête à deux mains au-dessus d'eaux aux couleurs étranges rejoignant un ciel de feu. Il réalise également une série de *Jeunes filles sur le pont*, dont les formes fluides donnent une impression de vertige.

En Allemagne est fondé à Dresde, en 1905, le groupe *Die Brücke* («le pont»), dont le nom fait référence à la symbolique du pont dans le *Zarathoustra* de Nietzsche. Y participent E. Kirchner, K. Schmidt-Rottluff, E. Heckel, F. Bleyl. Dans leurs peintures, ils se réclament du fauvisme et font un usage très violent des couleurs. Ils accordent également beaucoup d'importance à la gravure sur bois. Leurs œuvres ont une dimension sociale : ils ressentent avec pessimisme la menace d'une guerre, «sanglante guignolade» selon Kirchner.

Autre mouvement expressionniste, le groupe du *Blaue Reiter* («cavalier bleu») dont le nom est emprunté à un tableau de Kandinsky. Il est fondé à Munich en 1909, par Macke, Franz Marc, Paul Klee et Kandinsky. Ils sont influencés par le français Delaunay. Les sujets y sont moins importants que dans le groupe *Die Brücke*, et les membres du groupe évolueront ensuite vers l'abstraction.

La troisième école expressionniste allemande, fondée après la guerre par Georg Grosz et Otto Dix est celle de la *Neue Sachlichkeit* («Nouvelle objectivité») : elle n'est pourtant pas «objective» en un sens classique, et a plutôt été qualifiée de «réalisme magique». Il s'agit surtout de dénoncer d'une manière extrêmement violente la guerre et l'effondrement de la société, en déformant violemment la représentation.

En Autriche également il y a deux représentants isolés de l'expressionnisme, Egon Schiele (1890-1918) auteur de nus décharnés et souffrants, comme sa *Femme assise* (1917) et Oskar Kokoschka (1886-1980) qui réalise des portraits de figures difformes et torturées.

Le seul Français qui illustre l'expressionnisme est Georges Rouault (1871-1958), catholique révolté par la misère et la laideur, qui réalise, à la manière de Daumier, des tableaux accusateurs : portraits glauques de prostituées, avec sa série des *Filles* ou *Clowns* tous aussi repoussants. Il propose, pour nous sauver un *Christ* mystique et primitif.

Le fauvisme

Cette école, à la durée de vie fort brève, fut animé par Henri Matisse (1869-1954). Elle s'élève contre le caractère trop rigoureux et systématique du néo-impressionnisme : « Le fauvisme secoua la tyrannie du divisionnisme ». Contre le naturalisme impressionniste, les fauves préconisent une libération de la couleur, dans ses contrastes les plus violents, alors que les néo-impressionnistes comme Seurat deviennent « plus gris avec le temps ». Ils récusent également les perspectives classiques et n'hésitent pas à déformer les volumes. Vlaminck (1876-1958) est très conscient de son objectif, proche de celui des expressionnistes : « Je haussais tous les tons, je transposais, dans une orchestration de couleurs pures, tous les sentiments qui m'étaient perceptibles. »

Matisse alla ensuite vers un art beaucoup plus apaisé, où forme et couleurs s'équilibrent, inspiré des lumières de la Méditerranée. Il explique : « Ce que je rêve, c'est un art d'équilibre, de pureté, de tranquillité », qu'illustre bien le titre d'un de ses tableaux, *Luxe, calme et volupté* (1904).

Le futurisme ■ En Italie, puis en Russie, se développa le courant futuriste qui s'enthousiasme pour la civilisation moderne au lieu de la condamner. Marinetti (1870-1944) exalte les machines, la vitesse, qui sont la manifestation de l'énergie et de la vie comprise à la manière de Nietzsche. Les futuristes font l'éloge de l'automobile ou de l'avion mais aussi de la guerre, ce qui les conduira à se compromettre avec le fascisme. Dans son *Manifeste futuriste* paru dans le *Figaro* du 20 février 1909, Marinetti exprime sa volonté de détruire tout le passé, musées, bibliothèques et académies. Il fait l'éloge de « la gifle et du coup de poing ». L'automobile est la plus grande production esthétique moderne : « Une automobile de course avec son coffre orné de gros tuyaux, tels des serpents à l'haleine explosive, une automobile rugissante, qui a l'air de courir sur de la mitraille, est plus belle que la *Victoire de Samothrace.* »

Au point de vue littéraire, dans *Mots en liberté* (1913) Marinetti se prononce pour l'élimination de la ponctuation et des adjectifs, l'emploi de verbes à l'infinitif, et propose un usage révolutionnaire de la typographie. En France, Apollinaire est l'écrivain le plus marqué par Marinetti auquel il répond avec son *Anti-tradition futuriste* (1913).

Prolongements

- La musique de Schönberg dans les années dix peut être qualifiée d'expressionniste, comme ses peintures, *Visions* et *Regards*, où ses décors de théâtre pour sa pièce *Erwartung* (« Attente ») qui associe décors, musique et texte pour décrire l'« attente » d'un amour.
- L'abstraction lyrique américaine et l'*action painting* aux États-Unis, le mouvement Cobra en Europe avec Alechinsky et Karel Appel retrouvent une manière de peindre proche de l'expressionnisme. De même, les tableaux de chairs torturées de l'Anglais Francis Bacon en ont parfois été rapprochés.

5.3 Cubisme et abstraction

➠ TERMINOLOGIE • Matisse parle de peinture de «petits cubes» à propos des œuvres de Picasso et de Braque exposées au Salon d'automne de 1908. Le critique Louis Vauxcelles parlera ensuite de peinture «cubique», et Apollinaire de «cubisme» (*Les Peintres cubistes*, 1913).
L'expression «art abstrait» est empruntée au livre du philosophe et historien d'art W. Worringer, paru en 1908, sous le titre *Abstraction et intuition*.

Dans l'entre-deux-guerres en Europe, puis aux États-Unis après la Seconde Guerre mondiale, se développent des courants artistiques qui détachent l'art, et en particulier la peinture, de son objectif traditionnel de représentation de la nature. La peinture va devenir abstraite, et n'exister que pour elle-même, comme un jeu de formes ou de couleurs. Cet art abstrait est un art cultivé, dans la mesure où il repose sur une critique radicale de l'histoire de la peinture antérieure. Le courant cubiste a une durée de vie plus délimitée que le courant abstrait, qui, au sens large, permettrait de désigner la majeure partie de l'art vivant du XXe siècle.

Le cubisme

Le cubisme est illustré, dans un premier temps, par Georges Braque (1882-1963) et Pablo Picasso (1881-1973), dont *Les Demoiselles d'Avignon* (1907) sont classiquement considérées comme le premier tableau cubiste et même le premier grand tableau du XXe siècle.
Influencés par Paul Cézanne et l'art nègre, Braque et Picasso se préoccupent de la construction formelle du tableau plus que de la couleur. Ils récusent radicalement la perspective classique en représentant leurs modèles sous divers points de vue. Ils vont se servir de formes géométriques et simplifiées pour «constituer un fait pictural», qui permet, selon Braque, d'aller au-delà de l'anecdote. D'où le choix de sujets insignifiants par eux-mêmes, en général des natures mortes. Apollinaire montre l'intérêt d'une telle construction pour aller au-delà des apparences : «En représentant la réalité-conçue ou la réalité-créée, le peintre peut donner l'apparence des trois dimensions, peut en quelque sorte cubiquer. Il ne le pourrait pas en rendant simplement la réalité-vue.» Par la suite, Picasso et Braque introduiront des collages dans leurs œuvres, substituant ainsi un morceau de journal réel à celui qui était représenté, par exemple dans certains tableaux de Cézanne. Ce recours aux collages, ainsi que la reproduction de caractères typographiques, va donner plus de vie à leurs œuvres et les conduira à réintroduire de la couleur dans des œuvres jusque là grises ou ocres.
Un cubisme plus coloré, plus vivant apparaît par la suite avec Fernand Léger et Robert et Sonia Delaunay. Fernand Léger (1881-1955) adapte le cubisme à une représentation enthousiaste de la modernité, à la découverte de la beauté de l'industrie et de la machine. Pendant la guerre, il est «ébloui» par une culasse de canon brillant au soleil : «Cette culasse m'en a plus appris pour mon évolution plastique que tous les musées du monde.» Robert (1885-1941) et Sonia (1885-1979) Delaunay travaillent sur des «contrastes simultanés» de couleur, en s'inspirant de Chevreul. Ils produisent des séries, celle des *Fenêtres*, ou des *Rythmes sans fin*, de plus en plus abstraits et dynamiques. Apollinaire qualifie l'œuvre

inspirée des Delaunay de «cubisme orphique» et le distingue du «cubisme analytique» traditionnel.

L'art abstrait

Kandinsky, Mondrian et Malevitch sont les principaux représentants du courant abstrait, qui devient très rapidement un mouvement artistique européen. Ils pourraient se réclamer du peintre symboliste français Maurice Denis qui, dès 1890, déclarait qu'il convient de «se rappeler qu'un tableau, avant d'être un cheval de bataille, une femme nue, ou une quelconque anecdote, est essentiellement une surface recouverte de couleurs en un certain ordre assemblées».

Vassili Kandinsky (1866-1944) est l'auteur, en 1910, de la première *Aquarelle abstraite* où toute référence à un sujet est supprimée. Il était en effet plus naturel de parvenir à l'abstraction avec l'aquarelle, qui permet une plus grande liberté de composition que la peinture à l'huile. Kandinsky, un temps expressionniste, raconte qu'il en serait venu à l'abstraction en voyant un de ses tableaux accroché à l'envers : «Je sus alors que les objets nuisaient à ma peinture.»

Kandinsky peint une série de *Compositions* ou d'*Improvisations* très colorées. Il aspire à une synthèse des arts, et s'inspire pour une bonne part, comme les autres peintres abstraits, de la musique qui est, par définition, «l'art le plus immatériel». Dans le livre où il expose ses théories, *Du spirituel dans l'art* (1912), il exprime une aspiration mystique, spirituelle, contre le matérialisme ambiant : «Après la longue période de matérialisme dont elle ne fait que s'éveiller, notre âme est pleine de germes de désespoir et d'incrédulité, prête à sombrer dans le néant.»

Piet Mondrian (1872-1944) est également un mystique. Il voulut dans sa jeunesse hollandaise devenir prêtre, et resta très influencé par la théosophie. En 1917, il fonde la revue *De Stijl* avec Van Doesburg. Il veut aller au-delà du cubisme, qui restait pour lui encore trop naturaliste, car préoccupé du volume : «L'intention du cubisme, au moins au début, était d'exprimer le volume. Le cubisme restait donc un mode d'expression fondamentalement naturaliste.» Il continue : «C'est ainsi que, pour aboutir à la destruction du volume, j'en vins à l'usage des plans.» Son aversion totale pour la nature se manifeste, lorsqu'il s'écrie, horrifié par la Hollande : «Il y a tous ces prés! Il y a tous ces prés!»

Ses tableaux sont des combinaisons de carrés de couleurs primaires, organisées par des lignes noires. Son *Victory boogie-woogie* inachevé, réalisé en 1943-1944 exprime le dynamisme et la rapidité de la vie de New York où il vivait alors.

Le troisième peintre abstrait important est Casimir Malevitch (1878-1935). Il fonde en 1916 le mouvement suprématiste qui envisage de conduire la peinture à un «monde sans objet». En 1913 il avait peint un *Carré blanc sur fond noir* : allant au terme de son expérience, il expose en 1918 son *Carré blanc sur fond blanc*, qu'il commente dans le catalogue : «J'ai percé l'abat-jour bleu des limites de la couleur, j'ai pénétré dans le blanc; à côté de moi, camarades pilotes, naviguez dans cet espace sans fin. La blanche mer libre s'étend devant vous.» Il semble quelquefois être proche de ce courant typiquement russe que fut le nihilisme. Par la suite, durant la révolution soviétique, certains suprématistes comme El Lissitzky se rapprochèrent du constructivisme, une des avant-gardes les plus actives, dont l'importance est grande en particulier dans le domaine de l'affiche et de la typographie.

Picasso ■ Pablo Picasso (1881-1973) est le peintre le plus célèbre de son siècle, qui impressionne par son génie débordant, la richesse multiforme de son œuvre et de sa personnalité. Il ne s'assujettit à aucune école, mais les traverses toutes, les épuisant l'une après l'autre. Cette richesse fait que son nom n'est en même temps lié à aucun style particulier et que son œuvre semble manquer d'unité. Il proclame son assurance géniale lorsqu'il affirme : « Je ne cherche pas, je trouve. »
D'origine espagnole, fils de peintre, particulièrement précoce, il séjourne à Paris à partir de 1900. Par commodité diverses périodes sont, un peu arbitrairement, distinguées dans son œuvre. Une période bleue, lors de son arrivée à Paris de 1901 à 1904 : période pessimiste, aux couleurs bleues et froides, pour des portraits d'enfants tristes et de femmes émaciées. Une période rose ensuite, de 1904 à 1906, aux couleurs ocre et rose pâle, qui peint des saltimbanques, des arlequins, des marginaux, personnages tendres mais ne souriant jamais. Puis une période cubiste, avec Braque, inspirée des masques nègres, et qui représente, à l'aide de formes géométriques, l'objet vu sous soutes ses faces. Une période gréco-romaine, au début des années vingt, qui représente des figures néo-classiques, équilibrées, mais aux dimensions géantes. Une période surréaliste ensuite. Puis des œuvres engagées avec les figures disloquées du massacre de *Guernica* (1937), réalisé à la demande des républicains espagnols. Durant l'occupation il réalise des portraits très déformés de sa compagne. Picasso rejoint le Parti communiste en 1944, réalisant un portrait stylisé de Staline qui fit scandale auprès des communistes. Dans les années cinquante il aborde de nouveau champs d'activité : lithographie, céramique, poterie, affiche. Un des points communs à toute son œuvre est la poursuite de la représentation de la figure humaine, envisagée sous les aspects les plus divers, alors qu'il ne réalise quasiment pas de paysages.

Prolongements

- L'art abstrait se continue à la fin du XXe siècle avec l'art cinétique et l'*op art* (*optical art*) d'un peintre comme Vasarely, d'origine hongroise, qui, à travers Moholy-Nagy, fut en contact avec le Bauhaus.
- Aux États-Unis l'abstraction est continuée par l'abstraction lyrique ou expressionnisme abstrait, avec de Kooning ou Jackson Pollock qui inaugure la méthode du *dripping*, consistant à peindre sans pinceaux, en laissant la peinture couler sur la toile posée sur le sol : c'est ce que l'on appellera également *action painting*. Les principaux représentants de l'abstraction lyrique française contemporaine sont Hans Hartung et Pierre Soulages, qui réalise des œuvres puissantes, aux matières noires travaillées à la brosse.
- Une forme particulièrement radicale d'abstraction est l'art minimal, qui se développe aux États-Unis depuis le début des années soixante, avec notamment Donald Judd ou Sol Lewitt. Ils se contentent de présenter des formes géométriques extrêmement simples et manufacturées.

5.4 Le Bauhaus et l'architecture moderne

➡ TERMINOLOGIE • « *Bauhaus* », en allemand « Maison de la construction », est le nom d'une école d'architecture et d'art créée en 1919 à Weimar sous le nom de *Staatliches Bauhaus*.

Le mouvement architectural moderne connu en Allemagne sous le nom de *Bauhaus* est caractéristique du développement au XXe siècle d'une architecture qui ne se préoccupe plus seulement d'édifier des bâtiments religieux ou officiels mais construit également des usines et des immeubles, ou s'intéresse au mobilier et à la décoration intérieure, avec l'émergence de ce qui s'appellera par la suite le *design*. Cette architecture est rationaliste, abstraite et dépouillée : elle estime qu'est beau ce qui remplit au mieux ses fonctions. La radicalité moderniste de l'architecture sera souvent considérée comme un modèle pour les différents mouvements avant-gardistes du XXe siècle. Le dépassement de cet avant-gardisme que constitue le post-modernisme se manifestera également d'abord dans le domaine architectural.

Une histoire politique

L'école nommée Bauhaus a été créée en 1919 par Walter Gropius (1883-1969), lorsqu'il fut nommé à la direction de l'école des Beaux Arts de Weimar. Il la dirigera jusqu'en 1928 : lui succéderont le communiste Hannes Meyer, puis Mies van der Rohe (1886-1969). Les cours ne sont pas seulement des cours d'architecture mais aussi des cours d'art, donnés par des peintres comme Paul Klee ou Vassili Kandinsky, avec, par exemple, un enseignement préparatoire d'un semestre sur les théories de la couleur ou sur les formes, où sont enseignés les principes de l'art abstrait, à la manière de Mondrian et du groupe *De Stijl*. L'école est dissoute pour «bolchevisme» par le conseil municipal de Weimar et doit s'installer à Dessau : en 1932 elle est également fermée à Dessau. Mies van der Rohe la transforme en école privée et l'installe à Berlin, mais elle sera définitivement fermée par les nazis en 1933. Les principaux membres du mouvement, Gropius, Moholy-Nagy, ou Mies van der Rohe s'exilent aux États-Unis, où Moholy-Nagy (1895-1946) fonda en 1937 un New Bauhaus à Chicago qu'il dirigea jusqu'à sa mort.

Art et industrie

À la différence d'autres mouvements d'avant-garde du XXe siècle, le Bauhaus a des préoccupations non seulement formelles mais concrètes. Il convient de réunir art et technique, ou mieux encore art et industrie. Gropius développe toute une réflexion sur l'âge des machines. À cette fin les élèves font des stages en usine. Le Bauhaus rejoint ainsi les préoccupations du mouvement anglais des *Arts and Crafts* de William Morris (1834-1896), ou du *Werkbund* allemand, créé en 1907 pour «réaliser la collaboration de l'art, de l'industrie et du travail manuel». Le Bauhaus veut «promouvoir ce nouveau type de collaborateur industriel unissant les qualités de l'artiste, du technicien et du commerçant». Selon son *Manifeste*, il n'existe aucune différence essentielle entre art et technique : «L'artiste n'est qu'un artisan inspiré [...].Tout artiste doit nécessairement posséder une compétence technique. C'est là qu'est la vraie source de l'imagination créatrice.»

Le Bauhaus a également des préoccupations sociales : il s'agit «d'éduquer l'individu dans l'intérêt de la communauté tout entière». L'architecture renvoie a des questions sociales : «L'architecture étant une activité collective son expansion ne dépend pas de chaque individu pris en particulier, mais des intérêts de la collectivité.» Cette préoccupation politique du Bauhaus se retrouve dans tous les mouvements de l'architecture et de l'urbanisme modernes, avec par exemple Le Corbusier, qui compte sur un État fort pour «subordonner l'intérêt privé à l'intérêt collectif».

Nouveaux matériaux et dépouillement

Le Bauhaus développe la tendance de l'architecture moderne à se servir des nouveaux matériaux inventés par le machinisme industriel. Fer, béton et verre sont les principaux matériaux utilisés : le fer l'était déjà depuis la construction par Baltard des *Halles de Paris* en 1855 et la *Tour Eiffel* en 1887-1889. Le verre fut utilisé pour le *Crystal palace* de l'Exposition universelle de 1851. Avec les *Usines Fagus*, premier bâtiment important de Gropius en 1912, pour la première fois toute une façade est réalisée en verre avec piliers d'acier porteurs. Le béton, qui permet d'éviter l'oxydation du fer, sera utilisé pour lui-même par quelqu'un comme Le Corbusier. Le bâtiment du Bauhaus de Dessau, tout en béton et en verre, est le chef-d'œuvre de Gropius. Cette utilisation du verre est de l'acier connaîtra ses plus remarquables réalisations avec la construction de gratte-ciel par les membres du Bauhaus exilés aux États-Unis : ainsi Mies van der Rohe réalise l'un des plus beaux gratte-ciel new-yorkais, le *Seagram Building* (1958).
L'autre préoccupation importante du Bauhaus est de se libérer de l'ornementation inutile. Est beau ce qui est bien conçu pour répondre à sa fonction : il faut selon Gropius que l'architecture «se dégage de tout ce qui n'est pas indispensable et de tout ce qui masque la structure de l'édifice». En d'autres termes, comme le notait déjà l'architecte autrichien Adolf Loos en 1908 «l'ornement est un crime». Ou bien, selon le mot de Mies van der Rohe, «*less is more*» (moins, c'est plus).

Design et arts mineurs

Cette préoccupation d'une beauté fonctionnelle sera très présente dans le mouvement de l'*industrial design*, qui se préoccupe de fabriquer des objets courants dont la beauté tient à l'adéquation parfaite à leur fonction. Il faut faire coïncider le double sens de «design» : «dessin» mais aussi «dessein, fonction». Se combine à cela une volonté démocratique que soit transformé le cadre de vie du plus grand nombre, qui a lui aussi droit à la beauté : ainsi l'atelier du meuble du Bauhaus dirigé par Marcel Breuer crée en 1925 les premières chaises en tubes d'acier. Le designer américain Raymond Loewy (1893-1986), inventeur des lignes fluides («*streamline*») fut le premier à comprendre que «la laideur se vent mal».
L'influence du Bauhaus se manifestera dans d'autres domaines, qu'il s'agisse du théâtre, de la publicité, de la typographie, avec El Lissitzky, également influencé par le constructivisme soviétique, ou de la photographie, avec Moholy-Nagy ou Man Ray.

Le Corbusier ■ Charles-Édouard Jeanneret, dit Le Corbusier (1887-1965), architecte français d'origine suisse, fonde la revue *L'Esprit nouveau* (1919-1925) avec le peintre A. Ozenfant. Il construit en 1922 la maison Ozenfant à Paris, en 1923-1931 la villa Savoye à Poissy. Cependant son activité théorique est encore plus riche que

ses réalisations architecturales effectives. À partir de 1928 il anime les Congrès internationaux d'architecture moderne, qui sont à l'origine de la *Charte d'Athènes*, publiée en 1942, qui porte sur l'architecture, mais aussi sur l'urbanisme, les loisirs ou le travail. En 1950, à Marseille, il construit la *Cité radieuse*, qui intègre dans un seul immeuble sur pilotis, des rues intérieures et des services collectifs : le toit terrasse et les fenêtres permettent un ensoleillement total. Il construit en 1950-1955 la chapelle de Ronchamp, et trace en 1951 les plans de la nouvelle capitale du Penjab, Chandigarh.
Les théories de Le Corbusier sont modernistes d'une manière provocatrice. La maison est présentée comme une «machine à habiter», de même que le fauteuil est une «machine à s'asseoir». Le Corbusier souhaite arriver, par exemple avec les maisons *Dom-Ino*, à une production architecturale industrialisée, à partir d'éléments préfabriqués. Son *Modulor* est l'étude d'une unité d'habitation fondée sur les proportions d'un homme de 1,83 m. Il fait un éloge provocateur du dépouillement : «Chaque citoyen est tenu de remplacer ses tentures, ses damas, ses papiers peints, ses pochoirs, par une couche pure de Ripolin blanc.» Dans ses projets d'urbanisme, comme celui du *Plan Voisin* (1925) il fait preuve de la même volonté géométrique radicale et propose de raser à peu près toute la vieille ville de Paris : si les rues se croisent à angle droit, «l'esprit est libre».

Prolongements

- Le mouvement du Bauhaus fut assez mal accueilli par le plus grand architecte américain Frank Lloyd Wright (1869-1929), souvent qualifié de «Cézanne de l'architecture», qui critique leur «totalitarisme» dans le domaine de l'art. Il construit des maisons aux lignes horizontales, particulièrement intégrées dans l'espace naturel environnant, comme la fameuse *Maison sur la cascade*, en partie inspirée par l'architecture japonaise traditionnelle.
- Le post-modernisme fut d'abord un mouvement architectural (Robert Venturi, *Complexité et contradiction et en architecture*, 1966) qui souhaite réhabiliter la complexité, la coexistence des styles et le jeu sur l'ornementation. Il est ensuite théorisé par le philosophe français Jean-François Lyotard dans *La Condition post-moderne* (1979) qui y voit la fin des idées de modernité et d'avant-garde, ce qu'il appelle la «fin des grands récits» propres aux philosophies de l'histoire.
- Une nouvelle réflexion beaucoup plus immatérielle sur la lumière et l'espace qui «seul a le pouvoir d'intensifier nos émotions» se développe dans l'architecture contemporaine, en particulier chez le japonais Tadao Ando.

5.5 Le pop art

➠ TERMINOLOGIE • Il s'agit d'une abréviation de «*popular art*», art populaire. Cette expression est employée en 1958, dans un article sur «Les arts et les mass média», par le critique anglais Lawrence Alloway, qui participa, avec Eduardo Paolozzi, à l'Independent Group de l'Institute of contemporary art de Londres, qui s'inspire de l'imagerie populaire.

Le pop art est un mouvement artistique qui, à la fin des années cinquante et dans les années soixante, va profondément renouveler la peinture en s'inspirant de l'art populaire, en représentant les objets les plus quotidiens célébrés par la société de consommation et en reprenant, d'une manière ironique ou plus critique, les procédés de la production de masse. Roy Lichtenstein souligne le « mauvais goût » du pop art : « Ce qui marque le pop, c'est avant tout l'usage qu'il fait de ce qui est méprisé. On insiste sur les moyens les plus pratiques, les moins esthétiques, les plus beuglants, des aspects de la publicité. C'est ça la chose la plus pop [...], plus on s'en éloigne, plus on s'éloigne du pop. » Le pop art va utiliser de nouvelles techniques : lacérations d'affiches, collages, assemblages, sculptures en plâtre...

Un mouvement anglais et américain

C'est évidemment dans les pays capitalistes les plus avancés que va prendre naissance le pop art. Le premier tableau classiquement qualifié de « pop » est le collage de l'anglais Richard Hamilton *Qu'est-ce qui peut rendre nos foyers d'aujourd'hui si différents, si sympathiques ?* (1955). Il représente un homme athlétique à la manière des publicités pour culturistes et une femme qui est un cliché de pin-up, dans un intérieur de consommateur complet et dérisoire. Hamilton définit le pop art comme : « Populaire, éphémère, produit de masse, bon marché, sexy, tape-à-l'œil. » Un autre peintre pop anglais important est David Hockney qui continuera sa carrière aux États-Unis où il peint toute une série de *Piscines*. La référence au Bauhaus est encore présente chez certains de ces artistes pop anglais.

Aux États-Unis une première génération de peintres pop est celle de Jasper Johns avec sa fameuse série des *Drapeaux* américains, ou de Robert Rauschenberg qui, à la manière des dadaïstes, incorpore des objets usuels ou issus de décharges dans ses tableaux. Cet art de l'assemblage est illustré en 1961 par une importante exposition au Musée d'art moderne de New York.

Cette génération rejette l'expressionnisme abstrait jusque là dominant aux États-Unis : ainsi Rauschenberg, qui réalise un *Dessin de De Kooning effacé* en 1959 évoque « toutes ces choses fascinantes du monde moderne que les expressionnistes abstraits s'étaient tout simplement contentés d'oublier ». Il intègre par exemple des publicités de Coca-Cola dans ses assemblages. En revanche, les artistes pop se réclament du réalisme du peintre américain Edward Hopper (1882-1967) et de l'usage des couleurs par Fernand Léger (1881-1955), à qui Lichtenstein rendra hommage.

Andy Warhol et la peinture comme industrie

Les peintres les plus caractéristiques du pop art sont Claes Oldenburg, Tom Wesselman, James Rosenquist, Roy Lichtenstein et surtout Andy Warhol. Rosenquist réalise d'immenses fresques colorées composées d'images quotidiennes, mêlées avec des illustrations d'armement dans *F.111* (1966). Claes Oldenburg représente des *Téléphone* ou des *W-C mous*. Tom Wesselman peint une série de *Grand nu américain*, totalement quotidiens. Roy Lichtenstein s'inspire de la bande dessinée pour créer de gigantesques triptyques, comme *En ouvrant le feu* (1964). Selon lui, « tout le monde a dit que le pop art était une peinture "américaine", mais, en fait, c'est une peinture industrielle ».

Un autre trait caractéristique des ces peintres pop est leur volonté d'anonymat, comme en témoigne l'*Autoportrait* de Lichtenstein (1978). Ils veulent être anonymes comme le sont les producteurs des objets de consommation qu'ils représentent.

Ces peintres sont fascinés par les objets ordinaires qui constituent l'univers de la publicité et la véritable mythologie de l'Amérique. Lichtenstein s'en explique : « Je me suis intéressé aux clichés modernes, je me suis efforcé de montrer leur valeur mythologique. Le classicisme du "hot-dog", en quelque sorte. » Rauschenberg était également fasciné par l'égalisation que produit la société de consommation américaine : « Ce qui est extraordinaire en Amérique c'est que c'est le premier pays à avoir instauré la coutume qui fait que les consommateurs les plus riches achètent en fait les mêmes choses que les plus pauvres. »

Les deux symboles principaux de cette Amérique sont les dollars et le Coca-Cola, qu'Andy Warhol (1930-1987) peint en série comme il peint les *Boîtes de soupe Campbell*. Andy Warhol est la figure emblématique du pop. D'origine tchèque, il travaille d'abord comme illustrateur dans des revues de mode, comme *Vogue* ou *Harpers Bazaar*. Il peint les personnages mythiques américains que sont Elvis Presley, John Kennedy ou Marylin Monroe, reproduits en sérigraphie sur toile. Il représente aussi des séries de catastrophes aériennes ou d'accidents de voiture.

Warhol ne se contente pas de représenter les objets produits par l'industrie, il souhaite que ses œuvres elles-mêmes soit réalisées industriellement, d'où le recours à la technique des sérigraphies. Il voudrait lui-même être une machine : « Les choses que je désire montrer sont mécaniques. Les machines ont moins de problèmes. Je pense que quelqu'un devrait être capable de faire toutes mes toiles à ma place [...]. On ne saurait pas si mes peintures sont les miennes ou bien si elles sont celles de quelqu'un d'autre. » Il met également en évidence le lien désormais essentiel entre l'art et l'argent, en peignant ses séries de dollars et en soulignant que « l'art des affaires est l'étape qui succède à l'art ».

Dans son atelier et studio, la *Factory* (« usine »), Warhol réalise des films comme : *Sleep* (1963) qui montre, pendant plus de six heures, un homme qui dort, *Empire* (1964), plan fixe de l'Empire State Building, ou des westerns gays comme *Lonesome comwboys* (1968). Warhol fait surtout de sa propre personne une œuvre d'art et est tout aussi médiatique que les œuvres qu'il crée : il note, avec une incontestable prescience du monde des médias, qu'« à l'avenir, tout le monde sera célèbre pendant cinq minutes ».

Le nouveau réalisme ■ Ce mouvement peut apparaître comme le symétrique, en France et en Europe, du pop-art, même si son existence comme « mouvement organisé » est relativement artificielle. Son nom lui est donné par le critique d'art Pierre Restany, auteur, en 1960 à Milan, du premier *Manifeste du nouveau réalisme*. Le mouvement se dissoudra dix ans plus tard, toujours à Milan. Il s'agit de représenter le « folklore urbain », la réalité telle qu'elle est vue dans les rues de la ville, sur les affiches et les palissades et de créer la « poésie d'une civilisation urbaine ». Tout objet peut devenir une œuvre d'art. Ses protagonistes ont connu par la suite des trajectoires très diverses et sont encore aujourd'hui parmi les plus importants artistes européens, qu'il s'agisse d'Arman et de ses accumulations d'objets, de Villeglé et de ses affiches lacérées, de Martial Raysse et de ses néons, de Klein et de ses monochromes bleus, de Tinguely et de ses machines, de César et de ses compressions, en particulier d'automobiles, de Nikki de Saint-Phalle et de ses *Nanas*, de Christo et de ses empaquetages d'édifices publics.

Prolongements

- L'hyperréalisme qui apparaît à la fin des années soixante aux États-Unis représente les mêmes objets que le pop art mais en s'efforçant de ne prendre aucune distance par rapport à eux, de les reproduire avec froideur et précision, grâce à l'utilisation de l'aérographe et à la peinture d'après diapositives. Ainsi les carrosseries de voitures de Don Eddy ou les sculptures de *Touristes* de Duane Hanson sont difficilement discernables de leurs modèles réels.
- Le peintre de graffiti Keith Haring fut lancé par Andy Warhol : son art coloré et dynamique en fait un artiste véritablement populaire. Également formé par Warhol, J.-M. Basquiat, à la vie brève et tragique, est devenu un personnage mythique pour toute une génération.
- Tout un mouvement musical « underground » se développa autour d'Andy Warhol, avec par exemple Nico, Lou Reed et le Velvet Underground.

5.6 La musique contemporaine

La musique contemporaine se caractérise par un abandon des traditions musicales classiques, par exemple chez Claude Debussy, qui devient plus radical chez Arnold Schönberg et ses successeurs. La musique est alors quelquefois trop savante pour rencontrer l'audience d'un large public. Les tendances les plus récentes de la musique contemporaine semblent revenir à une musique tonale plus simple et évocatrice, à une construction plus traditionnelle, mais enrichie par le parcours iconoclaste de la musique du siècle.

Debussy et l'impressionnisme

Claude Debussy (1862-1918) est le premier grand musicien du XXe siècle. Ami des écrivains et de poètes comme Mallarmé, il crée en 1894, d'après le poème de celui-ci, un poème symphonique, le *Prélude à l'après-midi d'un faune* qui ouvre le XXe siècle musical. En 1902 il compose un opéra sur la pièce de Maeterlinck *Pelléas et Mélisande*. Proche des peintres impressionnistes, son œuvre donne la même impression de légèreté naturelle, décrivant le passage du vent, de l'eau et de l'air dans *La Mer* (1905) ou dans ses trois *Nocturnes* pour orchestre, dont le fameux *Nuages* (1900). Selon Debussy, « la musique est précisément l'art qui est le plus près de la nature ». « Seuls les musiciens ont le privilège de capter toute la poésie de la nuit et du jour, de la terre et du ciel, d'en reconstituer l'atmosphère et d'en rythmer "l'immense palpitation" ». Son œuvre est en rupture avec la tradition classique de la ligne mélodique : il accorde une place essentielle à l'harmonie, qu'il tend à libérer et à rendre plus complexe.

Schönberg et l'École de Vienne

Après la Seconde Guerre mondiale, devant le délitement de la musique tonale, le viennois Arnold Schönberg (1874-1951) qui avait eu des débuts wagnériens avec ses *Gurre-Lieder*, réagit d'une manière radicale en renonçant complètement à la conception classique de la tonalité, à l'interdépendance et à la hiérarchie des douze sons de la gamme chromatique. Schönberg est aussi peintre et lié aux artistes allemands de son temps : il participe au mouvement du *Blaue Reiter* avec

Kandinsky et Klee. Après cette période atonale des années dix, dont l'œuvre la plus connue est le *Pierrot Lunaire* (1912) qui étend pour la première fois à toute une œuvre ses tentatives de «*Sprechgesang*» (en allemand, le parlé chanté), Schönberg en vient, dans les années vingt, à une musique dodécaphonique (du grec «*dodeka*», douze) ou sérielle, qui organise l'atonalité en rangeant en série les douze sons de la gamme chromatique, dans un ordre choisi au début de chaque œuvre et sans privilégier aucune note. Il espère que cette découverte «assurera la prépondérance de la musique allemande pendant cent ans». Les dissonances frappent alors, créant une impression d'angoisse. L'œuvre la plus réussie de ce dodécaphonisme est les *Variations op. 31* de 1928. Chassé d'Allemagne par Hitler, Schönberg enseignera aux États-Unis à l'Université de Californie. Il laisse un opéra inachevé *Moïse et Aaron* qui oppose foi et superstition, à travers les figures de Moïse, fidèle à la rigueur de la parole divine, et d'Aaron qui laisse rétablir les idoles.
Les deux principaux disciples de Schönberg sont Berg et Webern. Alban Berg (1885-1935) est l'auteur de deux opéras, *Wozzeck* d'après Georg Büchner et *Lulu* d'après Frank Wedekind, portrait d'une femme «fatale» et prostituée. Anton von Webern (1883-1945) radicalise l'œuvre de Schönberg. À leur suite la musique sérielle propose d'appliquer les règles dodécaphoniques à tous les paramètres du son : intensité, timbres, hauteurs. Olivier Messiaen réalise ainsi en 1949 une pièce pour piano *Modes de valeurs et d'intensités*. Son œuvre est poursuivie par Karlheinz Stockhausen et Pierre Boulez (né en 1925), qui réalise des pièces d'après des textes d'Henri Michaux ou sur des poèmes de René Char (*Le Marteau sans maître*).

Stravinski ■ Igor Stravinski (1882-1971) est pour la musique une sorte d'équivalent de Picasso. Formé dans la tradition de la musique russe, élève de Rimski-Korsakov, il retrouve les anciens rythmes slaves, mais il va ensuite traverser et reprendre les influences musicales les plus diverses du siècle, qu'il accorde à son extraordinaire créativité, de Debussy à Schönberg. Il collabora avec Picasso et Cocteau, à l'époque des ballets russes. La création du *Sacre du printemps*, mis en scène par Nijinsky à Paris en 1913, fit scandale : utilisation sauvage du rythme, de dissonances et de sons étranges. Dans la période américaine de son œuvre, Stravinski retourne à un certain classicisme. Enfin, il aborde la polytonalité, alors qu'il avait été d'abord hostile à Schoenberg : il illustre ainsi la technique sérielle avec son ballet *Agon* en 1957.

Prolongements

- Depuis 1948 Pierre Schaeffer est à l'origine de la «musique concrète», avec par exemple le *Concert de bruits*, où les sons des instruments sont remplacés par des bruits réels traités au magnétophone. Pierre Henry, auteur de *Variations pour une porte et un soupir* (1963) est aujourd'hui considéré comme un des ancêtres de la musique «techno».
- L'invention d'instruments électroniques va donner naissance à une musique électronique, initiée par John Cage, grand admirateur de Marcel Duchamp et proche des peintres du pop art, qui donne toute son importance au hasard et aux silences dans la composition musicale, par exemple dans *Music of changes* (1951).

6. Sciences

6.1 Freud et la psychanalyse

➨ TERMINOLOGIE • « Psyché », en grec, désigne l'esprit, l'âme. La psychanalyse de Freud se présente comme une méthode d'analyse scientifique de l'esprit.

La psychanalyse freudienne ne se contente pas d'être une méthode de traitement des maladies mentales les moins graves, les névroses. Elle se présente aussi comme une interprétation des productions culturelles de l'humanité, voire même comme une véritable philosophie. Si les fondements scientifiques de la psychanalyse sont sujets à caution, il est indéniable que Freud a transformé la vision que l'homme moderne se fait de lui-même. On pourrait ainsi dire que l'une des plus notables de ses inventions, le complexe d'Œdipe, justement nommé par référence au mythe antique, est, en un sens, un des seuls mythes auquel se soit identifié le XXe siècle. La vision nouvelle que Freud propose de la sexualité, si même elle était fausse, a complètement modifié le regard que l'homme porte sur celle-ci, puisqu'elle transforme en fait de culture ce qui était jusqu'alors considéré comme un fait de nature.

Biographie de Freud

Sigmund Freud (1856-1939) est né dans une famille juive viennoise. Il se définit comme un « juif infidèle », dans la mesure où il n'est pas croyant, mais ne veut pas se désolidariser des juifs victimes d'un antisémitisme virulent. Il fait des études de médecine, tout en expliquant qu'il était mû par une sorte de savoir portant plus sur « ce qui touche les relations humaines que sur les objets propres aux sciences naturelles ». Après s'être spécialisé en neurologie, il fait un séjour en France auprès de Charcot à la Salpêtrière, où il étudie les malades hystériques, et à Nancy, auprès de Bernheim et Liébault, où il s'initie à la suggestion hypnotique. De retour à Vienne il entreprend de traiter ses malades, d'abord par la suggestion, puis par la parole. Il publie en 1895 avec J. Breuer des *Études sur l'hystérie.* Dans les années qui suivent il met progressivement au point les principes de base de la psychanalyse : méthode « cathartique », règle de libre association, découverte du transfert. Il va s'appliquer à lui-même sa méthode d'analyse. Il publie en 1900 *L'Interprétation des rêves* et en 1905 *Trois Essais sur la théorie de la sexualité.* La Première Guerre mondiale augmente le pessimisme de Freud et le conduit à modifier sa théorie et à souligner l'importance des pulsions destructrices chez l'homme : il oppose alors « Eros » et « Thanatos », pulsions de vie et pulsions de mort. Dans *L'Avenir d'une illusion,* en 1927, il s'intéresse à la religion, dans *Malaise dans la civilisation*, en 1929, il explique pourquoi la civilisation « repose sur le renoncement aux pulsions instinctives » et est donc nécessairement répressive. En butte aux persécutions nazies, il part pour Londres en 1938, où il meurt en 1939.

La découverte de l'inconscient

Le première découverte majeure de Freud est celle de l'existence d'un inconscient, radicalement inaccessible à la conscience, qui constitue selon lui l'essentiel du psychisme : «L'inconscient est le psychique lui-même.» Par la suite Freud parlera du «Ça», partie la plus primitive du psychisme, gouverné par le «principe de plaisir», du «Surmoi», instance répressive résultant des interdits parentaux. Le «moi» n'est qu'un résultat, pris entre les tendances contradictoires du Ça et du Surmoi au contact de la réalité.
Cet inconscient peut être connu par l'intermédiaire de ce qui en est réfracté dans la conscience. Il est possible d'interpréter ainsi les actes manqués, les névroses, mais surtout les rêves. Les névroses sont liées à des traumatismes psychologiques infantiles, qui restent «bloqués» : la cure psychanalytique, cure par la parole, tend à purger le psychisme de ces affects coincés. «L'interprétation des rêves est la voie royale qui mène à la connaissance de l'inconscient» : derrière le contenu «manifeste» du rêve, il existe un contenu «latent».
Selon Freud, il n'existe pas de phénomène psychique qui n'ait une cause : c'est ce qu'il appelle le postulat du «déterminisme psychique».
La découverte de l'inconscient conduit Freud à se présenter, en toute simplicité, comme le successeur de Galilée et Darwin, deux révolutionnaires qui ont «infligé une blessure à l'orgueil de l'humanité» : la terre n'est plus au centre de l'univers, l'homme n'est plus au-dessus des animaux, mais, avec Freud, il n'est même plus maître de son propre psychisme.

La sexualité infantile

L'autre découverte importante de Freud, qui fera scandale, est celle de la sexualité infantile. Selon la formule provocatrice de Freud, l'enfant est un «pervers polymorphe», c'est-à-dire que sa sexualité ne poursuit pas le but sexuel normal, l'accouplement hétérosexuel, et qu'elle passe par divers stades de développement avant d'arriver à la sexualité adulte, qui fait prévaloir la zone génitale et le choix d'une personne étrangère. La sexualité n'est donc pas un instinct donné, mais une pulsion, qui se transforme au gré de rapports toujours complexes avec l'entourage. Les diverses perversions sont le résultat d'arrêts à certains stades du développement.
Dans cette sexualité de l'enfant, qui est toujours «auto-érotique», Freud distingue un stade oral, lié au plaisir de sucer, un stade anal, lié à l'excrétion, et un stade phallique, où la zone génitale devient dominante. Le complexe d'Œdipe, autour de cinq ans, est une période où le garçon entre en rivalité avec son père, car il est amoureux de sa mère. L'enfant apprendra, par la menace de castration, à réprimer ses pulsions et à choisir un objet d'amour extérieur à la famille : la sexualité infantile entre ensuite dans une période de «latence», pendant laquelle les pulsions sont «sublimées» au profit de buts plus élevés, liés à la culture. Le processus est un peu plus complexe pour la fille.

Adler, Jung et Reich ■ À partir de 1906 le mouvement psychanalytique se développe à travers le monde : Freud crée en 1910 l'Association psychanalytique internationale. Le mouvement est cependant déchiré par de nombreuses scissions :

ainsi, en 1911 et 1912, Freud se sépare de ses deux principaux disciples, Adler et Jung. Alfred Adler (1870-1937) est accusé d'accorder trop de place au complexe d'infériorité et à l'agressivité aux dépens de la sexualité : il préconise de guérir la névrose en réveillant la volonté de puissance. Freud refuse également l'idée propre à Carl Gustav Jung (1875-1961) d'un «inconscient collectif», peuplé d'images «archétypiques», bien antérieures à l'inconscient individuel freudien. Le freudo-marxisme de Wilhelm Reich (1897-1957) préconisera une société qui aurait éliminé tout refoulement sexuel, alors que pour Freud il n'est pas de civilisation possible sans répression.

Prolongements

- Toute une partie de la littérature et de l'art viennois du début du siècle porte la même attention que Freud aux névroses, à l'hypnose, par exemple avec Arthur Schnitzler ou Stefan Zweig, qui est l'auteur d'un portrait de Freud dans *La Guérison par l'esprit.*
- Les surréalistes, Breton, Buñuel ou Dali se référeront à Freud, fort étonné d'avoir de tels lecteurs, qu'il prit longtemps pour «des fous intégraux».
- Aux États Unis la psychanalyse est entrée dans les mœurs : Freud avait d'ailleurs dit en arrivant aux États-Unis qu'il y apportait «la peste». Le rôle social de la psychanalyse est décrit avec humour dans les film de Woody Allen et sa théorie des névroses est utilisée comme élément dramatique de certains films à suspens d'Alfred Hitchcock.
- Le caractère scientifique de la psychanalyse a été contesté par le philosophe anglais d'origine viennoise Karl Popper : elle n'est pas une science car elle n'est pas réfutable, dans la mesure où les psychanalystes interprètent toutes les objections qu'on leur fait comme des «résistances», inspirées par des motifs psychologiques.

6.2 Einstein, la relativité et les quanta

Les découvertes d'Einstein ont des conséquences essentielles pour la vision que nous nous faisons du monde. Il n'y a plus selon la théorie de la relativité d'espace et de temps absolus, au sens où l'entendait Newton. Espace et temps sont désormais relatifs au cadre de référence choisi. Une autre théorie physique contemporaine de la théorie de la relativité, et à laquelle Einstein apporta également sa contribution, est la théorie des quanta, qui change également complètement la représentation que l'on se fait du monde, en remettant en cause la conception classique du déterminisme.

La théorie de la relativité

La théorie de la «relativité restreinte» est formulée par Albert Einstein (1879-1955) en 1905. Elle est une réponse aux difficultés soulevées par les expériences de Michelson et Morley de 1881, qui établissent que le déplacement de la terre autour du soleil n'affecte pas la vitesse de la lumière et conduisent donc à admettre l'inexistence de l'éther, substance impalpable supposée par Newton, dans laquelle était censée se déplacer la lumière. Il n'est donc pas possible par une expérience réalisée à l'intérieur d'un système de savoir si le système dans lequel on pratique une expérience est en mouvement uniforme ou en repos.
Einstein pose alors deux principes sur lequel repose la théorie de la relativité restreinte. Le premier pose l'équivalence des lois de la nature dans tous les

systèmes : « Toute loi générale da la nature valable pour un système de coordonnées K, doit être valable sans modification pour un système de coordonnées K1, animé d'un mouvement de translation uniforme par rapport à K ». Le second principe est que la vitesse de la lumière dans le vide est constante, indépendante du mouvement de la source lumineuse. Ces deux principes vérifiés expérimentalement semblent incompatibles. Einstein y répond en énonçant que « dire que deux événements sont simultanés n'a de signification que par rapport à un système de coordonnées et il devient évident que la forme des mètres et la marche des horloges devait dépendre de leur état de mouvement par rapport au système de coordonnées ». Deux événements simultanés pour un observateur peuvent ne pas l'être pour un autre, placé dans un autre système de références. Il n'y a ni espace ni temps absolus : ils ne peuvent être mesurés que relativement à un système de références déterminé.

Dans la théorie de la « relativité généralisée », en 1913, Einstein étend sa théorie aux mouvements quelconques et plus seulement aux mouvements de translation rectiligne et uniforme. Il l'applique en particulier aux phénomènes de gravitation. L'espace est modifié par les objets qui y sont placés : au voisinage d'un corps massif l'espace est « courbé ». L'espace et le temps sont intriqués et les phénomènes relativistes doivent être décrits dans un espace-temps à quatre dimensions. L'espace-temps n'est pas, en général, un espace euclidien : la géométrie la plus adéquate à la théorie de la relativité est celle d'un espace riemannien.

La relativité générale permet d'expliquer certains phénomènes comme la courbure de la lumière lorsqu'elle passe au voisinage d'un corps massif, comme le soleil, ce qui fut vérifié lors de l'éclipse de 1919. Elle permet également d'expliquer la précession du périhélie de Mercure ou le décalage vers le rouge de la lumière quand elle est plongée dans un champ de gravitation.

La physique quantique et la critique du déterminisme

Une révolution aussi importante se produit dans le domaine de la microphysique, qui établit le caractère discontinu des phénomènes à très petite échelle. En 1900 Max Planck (1858-1947), pour rendre compte d'effets tels que le rayonnement du corps noir, suppose que l'énergie ne varie pas de manière continue mais a une structure discontinue : l'énergie est divisée en « quanta », en minimums d'énergie. Einstein supposa également, pour expliquer l'effet photoélectrique, que le rayonnement lumineux est discontinu, qu'il y a des quanta de lumières, les photons. En 1913 le danois Niels Bohr (1885-1962) se sert de l'hypothèse quantique pour proposer un modèle de la structure interne de l'atome.

C'est Louis de Broglie, en 1924, qui va établir une synthèse entre la théorie des ondes et la théorie des corpuscules pour expliquer les phénomènes lumineux : il émet l'idée que les électrons ont parfois aussi un comportement ondulatoire. Il fonde ainsi la mécanique ondulatoire, continuée par Schrödinger.

À partir de 1925 Heisenberg fonde la « mécanique quantique » : il formule ses relations d'incertitude qui expliquent qu'à une échelle suffisamment petite, on ne peut mesurer simultanément la position et la vitesse d'une particule avec une précision illimitée : le fait même d'observer perturbe le phénomène à observer.

Cette indétermination n'est pas accidentelle, mais tient à la nature même de la particule. Cette théorie, en excluant toute possibilité de prévision des phénomènes, conduit à remettre en cause le déterminisme classique, pour lequel, si l'on connaît l'état d'un système à un moment donné, on peut prédire avec certitude l'état de ce système à un instant ultérieur. L'interprétation de Bohr et Heisenberg introduit une interprétation probabiliste de la mécanique ondulatoire : une fonction d'onde ne donne que la probabilité de présence d'une particule en un point. La mécanique quantique conduit donc en définitive à abandonner l'idée que la théorie physique « reproduit » simplement la nature : selon Heisenberg, « les formules mathématiques ne représentent plus la nature, mais la connaissance que nous en possédons ».

Prolongements

- La théorie de la relativité a d'immenses conséquences techniques et militaires : la théorie de l'équivalence de la masse et de l'énergie résumée par la fameuse formule E = Mc2, permettra des recherches sur l'énergie nucléaire qui seront à l'origine de la mise au point de la bombe atomique.
- Le psychologue suisse Jean Piaget explique que ses recherches sur *Le Développement de la notion de temps chez l'enfant* sont nées d'une suggestion d'Einstein : il s'agit de savoir si l'intuition du temps est « primitive ou dérivée » et solidaire ou non de la vitesse.
- Phil Glass et Bob Wilson ont mis en scène un opéra de cinq heures, *Einstein on the beach*, où un train en mouvement sur la scène et un éclair illustrent la question de savoir comment deux éclairs, touchant le train en mouvement à l'arrière et à l'avant, apparaissent à un observateur sur le quai et au voyageur.

6.3 Biologie, génétique et bioéthique

➡ TERMINOLOGIE • L'adjectif « génétique » date de 1846 et signifie : ce qui est relatif à l'hérédité. Le nom « génétique » date du début du XXe siècle pour désigner la science de l'hérédité. Le terme de « gène » a été inventé en 1909 par le danois Johansenn pour nommer la base matérielle d'un caractère héritable. À partir de là il forge le terme de « génotype » qui désigne l'ensemble du patrimoine génétique d'un individu.

Le domaine de la nature qui a été le mieux exploré durant le XXe siècle est celui du vivant, avec en particulier la génétique et la biologie moléculaire. L'étude du vivant semble se rapprocher de plus en plus des sciences expérimentales que sont la physique ou la chimie, et laisser de moins en moins de place à l'idée vitaliste d'une originalité irréductible du vivant par rapport au reste de la nature. Les plus grandes avancées de la biologie ont eu lieu dans le domaine de la génétique. Ces découvertes biologiques ont depuis peu des conséquences industrielles et sociales considérables, avec le développement des biotechnologies, qui posent d'importants problèmes éthiques, étudiés par la bioéthique.

Génétique et biologie moléculaire

Les principes de base de la génétique ont été découverts en 1865 par le moine tchèque Gregor Mendel dans ses travaux sur les croisements de différents plans

de pois. Ces travaux ont été ignorés pendant plusieurs décennies : l'idée d'une persistance de certains caractères de génération en génération était en effet difficilement pensable dans l'idéologie évolutionniste ambiante. Ces principes sont redécouverts au début du XXe siècle par Bateson et de Vries, qui introduit la notion de « mutation » pour décrire les changements brusques qui peuvent se produire chez une plante. La théorie des gènes est formulée par le danois Johanssen en 1911. T. H. Morgan à partir de 1910 avance l'hypothèse que les gènes sont localisés sur les corpuscules appelés les chromosomes, au sein du noyau cellulaire, et le vérifie par ses travaux sur la mouche du vinaigre ou drosophile.
En 1944 la nature chimique du gène est avérée par Avery, Mac Leod et Mac Carty qui montrent qu'il s'agit de l'acide désoxyribonucléique, l'ADN. Dans son livre de 1944, *Qu'est-ce que la vie ?*, le physicien Erwin Schrödinger rend possible la révolution de la biologie moléculaire en faisant l'hypothèse que le chromosome pourrait être considéré comme un cristal apériodique. En 1953 James Watson et Francis Crick découvrent la structure en double hélice de l'ADN, qui entremêle deux chaînes d'éléments appelés nucléotides : la complémentarité spatiale entre ces deux chaînes de nucléotides explique qu'elle puisse se répliquer de façon exacte. En 1965, les français Jacques Monod, François Jacob, André Lwoff reçoivent le prix Nobel de physiologie pour avoir établi le rôle de messager de l'acide ribonucléique (ARN) qui transmet les informations contenues dans ces unités de codage et commande la synthèse protéique dans la cellule. La cellule « reconnaît » les informations contenues dans ces unités de codages.
En 1973 paraissent les premières publications évoquant des possibilités de génie génétique, dont les retombées sont particulièrement importantes dans le domaine agricole, mais aussi pharmaceutique et médical. En 1978 naît pour la première fois un « bébé éprouvette » issu d'une fécondation in vitro.

La bioéthique ■ Le terme de « bioéthique » est apparu chez l'auteur américain V. R. Potter (*Bioethics or the bridge to the future,* 1971) pour désigner une vision cosmique de la vie dans le style de Teilhard de Chardin. Désormais, la bioéthique désigne les problèmes éthiques posés par les nouvelles techniques médicales, en particulier celles portant sur les limites de la vie et de la mort – procréation médicalement assistée, interruption volontaire de grossesse, euthanasie –, sur la médecine prédictive ou les problèmes du clonage. Cette réflexion éthique a débouché sur la création en France d'un Comité consultatif national d'éthique en 1983, et sur la loi sur l'éthique médicale en 1994. Elle est au centre de l'œuvre de H. Tristram Engelhardt Jr, auteur de *Foundations of bioethics* (1986), qui tente de faire cohabiter deux principes, principe d'autonomie du patient qu'il convient de respecter, et principe de bienfaisance, qui doit conduire le médecin à agir en fonction des intérêts de ce même patient. Derrière ces réflexions on retrouve l'idée d'une éthique de la discussion, à la manière de J. Habermas (né en 1929). En revanche, d'autres auteurs comme F. Dagognet se réjouissent de la libération par rapport à la nature que représentent ces nouvelles techniques.

Prolongements

- Jacques Monod dans son livre *Le Hasard et la nécessité* (1970) propose une interprétation mécaniste des découvertes de la biologie moléculaire : la cellule est une « machine cartésienne», l'émergence de la vie est due au seul «hasard», qui est «à la source de toute nouveauté dans la biosphère».

- En 1986 a été lancée aux États-Unis l'idée d'un séquençage du génome humain qui permettrait de localiser la position des gènes sur le chromosome humain, afin d'identifier et de combattre les maladies héréditairement transmissibles, mais aussi de mieux comprendre les mécanismes de l'évolution humaine.
- La possibilité de dons d'organes et de manipulations génétiques réveille des mythes et des angoisses anciennes, comme la légende juive d'Europe centrale du Golem, racontée par G. Meyrink dans le *Golem* (1915) où la créature se révolte contre le rabbin qui l'a fabriquée à l'aide de formules sacrées. On évoque également souvent le récit de Mary Shelley *Frankenstein ou le Prométhée moderne* (1818), où un monstre est fabriqué par le savant fou qu'est le docteur Frankenstein.

Bibliographie

1. Histoire

1.1 Généralités

J.-M. Bizière (sous la dir. de), *Dictionnaire des biographies*, 6 vol., Armand Colin, 1992-1995.

1.2 La Grèce

P. Petit, *Précis d'histoire ancienne*, PUF, 1994

M. Meuleau, L. Pietri, *Le Monde et son histoire*, t. I : *Du monde antique au Moyen Âge*, «Bouquins», Laffont, 1985.

M. Kaplan, N. Richer, *Histoire ancienne*, t. 1, *Le Monde grec*, «Grand Amphi», Bréal, 1995.

1.3 Rome

M. Kaplan, N. Richer, *Histoire ancienne*, t. II, *Le Monde romain*, «Grand Amphi», Bréal, 1995.

1.4 Le Moyen Âge

J. Heers, *Précis d'histoire du Moyen Âge*, «Précis», PUF, 1998.

M. Kaplan, *Le Moyen Âge*, 2 vol., «Grand Amphi», Bréal, 1994.

L. Pietri, M. Venard, *Le Monde et son histoire*, t II, *La Fin du Moyen Âge*, «Bouquins», Laffont, 1992.

1.5 La Renaissance et le XVIIe siècle

A. Corvisier, *Précis d'histoire moderne*, PUF, 1992.

R. Muchembled, M. Cassan, S. Dontenwill, D. Guillemet *et alii*, *Histoire moderne*, t. I, *Les XVIe et XVIIe siècles*, «Grand Amphi», Bréal, 1994.

1.6 Le XVIIIe siècle

L. Bergeron, M. Roncayolo, *Le Monde et son histoire*, t. III, *Les Révolutions européennes et le partage du monde, XVIIIe-XIXe siècle*, «Bouquins», Laffont, 1985.

R. Muchembled, M. Cassan, S. Dontenwill, D. Guillemet *et alii*, *Histoire moderne*, t. II, *Le XVIIIe siècle 1715-1815*, «Grand Amphi», Bréal, 1994.

1.7 Le XIXe siècle

J. Néré, *Précis d'histoire contemporaine*, PUF, 1992.

J.-L. Robert, *Histoire contemporaine*, t. I, *Le XIXe siècle*, «Grand Amphi», Bréal, 1995.

1.8 Le XXe siècle

M. Roncayolo, *Le Monde et son histoire*, t. IV, *Le Monde contemporain, de la Seconde Guerre mondiale à nos jours, le second XXe siècle*, «Bouquins», Laffont, 1985.

J.-L. Robert, *Histoire contemporaine*, t. II, *Le XXe siècle*, «Grand Amphi», Bréal, 1995.

2. Religions

2.1 Généralités

J. P. Hammel, M. Ladrière, *Héritages, la culture occidentale dans ses racines religieuses*, Hatier, 1991.

F. Lenoir, Y. Tardan-Masquelier, M. Meslin, *Encyclopédie des religions du monde*, Bayard, 2 vol., 1997

J. Le Goff, R. Rémond, *Histoire de la France religieuse*, 4 vol., « L'univers historique », Seuil, 1988-1992.

2.2 La Grèce

J.-P. Vernant, *Mythe et religion en Grèce ancienne*, « La librairie du XXe siècle », Seuil, 1990

R. Martin (sous la dir. de), *Dictionnaire culturel de la mythologie gréco-romaine*, Nathan, 1998.

2.3 Rome et les monothéismes

J. Bottéro, *Naissance de Dieu, la Bible et l'historien*, « Folio », Gallimard, 1992.

A. Chouraqui, *La Pensée juive*, « Que-Sais-je ? », PUF, 1992.

D. Fouilloux *et alii*, *Dictionnaire culturel de la Bible*, Cerf-Nathan, 1990.

A. Benoit, M. Simon, *Le Judaïsme et le christianisme antique*, PUF, 1994.

2.4 Le Moyen Âge

L. Gardet, *L'Islam, religion et communauté*, « L'ordinaire », Desclée de Brouwer, 1982.

A. Miquel, *L'Islam et sa civilisation, VIIe-XXe siècles*, Armand Colin, 1991.

O. Clément, *L'Église orthodoxe*, « Que-Sais-je ? », PUF, 1991.

2.5 La Renaissance

M. Weber, *L'Éthique protestante et l'esprit du capitalisme*, Pocket, 1998.

J. Delumeau, T. Wanegffelen, *Naissance et affirmation de la Réforme*, « Nouvelle Clio », PUF, 1992.

2.6 Le XVIIe siècle

P. Hazard, *La Crise de la conscience européenne*, Livre de poche, 1994.

R. Pintard, *Le Libertinage érudit dans la première moitié du XVIIe siècle*, « Références », Slatkine, 1995.

H. Gouhier, *Blaise Pascal, conversion et apologétique*, « Bibliothèque d'histoire de la philosophie », Vrin, 1985.

2.7 Le XVIIIe siècle

R. Pomeau, *La Religion de Voltaire*, Nizet, 1974.

2.8 Le XIXe siècle

G. Gauthier, C. Nicolet, *La Laïcité en mémoire*, Edilig, 1987.

2.9 Le XXe siècle

G. Keppel, *La Revanche de Dieu, chrétiens, juifs, musulmans à la reconquête du monde*, « Points Actuels », Seuil, 1991.

3. Philosophie

3.1 Généralités

E. Bréhier, *Histoire de la philosophie*, 3 vol., « Quadrige », PUF, 1993.

B. Parain, Y. Belaval, *Histoire de la philosophie*, 3. vol., « La Pléiade »,Gallimard 1969.

J. Russ (sous la dir. de), *Histoire de la philosophie*, 3 vol., «Cursus», Armand Colin, 1997, 1998.

3.2 La Grèce

P. Hadot, *Qu'est-ce que la philosophie antique?*, «Folio», Gallimard, 1995.

M. Canto-Sperber (sous la dir. de), *La Philosophie grecque*, «Premier cycle», PUF, 1997.

3.3 Rome

A. Michel, *La Philosophie politique à Rome d'Auguste à Marc-Aurèle*, «U», Armand Colin, 1969.

3.4 Le Moyen Âge

E. Gilson, *La Philosophie au Moyen Âge des origines patristiques à la fin du* XIVe *siècle*, «Bibliothèque historique», Payot, 1986.

J. Le Goff, *Les Intellectuels au Moyen Age*, «Points histoire», Seuil, 1985.

3.5 La Renaissance

H. Védrine, *Les Philosophies de la Renaissance*, «Que-Sais-je?», PUF, 1971.

E. Garin, *Moyen Âge et Renaissance*, «Tel», Gallimard, 1989.

3.6 Le XVIIe siècle

F. Alquié, *Descartes, l'homme et l'oeuvre*, Hatier, Paris, 1986.

G. Rodis-Lewis, *Descartes et le rationalisme*, «Que-Sais-je?», PUF, 1992.

3.7 Le XVIIIe siècle

E. Cassirer, *La Philosophie des Lumières*, Fayard, 1990.

R. Derathé, *J.-J. Rousseau et la science politique de son temps*, Vrin, 1995.

S. Rials, *La Déclaration des droits de l'homme et du citoyen*, «Pluriel», Hachette, 1988.

3.8 Le XIXe siècle

F. Chatelet, *Hegel*, «Écrivains de toujours», Seuil, 1994.

É. Balibar, *La Philosophie de Marx*, «Repères», La Découverte, 1993.

3.9 Le XXe siècle

F. Dastur, *Husserl, des mathématiques à l'histoire*, «Philosophies», PUF, 1995.

F. Dastur, *Heidegger et la question du temps*, «Philosophies», PUF, 1990.

M. Robert, *La Révolution psychanalytique, la vie et l'œuvre de Sigmund Freud*, «Petite bibliothèque», Payot, 1989.

A. Renaut, *Sartre, Le Dernier Philosophe*, «Collge de philosophie», Grasset, 1993.

F. Dosse, *Histoire du structuralisme*, 2 vol., Livre de poche, 1995.

4. Littérature

4.1 Généralités

R. Laffont, V. Bompiani, *Dictionnaire des œuvres littéraires*, 8 vol., «Bouquins», Laffont, 1998.

P. van Tieghem, *Les Grandes Doctrines littéraires en France, de la Pléiade au surréalisme*, «Quadrige», PUF, 1993.

4.2 La Grèce

J. de Romilly, *La Tragédie grecque*, «Quadrige», PUF, 1992.

J. de Romilly, *Homère*, «Que-Sais-je?», PUF, 1992.

4.3 Rome
J.C. Carrière, J. Gaillard, R. Martin, *La Littérature gréco-romaine, anthologie historique*, «Université», Nathan, 1994.

4.4 Le Moyen Âge
D. de Rougemont, *L'Amour et l'Occident*, «10-18», 1996.
E.R. Curtius, *La Littérature européenne et le Moyen Âge latin*, Presses-Pocket, 1991.
M. Zink, *La Littérature française du Moyen Âge*, «Premier cycle», PUF, 1992.

4.5 La Renaissance
O. Sautet, *La Littérature française de la Renaissance*, «Que-Sais-je?», PUF, 1987.

4.6 Le XVIIe siècle
M. Fumaroli, *L'Âge de l'éloquence, rhétorique et res literaria de la Renaissance au seuil de l'époque classique*, «Bibliothèque de l'évolution de l'humanité», Albin Michel, 1994.
R. Zuber *et alii.*, *Littérature française du XVIIe siècle*, «Premier cycle», PUF, 1992.

4.7 Le XVIIIe siècle
R. Mauzi, *L'Idée du bonheur dans la littérature et la pensée française au XVIIIe siècle*, Slatkine, 1990.
J. Starobinski, *L'Invention de la liberté*, Bokking International, 1994.
R. Darnton, *L'Aventure de l'Encylopédie 1775-1800, un best-seller au siècle des Lumières*, «Points histoire», Seuil, 1992.

4.8 Le XIXe siècle
P. Bénichou, *Le Sacre de l'écrivain 1750-1830, essai sur l'avènement d'un pouvoir spirituel laïque dans la France moderne*, «Bibliothèque des idées», Gallimard, 1996.
J.-Y. Tadié, *Introduction à la vie littéraire au XIXe siècle*, Dunod 1998.

4.9 Le XXe siècle
M. Nadeau, *Histoire du surréalisme*, «Points essais», Seuil, 1970.
M. Nadeau, *Le Roman français depuis la guerre*, Le Passeur, 1992.
J. Ricardou, *Le Nouveau Roman, les raisons de l'ensemble*, «Points essais», Seuil, 1990.

5. Arts

5.1 Généralités
É. Faure, *Histoire de l'art*, 5 vol., «Folio essais», Gallimard, 1988.
E.H. Gombrich, *Histoire de l'art*, Gallimard, 1997.
Collectif, *Encyclopédie de l'art*, Pochothèque, 1991.
L. Rebatet, *Une histoire de la musique, des origines à nos jours*, «Bouquins», Laffont, 1998.

5.2 La Grèce
K. Papaioannou, *La Civilisation et l'art de la Grèce ancienne*, Livre de poche, 1990.
F. Baratte *et alii*, *L'Art de l'Antiquité*, Réunion des musées nationaux/Gallimard, 1995.

5.3 Rome
F. Baratte, *L'art romain*, «Grammaire des styles», Flammarion, 1996.
A. Grabar, *Le Premier Art chrétien, 200-395*, Gallimard, 1966.

5.4 Le Moyen Âge
E. Mâle, *L'Art religieux du XIIIe siècle en France*, Armand Colin, 1998.
H. Focillon, *Arts d'Occident, le Moyen Âge roman, le Moyen Âge gothique*, «Biblio essais», Livre de poche, 1988.
G. Duby, *Art et société au Moyen Âge*, «Points histoire», Seuil, 1997.

5.5 La Renaissance

J. Burckhardt, *La Civilisation de la Renaissance en Italie*, 3 vol., Livre de poche, 1986.
H. Wölfflin, *Renaissance et baroque*, Gérard Monfort, 1985.
H. Wölfflin, *L'Art classique*, Gérard Monfort, 1990.

5.6 Le XVIIe siècle

B. Teyssèdre, *L'Art au siècle de Louis XIV*, Livre de poche, 1967.
M. Fumaroli, *L'École du silence, le sentiment des images au XVIIe siècle*, Flammarion, 1994.
M.M. Kahr, *La Peinture hollandaise du siècle d'or*, Livre de poche, 1998.
B. de Schloezer, *Introduction à J.-S. Bach, essai d'esthétique musicale*, «Idées», Gallimard, 1979.

5.7 Le XVIIIe siècle

M. Levey, *L'Art en France au XVIIIe siècle*, Flammarion, 1993.
G. Pestelli, *La Musique classique à l'époque de Mozart et de Beethoven*, «Musiques et musiciens», Lattès, 1989.
H. C. Robbins Landon (sous la dir. de), *Dictionnaire Mozart*, Fayard, 1997.

5.8 Le XIXe siècle

J.F. Breuille (sous la dir. de), *L'Art du XIXe siècle, dictionnaire de peinture et de sculpture*, Larousse, 1996.
J. Rewald, *Histoire de l'impressionnisme*, Albin Michel, 1986.

5.9 Le XXe siècle

S. Fauchereau, *La Révolution cubiste*, Denoël, 1982.
D. Vallier, *L'Art abstrait*, «Hachette littératures», Hachette, 1998.
A. Breton, *Le Surréalisme et la peinture*, Gallimard, 1997.
G. Sadoul, *Histoire du cinéma mondial*, Flammarion, 1966.
G.C. Argan, *Walter Gropius et le Bauhaus*, «Médiations», Denoël, 1979.
T. Osterwold, *Pop art*, Taschen 1990.

6. Sciences

6.1 Généralités

R. Taton (sous la dir. de), *Histoire générale des sciences*, 4 vol., «Quadrige», PUF, 1995.
M. Daumas, *Histoire générale des techniques*, 5 vol., «Quadrige», PUF, 1996.
M. D. Grmek (sous la dir. de), *Histoire de la pensée médicale en Occident*, 2 vol., Seuil, 1995.

6.2 La Grèce

G.E.R. Lloyd, *Une Histoire de la science grecque*, «Points sciences», Seuil, 1993.

6.3 Rome

R. Chevallier, *Sciences et techniques à Rome*, «Que-Sais je?», PUF, 1993.

6.4 Le Moyen Âge

R. Rashed (sous la dir. de), *Histoire des sciences arabes*, 3 vol., «Science ouverte», Seuil, 1997.

6.5 La Renaissance

B. Gille, *Les Ingénieurs de la Renaissance*, «Points sciences», Seuil, 1978.

6.6 Le XVIIe siècle

M. Clavelin, *La Philosophie naturelle de Galilée, essai sur les origines et la formation de la mécanique classique*, «Bibliothèque de l'évolution de l'humanité», Albin Michel, 1996.

M. Blay, R. Halleux (sous la dir. de), *La Science classique, XVe-XVIIIe siècle, dictionnaire critique*, Flammarion, 1998.

6.7 Le XVIIIe siècle

C. Larrère, *L'Invention de l'économie au XVIIIe siècle, du droit naturel à la physiocratie*, «Léviathan», PUF, 1992.
J. Roger, *Les Sciences de la vie dans la pensée française du XVIIIe siècle*, «L'évolution de l'humanité», Albin Michel, 1993.

6.8 Le XIXe siècle

E. Mayr, *Darwin et la pensée moderne de l'évolution*, O. Jacob, 1993.
R. Aron, *Les Étapes de la pensée sociologique*, «Tel», Gallimard, 1987.

6.9 Le XXe siècle

A. Einstein, *La relativité*, «Petite bibliothèque», Payot, 1990.
F. Balibar, *Galilée, Newton, lus par Einstein, espaces et relativité*, «Philosophies», PUF, 1994.
B. Hoffman, M. Paty, *L'Étrange histoire des quanta*, «Points sciences», Seuil, 1981.
F. Jacob, *La Logique du vivant, une histoire de l'hérédité*, «Tel», Gallimard, 1976.

7. Encyclopédies et dictionnaires par périodes

J. M. Bizière (sous la dir. de), *Dictionnaire des biographies*, 6 vol., «Cursus», Armand Colin, 1992/1994.
M. C. Howatson (sous la dir. de), *Dictionnaire de l'Antiquité, mythologie, littérature, civilisation*, «Bouquins», Laffont, 1993.
J. Brunschwig, G. Lloyd (sous la dir. de), *Le Savoir grec, dictionnaire critique*, Flammarion, 1996.
M.I. Finley, C. Bailey (sous la dir. de), *L'Héritage de la Grèce et de Rome*, «Bouquins», Laffont, 1992.
A. Vauchez (sous la dir. de), *Dictionnaire encyclopédique du Moyen Âge*, 2 vol., Cerf, 1997.
Dictionnaire de la Renaissance, «Encyclopaedia Universalis», Albin Michel, 1998.
M. Delon (sous la dir. de), *Dictionnaire européen des Lumières*, PUF, 1997.
F. Furet, M. Ozouf (sous la dir. de), *Dictionnaire critique de la Révolution française*, 4 vol., Flammarion, 1992.
M. Ambrière (sous la dir. de), *Dictionnaire du XIXe siècle européen*, PUF, 1997.
J. Julliard, M. Winock (sous la dir. de), *Dictionnaire des intellectuels français, les personnes, les lieux, les moments*, Seuil, 1996.

Index des noms de personnes

Index thématique

ARMAND COLIN
34 bis, rue de l'Université
75007 Paris

Dépôt légal • Avril 1999

Code 921841/1

Mise en Page • EDIE • 77450 Montry

Achevé d'imprimer sur les presses de la
SNEL S.A.

Rue Saint-Vincent 12 – B-4020 Liège

Dépôt légal • Avril 1999

N° d'Imprimeur 11894

Imprimé en Belgique